于是
一片光明

1543—1957
人类科学探索四百年

汪 有 著

清华大学出版社
北京

图书在版编目（CIP）数据

于是一片光明：1543—1957人类科学探索四百年 / 汪有著.— 北京:清华大学出版社，2023.5
（2023.9重印）

ISBN 978-7-302-62948-1

Ⅰ.①于… Ⅱ.①汪… Ⅲ.①科学史—世界—1543-1957—通俗读物 Ⅳ.①G3-49

中国国家版本馆CIP数据核字（2023）第038512号

责任编辑：胡洪涛　王　华
封面设计：傅瑞学
责任校对：赵丽敏
责任印制：丛怀宇

出版发行：清华大学出版社
　　　　　网　　　址：http://www.tup.com.cn, http://www.wqbook.com
　　　　　地　　　址：北京清华大学学研大厦A座　　　邮　　编：100084
　　　　　社 总 机：010-83470000　　　　　　　　　邮　　购：010-62786544
　　　　　投稿与读者服务：010-62776969, c-service@tup.tsinghua.edu.cn
　　　　　质量反馈：010-62772015, zhiliang@tup.tsinghua.edu.cn
印 装 者：三河市人民印务有限公司
经　　销：全国新华书店
开　　本：165mm×235mm　　　印　　张：25　　　字　　数：401千字
版　　次：2023年7月第1版　　　　　　　　　　　印　　次：2023年9月第6次印刷
定　　价：109.00元

产品编号：087645-01

汪有

香港中文大学工商管理学院毕业，历史系辅修

自媒体人

大学时我加入了辩论队，接触过一道很有趣的辩题："三十年后的你给自己发来了建议，要不要听？"

我的第一感觉是，这非常类似下围棋时偷偷打开 AI（人工智能软件）作弊，对着棋局，下了 AI 指点的最佳一手。

对于普通棋友，这不算好事。

AI 海量计算未来走向，对各种情况都有预判。有着海量计算和先进的算法支撑，它当然可以选到最高效、最妙的一手。但我们没有。

然后对手跟着下了，普通爱好者发现，我们没有 AI 全面的思考，根本接不住。来自三十年后的建议，像是 AI 居高临下的指点，超出了自己的认知，若照猫画虎，接着走下去，反而崩了。所以一步开 AI，就得步步开 AI。走了一个妙手，还得等着 AI 给后续走法，那自己这棋也没法下了。

我三十年后的建议总不可能是诸葛亮的锦囊，每个分支都能想到吧？而且，我也不能保证我就会毫无疑义以超强执行力执行我三十年后的建议吧？很容易越走越歪，患得患失。

我很喜欢电影《盗梦空间》的内核：你想让一个人去做一件事，在他脑子里植入一个念头，不能用强。你得通过意识潜移默化地影响他，让他觉得是自己做出了判断，他自己提高了决策能力。

诺贝尔奖得主、科学家理查德·费曼读中学时，他的物理老师巴德先生看他无所事事，就叫他过去，说"教你点有意思的"，然后给他讲了最小作用量原理。费曼深深为原理的简洁优美震撼，后来当他回忆到这一段时，还说那一天在引导自己走上物理学道路起到了很大的激励作用。

如果真有一只冥冥之手想拨动他的命运之弦，显然不是写一封信，告诫他"你要去学习物理"，而是派出一个巴德先生，以及安排下许多契机，引导他走向物理学殿堂。我相信，如果中年费曼得到了一个传递信息去三十年前的机会，他恐怕不会去给自己写信，而是写给三十年前的巴德。恳请他把最小作用量原理教给十几岁的自己。

所以，珍惜生活中让自己迸发灵光，不小心改变了或者影响了自己的人。他们可能就是你从未来派来的使者。

我希望，我这本关于哥白尼以降四个世纪的科学史作品，能成为一些书友、一些孩子喜欢上科学的小小契机。

我喜欢上科学史，也缘自一个契机。

时隔十几年，我还清晰地记得那个周末的黄昏。大学时代的我下了课，无所事事地走在母校香港中文大学图书馆的书架之间，看到书架上摆着一本旧书。那是一本 1979 年出版的老书了，是苏联作家瑞德尼克的《量子力学史话》。我翻开书后贴上去的借阅单，发现没什么人借阅过。

我借走了那本书，读来如痴如醉。

为什么要读科学史呢？

我是一个文科生，原本以为自己是不可能理解任何量子力学相关知识的。但从科学史发展的角度，读起来却异常明晰。在学科发展伊始，那些物理学家的知识储备，并不比现在的顶尖高中生深刻太多。站在学科的起点，他们并不知道未来等待自己的都是什么。

他们这里试一试，那里碰一碰，不断试错，不断用粗糙的理论去解释世界，进而推翻，然后再来。

沿着前人科学探索的角度走下去，我发现，我竟然理解了一点点量子力学的皮毛。我知道了这些问题是怎么来的，也大体理解了问题向何处去，我开始理解那些枯燥的公式是要用来诠释哪些现象、调和哪些问题。这些学者们试错阶段中发生的一次又一次传奇，也让课本上的简单叙述变得生动和鲜活。

我小时候很沉迷游戏《超级马力欧》，长大以后，在网上看到世界级玩家的竞速通关视频，击节赞叹。因为我玩过，我深深知道里面有哪些坑，有什么曲折。而一个没玩过、不懂这些操作来龙去脉的人，去看高级玩家通关视频，恐怕无法感受其中的激动。

那些课本上的简洁公式，已经是历代学者打磨之下臻于完善的"通关视频"。而四百年间的反复打磨，才是故事里最精彩的一段。

放下那本旧书，大学时代的我，脑中突然有了这么一个想法：如果仅是一段量子力学发展史都如此波澜壮阔，让我感触良多，那么从哥白尼以降的整部近现代科学史，又将蕴含多少传奇？会不会有朝一日，我可以来写这段故事呢？

那时我读的是工商管理学院。我总听到很多人抱怨大学里学的东西没用，但香港的商学院，教的是最经世致用的学问，几乎所有课堂上的知识都能拿来挣钱，几乎所有的训练都与未来的工作相关。这让我非常惶恐，我担心自己把所有技能点都用在谋生吃饭上，会让自己变得无趣。那时我在社交网站发过这样一条动态：如果我终究要成为一个面目模糊的无趣中年人，我希望这一天晚一点再晚一点到来。

我想着总要学一点没那么热门的知识，于是在母校张学明教授的引荐下，我选择辅修了历史系课程。从商学院的课堂上走出，收起财务报表分析课程的讲义，搭乘"转堂校巴"，赶去听张教授的"英国早期宪法史"，宛若平行宇宙的世界线切换。

大学毕业后，我进入房地产业工作。毕业后的几年里，我一直没忘记大学时对科学史的一点执念。我在脑中无数次思考着这本书的开端，却一直没能行动。直到 2014 年年初，我打开一个 Word 文档，写下第一句话："1543 年 5 月 24 日，尼古拉·哥白尼辞世于波兰弗龙堡。"

当我在文档里敲下这一行字时，我对书稿接下来的走向还一无所知。

我没有想到，不自量力的我挑选了一个如此巨大的主题，当我走进科学史这座宏大的迷宫时，面对的是千头万绪。一字一句皆要有出处，而不同资料之间的记述多有出入。

就拿我们最为熟悉的桥段来说，我们都听说过，伽利略在比萨大教堂听讲道时看到吊灯晃动，发现了摆的等时性原理。那这段故事可以写到书里吗？

比萨大教堂是著名旅游景点，就在比萨斜塔旁。当今天的游人穿过青铜大门，步入教堂时，会看到从天花板垂下的巨大青铜枝形吊灯——"伽利略灯"。很多旅游网站会言之凿凿地声称：伽利略正是在这一座灯下悟道。但稍加思忖就不免怀疑：要让这般巨大的吊灯摇晃起来，怕不是七级以上地震。

所以要去查其他资料印证，找到当时的油画做比对，我才会发现伽利略观测到摇晃的是更小版本的吊灯，直径无非二三十厘米，点亮时要由教堂的修士伸出长长的火炬去点燃灯油，就会引发晃动。印证到这里，才能证明故事可能属实。我查询了很多资料，把这一段写在书稿里，不过三百字而已。

按这样的写作进度，我每天只能写三百字，好在日拱一卒，一年下来就是十万字。写完第一个十万字后，因为工作繁忙，我中断了写作。2014 年清华大学出版社胡洪涛老师联系到了我，2019 年底我们签了出版合同，我又开始动笔。磕磕绊绊写到 2022 年上半年，交出了四十几万字的书稿。前前后后一共写了三年半。

搜集资料、写下这些文字的过程，也是我自己学习探索的过程。翻开一卷卷的资料，我深深为这些科学家的故事感动震撼。他们从人类认知的边界出发，一头扎进黑暗，或许几年后，几十年后，我们会看到黑暗中的远处突然亮了一点，那是他们为我们点亮的一盏微弱的烛火。

亚历山大·蒲柏在为牛顿撰写的墓志铭中写下："自然与自然法则隐于长夜。上帝说：'要有牛顿。'于是一片光明。"

"于是一片光明"，也成为本书的书名。

距离当年在图书馆偶遇《量子力学史话》，倏忽间已过十五年。

十五年中发生了很多事。

联系我的编辑胡洪涛老师，已经成为两个孩子的父亲。那个当年看过我第一个一万字粗糙书稿的女孩子，如今已经成为我的妻子。

后来，我在旧书网上淘到了二手的《量子力学史话》，到现在都珍而重之摆在自己的书架上。

回到开头的辩题，如果等我老去，有机会为三十年前的自己做一点什么，我可能不会写信去说一些强硬指导。我可能会把那本书带回三十年前那个周末的黄昏，把它摆在书架的那个角落上，然后等着二十岁的我无所事事地逛到书架前，停伫下来。

当我坐在角落里，看着那个大孩子拿到那本书的一刹那——

我一定会满心欢喜。

目 录 CONTENTS

第一章

天球运行

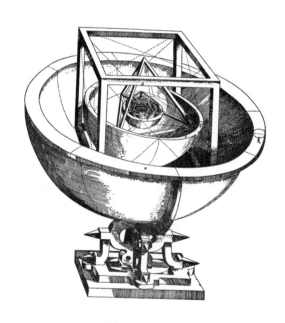

1543 年 5 月 24 日，尼古拉·哥白尼（Nicolaus Copernicus）辞世于波兰弗龙堡。

相传当日，第一版刚刚印好的《天球运行论》被送到了病榻之前，70 岁的老人从昏迷中苏醒，抚摸书页，平静地离世。

在《天球运行论》中，哥白尼正式提出日心说，与天主教会长久以来奉行的地心说划清界限。

这一天，是近代科学史的发轫，自然科学在中世纪神学板结土壤的缝隙中坚韧生长。

一个世纪来，新航路不断被开辟，从欧洲出发的船队越过太平洋与大西洋，连接起整个世界。哥伦布的航路横跨大西洋，将西班牙的力量扩张到遥远的美洲，为美洲大陆送去了火枪、马匹、宗教和天花，为欧洲带回了黄金、烟草、火鸡和梅毒。航海家达·伽马从葡萄牙出发，向东绕过好望角驶向印度。肯尼亚蒙巴萨港口的年迈黑人水手目睹葡萄牙人的帆船驶进港口之时，定会忆起半个世纪前，规模更盛的郑和舰队也曾在此停泊逗留。那是大航海时代东西方文明少有的交集，明帝国的航行至此而终，欧洲的开拓却自此更盛。20 多年前麦哲伦完成环球航行，将地圆学说的证明带回欧洲，他自己却没能荣归故里，长眠在东方万里之遥的菲律宾。

整个大航海时代，明帝国以宽容友善的姿态享受万邦来朝，随后房门紧闭；西方人则以开拓进取却贪婪嗜血的精神，在随后的几个世纪中，把旗帜插满了世界地图上几乎所有空白区域。

1543 年，时值明嘉靖二十二年，日本倭寇尚未犯海，西北瓦剌部也久未掠边，明帝国正是承平已久的繁荣气象。这一年，烟草沿着麦哲伦走过的航路，随着西班牙人的帆船传入菲律宾，随后进入台湾、福建。

世界在酣睡中等待着黎明。

按照许多书籍戏剧性的阐述，从这一天起，科学与宗教随即开始了一场连绵近 5 个世纪的惨烈征战。从宗教的全面压制始，以科学的全面振兴终。哥白尼轻轻地为这场战争剪彩，宗教在肃穆而沉默的阴影中席卷而来，铅块般的重云连天蔽日。哥白尼看到了黑暗中的阴影，面对莫大的压力，他没敢贸然发布日心说思想，而是拖了整整 30 年，到自己临终前方才付梓。

可历史往往不像小说那样具有戏剧性。

在科学与宗教两大势力的千年纠葛中，对抗并非永恒的主题。在哥白尼之前，天主教会对科学尤其是天文学甚至多有推动。

教会对天文学的兴趣源于教会对精确历法的需求，天主教的重要节日复活节是春分后首个满月后的第一个周日，没有足够的天象预测能力，便无法提前筹备。教会对天文学的资助也带动了多学科发展，教会一度重视知识传播，许多科学家也在教会担任神职。许多欧洲大学举办宗教仪式或重大活动时，为体现对科学的尊重，红衣主教往往只能跟在大学校长身后。

哥白尼自己也出任神职和公职，他从意大利取得博士学位旅归，是广受敬重的数学家、天文学家、医生、官员乃至经济学家。他负责教区的行政和财务管理，也曾在条顿骑士团的进犯中总理防务，击退劲敌。在管理教会资产时哥白尼亲历了当时还不多见的经济危机，他用观测宇宙的眼睛去探究货币市场，独立在论文中提出"劣币驱逐良币"理论。1519 年普鲁士货币改革，有司还专门咨询哥白尼的意见。

只是随着时间流逝，教廷对思想的控制愈发收紧。16 世纪初期，宗教改革运动此起彼伏，恰是在《天球运行论》出版的前一年，教皇保罗三世在原有宗教裁判所基础上，又单独成立罗马宗教裁判所，对所谓异端思想严加裁决。

哥白尼留学意大利期间，便曾耳闻有异端在中心广场被公开绞刑又遭焚尸，如今哥白尼身在教会之中，当然能敏锐觉察其中险恶。1515 年，42 岁的哥白尼曾撰写论文小心试探，扼要阐述日心说思想，抨击教会认证的托勒密地心说体系，论文仅在圈子中小范围传阅。这篇试水之作没能迎来应和，大家不敢违背教会权威，几乎所有读者都默契地保持了沉默。

即使在《天球运行论》正式出版后，哥白尼生前预料的战争也并未如期而至，取而代之的是 70 年枯燥的沉默。哥白尼得到的，是一个科学家所能得到的最痛苦的惩罚——漠视。

1543 年，红衣主教施福治向教皇保罗三世致信，建议教皇对哥白尼的言论置之不理，因为"如果魔鬼点燃了火星，我们再为它煽风，反而会酿成火灾"，教廷采纳了主教的建议，加之《天球运行论》全书以拉丁文写就，六卷本的大部头充斥着晦涩难解的数学公式、几何图形、星表数据，令人望而却步，被称作"无人读过的书"。

75 年后，明万历四十六年即 1618 年，两部《天球运行论》在里斯本装箱，随着基督教传教士金尼阁的帆船于次年 7 月抵达澳门，辗转来到北京。金尼阁来华，是当时西方对东方的一次大规模文化馈赠。金尼阁携西方各个领域经典之作凡 7000 本，也包括来自教皇保罗五世的 500 部赠书，"重复者不入，纤细者不入"。随船的教士均是饱学之士，他们踌躇满志地要在北京建设图书馆，启动宏大的翻译工程，将西方的知识倾囊相授。1628 年金尼阁客死中国杭州，翻译工程中断。随船的教士，很多都留在了中国。他们入乡随俗，脱下僧袍，换上儒服，潜心研究东方帝国的经史伦理，秉承利玛窦"合儒超儒"的传教策略，寻求着两大世界的共通之处。其中的汤若望，后来还成为了顺治皇帝的老师。

当年的 7000 部藏书，历经了几百年的战火纷乱，大部分已经不知所踪。1938 年，民国二十七年，是中国抗日战争最艰难的一年。南京、武汉、广州相继沦陷，国民党政府掘花园口黄河大堤以拒日军，豫皖苏三省千万居民受灾。在民族的危急存亡之秋，北京西什库教堂整理藏书楼时，意外地发现了当年 7000 部西书中的几百本，两部《天球运行论》位列其中。

这两部《天球运行论》无疑是幸运的，1619 年金尼阁抵达澳门之时，罗马教廷正式执行了日心说的禁令，如果船队再晚一年出发，它们便难以踏上前往中国的航程。如今翻开这两本书，只在其中一本的《驳地心说》一章前面，会看到"此章勿读"的批注，大约出自金尼阁的谨慎斟酌。

金尼阁亲手为东方世界播撒下西方文明的种子，在漫长的岁月里，种子并未生根发芽。

历史证明了金尼阁"此章勿读"的担心全然多余，它们真的没被细致研读过，当然也无从传播与《圣经》相悖的"异端"思想。现在，它们静默地躺在国家典籍博物馆的善本部，隔绝在厚厚的防紫外光玻璃后面，在终年保持 20℃、50% 湿度的书库里，成为了干瘪的文化符号。

哥白尼同样没有引起世人的关注，他终生未婚，亦未有子女。遗骨被草草下葬，没有墓碑也没有标记，无人凭吊也无可凭吊。几个世纪来考古学家们徒劳地寻找着哥白尼的遗骸，一无所获。直至 2005 年，经过数月的挖掘，一具遗骨在弗龙堡大教堂的地板下被起出，法医鉴定这具遗骨的面部特征与哥白尼画像接近，又通过比对，证实遗骨和哥白尼藏书中头发的 DNA 一致。又过了 5 年，2010 年，哥白尼在弗龙堡大教堂被重新下葬，日心体系的太阳系模型被镌刻在朴实方正的黑色墓碑上，整个世界哀而悼之。

聊以慰藉的是，在 16 世纪中叶分两版刊印的 1500 本《天球运行论》，很多都得到了精心的保存。根据美国学者欧文·金格里奇（Owen Gingerich）的研究统计，有超过 500 本流传到了今天，当然，其中也包括金尼阁收入的两本。

意义深远的是，真正伟大的思想者没有错过这本"无人读过的书"。在哥白尼早期为数不多的读者中，出现了第谷、布鲁诺、伽利略、开普勒这些照亮了一个时代的名字。如今再去翻阅他们当年读过的书卷，偶尔还能在薄脆泛黄的纸张页边中邂逅四百年前留下的批注。

第一版《天球运行论》出版后 3 年，第谷·布拉赫生于丹麦斯科；出版后 5 年，乔尔达诺·布鲁诺生于意大利诺拉；而最后将这场争论推向高潮的伽利略·伽利雷则姗姗来迟，他在出版后 21 年的 1564 年出生于意大利比萨。

在随后的若干年里，哥白尼的读者们陆续走到了台前。他们用不同方式，继承了波兰人的遗产。

第谷·布拉赫（Tycho Brahe）生于贵族之家，12 岁入读哥本哈根大学。在目睹一场日全食后，第谷立志研究天文学。他研究了现有星图，失望地发现不同版本星图之间多有抵触，各个天文学家各自为政，说法不一。最后，17 岁的少年在笔记中写道："现在所需要的是长期的计划，从一个地点来测量整个天球。"

后来，第谷用了一生的时间做好了这一件事。

第谷开展连续的观星研究是在 1572 年冬。那一年是中国的隆庆六年，明帝国隆庆皇帝已在当年春驾崩，高拱、张居正、高仪三位大臣接受顾命，辅佐万历皇帝即位。入冬，钦天监观测到华盖星附近有客星出现，史载"隆庆六年冬十月丙辰，彗星见于东北方"。这颗彗星持续出现了近一年半，最亮时已经超过了金星，到万历二年四月方才隐没。

此刻，远隔千山万水的丹麦，与明帝国官员同时见证这一客星的，正是年轻的第谷，在隆庆彗星刚刚出现在华盖星也正是西方星表的仙后座区域时，第谷一眼就看到了它。

作为隆庆彗星最细致的研究者，第谷与中国钦天监的结论不同，他认为这颗亮星不是彗星，因为在 16 个月的观测中，这颗星体在星空背景上没有丝毫移动。第谷创造了新星（nova）一词来描述这种天体。

第谷观测到的是银河系内一次大规模超新星爆发，在第谷观测四个世纪后的 20 世纪 60 年代，科学家们从现代天文望远镜里重新发现了它，超新星剧烈爆炸后的遗骸处如今留下了一圈暗淡的红色星云，它的外壳气体依然以 9000 千米每秒的速度向星际空间弥散。在现代天文学的星表中，它以 SN 1572 编号，又被称作"第谷超新星"。

凭借观测超新星赢得的声名，第谷应丹麦国王腓特烈二世邀请，在哥本哈根附近的汶岛建立西方科学史上首个大型天文观测基地。国王慷慨地拨下巨款，建立起宏伟的天文台、仪器所及印刷厂。作为回报，第谷出任丹麦王室御用的占星术士，他为王子提供的天宫占星报告以超过三百页的篇幅预测了王子一生的运程走势，至今还珍藏在丹麦皇家图书馆中。

在汶岛，第谷与他前后近百位学生与工匠持续观测二十几年，在没有望远镜的时代里，他编制出当时最精密的星表，达到了肉眼分辨率的极限。这些数据后来为他的学生开普勒使用，成为了证明哥白尼日心说的重要依据。他对新星的观测打破了亚里士多德"天体不变"的论述，为这一场天文学革命开拓道路。

然而，终第谷一生，他都拒绝接受哥白尼的日心系统。这其实也不难理解，因为哥白尼在《天球运行论》中的日心说模型，并不比当时一直沿用的地心说模型精确多少。

地心说模型起源于公元前 4 世纪，在人类文化的发蒙之时，东西方文明都各自开始了上下求索的漫漫长路。当时中国正处战国时期，在诸子百家的争鸣时代，思想的碰撞擦出灿烂的火花。墨家的《墨经》已经初步探讨了机械、光学和杠杆。中国的两位天文学家甘德和石申作《甘石星经》，是世界上最早的星表。在公元前 6 世纪，中国已经有了人类最早的彗星记录，记录了如今最负盛名的哈雷彗星。在西方，欧洲在雅典学者的带领下迎来黄金时代，苏格拉底的弟子柏拉图创建雅典学园，学园坐落在神圣出世的橄榄林中，"不通几何者勿入"的标语刻在学园门口。

柏拉图以全能型人物闻名一时，他是写出《理想国》的哲学家，是研究黄金分割率的几何学家。柏拉图出身于雅典初期诸王之一的名门之后，富甲一方，还拥有健美的体魄。他年轻时长于摔跤，他的名字柏拉图本是"虎背熊腰"之意。柏拉图看到不完美的周遭，认为一切实体不过是理想完美模型在我们这个世界的拙劣投影。好比世界上并没有完美的圆形，世界上的圆无非是理性中的完美圆形在世间的展示。至高的美虽不存于世界，但它存在于智慧、存在于抽象的几何、存在于远高于平凡世界的天空。

秉持老师对至美宇宙的追求，柏拉图的高足欧多克斯提出首个地心说模型。在古希腊哲人的思考中，天体并非在宇宙中凭空运转，而是镶嵌在虚构的被称为天球的同心球壳上。天球的设定一路流传到哥白尼时代，也为哥白尼所认可，他的《天球运行论》的"天球"正是取自于此。即使哥白尼提出日心说，但也保守地相信，地球也要依托天球壳层绕日运行。早期《天球运行论》中文译本多译作《天体运行论》，是对哥白尼宇宙思想的误读。

在欧多克斯的系统里，仅仅是同心天球不足以与天象贴合。当时的古希腊学者已经观测到了行星逆行问题——原本沿着稳定方向向前绕行的行星，竟然突然掉转方向，向着反方向逆行一段，再重回平日方向。行星逆行在哥白尼日心说系统中很好解释：以火星逆行为例，因为观测者也在随地球运动，当地球从火星内侧"超车"时，从观测者看来，火星就是在后退。

在地心说体系下的解释则非常复杂，欧多克斯只能想象，在大的水晶天球上还嵌套着其他球体往复运转。不同水晶天球的旋转共同造成了附着其上行星的运动。月亮被分配了三个球体：一个球体每 24 小时旋转一周，用来解释月亮的上升和降落；另外两个球体每月旋转一周，分别用来解释月亮每月围绕地球的公转以及月球交点在黄道上的进动。五大行星则被分配了四个球体，前两个球体用来解释行星的东升西落和行星在黄道星座中的移动，后两个球体则用来解释行星的逆行。当不同的球体运转方向不同时，行星就出现了逆行。

这个初等模型仅仅稳定地运转了半个世纪，待到亚历山大大帝征服了东方国家巴比伦，大量巴比伦观星数据被希腊人接手，观测数据与模型预估产生冲突，希腊天文学界的欧多克斯体系在大量数据讹误的冲击之下摇摇欲坠。此时欧多克斯已经去世，同门师弟亚里士多德出手相援，挽救了地心模型的稳定。

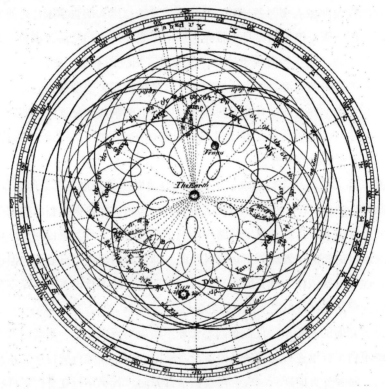

地心说模型的复杂系统
来源：维基百科

亚里士多德涉猎广博，远在老师柏拉图之上，他全面地综合统筹各个学科，建立起一套集大成的科学系统。然而广泛的涉猎也让他无法就专一领域深入探究，体系之间多有疏漏。亚里士多德敢于摆脱既有框架，学成之后对老师的哲学观亦多加批评。著名的"吾爱吾师，吾更爱真理"一句即出自他口。他作为柏拉图最重视的学生，当世名师，原本应该继承柏拉图的事业，却不见容于学园。他愤而离开雅典，前往马其顿培养了一代雄主亚历山大大帝，亚历山大日后横扫欧亚非三陆，缔造了地跨三大洲的帝国。此后亚里士多德回到雅典开创吕克昂（Lyceum）学园，与柏拉图学园重视抽象理性不同，吕克昂学园专精于自然科学。后来亚里士多德的思想同时成为天主教和伊斯兰经院两大哲学体系的支柱，统治西方人类思想史近千年。

亚里士多德对欧氏地心说模型中每个天球半径、倾角不断调试，使天文模型开始与观测数据严丝合缝。原本欧多克斯的系统被进一步丰富为 55 个水晶壳层的嵌套，地心说体系迅速复杂起来，已经如同脱缰的野马般，远远偏离了柏拉图对简洁优美的追求。

到第谷时代，地心说又经过下一代天文学家托勒密等人的发展完善，提出了一套"均轮 - 本轮体系"。大意是均轮是围绕地球旋转的大圆，本轮是圆心随着均轮运转的小圆，行星就附着在本轮上运转。当均轮带着本轮自西向东，而本轮在小范围内带着行星朝向反方向运行之时，行星便出现了逆行。

此时，地心说系统已经发展沿用近两千年，形成了一套环环相扣的精密系统，是当时最科学也最先进的天体模型。然而在中世纪中后期，随着观测手段的不断精确，均轮 - 本轮体系对星空的预测也不断与行星的实际位置产生冲突，早先单纯对地心说模型修修补补的做法已经难以为继。哥白尼做不了第二个"亚里士多德"，他选择在地心说以外，寻求崭新的宇宙结构。

可哥白尼做得不够好。严格说来，将何者作为宇宙的相对中心并不影响天体位置预测，掌握天体的运行轨道才是关键。从支持希腊地心说的哲人们到哥白尼，都坚定地认为只有宇宙中最完美的形状——圆——方可作为行星轨道的路径。而实际上，行星轨道形状是椭圆形，要在近百年后才被开普勒揭晓。

日心说的突破，并不在于预测星体方位，而在于对宇宙参照系的更换。它更像一种优美的简便算法，把参照物从地球变为太阳后，原先复杂的系统坍缩为八重明晰的水晶天球，优雅简洁的宇宙设计再度降临。然而在实际应用中，球体上的圆形轨道与真实宇宙中椭圆轨道的误差依然存在。未来为了让日心说模型贴近观测事实，日心说系统同样要加入均轮和本轮，哥白尼宇宙依然复杂。

出身名门的第谷高傲自负，年轻时就曾因一言不合与人决斗，失去了鼻子，只能安个金属鼻子代替。他拒绝相信哥白尼未经实证的日心系统，而是建立起一套日地双核心体系：其他行星绕着太阳转，太阳带着其他行星一起绕着地球转。由于同样错估行星轨道，这套系统最终沦为换汤不换药的参照系转变，没有成为历史的主流。

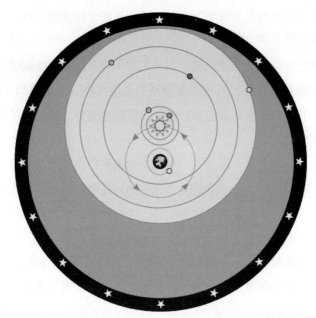

第谷太阳系系统，太阳带领其他行星环绕地球运转

来源：维基百科

首位全盘接受日心思想，并强行启动与宗教对决的，是乔尔达诺·布鲁诺（Giordano Bruno）。

意大利多明我会修士、诗人、占星术士、哲学家布鲁诺。

赫尔墨斯密教信奉者布鲁诺。

殉道者布鲁诺。

布鲁诺 17 岁加入天主教多明我会，成为一名托钵修士。多明我会以训练能言善辩的教师与传教士著称，曾经培养出托马斯·阿奎那这样的大师。1231 年，多明我会受教宗格里高利九世委派，为侦查、审判以及裁决宗教异端设立了宗教裁判所。1542 年在教皇保罗五世领导下，又成立了罗马宗教裁判所，也正是后来以火刑处决布鲁诺的罗马宗教裁判所。

布鲁诺 28 岁时，由于为反对"三位一体"思想的阿里乌教派辩护，被视作异端，他逃出故乡，也放弃了多明我会的信仰。但 11 年的多明我会生涯，为他的生命打上了永远的烙印。

布鲁诺开始了漫长的漂泊，他浪迹于威尼斯、日内瓦，后来又去了法国，以记忆学大师的身份出道。

记忆学起源于古罗马，在那个盛产演说家辩论者的时代，所有的演说家都面临着重大问题——记不住讲稿。那时蔡伦还没有改进造纸术，轻便的文字讲稿还没有登上历史舞台。

罗马的演说家开始钻研记忆术，他们起初的做法是把演讲的要点和演讲当地的建筑对应：演讲时看到远方的市政厅，就想起自己要宣讲政治政策；看到喷泉，就想到自己要讲解饮水工程；看到市场，就想起自己还要去谈银矿开采。这一次演讲中，市政厅代表"政策"，下一次演讲中，市政厅可能会代表"宣战"。随后，他们开始在脑中记住固定的建筑列表，这样不用出现在现场也能对应讲出要点。最后，既然建筑已经脱离了现场提词器的作用，那就不需要用建筑提词，他们转为记忆一系列图像和场景。

这套古老的系统一直应用于纯记忆领域，流传过整个中世纪，多明我会的先师托马斯·阿奎那还一直在使用。到了文艺复兴时期，记忆术在新柏拉图主义者和赫尔墨斯密教信奉者中再度盛行。他们采用了宇宙的图景作为助记图像，认为这样有助于倒过来加深对宇宙的理解，他们相信，使用宇宙的具体图像作为记忆术的一部分，能在大脑与宇宙间建立桥梁，甚至让人类从宇宙中汲取力量。

文艺复兴时期的人们对天空充满好奇，天文学的发展促进了哲学思想的丰富。当时的哲人认为人体中也有内在的宇宙，与广阔的外部宇宙遥相呼应，类似于中国汉代的"天人感应"学说。这也是车田正美的漫画《圣斗士星矢》中，圣斗士体内"小宇宙"的原型。

当时赫尔墨斯密教甚为流行，作为记忆学导师的布鲁诺，在古埃及宗教思想基础上，又杂糅了古希腊、希伯来、波斯的宗教元素。在古代宗教思想改造下，记忆学被迅速密教化、符号化，开始变成一门混合了魔法与巫术的学说。布鲁诺作为坚定的赫尔墨斯密教信奉者，无疑是将其推向高潮的几个人之一。他出版的一本记忆学专著，以对话的形式写成，主人公便叫作赫尔墨斯。

布鲁诺的记忆学著作开始偏离了助记的目的，沦为密教性质的魔法课本。在布鲁诺引用的助记图像中，长着雄鹿头颅的男子站在火星上，手臂上落着一只正在吞噬毒蛇的猫头鹰。即使单纯要记住这些助记图像难度都非常之大，更别提用这些图像帮助记忆了。

源自古埃及的赫尔墨斯法术中，太阳法术占据着重要位置。当布鲁诺读到哥白尼的《天球运行论》，发现日心说与太阳崇拜思想契合，不由得欣喜若狂。

布鲁诺在此加入日心说阵营，他手持科学作为致命武器，希望给基督教重重一击。他要在基督教的废墟上，重建赫尔墨斯法术的辉煌。

布鲁诺比哥白尼走得更远，在他的著作里，太阳也已经不再是宇宙的中心。他相信宇宙的无限，认为无限个宇宙中有无数个世界。在布鲁诺的宇宙里，世界不再局限于几个封闭的水晶天球，它变得丰富而生动，无数个世界自成体系，世界在运动中得到更新和再生。

布鲁诺的宇宙观无疑更贴近今天的科学解释，不过他的无限宇宙学说并非基于严密的科学逻辑，而是基于赫尔墨斯泛神论、万物有灵论的宗教思想。无论是日心说还是无限宇宙观，在他看来都不过是古老埃及智慧的延展。他反对基督教推崇的亚里士多德思想，宣称基督教虚伪作恶，推崇巫术。终其一生，他在捍卫的是自己的宗教理想，而不仅是科学信念。

此前布鲁诺在牛津大学游历时，曾举行系列讲座宣讲哥白尼系统，希望在牛津得到教职。然而牛津的学者没有接纳他，据说倒不是因为他的观点异端，而是因为他的态度桀骜。1591 年，意大利帕多瓦大学数学教授一职出现空缺，帕多瓦大学当时处于威尼斯共和国治下，是世界第三古老的大学，是整个欧洲的学术中心，也是哥白尼的母校。布鲁诺相信帕多瓦大学的平台可以帮助自己传播学术思想，于是他返回少小时便离开的故国，前往帕多瓦，一边撰写着《几何学纲要》（ Lectures on Geometry ）和《变形艺术》（ Art of Deformation ），一边再次谋求教职。

在不远的比萨城内，另一位年轻的数学教授也发现了这个职位空缺，他是时任比萨大学数学教授、后来的"近代科学之父"伽利略·伽利雷（Galileo Galilei）。

伽利略时年 27 岁，此前已在比萨大学数学系执教两年。比萨大学还不能与当时的名校相提并论，全校在校生仅有 600 名，不到博洛尼亚大学和帕多瓦大学的一半。大部分学生主修法律，且很多都毕不了业，每年只有不到 40 个学生能拿到文凭。

伽利略此前在比萨大学就读过 4 年，但没能取得学位。就读期间，他在比萨大教堂昏昏欲睡的讲道前，看着身着黑袍的教堂司事高举细长的火炬，伸向略高于头顶的吊灯灯碗。吊灯依次点燃，火光从昏暗中现身，教堂慢慢亮起来。司事收回火炬，转身离开，任由吊灯摆动。19 岁的伽利略望着教堂上摆动的吊灯，发现了摆的等时性原理：对于同一个单摆，无论摆动幅度多大，完成一次摆动所需时间相同。

今日的游人在参观比萨斜塔时，往往也会访问附近的比萨大教堂。当人们穿过入口处的青铜大门，走过肃穆的石柱步入宏伟的教堂正厅时，就会看到纯白的大理石背景下，高逾一人的青铜枝形吊灯从穹隆顶端垂下，如今这座吊灯被称作伽利略灯，只是伽利略当时看到的吊灯更小也更简单，远没有今日的伽利略灯来得精美大气。

伽利略在比萨大学爱上了数学，毕业后他回到位于佛罗伦萨的家，尝试着将数学和理性思维应用在各种领域。他的尝试在今天看来充满理科生一板一眼的气息。伽利略曾在佛罗伦萨学院发表过一系列精彩演讲，用数学思维解构但丁的长诗《神曲》。根据伽利略煞有介事的研究，他得出堕天使路西法的身高为但丁本人的 1849 倍，而地狱是位于地心的漏斗状领域，质量占到地球自重的 1/12。演讲火爆一时，伽利略靠着在《神曲》研究中积累的人气，在 1589 年赢得了比萨大学的教职。

在比萨大学的两年中伽利略不算得志，但正是在比萨，他完成了科学史上最著名的一次实验——两铁球同时落地实验。那是他第一次向亚里士多德的传统力学体系发起冲击。

实验的内容毋庸赘述，它被收入了小学课本，得到了文学家绘声绘色的描述。不过，很多历史学家质疑实验的真实性，认为该实验可能只是出于杜撰。

伽利略本人并未记录自己在比萨斜塔的实验过程，只是说自己的确有在高塔上做过实验。根据伽利略的手稿，两个不同质量的物体在实验中并非完全同时落地，而是重物要稍稍早了一点，不过依然"几乎同时"。重物稍稍早了一点的结论，在今日可以用空气阻力完美解释。在当时，仅仅早了一点的结果已经足以推翻亚里士多德的观点，自由落体的时间差距远没有质量差距那样显著。

两铁球同时落地实验的记录出自伽利略的学生维维安尼的第一版伽利略传记，可维维安尼与伽利略一起工作时，实验已发生了近半个世纪。

也有部分史学家选择相信维维安尼的叙述，毕竟维维安尼似乎没有说谎杜撰的必要。而且，在比萨城的地标建筑公开实验，完全符合伽利略喜欢"把事情搞大"的风格，这种对戏剧性的追求贯穿了伽利略的一生。同样愿意相信的还有今天的比萨市旅游局，任何一个当地旅游网站都愿意提上几笔。

1591 年，在布鲁诺赶向帕多瓦申请教职的同年，帕多瓦大学数学教授职位空缺的公告也张贴在了比萨大学的墙上。伽利略读完公告，决定离开比萨大学，到更有声望的学术中心去，他将成为布鲁诺最大的竞争对手。

伽利略前往帕多瓦，在随后的整整一年里，伽利略都在结交权贵，从学界耆宿到军政贵族。那时，同样混迹于贵族圈子里的还有两个人，一位是布鲁诺，另一位则是后来的耶稣会红衣主教，以铁腕镇压异见者的"异端之锤"罗贝托·贝拉明（Robert Bellarmine）。后来，他们都在伽利略的生命中扮演了重要的角色。

在帕多瓦贵族举办的聚会中，伽利略或许曾与布鲁诺和贝拉明有过一面之缘。历史没有留下那时他们具体会面的记录，罗贝托·贝拉明年长布鲁诺 6 岁，此前也曾就读于帕多瓦大学，算是与两人都颇有渊源。可贝拉明身负教职，坚持天主教信仰，即便他有着一定的科学素养和对科学的同情，也难以与两人敞开心扉。伽利略也很难与布鲁诺成为好友，他们都生性骄傲，彼此的科学观点也迥然不同，两人的生活轨迹在这一刻匆匆交错，此后渐行渐远。只是布鲁诺后来横遭火刑的经历，成了几十年间伽利略发扬哥白尼学说时，一直都悬在伽利略头顶的"达摩克利斯之剑"。

布鲁诺没有对伽利略构成任何威胁。在教职发布次年的 1592 年，布鲁诺被关进宗教裁判所。

1591 年底，行走欧洲十余年的布鲁诺，大约是觉得风声已经过去，宗教裁判所也已经失去了对自己的兴趣，在申请帕多瓦教职的同时，布鲁诺选择接受了一份来自威尼斯的邀请，去做一位贵族的家庭教师，主讲记忆术与巫术。

很多历史学家相信，那是一个圈套。在布鲁诺为贵族授课的第八个月，贵族纠集人手，在 1592 年 5 月 22 日深夜绑架了布鲁诺。第二天，贵族前往威尼斯宗教裁判所揭发控告，证明自己的老师著有三本异端书作。这 8 个月中布鲁诺传授给贵族的知识，如今成为布鲁诺的罪证。

宗教裁判所密使收走了布鲁诺的书稿和信件，填满了整整一个袋子。当布鲁诺走出居所穿过门廊时，他看到整整一队弓箭手正等待着他。威尼斯的河水拍打着轻舟，看守带着布鲁诺登船押往总督府旁边的监狱。

1592 年 6 月，在威尼斯参议院的会议上，关于帕多瓦大学的教职之争尘埃落定。会议以 149 票对 8 票的绝对优势，确定伽利略当选。在他们的报告里，评价伽利略"在比萨大学的教授工作令人尊敬且成功，他可以称得上是该领域中最杰出的一位"。伽利略以学术新贵的姿态坐上了学术中心的宝座，拿到了原先 3 倍的薪水，他即将在之后的学术研究中大放异彩。

在伽利略筹备着通过大学的考察时，布鲁诺静静地躺在潮湿阴暗、不足两平方米的单人囚室里，终日与一盏油灯为伴。在伽利略首次登台授课时，布鲁诺在威尼斯接受首次审讯，开始了整整 8 年被折磨、被拘禁、被审判的生涯。

在狱中，布鲁诺依然希图将思想传播给狱友，他宣称基督被钉死的十字架与天主教在圣坛上展示的完全不同，十字架原本雕于埃及的丰饶女神伊希斯（Isis）胸前，十字架不过是基督教从埃及人那里偷来的文化赃物。这些言论后来被狱友告发，成为宗教裁判所卷宗里记载的呈堂证供。

如今回看当年书记员留下的提审笔录，布鲁诺在审判中的自述诚恳、坚定而坦诚。他承认自己的观念与教会相左，也坚持自己谈论的内容完全合法。他否认自己曾贬低耶稣所行的神迹，也承认自己对三位一体有所怀疑。他以亚里士多德和圣托马斯的学术理论为引，阐述自己的无限宇宙观，安静的审讯室里，他滔滔不绝地陈述下去，与主审法官谈到深夜。

对布鲁诺的终审在罗马举行，包括未来教皇保罗五世在内的八大红衣主教组成了豪华的审判团队。主审官正是刚刚执掌宗教裁判所的罗贝托·贝拉明。这位基督教的"异端之锤"没有给布鲁诺留下任何机会，以铁腕将布鲁诺判处火刑。

如今该次审判的一部分重要卷宗已经遗失，现有流传下来解封的一批文件里，贝拉明为布鲁诺定下八大异端罪状，包括反对天主教思想、反对三位一体、反对基督的神性、相信轮回转生、相信无尽宇宙思想，还包括质疑圣母玛利亚的童贞受孕。在文件里，对日心说的支持并未成为审判的理由——事实上和那八大异端罪状比起来，支持日心说的罪过实在显得太过轻微。

听过宣判，布鲁诺看着法官说："你们这些宣判者，或许比我这个承担者更害怕。"

1600 年 2 月，52 岁的布鲁诺在罗马鲜花广场被执行火刑，随后他的骨灰被倾入台伯河，作品遭到封禁。如今布鲁诺的雕像伫立在鲜花广场，他披着长长的斗篷，双手交叉向下按在书上，低着头，面色阴郁地望着大地。

与哥白尼、第谷、伽利略不同，布鲁诺不算是科学家，也并不具备实证科学素养，他的获罪也基本同他的科学观点无关。由身为法术师的布鲁诺来掀开历史的这一页，完全是意料之外的巧合。

布鲁诺去世后，沉默了半个多世纪的日心说思想在这场冲突中重新受到重视，教会无法再简单地忽略日心思想。布鲁诺竭力发扬的赫尔墨斯密教则走向低谷，逐渐不为人知。

与此同时，垂垂老矣的第谷完成了少年时代的梦想，他通过近 40 年对宇宙不懈地观测，积累了世界上关于星空最准确、翔实的资料。后来，他的老赞助人腓特烈国王逝世，1597 年新君亲政，年轻的君主克里斯蒂安终止了资助。在布鲁诺羁押期间，第谷应神圣罗马帝国鲁道夫二世相邀前往布拉格就职，为帝国编制天文星表，也为资助人占星预测吉凶。

在布鲁诺遭遇火刑的同年，第谷做出了他在科学史上的另一贡献——他开始培养约翰尼斯·开普勒（Johannes Kepler）成为自己的接班人。

开普勒在 1571 年生于神圣罗马帝国，算是今天的德国人，比第谷年轻 25 岁，在大学时代开始接触哥白尼日心理论。作为基督教徒，他认为哥白尼简洁的日心说更符合上帝创世的思路。

如同有人在路上拾到一块精致的怀表，他把表在放大镜下观察，看着机芯跳动、指针轮转，面对这样精巧的造物，他一定会猜想到这是钟表匠的杰作，而不是大自然的随机演化产生。他相信通过研究怀表的运转，一定可以参透钟表匠的苦心。

在开普勒的著作《世界的和谐》里，他曾经引用过古罗马医学权威克劳迪亚斯·盖伦（Claudius Galenus）的文字。这位年长东方医圣张仲景 21 岁的医学名家认为：用公牛向造物主献祭不算虔诚，用香料与肉桂为造物主焚香也不算虔诚，真正的虔诚在于理解造物主的智慧，探索造物主的创造，再把这些智慧传授给别人。

与盖伦相同，开普勒把整个宇宙当成了他的怀表。他以太阳作轴，公转黄道面作为表盘，地球及五大行星作为指针。他相信，通过钻研上帝最杰出的造物，可以直接解读上帝的思想。

起初开普勒还不算科学家，1595 年他还在出版占星历书，1596 年底他的作品《宇宙奥秘》终于和科学搭了界，但还是混合了大量数学神秘主义与天主教思想。

16 世纪末，开普勒在奥地利格拉茨神学院教授数学。期间他思考最为深入的问题是：为什么上帝创造太阳系，其中恰有 6 颗行星？太阳系的 6 颗行星，轨道之间的距离为什么是现在的比例？

他在黄道平面上做过许许多多的推演，直到灵光一现，从平面几何提升至立体几何，把天文学与数学联系到一起，认为上帝正是根据数学上的 5 种正多面体的形状设定了五大行星以及地球的运转轨道。

古希腊数学家早已判定，自然中只存在 5 种正多面体，在开普勒的太阳系模型中，6 颗行星依次嵌套在球形的水晶壳层上，6 个壳层之间的 5 个缝隙恰好可以嵌入 5 种正多面体。球壳与正多面体之间有的内切、有的外接，环环相扣之下，恰好得出了行星的相对距离。开普勒用正多面体与球壳嵌套搭建的模型，与实际观测数据的误差仅有约 5%。

《宇宙奥秘》让开普勒声名远播，他就此成为学界中的知名人物。今天看来，整本书籍的宇宙观充斥着神秘主义思潮，他的正多面体嵌套理论完全出于臆测与巧合，在科学方面毫无所成。之后随着更多行星加入太阳系家庭，开普勒的理论便会彻底瓦解。

可这本书依然独具价值：浅层的价值在于开普勒转投日心说阵营，成为日心说理论的重要旗手；而更深远的价值则在于开普勒扬弃了古希腊以降从哲学出发的天文学传统，改为从数学角度探究星空规律。这一次失败的尝试，开启了开普勒三定律的未来。

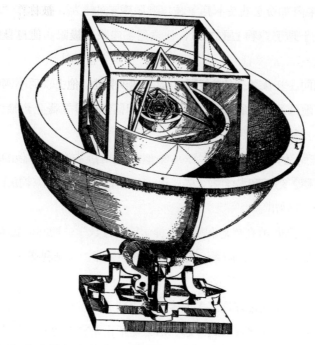

《宇宙奥秘》中开普勒绘制太阳系模型，正多面体与行星所在天球层层嵌套
来源：维基百科

开普勒把作品寄给在帕多瓦大学的伽利略，以及在布拉格就任神圣罗马帝国皇家数学家的第谷。收到作品后，尽管发现整本书建基于日心说，与自己日地双核心系统相左，但第谷依然邀请开普勒来到身边，让开普勒成为了自己的助手。

他们的共事情谊没有维持太久，第谷·布拉赫病逝于 1601 年布拉格的深秋。

去世前，第谷将 40 年来的观测数据赠给开普勒，且留下了两条遗言：其一，希望开普勒将观测数据编成当时最详尽准确的星表，并命名为《鲁道夫星表》，来纪念慷慨的赞助人；其二，希望开普勒进一步发扬完善自己的日地双核心系统，放弃哥白尼的日心说。

第谷逝世的前夜，开普勒侍奉在床前。已经神志不清的第谷回光返照，他像是个欣喜的歌者，自编起小调反复唱诵，这位骄傲了一生的丹麦贵族临行前充满了对死亡的畏惧，口中反复呢喃着一句话："不要让我此生徒劳。"

鲁道夫二世为第谷举行了隆重的国葬。第谷安息于布拉格泰恩大教堂，墓碑上刻着自撰的墓志铭："他生时像个圣者，逝时却像个蠢夫。"

第谷·布拉赫如今被视为最后一位以肉眼观星的大师，被称作"星学之王"，他的观测数据精度超过哥白尼的 20 倍，达到了肉眼的极限。他自身的天文学成就以及留给开普勒的浩繁资料，大大推动了人类对宇宙的认识。

第谷留下的那些精致的天文仪器再没有被珍视过，他去世后不到十年，伽利略引入改进的望远镜让肉眼观星仪器成为历史，那些仪器积满尘土，后来被"三十年战争"中的一场大火毁于一旦。

第谷心心念念的日地双核心系统并未被西方学界重视，随着他的去世一并湮灭在历史之中。他"放弃日心说"的遗愿也没有被开普勒遵守，相反，开普勒用他的数据对日心说做出了最强有力的证明。

开普勒继承了近 40 年的珍贵数据，也继承了神圣罗马帝国皇家数学家的席位。这个出身低微的年轻人，终于走到了历史的前台，与伽利略一道，成为了辉耀科学界天空的双星。

此时正是文艺复兴的黄金时代，莎士比亚在英国写出了《哈姆雷特》，塞万提斯在西班牙写出了《堂吉诃德》。伽利略在帕多瓦大学也迎来了自己的上升期。

佛罗伦萨尚在托斯卡纳大公国治下，伽利略同托斯卡纳的权力执掌者美第奇家族相交日笃，后来还成为了家族继承人的家庭教师。1609 年老大公费尔南多病笃，大公夫人请伽利略占星预测。根据伽利略的占星，老大公还要过上许多年的幸福生活。

可费尔南多没有挺过那个冬天。伽利略 19 岁的学生即位为费尔南多二世（Ferdinando Ⅱ de' Medici）。伽利略随后前往佛罗伦萨，就任托斯卡纳大公首席数学家及哲学家。

伽利略在佛罗伦萨算是幸福，他有了三个孩子，两个是女儿，另一个是儿子。孩子的母亲比伽利略年轻 15 岁，他们没有结婚，在子女出生的登记文件上，父亲的一栏留白空缺。伽利略是伟大的科学家，却不是合格的父亲，他把两个女儿都送进了修道院做修女。小儿子倒是一直养在身边，由于一直被溺爱，成了纨绔子弟。

他的长女玛利亚·切莱斯特（Maria Celeste）继承了父亲的头脑，孩童时，她目睹父亲在后院支起望远镜探索宇宙，也在父亲的望远镜里，看到模模糊糊的银河变成了一颗一颗数不胜数的星星。

　　玛利亚在 13 岁时被送进修道院，在贫穷和与世隔绝中度过一生。她起了玛利亚·切莱斯特的教名，其中的切莱斯特，含义是"星空"。玛利亚的修道院距离伽利略的住处不远，他们保持着频繁的通信。如今，历史留下了她写给父亲的 124 封信件，伽利略的回信却已经遗失。

　　如今再去翻看这些信件，一窥伽利略的家庭生活，会看到这个年少时被送进修道院的女儿，即使对父亲有那么深沉的依恋和爱，信件里却依然带着超乎自己年龄的成熟，以及与父亲的疏离。在玛利亚 23 岁时提笔写下的信件开头，她对伽利略的称呼是"声名赫赫的父亲大人"，行文里写下的是"可以作为我们的美德典范的，除了您，再也没有其他人"。

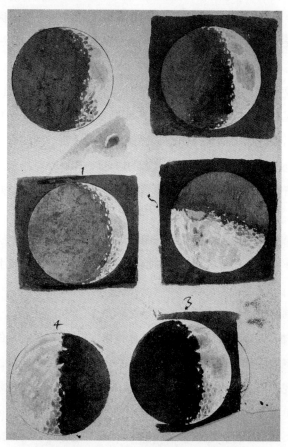

伽利略于 1609 年绘制的月球素描手稿

来源：the Oxford illustrated history of science. Iwan Rhys Morus P156

这样温柔而谦卑的用语，在未来的通信里，一次又一次被重复。

她关心父亲的健康状况，当父亲被教皇接见，玛利亚也会感到欣喜，还好奇地请求父亲把教皇来信的抄件给她看看。她在信里事无巨细地和父亲分享自己的生活。其中，偶尔还要用卑微的语气，向父亲要钱。

玛利亚承担起了为父亲打点起居的各种工作，在修道院里帮助父亲浆洗衣服；帮父亲留心市场上的房产信息。在父亲写书的时候，她用很漂亮工整的笔迹誊写书稿。后来伽利略最重要的一部著作《对话》，大部分由她抄写。

在玛利亚的帮助下，伽利略得以将全部精力投入科学。他改进了荷兰人发明的望远镜用于天文观测，后来开普勒也参与进来，开普勒把望远镜称为天空的权杖，通过研究比较了多种镜片的性能加以组合，制成了后世口中的开普勒望远镜。伽利略巡视月球表面，发现月球表面并不像亚里士多德所言那般均匀完美。他观测到金星盈亏，为金星绕日旋转提供铁证。他发现了木星的 4 颗卫星，以赞助人的姓氏将其命名为美第奇星群。按照教会的传统理论，一切星体必须只能以地球为中心公转，如今他证明有 4 颗天体竟然以木星为中心旋转，在传统地心体系的硬壳上敲出了一丝裂纹。

亚里士多德派哲学家当然不愿将战场拱手相让，他们拒绝相信观测结果，质疑望远镜的客观性。直到望远镜被不断制出，更多的人通过镜片直接看到了同样的景象。

打碎地心说硬壳的则是一直致力于完善日心说系统的开普勒，他对伽利略的天文观测密切关注，非常担心伽利略的美第奇星群是绕着另一颗未知的恒星旋转。一颗新恒星的引入无疑将对开普勒日心体系造成巨大打击，后来，开普勒通过信件得知美第奇星群属于木星系统，终于放下心头大石。

开普勒通过研究火星轨道发现，根据以传统圆形轨道对火星运转的方位预估，无论怎样调整，都会与老师的观测数据产生至少 8 角分的偏差。而第谷的观测精度达到了误差 1 角分之内，开普勒相信如果数据无误，只可能是模型有了问题。这是改变了人类天文学史的 8 角分，开普勒经过了几年数千页纸的精密计算，做出了一步重大跨越：开普勒扬弃了沿用两千年、连伽利略也不愿放弃的圆形轨道系统。开普勒发表《新天文学》一书，提出了开普勒行星三大定律的前两条，开普勒揭示：行星的轨道是椭圆形，太阳就位于椭圆轨道的一个焦点之上，太阳与行星连线相等时间内扫过的面积相等。未来，开普勒又增补了开普勒第三定律，揭示了行星绕日周期和距离太阳距离的关系。他证实各个行星绕太阳公转周期的平方与其椭圆轨道的半长轴的立方成正比。这条定律看上去晦涩难懂，实际上却可以推导出行星与太阳之间的引力与距离平方的反比关系，这是未来牛顿万有引力定律的基础。

理论终于开始与数据吻合起来，哥白尼日心说精度不足的致命缺陷得到弥补，在第谷离世 10 年后，伽利略与开普勒联手，扫清了日心说体系的最大理论障碍。

接下来要扫清的，是来自世俗的障碍。

伽利略敏锐地意识到了美第奇星群对哥白尼学说的意义，1611 年，他赶往罗马，随身带着望远镜向罗马人展示着自己的宇宙学说。他意气风发，雄辩滔滔，对宇宙、力学等大量问题一一探讨，毫不留情地将对手驳得体无完肤。伽利略的罗马之行广受欢迎，红衣主教马菲里奥·巴尔贝里尼（Maffeo Barberini），后来的教皇乌尔班八世还曾赋诗来赞颂伽利略的成就，他们此后还会相遇，但是关系再不复当年融洽。

伽利略与此前在帕多瓦大学相识的耶稣会传教士、科学家约翰·施雷克（Johann Schreck）相继被选为罗马最高科学机构山猫学院的会员。后来，施雷克搭乘金尼阁的帆船，随着 7000 部赠书一道来到中国，以邓玉函的中文名被写进了东方的历史。

伽利略还面见了教皇保罗五世和红衣主教贝拉明，这两位会审处死布鲁诺的宗教人士，对他表现了出乎意料的热情。然而神学与科学的分歧终究不可弥合，1616 年，保罗五世请求宗教法庭成立 11 人主教顾问团对哥白尼学说开展调查，由小组投票决定日心说是否为异端邪说。

这大约是科学史上首次采用投票的形式来确定科学命题是否合理，下一次著名的投票还要等到近 4 个世纪后的 2006 年，这一年经过多年的争论和国际天文学联合大会上数日争吵，在场 400 位天文学家投票，将冥王星从九大行星中除名，太阳系从此只剩下八大行星。

主教顾问团一致裁定日心说与《圣经》抵触，成为"正式的异端邪说"，哥白尼的作品被列入《教廷禁书目录》。在教皇要求下，"异端之锤"贝拉明亲自召见伽利略，这是那个时代最具影响力的神学家与科学家的正面相遇。

如果不是以这样的身份相见，或许二人私下可以成为挚友。贝拉明在帕多瓦大学受教，有着相当的天文学及数学功底，还做过《天球与恒星理论》主题演讲。这位红衣主教信仰虔诚，他的著作直到 20 世纪仍被人学习。贝拉明与其他服务于教会的天文学者共同核查过伽利略的观察结果，私下对伽利略赞誉有加。

贝拉明和伽利略都承认望远镜发现的天文现象，作为信徒，二人也都承认教义的权威。只是，伽利略相信，地心说与日心说之争并不会影响到灵魂的救赎；而贝拉明则认为，既然《圣经》已经明确指出太阳围绕地球运转，那么否定地心说无疑是对教会的亵渎。

伽利略与贝拉明在科学上也没有达成共识，伽利略的宇宙观建基于观测探索，贝拉明则对自己的天文学知识过于自负，坚称宇宙中只有八个天球，只是遗憾自己"说服不了任何天文学家"。

传召当日，两位教会人士传唤伽利略前往贝拉明的府邸。教会内部也不是铁板一块，或许是担心贝拉明会因为此前的私交，对伽利略过分宽容，宗教裁判所的几位多明我会神父不请自来，来见证旁听身为耶稣会士贝拉明主教的训诫。

贝拉明并不欢迎这几位见证人，但也无法拒绝。随后贝拉明亲自前往大门，脱帽迎接了伽利略，在正式训诫前，他们私下聊了几句，或许是出自贝拉明的善意嘱托。

没有人知道那一天确切发生了什么，那次见面留下了两份差别极大的文件，为日后埋下了危险的引线。一份文件由伽利略保管，那是会面 3 个月后，由贝拉明出具的证明书。在半页纸的篇幅里，贝拉明证明：那次会面并非是对伽利略兴师问罪，只是向他通告教廷思想，告诫他哥白尼学说与《圣经》相悖，不得拥护和持有。在 16 年后，1632 年宗教裁判所对伽利略的审判里，伽利略宣称，贝拉明主教只是告诫自己不可以相信或维护日心说，但可以把日心说当作假设来探讨。

而在另一份现场公证人提供的记录文件里，描述则更加严厉，要求伽利略不得以任何方式持有、教授或支持日心说，否则将要遭到宗教裁判所审判。这份更为严厉的记录末尾，没有按照既往程序留下伽利略本人和公证人及见证者的签名。

从此，伽利略开始学着保持沉默。

伽利略的沉默也对东方世界造成了影响，当时，伽利略的故友邓玉函已经随着金尼阁、汤若望抵达中国，卷入了明帝国的历法之争。在耶稣会士进入中国的前夜，中国天文学已经开始失去在世界上的领先地位。皇帝贵为天子，上承天命，民间私习天文往往被看作叛国。在帝朝钦天监的垄断下，中国民间的智慧无法推动科学进步，钦天监的天文预测充满了误算，有识之士建议重修历法，终于，由中国刚刚即位的崇祯皇帝主导，明廷开始求助具有丰富天文知识的西方传教士。

邓玉函向伽利略和开普勒分别致函，希望取得最新的天文学成果，用来修订明朝历法。伽利略受制于 1616 年禁令，踯躅不前，没能在这场东西方天文学交汇的十字路口写上一笔。开普勒则热情地提供了大量书籍、星表、数据，后来还补充了第谷遗嘱中叮嘱修订的《鲁道夫星表》。

1628 年，崇祯元年，《鲁道夫星表》刚刚汇编而成。在第谷去世 27 年后，开普勒完成了老师的遗愿。

《鲁道夫星表》不但包含了第谷 40 年观测积累的数据，而且引入了开普勒的行星椭圆轨道体系，成为了当时最先进的天文资料，在此后的一个多世纪里都被当作标准星表。时光流逝，根据开普勒椭圆轨道模型做出的天体方位预测依然准确，无声地支撑着开普勒的行星运行定律。

如今回看《鲁道夫星表》，不难看出开普勒寄予其中的野心。在开普勒看来，《鲁道夫星表》不仅是一份记录翔实的星表，更是古希腊以降天文学的总结和综合。他亲自设计的卷首插图里，绘制了天文学女神的神殿。神殿穹隆上的诸神手持望远镜、对数表和磁石，神殿廊柱之间悬挂着各式各样的天文工具，其下站立着姿态各异的天文学家，从古希腊描述了西方古典星座的天文学家阿拉图斯，到编制恒星星表的喜帕恰斯，到伏案工作创作了《天文学大成》的托勒密，再到居于神殿正中倚柱相望的哥白尼和第谷。这幅插图将 2000 年来的天文学发展史镶嵌其中，在神殿基座上，开普勒还加入了自己的形象，与古希腊以来的诸位先贤同列。插图里，开普勒穿着松垮的睡袍，眼镜被随意地放在书桌上，脸上满是疲惫。

《鲁道夫星表》卷首插图

来源：维基百科

开普勒还为赞助人留下了位置，神殿之上象征神圣罗马帝国的鹰舒展双翼，衔来钱币，象征来自鲁道夫二世的支持。只惜开普勒在任皇家数学家时，这个职位已经不再像第谷在位时那样风光，帝国之鹰衔来的钱币愈见稀疏。彼时神圣罗马帝国已经衰败，由帝国内战发展而起的"三十年战争"席卷了整个欧洲，鲁道夫二世热心艺术、科学与收藏，在政治上却碌碌无为。战争之余鲁道夫二世快快不乐地支付着开普勒的薪水，并时有拖欠。在伽利略前往罗马宣传日心说时，鲁道夫被逼宫退位，开普勒也离开了布拉格。

开普勒在穷困潦倒中继续研究天文学，他的先后两任妻子生下的 12 个子女，大多在贫困中夭折。17 世纪是人类史上黑暗的"猎杀女巫"狂潮末期，开普勒的母亲也被卷入其中。控方聚集起 21 名证人，对开普勒的母亲卡塔琳娜发出指控，言之凿凿证明卡塔琳娜对邻居使用巫术，还用毒酒杀害了邻居。审判中法官动用刑具，卡塔琳娜无奈招供，供述出 35 条罪行，最终被判处死刑。开普勒压抑心中怒火，一边花费大量时间和金钱四处奔走，一边为母亲准备法律文件辩护，最终出庭逐条驳斥证人的证词，才使母亲免于危难。

《鲁道夫星表》的筹款及出版进一步拖垮了开普勒的身体，也拖垮了他的财务。贫困交加之下，他不得不重拾他讨厌的占星术工作，为人们预卜吉凶，补贴家用和研究。

开普勒本人不大相信占星理论，也反对君主依靠占星作出政治决策。他自嘲说若不是占星术为天文学挣面包的话，天文学便要饿死。广泛预测之下，开普勒竟也因为巧合猜中了一些事件。在 1595 年的星占历书中，开普勒猜中了两件大事："好战的土耳其人侵入奥地利"和"这年冬天将特别寒冷"。在开普勒 17 世纪初发布的天气预报里，根据木星与火星相合，他预测了 1609 年 3 月 1 日的一场大冰雹。

星表出版两年后，开普勒依然为筹款忙碌不休，1630 年，他在追讨欠薪时病故于小镇雷根斯堡，享年 58 岁。去世时开普勒带着一匹老马，随身的衣服都很破旧，除了用来防身的手枪外，就只剩下一点微薄的路费。他被草草葬在当地的小教堂里，后来墓地在"三十年战争"中被毁，没有留下任何痕迹。

约翰尼斯·开普勒填补了日心说的最后一块拼图，拼出浩大的宇宙图景。他参透了行星轨道的奥秘，被学界称为"星空的立法者"。后世回望这段历史，他在哥白尼、伽利略、牛顿的光焰掩映下，并不算显眼。可他依然是科学史上不可忽略的人物。他拾到了宇宙这块怀表，并且成为那个为怀表上好发条的人。

2009 年，美国国家航空航天局启动"开普勒计划"，发射开普勒空间望远镜来探索太阳系外的行星系统。望远镜在 2018 年耗尽燃料退役。在短短 9 年半服役期内，"开普勒计划"留下了另一份珍贵程度不逊于《鲁道夫星表》的开普勒星表，计划中发现的近 2700 颗系外行星赫然在列，这些系外行星均以开普勒命名，只是后面的编号略有差异。在各自的轨道上，它们依然按照开普勒近 400 年前的行星三定律周而复始地运转。

　　崇祯初年，开普勒在暮年向邓玉函提供的珍贵资料，汇聚了当时欧洲最先进的科学成果，凝聚了哥白尼、第谷、伽利略、开普勒四大天文学家的智慧。然而大洋森森，东西遥遥，当资料随船辗转来到中国澳门时，已经是邓玉函辞世的 16 年后。

　　不过邓玉函掌握的科学资料已经足以应付明帝国的需求，1629 年，明崇祯二年，开普勒去世的前一年，明廷同时采用邓玉函的西方历法、明初在郭守敬《授时历》基础上更订的《大统历》，以及源自阿拉伯的《回回历》预测日食，邓玉函完胜。

　　西方历法终于在明末的历法之争中获得胜利，邓玉函首战告捷 5 年后，1634 年，由西方传教士龙华民、邓玉函、汤若望等人担纲，在中国官员徐光启的统筹下，编订了《崇祯历书》。由于当时哥白尼的日心体系尚未成熟，《崇祯历书》采用了第谷的日地双核心系统。第谷在西方湮没在故纸堆里的宇宙模型，在遥远的东方找到了土壤。

　　在崇祯皇帝"广集众长，虚心采听，西洋方法不妨兼收，各家不同看法务求综合"的指示下，《崇祯历书》已远远不再限于一部历书的范围。全书定稿时已达 137 卷，全面介绍了西方数学、天文、几何、测量计算、度量单位。古老的东方在金尼阁辞世 30 年后重拾西方文明，在天文历法方面，由于先于西方采用了先进的第谷系统，明帝国在历法应用上本可以实现对西方天文学界的短暂超越。

　　新历编订之后，新旧历法之争依然持续了 10 年，根据《明史》记载，期间一共发生了 8 次历法较量，西方历法八战八捷。崇祯皇帝终于"深知西法之密"，在崇祯十六年即 1643 年下令颁行新法。

　　然而，这位励精图治的君主终究慢了一步，他没能看到新历实施的一天，一年后李自成的大军踏破北京城门，崇祯皇帝自缢于景山。

　　同年清军入京，汤若望坦然自荐，将《崇祯历书》修订为一百卷本，献于摄政王多尔衮。八月初一日食，汤若望依照新法，准确推算时刻。多尔衮下令以《崇祯历书》为基础制《时宪历》，当年的《崇祯历书》以《西洋新法历书》为名传世，后来避乾隆皇帝爱新觉罗·弘历讳，改"历书"为"算书"。

　　伽利略和开普勒都不会预料到的是，当年第谷·布拉赫的日地双核心系统，竟作为东方历法的核心，伴随东方世界跨越明清两代，走过了近三个世纪的岁月，从崇祯一朝流淌到辛亥革命。

伽利略更不会预料到的是，在耶稣会士全力在东方编订《崇祯历书》之时，他正缓缓陷入人生中最深不可测的旋涡。

哥白尼学说正式被禁的 16 年间，犹如暴风雨前的平静。1632 年的伽利略，已是 68 岁的老人。伽利略此前的几部隐晦提到日心说的著作并没有遭到宗教干涉，似乎是觉得风波已经过去，他在佛罗伦萨写出了一生中最重要的著作——《对话》。

《对话》全称为《关于托勒密和哥白尼两大世界体系的对话》，以三个人的对话形式讨论了地心说和日心说。书中对话的三人分别支持日心说、地心说以及中立。在书中 4 天的讨论中，伽利略完整地支撑了日心说体系。

《对话》迅速在欧洲传播开去，成为了日心说科学家的获胜宣言。伽利略的朋友与反对者同一时刻拿起了这本书，读罢双方都只能得出一个结论：伽利略亲手签署了自己的死刑通告。

这个结论不算离谱。

表面看来，简单的地心日心之争，似乎不应该在教会内部掀起轩然大波。然而，教会奉行的亚里士多德科学体系，是一整套环环相扣如齿轮咬合般的完整机器。

亚里士多德派学者相信地球在宇宙中心，还相信月亮之上与月亮之下的宇宙有着两种物质体系。月下区域里，土、气、火、水构成了万事万物，月亮以外，名为以太的第五元素构成了日月星辰。气与火天生有着远离宇宙中心的特质，故轻而上升；土与水天然有着去向宇宙中心的趋势，故沉而下降。环环相扣的世界观搭建起宏大的知识体系，牵一发而动全身。

一旦太阳取代地球成为宇宙的中心，亚里士多德一派便不得不重新解释：为什么土和水不飞向太阳？以太又将去向哪里？五大元素的说法还是否正确？

从神学角度来看，日心说的挑衅就更加尖锐，如果地球不再位于宇宙中心，而是降格为与其他行星同样普通的存在，那么人类作为上帝神圣造物的中心地位也不再稳固。

一块基础的坍塌将造成整栋大厦的摇摇欲坠，更别提《圣经》里大量段落都暗示地球是静止的，日心说威胁的是整个神学体系。

在历史上，天主教会对科学的进步曾经持有过宽容鼓励的态度，但到了伽利略时代，这已不再是某个小小问题上的观念差异，伽利略与罗马之间的冲突已成定局。

彼时保罗五世和"异端之锤"罗贝托·贝拉明均已于1621年去世。贝拉明辞世前捐出全部财产救助穷人。如今高居教皇御座的是乌尔班八世，也就是当年曾经赋诗赞颂伽利略的红衣主教巴尔贝里尼。

拿到伽利略的作品，教皇阅后震怒，宗教裁判所当即成立特别委员会三人小组调查《对话》一书。当年9月，委员会两周内连续举办5次会议，提交报告。教皇旋即要求伽利略立即赶来罗马，接受裁判所审判，不得有任何延误。

伽利略依然延误了，那时他已经抱恙颇深，三位医生联名开具报告，证明伽利略心跳衰弱、经常性眩晕，还有严重的疝气，如果令伽利略受旅途之苦，可能危及他的生命。

宗教法庭拒绝接受报告，第二年春伽利略启程前往罗马。他离开之前立好了遗嘱，做了不能返乡的准备。

如同当年对布鲁诺的审判，他的审判由10位主教联手执行。伽利略起初还想辩解自己只是遵照1616年和贝拉明的约定，把日心说作为假设探讨，《对话》中对于两大体系均有涉及且不偏不倚，然而这样的辩解实在苍白。事实上，全书明白地表达了对日心说的倾向，所有对地心说的维护都显得浅薄可笑。

仅举一例，在书中为地心说辩解的人物名为辛普利奇奥（Simplicio），即使不了解意大利语，也能发现辛普利齐奥与英文中的简单（simple）谐音，这样的讽刺也难逃宗教裁判所之眼，事实上意大利语中的该词源自词根semplice，正是"天真单纯"之意。

之前伽利略与贝拉明面谈埋下的引线终于引爆，当时留下的两份文件里，那份未经签名的，说伽利略应允不以任何方式传播日心说的记录，成为宗教裁判所指控其违反禁令的证据。长期以来，历史学家对这份文件内容的真伪争论不休，未有定论。

这位虔诚的基督徒在自己的教会中没有得到任何庇佑，而是经历了两个月漫长而屈辱的审理。他拖着病体一次次被召见，一条条回答刁钻的问题，这次审判留下的记录翔实而充分，每一份笔录都有他的亲笔签字："我，伽利略·伽利雷，证明以上笔录属实。"

两个月后，伽利略穿着忏悔者的白布长袍，匍匐在裁判所冰冷的地面。面前，主审人员围成半圆，书记官沙沙走笔做着记录。

宣判书长达十数页，10 位红衣主教中有 7 位签署了自己的名字。主审团中伽利略的挚友，最强烈主张从宽处理的红衣主教、教皇的侄子弗郎切斯科·巴尔贝里尼没有签名，也没有出席审判。不过这不影响宗教裁判所判处伽利略终身监禁，按主教们的设想，伽利略应当在地牢里度过自己的余生，每周背诵《圣经·诗篇》中的悔罪诗。

伽利略逐字诵读裁判所为他拟好的弃绝宣言，发誓永远拥护地心思想。相传当他读完宣言，垂头看着脚下沉默的大地，喃喃低语："可它仍在运动。"

在友人们的帮助下，伽利略得以从地牢脱身，但依然要在私人居所中被终生软禁。他的《对话》被收入禁书目录，直到 200 年后的 1822 年方才解封。封禁之后，《对话》只能在黑市交易，书价顿时翻了十数倍。

伽利略的判决消息迅速传播开去，宗教裁判所将之作为典型案例，传达给意大利的异端审判官和欧洲诸国的教廷使节，还通报给各大学的哲学及数学教授。在荷兰，年近不惑的哲学家、科学家勒内·笛卡儿（René Descartes）此刻刚刚转投哥白尼阵营，他正在创作以日心体系为基础的作品《论世界》(Le monde)，写作取得极大进展，笛卡儿识时务地中止了写作。手稿被锁入抽屉，尘封二十载，直到笛卡儿去世后才重见天日。

在故乡最后的岁月，陪伴着伽利略的是学生和助手维维安尼和托里拆利。伽利略的女儿玛利亚已经先他而去，病逝在罗马审判的次年，享年仅 33 岁，没能陪着父亲度过晚年。

伽利略的身体日益衰老，后来又双目失明。在黑暗降临后的日子里，暮年的伽利略依然保持乐观，因为他自认"我比每个亚当有史以来的子孙，都看得更远"。

维维安尼成为了首位撰写伽利略传记的作者，这个年轻人怀着对恩师的崇拜和感恩，在书中增加了许多美化和戏剧性的元素，其中就包括伽利略 19 岁即从吊灯中发现摆的等时性原理，以及著名的比萨斜塔铁球落地实验，这些故事直到今天都被众口相传，历史学家们却仍旧半信半疑。

在伽利略生命最后的几个月，托里拆利还在为老师的智慧成果做最后的抢救，他抓紧时间，整理伽利略口授的下一个关于《对话》的故事，那个 10 年前为伽利略惹来无数麻烦的主人公辛普利齐奥与另外两个主人公再度相聚，去探讨另一个科学领域。然而时间太过匆匆，书稿尚未完成，伽利略便于 1642 年年初安静地离去，享年 77 岁。迫于教廷压力，托斯卡纳大公费尔南多不敢为老师修筑气派的陵墓，只是草草把他葬在小教堂钟楼下壁橱大小的埋骨之所。

1971 年，"阿波罗 15 号"飞船船长在月球上同时抛下羽毛与榔头，它们在真空中同时落地。1982 年教皇若望·保禄二世（Sanctus Ioannes Paulus PP. Ⅱ）启动小组，用 10 年时间重新调查伽利略事件后，教廷终于低头，伽利略在逝世 350 多年后终得平反。1995 年，美国国家航空航天局发射的"伽利略"号宇宙飞船经过 6 年的飞行抵达木星，通过透镜凝视着伽利略当年发现的美第奇星群，如今星群已经改名叫伽利略卫星。

伽利略·伽利雷是意大利最后一位科学宗师，在此之后，再没有任何意大利科学家在世界科学史上产生过如此重大的影响。他最杰出的两位学生维维安尼和托里拆利的科学造诣都远不及他。他去世后，托里拆利接替老师成为费尔南多二世的宫廷首席数学家，也就任比萨大学数学系教授，在流体力学与静力学方面都有些成就，他著名的托里拆利实验测出了 1 个标准大气压的大小为约 760mm 汞柱或 10.3m 水柱，为后来的真空研究和气压计的发明奠定了基础。唯惜他去世于 39 岁的壮年。维维安尼随后继承了托里拆利的席位，他是忠诚的学生及朋友，但却不是杰出的科学家，终其一生，维维安尼没有留下重大的科学发现。

科学的血脉没有就此断绝，在憾失巨擘的次年，一个早产遗腹子生于距离意大利西北方向 1500 千米以外的英格兰林肯郡乡下。他日后的光彩远远超过了自己的诸位前辈，英国诗人亚历山大·蒲柏在后来为他撰写的墓志铭中充满诗意地赞美：

"自然与自然法则隐于长夜，上帝说：'要有牛顿。'

"于是一片光明。"

第二章
要有光

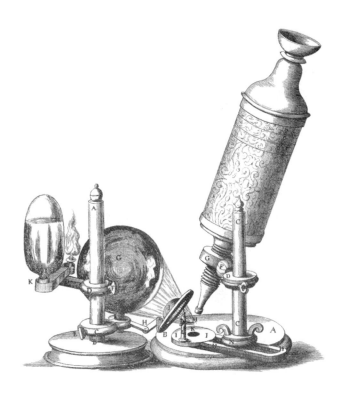

艾萨克·牛顿（Isaac Newton）的时代，是混乱、丰富、充实又生机勃勃的时代。

牛顿出生时的英国，历经文艺复兴解放思潮的洗礼，民主的幼芽坚韧生长；在王室与议会的争夺倾轧下，革命的涡流隐隐欲动。牛顿出生前一年，1642 年，英国内战爆发，政治家克伦威尔以铁骑军起家，掀起了反对君主政体的争斗。历经 7 年内战，英王查理一世被公开处决，克伦威尔以护国公的身份在王座上执剑，俯视着英伦三岛，英国迎来了短暂的共和。

牛顿之前，科学还掩映在哲学、密教学、炼金术的面纱之下，从事纯科学研究者不过寥寥数人。哥白尼、第谷、伽利略、开普勒等人如同黑夜中的孤星，此起彼落，难以同时辉映。

而牛顿的时代，随着思想的点亮，星斗渐次出现，连缀成灿烂星汉。牛顿的时代，也是哲学家霍布斯、洛克、笛卡儿的时代；是数学家沃利斯、莱布尼茨的时代；是化学家波义耳的时代；是物理学家惠更斯、胡克的时代；也是天文学家卡西尼、哈雷的时代。

人们开始追求理性和自然，肯定人的价值。科学家们沿着"伽利略们"开辟的道路孜孜以求，用一个半世纪完成了一场科学革命，永久改变了科学的面貌。

艾萨克·牛顿生逢其时，他与同时代的巨手一道，创造出全新的世界。在一个多世纪后，德国哲学家依曼努尔·康德（Immanuel Kant）被问道："我们生活在开明时代吗？"

康德回答："不，我们生活在启蒙时代。"

17 世纪中叶，正是启蒙时代开端。

1642 年，15 岁的英国少年，未来的"近代化学之父"罗伯特·波义耳（Robert Boyle）在导师的陪伴下游历到伽利略的故乡佛罗伦萨。波义耳生于显贵之家，父亲理查德·波义耳是爱尔兰大法官、柯克郡伯爵。波义耳从小受到精英教育，就读于煊赫至今的伊顿公学，从 12 岁开始游历整个欧洲。

1642 年是波义耳人生的转折之年。伽利略的逝世震动了整个佛罗伦萨，波义耳深受感染，手不释卷地钻研起伽利略的著作。其中被他反复阅读的一本，便是伽利略的《对话》。

波义耳来自新教国家，对罗马天主教廷施于伽利略的判罚本就不满。读过大师著作之后，波义耳对伽利略的遭遇更添同情。刻苦的研读让他成为了新科学的拥趸，从而走上科学道路。

当年 5 月，波义耳游历到马赛，正焦急地等待着父亲寄来的旅费。最终他等来的只是一封信函，父亲解释叛乱耗费了自己太多时间和金钱，他承诺给儿子提供 250 英镑供他回程，让他稍作等待。

波义耳没有等到这笔钱，英国内战的爆发打破了一切秩序，最终等来的是父亲的死讯。他只能变卖随身财物，返回英国，投奔姐姐。

波义耳返归之时，英国正处风雨飘摇。克伦威尔在 1649 年处死国王查理一世，缔造共和后，国王党人依然活动在英国境内，苏格兰、爱尔兰与克伦威尔一直保持着交战状态。波义耳父亲是不折不扣的王党，姐姐凯瑟琳却是忠诚的议会党，波义耳虽不敏于政治，却从克伦威尔的政策中获益，他以英格兰侨民身份获取的大片爱尔兰土地，使他可以无需费心赚钱而专心研究，他的财富也因为他的慷慨泽及伙伴。

波义耳结识了一批在战火中依旧从事研究的科学家，和他们结成了终生的挚友。他们定期举办沙龙聚会，探讨各种科学问题，一个小规模的科学学会开始初具雏形。在信件里，他把这个小小的聚会称作"无形学院"（invisible college）。后来，波义耳迁往牛津，虽然没有获得教职，但依旧从事科学研究。

无形学院的研究者也大多居于牛津，这些名字在今天已经不算出名，不过在当时称得上红极一时，包括约翰·沃利斯（John Wallis）、约翰·威尔金斯（John

Wilkins）、赛斯·沃德（Seth Ward）。

其中非常重要的一位，约翰·沃利斯，毕业于剑桥大学，是当时一流的数学家，任牛津大学萨维尔几何学教授一职。1619 年，在日心说刚刚遭禁，意大利成为世界科学中心之时，亨利·萨维尔爵士（Sir Henry Savile）有感于英国在数学及天文学的全面落后，捐资设置萨维尔几何学教授与萨维尔天文学教授职位。职位提供优渥的薪水，旨在推动英国的科学进步。

1649 年克伦威尔将在任的亲国王派的萨维尔教授亨利·特纳（Henry Turner）除名。沃利斯在内战爆发初期便站在议会党一方，利用数学知识协助破译国王军的加密信函，得以继任特纳的空席，成为第三任萨维尔几何学教授。沃利斯与同为无形学院成员的萨维尔天文学教授赛斯·沃德分享了萨维尔教授年金。他当选的理由看去主要源自站队精妙，然而，接下来的半个世纪里，他的成就证明了他完全配得上这个高贵的席位。

沃利斯在任期间，极大地丰富了数学体系，他发明的无穷大符号和小于等于号至今仍在沿用，他对无穷小的研究开创了微积分的先河。沃利斯在任 53 年，是任期最长的萨维尔几何学教授，如今这个职位依然存在，英国数学家弗朗西斯·柯万（Frances Kirwan）教授是该教职的第 20 任传人，她以对代数几何和辛几何的研究享誉学界。

沃利斯就任 5 年后，1654 年，物理学史上的经典实验马德堡半球实验成功。马德堡市市长奥托·冯·格里克（Otto von Guerick）为了科普托里拆利的大气压强现象，用空气泵把两个紧密咬合的黄铜半球中间抽成真空，大气压力将两个半球紧紧压在一起，用了 16 匹马方才把半球分开。马德堡半球实验的首次成功是在神圣罗马帝国的雷根斯堡，只是由于格里克是马德堡市长，方才得名。

消息传到英国，引起了波义耳的关注，波义耳迅速投入到空气泵研究中去。然而波义耳长于实验却疏于仪器设计，一年后，他迎来了沃利斯为他推荐的最适合的实验助手：罗伯特·胡克（Robert Hooke）。

胡克时年 20 岁，就读牛津大学，师从沃利斯的同事萨维尔天文学教授赛斯·沃德。胡克此前给沃利斯当过助手，专长于仪器设计制造。

后世看来，胡克不是专精某一领域的大师，也就无法在单个学科内部开宗立派，胡克身上有文艺复兴先哲遗风，是达·芬奇式的全才，同时涉足了物理学、地质学、植物学、解剖学等广泛的领域。

了解过胡克的背景，波义耳要求胡克为他制作一款与半球实验同样的空气泵。胡克当时只是对实验略有耳闻，从未见过盖格里克实际使用的空气泵仪器，他独立研究做出了更好的设备，设计一直沿用至今。

在胡克帮助下，波义耳如虎添翼，对空气性质的分析大为精进，分析结论包括火需要空气才能燃烧，声音需要空气方可传播。他还提出了波义耳定律，描述了气体压强与气体体积的反比关系。此后波义耳又转入化学与炼金术研究，写出了化学史上里程碑式巨著《怀疑派化学家》。

他模仿少年时代读到的伽利略的《对话》，也以对话体裁阐述学术思想。他提倡实验科学，综合定量与定性研究分析，以一己之力把化学从炼金术与哲学中独立出来，因此被称作"近代化学之父"。

此时，波义耳在无形学院的伙伴沃利斯，陷入了一场毫无意义的争吵。

与沃利斯争吵的另一方，是启蒙时代首位具有全社会影响力的哲学家托马斯·霍布斯（Thomas Hobbes）。霍布斯出生在 1588 年，那时伽利略刚刚开始教书，开普勒还没真正开始研究天文学。后来霍布斯游历意大利，还与伽利略结为挚友。伽利略的著作，启蒙了霍布斯在科学方面的兴趣，也让他建构起清晰的逻辑框架。

纷乱的国家局势让霍布斯开始思考国家和政治的本质，就在沃利斯上任两年后，1651 年，霍布斯出版了巨著《利维坦》。

利维坦是神话传说中的巨兽，霍布斯以利维坦借喻强大的国家机器，认为人在恶劣的社会环境中，必须牺牲几乎全部自由，来换取国家巨兽的庇护。

人们请求上帝：请赐我们英雄，来保护我们。

上帝却拒绝：英雄保护你们的同时，也会吃掉你们。

于是人们转而自助，人们组成国家，国家治于君王。君权并非神授，因为君权本该天然存在，无需神授。君主治下的政府由人组成，政府也便有了人的善恶特质，人们憎恶政府又不得不依附利维坦，人类社会的最高理想，当是将利维坦关进囚笼。

这是启蒙运动中第一本具有影响力的政治学巨著，起初它使霍布斯遭到了严厉的批评，他被贴上无神论的标签，被称作"堕落的撒旦"。然而启蒙的火种一旦播下，必定燎原。《利维坦》在欧洲出版后，霍布斯得到了崇高的声望和大量追随者。他启发了后来的斯宾诺莎、莱布尼茨、狄德罗、卢梭和洛克，被称为"科学的社会学之父"。

在《利维坦》中，霍布斯也提及科学："在算术方面，没有经过锻炼的人必然会出错。"这句话倒像是预言，短短 4 年后，科学发烧友霍布斯迎来了真正的数学泰斗沃利斯，沃利斯毫不容情地指出了霍布斯的数学讹误。

1655 年，霍布斯已是年近古稀的老者，他出版了著作《论物体》。在争议最大的第 20 章中，霍布斯宣称自己解决了古希腊时代以来困扰历代数学家的几何难题——化圆为方。

化圆为方与三等分角、倍立方问题并列为古希腊数学尺规作图领域三大难题，要求只用直尺和圆规，把圆转化为等面积的正方形。如果用尺规能够化圆为方，相当于从给定线段出发，以尺规做出长度为圆周率的线段。

霍布斯的解法当然是错的，沃利斯贵为萨维尔几何学教授，无法忍受业余民科挑战专业领域。沃利斯出版了小册子《关于霍布斯几何学问题的简洁反驳》，逻辑缜密又不乏挖苦讽刺，全面批判了霍布斯漏洞百出的论证过程。他的同事，胡克的老师萨维尔天文学教授赛斯·沃德响应配合，撰文打击着《论物体》的哲学根基。

霍布斯发动了反击，增添附录开始对骂，要"给一位几何学教授和一位天文学教授上上课"，行文失去了学术领域中彬彬有礼的体面，连"去你们的吧"这种俚俗语言也在书中出现。

通过两个世纪后德国数学家林德曼（Lindemann）的证明，化圆为方不可能通过尺规得解，想要求得圆的面积，还是要靠先哲毕达哥拉斯及东方数学家刘徽和祖冲之的割圆术。霍布斯此后专门研究几何学，在 90 岁高龄还念念不忘与沃利斯辩驳争论。这场无聊的意气之争持续了 20 余年，直到霍布斯于 91 岁去世，也没有人在意他的数学成就。他仅有的贡献是通过喋喋不休的争吵推动了沃利斯的数学研究，为后来的微积分奠定了初步基础，等待着牛顿和莱布尼茨的到来。

1653 年，英国依旧暗流涌动，革命家、议会军的指挥者克伦威尔掌握权力仅仅 4 年便被王座腐蚀，这位起于议会支持的领袖反过来驱散了议会，自任"护国公"，攫取了英伦的全部权力。

脆弱的共和轰然崩塌，亲手将利维坦锁入囚笼的克伦威尔如今成为了另一个利维坦，也成为了英国不戴冠冕的独裁者。后来当他迫于压力重开议会时，议会已不再是当年那个可以以铁骑兵讨伐国王的议会，1657年议会恭顺地向克伦威尔献上王冠，要求克伦威尔成为英国国王。

克伦威尔犹豫了6周，终究没敢恢复他亲手毁灭的君主制度，作为折中，他以护国公的身份举办就职仪式。仪式盛大而隆重，当年国王爱德华的王座被专程从威斯敏斯特大教堂搬来，克伦威尔坐上王座，手里紧紧地握着剑与权杖。

一年后剑与权杖跌落尘土。这个摧毁君主制的政治家，死前却把护国公的位置世袭给了自己软弱的儿子。国王查理一世之子查理二世终于归来，他从威斯敏斯特教堂的坟墓中掘出克伦威尔的尸身，施以绞刑。此前迎接克伦威尔铁骑兵的子民，厌倦了护国公治下枯燥禁欲的军政府统治，又迎回查理二世重登英国王座，史称"王室中兴"。查理二世以风趣和魅力著称，被称作"快活王"。

王政复辟的同年，1660年冬，12个以无形学院成员为主的科学家在伦敦格雷沙姆学院（Gresham College）聚首，决意成立一所新学会，来推动自然科学与数学的实验与研究。波义耳、威尔金斯均位列其中。在波义耳的力荐之下，胡克在不久之后被任命为第一任实验主任（curator of experiments），在每周的例会上胡克要为会员们示范3个实验，他总能精彩地完成任务。

科学家的努力也获得了"快活王"的支持，查理二世成为新学会的庇护人，并赐给学会一张皇家特许状，承认他们的官方地位。当年的无形学院被赋予了新的名字——皇家学会。查理二世还赐给学会一根镀金银杖，每当召开重要会议时，这根珍贵的权杖都会摆在会长面前，彰显学会的权威。

英国皇家学会不算首开先河，此前，托斯卡纳大公费尔南多二世便向伽利略的学生维维安尼与托里拆利提供资助，在佛罗伦萨发起组建了西芒托学院。然而宗教的影响依然强大，西芒托学院仅持续了10年便停止活动，解散时学院会员安东尼奥·奥利瓦在罗马遭宗教裁判所逮捕，出于对严刑拷打的恐惧，他从监狱的高窗跳下，终结了自己的生命。

英国皇家学会则要幸运得多，在英国历代学者的努力下，它历经三个世纪，直到今日一直是世界顶级的科学组织。在学会的徽记上，两只象征探索进取的猎犬扶着盾徽，盾上印着象征英格兰的三狮图案，下面则是学会的拉丁文箴言：切勿轻信（Nullius in verba）。

皇家学会以无形学院学者为中心，以英国科学家为班底，培养了大量科学人才。当然，优秀的人才无分国界，对顶尖的外国科学家，皇家学会同样欢迎。1996 年，旅英学者、伦敦大学杨子恒教授获得会籍，成为首位获此殊荣的华裔科学家。

建会伊始，最负盛名的外国院士是荷兰科学家克里斯蒂安·惠更斯（Christiaan Huygens）。

惠更斯 1629 年生于荷兰海牙上流阶层家庭，父亲康斯坦丁·惠更斯是当时一流的外交官员，也是小有成就的诗人。康斯坦丁热爱科学，与当时的科学名家多有往来。惠更斯在少时就注定走上科学道路，小时候他就已经在私人教师的辅导下修习几何学。出身阶层让惠更斯有更多机会接触知名学者。一次聚会之上，少年惠更斯在海牙的官邸里偶遇了来访的法国哲学巨匠勒奈·笛卡儿（Rene Descartes）。

笛卡儿生于 1596 年，比惠更斯年长 33 岁。笛卡儿同为贵族出身，少时即显出不凡的思辨天赋，他一度希望推翻既有的哲学框架，本着一切皆可怀疑的求真精神，如几何学般严密推导，从虚空中重新构建严密的哲学框架。但哪怕是欧几里得在公元前 3 世纪建立的几何体系，也需要以五大公理和五大公设作为基础。笛卡儿希图抛弃一切既有思维定式，仅从虚空中开始搭建楼阁，难度巨大。他苦苦思考，思考良久唯一能确定的就是自己真的在思考。笛卡儿于是做出第一步推理：既然能确定自己在思考，那么一定可以证明自己是存在的，这也是他"我思故我在"的来源。

笛卡儿 18 岁从军，在军旅之中对数学产生兴趣，23 岁这年，他把代数与几何学联系在一起，提出解析几何，将曲线化成平面坐标系上方程的轨迹，使数学从常量数学进入变量数学时代。他留在坐标系中变幻莫测的圆锥曲线，成为了后来许多中国学生在高考数学科目中的噩梦。笛卡儿又用了 18 年完善解析几何体系，最终发表，期间他身冒矢石，参与了攻陷布拉格的战役。城中波西米亚国王腓特烈的女儿伊丽莎白公主年仅 4 岁，躲在难民中瑟瑟发抖，此时他们不知道很多年后，公主和笛卡儿还会开始一段师生之谊。

　　与普通的斯文学者迥异，笛卡儿身上兼带几分游侠气质。他衣冠考究，总是头戴装饰着鸵鸟毛的浮夸帽子，腰挎佩剑。退伍后他乘船前往北欧，期间遭遇船员图谋抢劫。笛卡儿精通船员的语言，早已警惕，随后拔剑相对，力战得脱。还有一次，有醉鬼侮辱了与他同游的女性，这位大哲将对手的剑一举击落，却也没有追击，理由是醉鬼过于肮脏，完全不值得在女士面前将其杀死。

　　笛卡儿在康斯坦丁的海牙公馆里遇见惠更斯时，已经升任中将，但依然选择离群隐居。他的个人魅力迅速收获了少年的景仰，大师略加点拨，少年悉心受教，激起了惠更斯对科学浓厚的兴趣。

　　严父的关怀陪伴着惠更斯由少年进入青年，在惠更斯大学期间，康斯坦丁通过自己与法国数学家马兰·梅森（Marin Mersenne）的交情，恳请他辅导爱子。

　　马兰·梅森生于 1588 年，毕业于耶稣会学校，是笛卡儿的学长，笛卡儿在隐居的日子里，只与梅森定期通信。梅森一直在巴黎从事神职。17 世纪 20 年代，日心说刚刚遭禁，梅森作为教会一员，坚定地反对伽利略的理论，维护亚里士多德体系的完整。然而读过伽利略的著作，10 年后，梅森已经转而成为新科学坚定的拥护者，在意大利以外积极地传播着伽利略学说。

　　梅森不是最杰出的学者，却与整个欧洲的科学家都建立起联系。如同英国的无形学院，梅森身边也聚集着一批学者，定期在寓所讨论科学问题。

　　梅森受康斯坦丁所托，很快与青年惠更斯展开书信往来。作为循循善诱的良师，梅森以书信鼓励惠更斯前行，并提出一系列科学题目鼓励惠更斯探索。在梅森的教导下，惠更斯开始全面地建构知识体系。1646 年惠更斯本决定搬到巴黎，陪伴自己在法国工作的父亲，也可近距离地与导师沟通请教，但他没能成行，其他的事务拖住了他，而两年后的 1648 年夏，梅森已然疾不可为。

　　梅森本想痊愈之后拜访挚友笛卡儿，可他没能好起来，肿块在他的肺部悄然生长，外科医生对此束手无策。在梅森的强烈坚持下，外科医生在他指定的位置勉为其难地开刀治疗，但梅森毕竟不精于医术，刀口开得过低，治疗宣告无效。

　　梅森的挚友，法国科学家伽桑狄陪伴他度过了最后的时光，直到他在病笃的两个月后去世。梅森留下遗嘱，将遗体捐献用于生物学研究。

　　终惠更斯一生，都没能见到梅森这位以书信启迪自己的师长。如果他能及时赶回参加葬礼，走进梅森的书房，他或许来得及看到老师宝贵的精神财富，那里还保留着他与欧洲 78 位学者的珍贵信函，这些学者分布在科学的各个领域，其中有费马、伽利略、托里拆利、笛卡儿，当然，也包括年轻的惠更斯本人。

梅森留下的最重要的文化遗产，是数学领域的"梅森素数"。那是指可以分解为 2^p-1 格式的素数，其中 p 也是素数。梅森在著作中总结，当 $p=2$，3，5，7，13，17，19，31，67，127，257 时，2^p-1 都是素数，寻找梅森素数是数论研究的重要内容。此前的欧几里得、费马均有过涉猎。梅森的列表也不全然正确，他错误地包括了 $p=67$ 和 $p=257$ 的两个数字，也遗漏了 3 个本是梅森素数的数字，还有的数字他只是提出猜想，却未经证实。

梅森逝世后 120 余年，瑞士天才数学家欧拉在双目失明的情况下，以强大的心算，得出当 $p=31$ 时，结果 2 147 483 647 是梅森素数，计算中动用的数学技巧震撼了整个学界。1963 年 9 月，那依然是人们可以为数学发现欢欣鼓舞的时代，第 23 个梅森素数（$p=11\,213$）在美国伊利诺伊州大学数学系通过大型计算机被发现，美国广播公司中断节目播放，第一时间发布了这一如今看来似乎无足轻重的消息。每一封从学系发出的信函都被盖上邮戳，写着"2 的 11 213 次方减 1 是个素数"。

今天，人类已知的梅森素数已经超过 50 个，最大的已经超过了 2000 万位，普通的计算机已经无法单独完成计算任务。1996 年，"大互联网梅森素数搜索计划"（great interent Mersenne prime search，GIMPS）启动，任何爱好者都可以在 GIMPS 的官方网站下载免费的程序，随机分配一段数据区间在其中搜索计算，若真的验证了一个梅森素数，可以获得相应的奖金。通过这种方式又发现了十余个梅森素数。

梅森留下的另一大文化遗产的影响则远远超出了数学界，那个围绕着梅森聚拢而来的，类似于英国无形学院的科学家沙龙聚会，被称作梅森学院，是当时整个欧洲的学术交流中心，也正是法国科学院的前身。

通过梅森的推广，伽利略、托里拆利、费马的成果被世人所知。梅森也积极挖掘优秀青年，当时名噪一时的神童布莱兹·帕斯卡（Blaise Pascal）年仅 14 岁，已经显出了非凡的数学天分。梅森把他接纳进梅森学院，鼓励帕斯卡在托里拆利的基础上更进一步，后来帕斯卡在对压强的研究中不负厚望，提出了帕斯卡定律。此后帕斯卡和费马几乎同时开拓了概率论这一数学分支。帕斯卡这位才华横溢，却因体弱多病早逝的科学家的名字，后来用作压强的单位名称。

梅森的另一位朋友费马，被后世誉为最杰出的业余数学家，费马的一生没有留下什么奇闻逸事，而是平静度过了 63 年光阴。费马用了大半生时光处理政府公务，去世的前两天还在办案。这位数学的业余爱好者，除了在概率学领域的贡献，流传最广的故事便是费马大定理的提出。

费马在读书时灵光一闪，猜测当整数 $n>2$ 时，方程 $x^n+y^n=z^n$ 没有正整数解。他把发现写在书页边缘，并兴奋地标记："我确信已经发现了一种美妙的证法，可惜这里空白的地方太小，写不下。"

这是费马留给后世的一道难题，历代数学家为了证明费马猜想，付出了艰辛的努力。他们一次次尝试又一次次遭遇挫折，后来的数学王子高斯就相信，或许是费马弄错了，其实并不存在这样一种优美的证明。

疑问持续了 3 个世纪，1995 年，英国数学家安德鲁·怀尔斯（Andrew Wiles）靠着 7 年来的思考，成功证明了费马大定理，他也因此在 3 年后拿到了数学最高奖项"菲尔兹奖"。

梅森去世一年后，他去世前一直心念拜访的挚友、惠更斯父亲的座上嘉宾笛卡儿启程前往斯德哥尔摩。这位 53 岁的哲人被瑞典年轻女王克里斯蒂娜聘请为宫廷哲学家，成为女王的家庭教师。

那一年瑞典女王芳龄 19，她热爱运动、身体矫健，不算是传统印象中的贵族淑女。笛卡儿在瑞典的生活并不开心，活力充沛的女王要求他每日凌晨 5 点开课。老人原本多年保持着晚起习惯，这时却要在北欧的长夜里起身，冒着凛冽的寒风搭乘马车赶往王宫。然而这样的悉心栽培却没能收到什么回报，笛卡儿看着愚钝的学生纠结于自己早在童年就运用纯熟的希腊文法，只能无奈地摇头。最后这场师生情谊以悲剧收场，笛卡儿因感染而患上肺炎，在那个还没有发明抗生素的时代，肺炎已是绝症，他没能撑过 1650 年的早春。

同年，荷兰国王威廉二世去世，久居海牙的惠更斯家族失去了外交世家的光环。惠更斯开始在父亲雄厚财力的资助下，潜心从事科学研究。他迎来了一生中最多产的一段日子。

历经笛卡儿与梅森两位大师启迪，惠更斯的才华喷薄而出。他先是沿着笛卡儿的几何学路径探索，随后又闯入力学与光学领域。他同哥哥一起磨制镜片，手制望远镜观察天空，发现了土星的 4 颗卫星土卫六"泰坦"以及土星光环。

伽利略在垂暮之年，曾为航海中的经度测算问题苦恼。在大航海时代，各国的船队行驶于大洋，却难以确定自身的精确位置。纬度的测算倒很好解决，只需在晴朗的天气在船上测量北极星的高度即可，然而经度的测算却成为难题——按说由于地球的自转，每小时地球将转过 15°，只要知道当地的地方时和出发地时间的差别，就很容易推算出经度差别。然而当时精密的时钟还没有出现，无法随船携带显示出发地时间的钟表，基于时差来测算经度实在太难。那时伽利略向惠更斯之父康斯坦丁·惠更斯通信求助，康斯坦丁虽为一时显贵，交往科学家甚众，却依然束手无策。怀着对软禁中科学大师的敬重，康斯坦丁委婉地在回信中表示爱莫能助。

没有精密计时工具，伽利略将目光投向自己发现的木星卫星——美第奇星群，他提出了一个还不够实用的方案：多年来他一直潜心研究木星卫星的运转规律，由于木星的 4 颗卫星会定期被木星遮住，每年将发生 1000 次卫星食，他相信只要预测出此后每一次卫星食的出发地精确地方时，到时船员只需用望远镜看一眼木星，然后查一查预先编好的星历表，就能得知出发地的时间。

这样以天象测算时间的构思后来被称作天钟，然而天钟并不好用。在颠簸的船上将望远镜对准小小的木星实在太难，连水手的心跳都能让木星跳出视野，而且木星也并非总能在天空中出现。受挫后的伽利略依旧不言放弃，一心一意地观测着木星卫星群，直到自己垂垂老去，双眼不再能看到任何东西。

康斯坦丁一定不会料到，后来大大推进经度问题研究的正是自己的儿子，10 年后惠更斯根据伽利略的单摆等时性原理，发明了摆钟，这是人类历史上首个精密计时工具。惠更斯的著作《摆钟论》详细介绍了自鸣摆钟的制造工艺，精细探求单摆的物理性质，并测算出地球的重力加速度为 9.8 米每平方秒，非常接近现代数值，仅此一项，已经足以让他在物理学史上占有一席之地。

不过摆钟的发明距离航海定位仍相去甚远，颠簸的船舱会扰乱单摆周期，船只往返于不同纬度时，温差造成的热胀冷缩也会影响老式摆钟走时，不过这毕竟是人类准确计时工具的开始。后来惠更斯与胡克分别独立发现螺旋式弹簧丝振荡等时原理，为此后的游丝怀表和机械手表埋下伏笔。未来二人还会就弹簧振荡怀表的发明权大吵一架，一度令皇家学会的几个会议都无法如常开展。最终学会删除了所有关于螺旋游丝发明权的会议议程，拒绝在此问题上浪费时间。至于经度测算问题，还要待百年之后由英国钟表师约翰·哈里森出手，方能得解。

此后，惠更斯游历了巴黎与伦敦，与许多科学家建立联系。他访问了梅森逝世前陪伴着老师的法国学者伽桑狄，结交了物理学家罗博威尔、天文学家布里奥，这些学者后来都成为了法国科学院的支柱。

伽桑狄也已日渐衰老，他接过梅森的遗志，将此前聚集在梅森修道院密室里的集会搬到了富有的赞助人蒙托家中，称蒙托学院。伽桑狄在 1655 年作古，去世在学院组织人的任上。也正是在蒙托学院，初出茅庐的惠更斯在 1658 年宣读论文，公开了土星光环的发现，解释了土星的形状。

惠更斯造访伦敦时，英国皇家学会刚刚建立，他遇见了学会秘书长奥登堡，探望了与霍布斯大战正酣的沃利斯，而波义耳和胡克的空气泵则令他大开眼界。

惠更斯被接纳为英国皇家学会外国院士，当他结束 3 个月的英伦之旅返回巴黎，他发现，更好的工作机会等待着他。

1666 年，法国科学院建立。

1666 年的法国处于年轻的路易十四治下。这位冲龄践祚，后来以"太阳王"名垂于世的君主刚刚亲政。他雄心勃勃地开始王国的建设，启用一批得力官员，迅速提高了法国的国力。

官员中最杰出的一位，是财务大臣让 - 巴蒂斯特·柯尔贝尔（Jean-Baptiste Colbert）。他推行重商政策，发展经济，以不知疲倦的工作及苦心的经营，协助国王将经济从崩溃边缘拉回正常轨道。1666 年，柯尔贝尔意识到科学的力量，于是向路易十四建议，建设一所官方科学院来推动法国科学的发展。

这座学院在历史上数次更名，路易十四曾在学会名称里加上"皇家"一词，也提供了丰厚的赞助，来免除科学家的后顾之忧。然而，国王对科学的爱好仅仅起于一时流行的对异国动植物的好奇风潮，他很快将注意力转移到其他事务，终其一生只访问过科学院两次。

真正对科学院负责到底的是柯尔贝尔，这位平日精打细算的财务大臣，此刻却以粗暴撒钱的手段迅速聚拢了一批杰出学者。他以梅森学院的法国科学家为班底，又挖来外国的优秀人才，远在意大利的伽利略弟子维维安尼也在外籍院士名单上。外籍院士中最负盛名的就是刚刚从英国旅归的惠更斯，柯尔贝尔以三倍于其他法国院士的薪水，聘请惠更斯成为法国科学院首任院长，将这位荷兰科学家留在巴黎近 20 年。

另一位外籍科学家乔瓦尼·多美尼科·卡西尼（Giovanni Domenico Cassini）来自意大利博洛尼亚大学，是杰出的天文学家，执掌博洛尼亚大学天文学系多年，以对木星和火星的观测闻名。卡西尼不仅长于天文，也精于水利与机械。他曾受教宗委托监理波河的防汛治理，出色完成任务。教宗曾想留他在罗马任职，遭到谢绝，而来自法国柯尔贝尔的邀请却没有被忽视。

柯尔贝尔为卡西尼付出的薪水比惠更斯的还高，卡西尼一到巴黎，立即投身建设巴黎天文台。这次的聘请将卡西尼永远留在了巴黎，他加入了法国国籍，将名字改为法文拼法让 - 多米尼克·卡西尼（Jean-Dominique Cassini），日后天文台未设台长，卡西尼一直尽着台长的责任，他还担任"太阳王"的御用天文学家及占星术士，直至去世。

后来，卡西尼家族祖孙四代相继执掌巴黎天文台，他去世后由儿子雅克·卡西尼接任，1771 年巴黎天文台首设台长一职，由他的孙辈塞萨尔·弗朗索瓦·卡西尼担任，塞萨尔去世后，又由曾孙让·多米尼科·卡西尼继承。在后来史书里，他的继承者们分别被称作卡西尼二世、三世以及四世。在同一个天文台，四个卡西尼组成了薪火相传的家族长链，卡西尼一世建立巴黎天文台时，东方清帝国的康熙皇帝还未亲政，待到卡西尼四世逝世，已经是 1845 年，那时衰朽的清帝国在英国的威压下签署了中国史上第一个不平等条约《江宁条约》，史称《南京条约》。

英国皇家学会虽然也冠以皇家二字，但由科学家自然形成、自主管理，与政府关系颇为松散。学会的研究内容少有组织，基本由会员凭兴趣随意而定。17 世纪末学会一度没落，由于一批医学家的涌入，学会会刊中充斥着啼笑皆非的医学内容，包括饮用牛尿催吐、用毒药谋杀以及解剖活体鳄鱼。英国作家斯威夫特还在《格列佛游记》里，曲笔嘲讽过一些学者：主角格列佛游经飞岛国时，国内的无知学者们享受着女王赏赐的头衔，身上别着闪闪发光的古玩，煞有介事地彰显皇家学会的威严。

而法国科学院在强大的财政支持及惠更斯 - 卡西尼双核心运营之下,借助行政力量迅速崛起,成为欧洲大陆的学术中心。既然享受王室津贴,院士也理当服务于国家,承担政府指派的项目,并定期发布科学问题悬赏征集答案。早期项目中科学院曾组织准确勘测法国国土,结果发现面积比此前人们认为的要小。得知勘测结果后,"太阳王"路易十四略带揶揄地表示:自己的科学家在减少法国领土这一工作上,做得远比他的军事对手来的出色。

法国科学院就此成为 17—18 世纪中,唯一可以与英国皇家学会抗衡的科学机构。科学界的两大山头隔着浅浅的英吉利海峡对望,它们间偶有合作但更多是冲突竞争。两块巨大粗粝的火石擦到一起,迸发而出的火星落到科学的荒野上,燃烧成烈火熊熊。

宏大的舞台已经搭好,它等待着真正的主人公走上台来。正是在这个时间节点上,艾萨克·牛顿走入了历史。

1666 年,法国科学院建立同年,黑死病肆虐英国已整整一年,夺去了伦敦一成半的人口。9 月,伦敦大火,这是伦敦有史记载的最大火灾,火焰迅速吞噬了城市,13 000 余间民房被焚毁,圣彼得大教堂坍塌在烈焰之中,教堂的坟茔中露出焦黑的枯骨。

英国皇家学会的建筑大师雷恩爵士(Dr. Wren)投入到伦敦的重建中去,科学家出身的胡克以助手及测量员身份随行。在皇家学会会议上,胡克向大家展示模型,讲述他重建伦敦城的宏大计划,并在学会通过后将模型呈送国王。这场大火遏制了黑死病的传播,伦敦奇迹般地从废墟中重生,如同涅槃的凤凰般恢复了活力。

英国著名王政复辟时期诗人约翰·德莱登用题为"奇迹年(Annus Mirabilis):1666"的长诗来歌颂伦敦在大火中的幸存,以及英格兰舰队战胜荷兰舰队。后来这首诗的篇名被应用于科学史,历史学家把 1666 年称作牛顿的奇迹年,来颂扬当时 23 岁的牛顿做出的重大科学贡献。下一次有年份被称作奇迹年时,还要等到两个半世纪后的 1905 年,那一年,26 岁的爱因斯坦提出了相对论。

也正是在这一时期,皇家学会创始人威尔金斯转任切斯特主教,不再处理会内事务。罗伯特·波义耳也日渐衰朽,他离开牛津,在伦敦乡下安享晚年。老一代的学者开始淡出大幕，新生力量被推到台前。

1666 年，奇迹年，牛顿在伍尔索普乡下的庄园里，遇到了他的苹果。

关于牛顿的苹果传说，如今已不可考。苹果的故事在史料中有着多个版本，有的说牛顿只是看到苹果园就得到了启发，有的说那苹果就戏剧性地落在牛顿身边。

其中最出名的版本来自未来的启蒙时代哲学家、"欧洲的良心"伏尔泰，这位牛顿的崇拜者并未见过牛顿，他从牛顿的外甥女凯瑟琳口中听到苹果的故事，说牛顿看到园中的苹果落满一地，突然想到物体自由落体的轨迹是一条直线，如果这条线延长下去，或许将一直通往地球中心。

牛顿出生于乡下农场，父亲在他出生前已经去世。他不擅农活，在舅舅大力坚持下，牛顿离开农场，进入剑桥大学三一学院，开始广泛接触到笛卡儿、伽利略、波义耳的学说。

大学时牛顿痴迷数学及物理实验，他为了了解光的性质，以肉眼直视太阳，随后整整 3 天都不能视物。他还曾用一根危险的长针揉搓眼球，使眼中出现了多彩的光环。这些实验耽搁了他正式的功课，1664 年牛顿毕业，负责考察他学术水平的是皇家学会会员、首任卢卡斯数学教授艾萨克·巴罗（Isaac Barrow）。

卢卡斯数学教授（Lucasian Professor of Mathematics）一职于 1663 年由亨利·卢卡斯捐资设置，由查理二世正式批准。巴罗年长牛顿 13 岁，是出色的数学家和哲学家，授课风趣精彩，颇受欢迎。卢卡斯希望将教职授给博学之士，巴罗当之无愧。

在牛顿的学术资格审查中，巴罗以欧几里得几何学来测试牛顿，牛顿当时正钻研笛卡儿的解析几何，基础的欧氏几何反而表现平平，最终牛顿的面试成绩极为糟糕，只以二等成绩取得了学士学位。毕业后牛顿本应留校工作，然而黑死病的爆发打乱了他的计划，他回到伍尔索普庄园两年，在苹果树的树荫下研究数学及物理。

两年肆虐的瘟疫期成为了科学史上最重要的时刻，看到落地的苹果，牛顿把地球对苹果的引力和对月球的引力联系到一处，在一页羊皮纸合同背面，牛顿写满摘要和计算，得出了引力的平方反比定律，后来更延展成为万有引力定律。在计算月球轨道涉及的繁琐向心力时，为了方便计算，牛顿发明了微积分。这个高等数学的重要分支后来让无数高校学子挂科重修，痛苦不已，不过在当时，那只是年轻牛顿随手发明的数学工具。

奇迹年的牛顿，无意间已经成为了整个世界最杰出的数学家以及物理学家，只是出于牛顿的腼腆，世界对他的研究成果并无所知。在数学学科几千年的发展中，数学研究的中心经历数次更迭，从毕达哥拉斯、欧几里得和柏拉图所在的古希腊转移到亚历山大大帝治下的亚历山大城，又转移到文艺复兴时期的意大利，而在牛顿的奇迹年，数学研究的中心悄然归于牛顿在英国乡间的质朴别墅。此后的半个世纪里，世界的数学中心所在，完全取决于牛顿所在。

瘟疫过后牛顿返回剑桥，成为了巴罗的助理和同事。在两人共事三年后，巴罗离开教职，就任查理二世的王室教堂牧师，后来又成为三一学院院长，临走时巴罗推荐牛顿继承了他的位置。巴罗在推荐牛顿时，对牛顿的研究成果也仅仅了解一鳞半爪，不过这足以让他被牛顿的才华打动，评价牛顿"非常年轻"，"但却是非凡的天才和大师"。如今巴罗与牛顿的全身塑像被一南一北并列放置在剑桥大学三一学院教堂。

艾萨克·牛顿从大学新生到坐上剑桥大学最高数学教授的宝座，仅仅用了 8 年。卢卡斯教授席位荣耀了牛顿，牛顿也荣耀了这个席位。

在牛顿之后的三个半世纪里，卢卡斯教授席位的继任者们均是引领一时风骚的重要人物，有查尔斯·巴贝奇，他是提出政治经济学"巴贝奇原理"、以机械计算八位数数学表的计算机先驱；有保罗·狄拉克，他是量子力学奠基人，以"狄拉克方程"传世；有斯蒂芬·威廉·霍金，他致力研究宇宙论与黑洞，提出了黑洞蒸发理论。霍金教授居于此席位 30 年，直到 2009 年他的 67 岁生日时，才按照剑桥大学"年满 67 岁卸任"的古老规定离任。

尽管这些闪耀的人物都在各自的领域得享盛誉，可他们在任时依然会因自己坐上牛顿的位置深感不安。第七任卢卡斯教授艾萨克·米尔纳上任时，专门从珠宝店定制图章，精工雕刻牛顿头像作为纪念。第十二任卢卡斯教授巴贝奇评价："巴罗和牛顿两人的名字赋予卢卡斯席位的价值，岂是金钱所能比拟。"霍金就任后也曾自嘲，牛顿坐在教席上时，可不需要电动轮椅。

在牛顿的光芒照耀下，直到今日，卢卡斯教授席位也依然是科学界的重要教职。卢卡斯教授席位的发展史，也是数学在大学教育中地位的提升史。在牛顿时代的剑桥大学，毕业生们最热门的去向还是神职和公职，数学教育无非是帮助这些未来的国家管理人员在谈及不朽原理时不至露怯。随后在历代卢卡斯教授和整个科学界的推动下，数学的学科地位不断提升，它不再是公职人员用来装点炫耀的谈资，也不是低阶层工匠测量计数的生产工具。数学愈发成为科学领域最深刻的语言，成为人类智慧领域的学科之冠。

牛顿荣登教职后首个讲习主题，是承接前任巴罗教授的内容——光学。他在巴罗远非完善多有舛误的课程基础之上，以清晰的数学逻辑予以全面修订，成为当时最为完备的光学课程。

只是牛顿的授课技巧远逊于巴罗及诸位同事，他的学生也没意识到牛顿所授知识的可贵，他的第二堂课就几乎没有任何学生前来旁听。每到授课时间，牛顿都走过剑桥大学的庭院，如约走进教室，一般情况下没有学生前来上课，或者偶有几个听众，他面对着空荡的教室宣讲起晦涩的讲义。在接下来的 17 年里，情况从未好转。

他对着墙壁从光学讲起，然后过渡到数学，最后发散至整个宇宙。他的讲义涵盖了他后来的皇皇巨著《光学》、《自然哲学的数学原理》（简称《原理》）的绝大部分，当世最具前瞻性的独创成果回荡在剑桥讲堂的四壁之间，人类科学史上最伟大的巨人孤独地站在台上喃喃低语。

牛顿在三一学院的日子如同隐士，他少有朋友，不苟言笑，没有任何消遣和娱乐。据他的助手回忆，他们共事多年中牛顿只笑过一次，一日他向朋友推荐欧几里得的几何学著作，朋友反复询问这本旧书有何价值，牛顿听闻，大笑良久——以此看来，就连伟人的笑点都与常人迥然不同。

如果在 17 世纪 70 年代已经有了诺贝尔奖，牛顿完全可以蝉联两届物理学奖。此外，由于发明了微积分，还可以加上一届数学菲尔兹奖。两届物理学奖最重量级的一个将颁给他万有引力定律的提出，另一个则将颁给他的光学研究。他在光学方面第一个成果，是他设计的反射望远镜。

伽利略当年轰动一时的透镜望远镜曾被一群亚里士多德学派学者群起攻之，说望远镜中的美第奇星群不过是预先安在镜筒里的玩具。来自反方的指责不无道理，伽利略的望远镜采取透镜折射原理，当光线穿过高倍透镜之时，由于不同颜色光线折射角不同，通过镜筒的白光会在成像边缘形成彩色光圈，与实际观测差异巨大，成像质量非常堪忧，观测效果确实难以服众。

要去掉光圈，就要减少成像扭曲，就要采用曲率更小的透镜，由此带来的副作用是镜筒被大大加长。当时就已经出现了镜筒长达45米的望远镜，需要建造一座塔才能支撑。光学大师惠更斯创造性地抛弃了镜筒，设计"天空望远镜"，他直接把巨大的物镜安在高塔之上，观测者要站在远处，手持目镜对着物镜观测。过往路人看着天文学家手持透镜对着远方高塔，眼中充满惊诧。

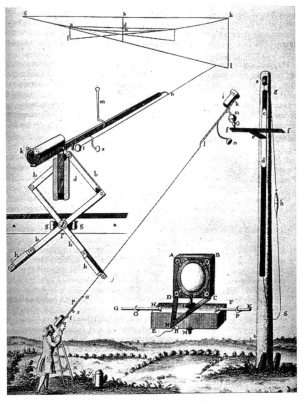

惠更斯的高空望远镜
来源：Galileo Project 网站

牛顿早就通过三棱镜分光实验对折射现象了如指掌，此前他将一束白光通过棱镜，折射出彩虹光谱。为了避免折射扭曲，他放弃了望远镜中的透镜，设计出反射望远镜，使用凹面反光镜来聚拢光线，由于任何颜色的光线入射角与反射角都精确相等，一举消除了折射望远镜的彩色光圈。1671年巴罗把牛顿望远镜模型带到皇家学会，引起轰动。这个设计精巧、长度仅有十几厘米的小玩意，威力已经超过了镜筒几米长的老式工具。令刚刚就任的皇家天文学家、后来的首任格林尼治天文台长弗兰斯蒂德爱不释手。

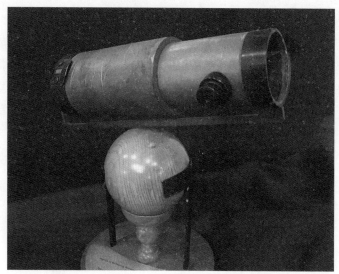

牛顿的反射式望远镜复制品

来源：维基百科

英国皇家学会行动起来，以同样原理制作出两架更大的反射望远镜。学会专门致信法国科学院的惠更斯，确保牛顿的发明优先权为外界所知，又在一年后选举牛顿为皇家学会会员。

离群的牛顿终于得以登上科学史舞台。但很快，他将遇到自己职业生涯中的首位宿敌，也即将在与对手的争论中遭遇挫败。

正在牛顿的望远镜在皇家学会台上被传阅获得众人称道时，罗伯特·胡克发出了不同的声音。

胡克已经由沃利斯和波义耳的助手，成长为世界一流的发明家，在皇家学会的实验主任职位上，胡克的表现尤为出色。每当学界出现了新成果，胡克都需要重复实验加以验证，每次聚会他都需要为学会展示三四个大型试验。学会给他的回报却很有限，需要等到财务宽裕时才能发放报酬。

胡克在任上一待便是 40 年，为学会竭尽所能。他涉猎广泛，长于机械设计，胡克轮式气压仪及实用的测速仪均出自他手。他首先研究弹簧性质，提出了力学领域最基本的胡克定律。他勤勉好学，与当时整个伦敦的杰出手艺人都保持紧密联系，他的仪器制造设计水平一直居于前列。

在牛顿、惠更斯等光学专家放眼天空之时，胡克则在光学领域钻研毫末，他在伽利略粗糙的设计基础上，制出第一批实用的显微镜。他的《显微术》是首部显微学专著，他在软木切片上用显微镜发现了蜂巢般紧密排列的细小格子，胡克把它们命名为细胞（cell），《显微术》以英文而非拉丁文写就，畅销一时，牛顿私下还对此书加以称赞。

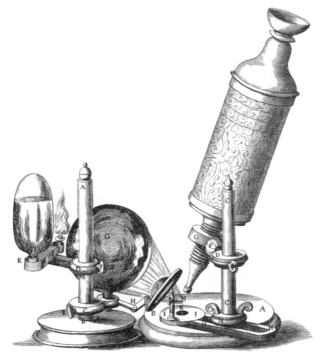

胡克的显微镜

来源：维基百科

胡克并不是当时唯一钻研显微学的专家，在胡克之后，荷兰的科学家安东尼·范·列文虎克（Antonie van Leeuwenhoek）也探索了同一领域。列文虎克从未受过正规教育，也没有受过科学素养的训练，他大半生都在担任低级公务员，只是出于爱好开始磨制透镜。

列文虎克自己探索出一套磨制高倍透镜的方法，他靠着足足可以放大270倍的透镜，以他非凡的观察能力及好奇心，把一切想到的东西都拿到透镜下观测，包括皮肤、肌肉、纤维、头发、雨水甚至人的精液。他最早描述了精子、红细胞和微生物。他发现了微观世界，描述了各种各样的细菌和原生动物，然而，由于他薄弱的科学功底和学界的忽视，他没能推动微生物研究进一步拓展。

在很多人看来，列文虎克只是卑微的磨镜师傅，他没有经历过高等教育，可靠着勤勉与精益求精，他成为了那个时代最为超凡的显微镜制造者。他敏于自己薄弱的教育背景，怯于公布科研成果。直到 1673 年他才在朋友的鼓励下开始尝试着与皇家学会通讯，描述自己在一滴水里就看到了大量微生物。

皇家学会非常重视列文虎克的成就，双方之间保持着密切的通讯。胡克作为学会权威显微学家，受托考证列文虎克的成果，推动列文虎克广为人知。胡克证实了列文虎克发现的微生物确实存在，也坦承列文虎克的显微镜效果更好，只是在操作上略显繁琐。

列文虎克的一项项报告被源源不断地从荷兰通报到英伦，1680 年他被选为皇家学会会员，他将此视作莫大的荣耀，只是他习惯了单打独斗，没能出席入职典礼，终生也没参与过学会的任何一次会议。不过列文虎克的名气在欧洲稳固地建立起来，后来他还前往俄国，为改革者俄国沙皇彼得大帝演示了显微镜下的血液循环。

列文虎克曾在书信里提道："每当我有什么发现的时候，我都觉得我有责任记录下来，以便和所有科学家分享。"

列文虎克在 90 岁高龄去世，他"与所有科学家分享发现"的心愿没能完成，他一生中有超过半个世纪都在磨制镜片，他辞世前将自己最精良的显微仪器遗赠给皇家学会，却并没引起人们的重视。他制作的镜头也未公开面世，由于他在显微镜上用了不少贵重的金银，很快他留下的珍贵仪器就被家人变卖。

列文虎克亲手开启微观世界之门，让人类通向新的世界。然而过往行人只是向门里随意一瞥，而后匆匆走过，细菌与疾病并未被关联到一处，大家只是把微生物作为稀奇的自然现象和茶余饭后的有趣谈资，开启的大门在遗忘中默默锈蚀倾颓。微生物学还要到两个世纪后的巴斯德、利斯特的时代才能重焕生机。

列文虎克一直游离于学会之外，在光学领域，最有话语权的依然是胡克和牛顿二人。当初出茅庐的牛顿设计的反射望远镜摆在皇家学会的案头，胡克感到自己的地位遭到了挑战，面对学界对牛顿的认可，胡克宣称自己才是制作实用反射式望远镜的优先人。

胡克强调，他先于牛顿 7 年便制成了仅有 3 厘米的反射望远镜，性能比其他长达 15 米的望远镜还强。他还有更小型的设计，可以装在怀表里，只是由于黑死病和伦敦大火才耽搁了研究。

与牛顿初出茅庐时的腼腆相比，胡克的性格是另一个极端，他好故弄玄虚，常常把远未完善的设计拿来吹嘘，又以担心会被剽窃为由拒绝公开细节。胡克拿不出设计实物，当然也不会获得发明权。他很快更进一步，对牛顿随后提交的论文提出多项质疑。1672 年，牛顿通过条分缕析的回应，将胡克的质疑驳得粉碎，争论以牛顿的全胜告终。不过这仅仅是开始，在此后的日子里，他们的争吵持续了 30 多年，直到胡克去世。

随即皇家学会要求胡克以实验主任的身份重复牛顿提及的实验，并尽快向学会报告成果。胡克百般拖延，还是在 4 年后的 1676 年登台演示，亲手证明了牛顿理论的正确。

此后在一封写给胡克的信函中，牛顿充满讽刺意味地写出了那句被引用了无数次的名言："如果说我看得更远，那是因为我站在巨人的肩上。"一直忌惮别人提到自己身躯矮小又是驼背的胡克收到此信，忍气吞声，没有作出任何反驳。

两人之间的争论没有平息，1679 年，胡克出任皇家学会秘书，主动致信牛顿，彬彬有礼地请求牛顿与他分享最新的发现。

牛顿随手写下了最近他感兴趣的小问题：如果在高塔上有物体自由落体，假设物体可以自由穿过地球内部，不计空气阻力和地面的阻拦，那么物体的运动轨迹应该是什么？

双方都认可，如果地表不能穿越，考虑到地球自西向东运转，高处物体由于离地心更远，速度比塔底更快，故而物体会落到塔底偏东的位置。但在考虑物体可以穿越地球内部时，双方出现了分歧。

按照牛顿的推算，物体应该呈一条螺旋线向地心坠落，最终将停留在地心。而按照胡克的观点，如果没有阻力，平抛物体不损失任何能量，应该沿一条椭圆轨道绕地球一周，回到原处。

牛顿一生中与许多对手有过学术争端，少有败绩。唯一的一次失手，就是这次与胡克的争执。

胡克是对的。

在皇家学会会议现场，胡克以雄辩的口才向参会者展示了牛顿的失误。他随后致信牛顿，宣称自己获得了各位会员的支持。

牛顿没有回复胡克的信函，他随后都保持低调与小心。争论中另一方的胡克虽然没能给出数学证明，但他毕竟站在了正确的方向。这场争执表面上说的是高塔坠物，实际上却可以运用到宇宙星体的运作。在未来，数学家们计算出行星运转的闭合曲线，都无一例外地呈现椭圆形。

也正是这一次争论激发出牛顿的灵感。归于沉寂的牛顿沉浸在思考与演算中，在未来，牛顿将万有引力定律理论与椭圆形行星轨道结合，揭示出宇宙的深层奥秘。

牛顿的反射望远镜则留在了学院，并推广开去。牛顿式望远镜设计一直应用到今天，虽然历代天文学家在其基础上多加改良，但应用原理一直如初。今天，反射式望远镜不仅安装在各大天文台，更被发射至太空，其中最著名的便是美国国家航空航天局发射的哈勃望远镜，以及美国、加拿大及欧洲三大航天局合作研发的韦伯望远镜。

借助牛顿望远镜，英国与欧陆的天文学家开展了更高精度的观测。皇家学会展出望远镜的次年，1672 年，在法国巴黎，在路易十四得力干将柯尔贝尔主持下，经过五个春秋的建设，法国科学院的巴黎天文台最终落成，卡西尼成为巴黎天文台的执掌者。天文台设计成城堡状，配备高大的窗子方便采光，屋顶平坦开阔。那时牛顿望远镜尚未普及，这种建筑设计并不适合摆放长焦距望远镜，卡西尼在惠更斯高空望远镜的基础上加以改良，在天文台侧面搭建近 40 米的木塔用作观测。巨大的望远镜的高度已经超过了 12 层标准住宅楼，一直持续应用到长焦距望远镜过时。

卡西尼此前便擅长天文观测，在牛顿刚刚因为瘟疫返回乡下的 1665 年，卡西尼和胡克同时发现了木星的大红斑，那是已知木星上最大的风暴，氨和甲烷气体云构成了巨大的旋涡，足以装下一个地球，风暴从发现至今已经刮了 300 多年。卡西尼得到了巴黎天文台先进仪器的帮助，如虎添翼。他继惠更斯后发现了土星的另外 4 颗卫星，又发现土星光环分为内外两个，中间以狭缝分开，如今那道空隙被命名为"卡西尼缝"。

卡西尼与惠更斯联手揭开了土星的面纱,又过了 3 个半世纪,美国、欧洲、意大利三大航天局启动"卡西尼 - 惠更斯计划",派出探测器前往土星,去看当年这对老友在深夜里隔着透镜凝望过的地方。

历经近七年航程,"卡西尼号"飞船装载着"惠更斯号"探测器于 2004 年进入土星轨道,"惠更斯号"脱离"卡西尼号"飞船撞向当年由惠更斯发现的土星最大卫星——以泰坦(Titan)为名的土卫六。降落中"惠更斯号"源源不断地拍摄着土卫六的表面地貌,测量着风速及压力,并通过"卡西尼号"飞船中转传回地球。两个半小时后,惠更斯号成功在土卫六表面着陆,10 分钟后便停止了工作,它登陆时传回的第一张照片也是唯一一张照片,模糊的黑白图像上,大片的石块寂寥地铺向天边。

"卡西尼号"的寿命则更为长久,它此后一直在土星轨道上兢兢业业地工作,直到 2017 年完成使命,坠落蒸发于土星大气。2014 年 6 月,美国国家航空航天局举办了"卡西尼号"在土星轨道服役 10 年的庆典仪式,正是在 2014 年,"卡西尼号"在当年卡西尼发现的土卫二上,发现了地下液态海洋存在的证据,这意味着土星系统或许是太阳系中地球以外唯一存在微生物生命的地方。10 年中"卡西尼号"环绕土星运转 206 周,拍摄下 30 余万张图片。其中一张照片里,左上角土星的背光面隐藏在一片暗黑之中,土星巨大的光环横贯了整个画面,在右下方广袤的黑色天幕上,一个明亮的、只有十几个像素宽的蓝色光点孤悬宇内,那是 14 亿千米以外的地球。

17 世纪的英国人并不准备在这场天文学军备竞赛中落后,隶属于英国皇家学会的皇家格林尼治天文台于 1675 年在"快活王"查理二世的资助下启动。天文台由在伦敦大火重建工作中居功至伟的雷恩爵士亲自设计,罗伯特·胡克作为建筑助理。皇家天文学家约翰·弗兰斯蒂德(John Flamsteed)成为格林尼治的负责人。

如今格林尼治已是世界上知名度最高的天文台,1948 年天文台迁离格林尼治,依然继承了格林尼治的名字。天文台旧址如今成为了国家海洋博物馆的一部分,也是联合国教科文组织确定的文化遗产,本初子午线穿越其中,以金属线的形式镶嵌在地面。来往的游人往往双脚跨在子午线两侧留影,象征自己脚踏昔日的东西半球。①

与格林尼治今日的显赫有别，在建立伊始，天文台还尚显寒酸，连观测仪器都难以配齐。弗兰斯蒂德为天文台奔走不休，靠着手下一名算计工钱却不愿出力的拙劣工人，不断把格林尼治建设完善。当时在法国，巴黎天文台并没有设置官方台长职位，卡西尼只是实际上的负责人。每个观测员各自为政，出于法国式的散漫和效率低下，经常偷懒旷工，观测贡献远不能说出色。在英国一方，格林尼治天文台的情况更糟。弗兰斯蒂德孑然一身，没有观测助手可资利用。他如同被遗忘在寂寥灯塔上的守望人，在这座伦敦郊野的天文学灯塔上开始了长达 40 年的观测。他最后一版的观测成果在他过世 6 年后的 1725 年出版，列明了 3000 颗恒星的观测数据，是一个世纪前第谷和开普勒的《鲁道夫星表》的 3 倍。今天，为了纪念首任台长，格林尼治天文台原址主楼被命名为弗兰斯蒂德楼。

西方的天文观测正经历着筚路蓝缕的艰辛历程，在同一时期的东方，天文学也命途多舛。顺治一朝在汤若望的努力下，清廷认可了在《崇祯历书》基础上编订的《西洋新法历书》，制《时宪历》以为准绳。汤若望以钦天监监正之身份，在北京建国门附近的观象台承担起天文台台长的责任。汤若望以精湛的科学素养获得了顺治皇帝的信任，经历次加封，官至光禄大夫正一品职位。循例，汤若望祖上三代都可得到清廷的封号，他的父亲、祖父受封通奉大夫，母亲、祖母为二品夫人，1661 年即顺治十八年，祖上三代又加正一品衔。清廷的诰命诏书跨越重洋，邮寄到了汤若望远在莱茵河畔的家乡。

然而汤若望的荣耀随着顺治皇帝在 1661 年的驾崩而迅速褪去，康熙皇帝 8 岁登基，中西历法之争尘埃再起。康熙四年，即 1665 年，辅政大臣鳌拜不满外邦人参政，授意新安卫官生杨光先上《请诛邪教书》批驳西法，斥汤若望所谓"西法十谬"。他把当年哥伦布与反对者两个世纪前关于地圆学说的辩论搬到了中国古都，称"若地球是圆形，那么地球另一端的人岂不是要倒立"。在鳌拜的支持下，汤若望被罗织了三大罪状，最严重的一条是莫须有的阴谋造反。

汤若望拖着古稀之年的病体，桎梏加身，跪地受审。其时他已罹患中风，不

---

① 今天东西半球的分界线为 20° W 和 160° E 组成的经线圈。

能言语，更无从抗辩。次年清廷结案，汤若望被判处凌迟，他的助手比利时传教士南怀仁和其他耶稣会士也被投入囹圄，提审经月不休。在黑暗的牢狱里，他们终日祈祷，相互勉励。

宣判后北京旋即发生地震，又有彗星出现，合都惶恐。清廷官员以为天象示警，杀戮不吉。孝庄太皇太后特旨传谕"汤若望向为先帝所信任，礼待极隆，尔等置之死地，毋宁太过。"汤若望幸运地得以豁免，然而其他五位受到牵连的钦天监汉人同僚均被问斩，徐光启在崇祯一朝悉心培养的一批中国天文数学人才，至此凋零殆尽。这一段被血浸染的历法之争，后来被史家称作"康熙历狱"。

汤若望并没有支撑太久，他在1666年蒙主宠诏，荣归主怀。杨光先入钦天监，尽废西方历法。然而科学的真伪不会以政治斗争的结果作为准绳，杨光先执掌下的钦天监工作很快陷入混乱，一年中出现了两个春分，不该置闰的却加多了闰月。汤若望的助手南怀仁操着尚不流利的汉语，在康熙皇帝的御前辩论中痛陈杨光先的失误，并在其后的日影测算中取得完胜。西法得以恢复，南怀仁成为新一代钦天监监正，深得康熙皇帝重用。作为康熙皇帝的启蒙老师，他在科学、工程、兵器铸造等方面的知识相当丰富，后来官至正二品工部侍郎。

汤若望作古三年后得康熙一朝平反，康熙皇帝在他的祭文里，以"遽尔长逝，朕用悼焉"的感慨，抒发了对汤若望的缅怀。至于一手发动康熙历狱的杨光先，在南怀仁的反诉下，以诬告致死的罪名下狱，本应反坐死刑，因其年事已高得免死罪，遣送原籍，去世在回乡的旅途。他与汤若望这对政治上的死敌，离开也不过是脚前脚后。

南怀仁供职钦天监后，开始改造建国门观象台。南怀仁参照第谷的设计，吸取中国古朴的造型艺术，历经4年铸造6件铜质天文仪器，用于测定天体的黄经赤纬、地平象限以及推演天象。建国门观象台的改造正赶上英法两国的天文台军备竞赛，它的改造完成晚于巴黎天文台两年，早于格林尼治天文台两年。

可是中西天文观测硬件上的差距依然不可以道里计，北京采用的依然是第谷的肉眼观测仪器，西方天文仪器在第谷之后又经历了70年间伽利略、开普勒、惠更斯、卡西尼、牛顿历任光学大师的推动，远非南怀仁的知识储备可以比拟，牛顿望远镜的精度更远远将第谷的设备甩在后面。东方天文学界在崇祯一朝对西方文明的短暂追赶持平终成历史，清帝国的沉重步履，已经再难跟上西方世界的节奏。

中西方的科学差距自然不止在天文学单一领域中初见端倪，西方科学的不断崛起，来自整体科研体系的胜利。天文学的发展引发了对物理学和数学的关注，物理学与数学的先进研究方法又进一步带动其他学科，带来了学界的整体发展。即使是在科学版图边陲的植物学，都在 16、17 世纪中得到飞跃。

16 世纪初期，植物学还与动物学、地质学和气象学等一大批学科分支拥挤在"博物学"之下。在 15 世纪末德国《植物图集》中，植物插图还都粗糙拙劣。

《植物图集》中画到曼德拉草，插图的上半部分尚能一本正经地画出浆果和茎叶，画到下半部分的根系已经开始胡编滥造。当时民间迷信"拔出曼德拉草，就会听到人形根系的'哇哇'叫声"，这个迷信在当代文学作品《哈利·波特》中还予以表现。画师直接根据传说，在根系上画出了一位面容慵懒的裸体中年男子。无论从绘画技法还是写实程度，都远逊于半个世纪后在东方付梓的《本草纲目》。

植物学的学科特性也还非常模糊，资料里面残存着大量志怪传说。植物学家们也没有科学地对植物观测、记录和分类。15 世纪时，哥白尼已经提出了革命性的日心说，而植物学家们的主要工作还是采集标本。那时候的博物学家连植物和矿物的本质区别都不甚了了，有人猜测地球内部的矿物就同植物一样自然生长，人们可以割韭菜一样一茬茬地收割金矿银矿。

连植物学（Botany）这个学科名称，都是 16 世纪才在法国出现，再过一个世纪才在英国得到应用。

待到《植物图集》出版一个世纪后，植物志里再度出现曼德拉草，终于走上正途，插画师使用写实素描技法，对根茎叶的自然特征精雕细琢，还添加阴影展示立体结构。植物浆果专门放大特写，便于读者分辨。

书籍中插图的演进也是整个植物学发展的缩影。此前植物学家们的工作还是搜集金鸡纳碱一类的草药，或是品尝来自新大陆的菠萝和马铃薯一类的美味作物，历经整个 16 世纪到 17 世纪，植物学从博物学中脱离出来，自成一派，开始建立严谨的学科架构。

得益于科学机制不断成熟，大学教育体系也不断完善，文艺复兴时期大学的医学院开始教授植物学相关课程。伊斯兰学者阿维森纳（Avicenna）的课程代替了传统的希腊陈旧课本，教授和学生们开始野外考察采集草药。

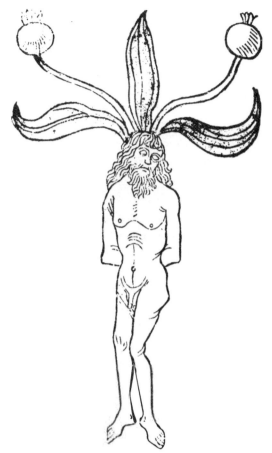

德国《植物图集》中的曼德拉草

Herbarùa (1485). Newberry Library, Chicago. 转引自 DEBUS A. Man and Nature in the Renaissance [M]. Cambridge: Cambridge University Press , 1978.

很多大学设置了"医用植物学"的教授席位，16 世纪里这个席位出现在了哥白尼和伽利略所在的帕多瓦，出现在巴塞尔和蒙彼利埃，又在 17 世纪来到法国巴黎。

大航海时代的开启为植物学家们带来了丰富的研究对象，来自美洲和印度的珍稀植物出现在了欧洲的花园。马铃薯和西红柿在引进初期还仅用作观赏，随后又被端上欧洲农民的餐桌。烟草、芦荟、檀香、槟榔这些古希腊先贤闻所未闻的物种被引入欧洲后，植物学家们就更有动力跳出先贤的窠臼。

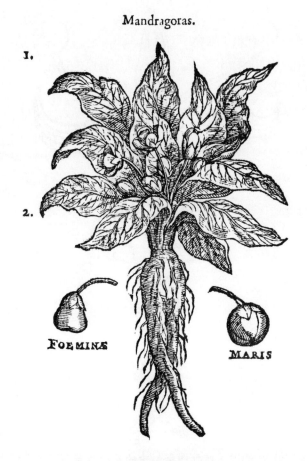

曼德拉草，1583 年插图
来源：维基百科

　　私家花园和皇家园林也成为一时风潮，早在法国科学院建设之前，法国国王路易十三便建立起巴黎皇家植物园，对国际学者、收藏家和医科学生敞开大门。绅士淑女们讨论着新奇植物，园艺师们培育出新品种，园艺书开始占据大众的书架。早年爆发在荷兰的"郁金香热"，也脱胎于社会对园艺的热衷。

　　有了科学的机制、丰富的研究对象，加上其他学科的先进经验，植物学迎来了黄金时期。

　　文艺复兴绘画技巧的大发展，让学者们用精湛的笔法表现出标本细节，而非把曼德拉草画成头上长草的中年男子，填补了摄影术问世前的空白。远航的船队开始带上随船画家和博物学家，随船采集标本。未来的达尔文正是以随船博物学家身份参加环球旅行，提出了进化论。

木版印刷和铜版印刷的出现，让精美的插图可以出现在园艺手册和学术著作里，让知识得到普及。

更为重要的是各国科学院开始建立统一的科研标准。法国科学院要求画家为植物绘画记录时，必须完整地记录整棵植物，从种子到幼芽再到成熟期，包括根系都要素描记录。这一时期的植物学插图里，已经细致表现了豆荚的发育、叶片的舒展、根系的绒毛。

那些我们耳熟能详的名字也加入了植物学研究，波义耳、胡克、惠更斯都拿出自己本专业内的手段：波义耳拿出了波义耳定律里的空气泵，验证了空气在植物生长中的必要，在波义耳手里，植物学还反哺了化学，他用紫罗兰制成了学生在初中化学课上会用到的石蕊试纸；胡克掏出了胡克显微镜，发现了菌类孢子和细胞；惠更斯则研究花粉，推断出了花粉和蜂蜡的关联。就连哈维在《心血运动论》当中对人体血液循环的理论，都被拿来指导了植物学，启发胡克研究了植物内部的水循环。

如果说曼德拉草插图的细化是植物学发展的缩影，在更广阔的角度下，西方植物学对东方的超越，也是西方不同学科超越东方的缩影。

17 世纪中叶，大批学者从学院和同行那里得到激励，拿出了许多研究成果。

在化学领域，波义耳出版《怀疑派化学家》，他模仿伽利略的《对话》，以四个哲学家的对话为载体，阐明了自己的化学思想。他批判炼金术，强调化学要以实验和观察为研究手段，让化学从医学和炼金术中分离出来，成为一门独立学科。

在气象领域，胡克发挥自己在仪器设计上的天分，发明了叶片式风速表来测定气象；伽利略的弟子托斯卡纳公爵费尔南多二世制成了冷凝湿度表，让空气中的水汽冷凝在冰室外壁，通过收集到的水量测量空气湿度，靠着对气象物候的兴趣，大公还设立了世界上首个气象局。

在地球科学领域，胡克开始研究化石，把岩石晶体和动物遗骸区分开来；波义耳出版了《论宝石的起源和性质》，讨论矿石的物理性质。

还有一项对东方的追赶来自数学领域：法国数学家帕斯卡在 1654 年提出"帕斯卡三角形"，用来把二次项系数图形化。他的研究成果在东方被称作贾宪三角，早于帕斯卡 6 个世纪的北宋年间，数学家贾宪便已经用贾宪三角做高次开方运算。

基础科学和经济发展成为多学科协同演进的动力，那是一场在科学领域的基建，一旦地基踏实，不同学科门类的建筑工事就可以迅速动工。来自东方少数天才学者的勤勉与灵光，难以抵御更先进的科学研究范式。

1672 年，在南怀仁于北京观象台悉心打造天文仪器同时，又一处学科基建事业在西方悄然启动，一支德意志派出的外交使团踏入了法国巴黎。

这一基建项目发生在最基础的数学学科，戈特弗里德·威廉·莱布尼茨（Gottfried Wilhelm Leibniz）走上科学史舞台，在他未来与牛顿的竞争缠斗中，微积分成为学界通用的数学工具。

"太阳王"路易十四的声威已经波及欧洲全境，整个欧洲都感到了来自法国的压力。德意志诸侯尚未从"三十年战争"中缓过神来，群龙无首。在"太阳王"虎视眈眈之下的美因茨选帝侯坐卧不安，此时，他手下崭露头角的年轻幕僚莱布尼茨提出了构思精巧的政治阳谋。莱布尼茨亲自率团出发前往法国，游说路易十四征服埃及，祸水东引，减轻德意志诸国的压力。

莱布尼茨生于 1646 年，比牛顿小 3 岁。他出生于官宦世家、书香门第，三代出仕，父亲更是莱比锡大学教授。莱布尼茨自幼研读古希腊罗马名家著作，饱受熏陶。14 岁入读莱比锡大学法学系，广泛研读培根、开普勒、伽利略、笛卡儿的著作。21 岁获法学博士学位，此后任职于美因茨宫廷。

怀揣着替德意志争取宝贵复苏时间的雄心，26 岁的莱布尼茨率使团前往巴黎，他的使命后来并未完成，一厢情愿的游说计划甚至没有开始。莱布尼茨此后居于巴黎四年，却没有等来面见法王慷慨陈词的机会。

他的人生轨迹羁绊在巴黎，年轻的政治家就此开始了科学史上的征程。当年秋季，莱布尼茨结识了惠更斯，从而开始了另一段传为佳话的师生相承。

惠更斯与莱布尼茨都出身上流外交世家，相同的背景拉近了双方关系。惠更斯维系着一丝不苟的世家风范，他定做的西装背心以华贵的丝绸织就，以金线装饰，上面钉着的纽扣来自遥远的东方，与国王专用品式样相同。惠更斯修养甚高，得益于父亲与欧洲名流广泛的接触，他精熟于音乐与诗歌，还是优秀的大提琴手。其时荷兰史上最伟大的画家，以《夜巡》闻名于世的伦勃朗是惠更斯家族的座上常客，还在惠更斯的画作上留有题词。

这一年惠更斯刚刚收到英国皇家学会秘书奥登堡致函，了解到牛顿的反射望远镜及光学论文。惠更斯对牛顿望远镜非常认可，对牛顿的光学论文却难以认同。惠更斯表面加以赞誉，称牛顿的论文"极具独创性"，随后却通过皇家学会向牛顿连续致信，反驳牛顿对光的理解。

这是贯穿了整个光学发展史的，牛顿的"微粒说"与惠更斯和胡克"波动说"争论的开始。牛顿从光的反射现象入手，认为光由微小粒子组成。惠更斯则认为光是一种波动，来解释光的折射现象。

在争论中双方的交锋真挚而礼貌，牛顿连续发表两篇论文，分别是《解释光的性质的假说》和《观察的讲演》，从粒子论解释了光的反射、折射和散射。作为回应，惠更斯一边以书信温和反驳，一边沉下心去，完善自己的巨著《光论》。这部书稿在 1678 年被提交给法国科学院，又在 1690 年出版。正式提出了光的波动学说，令波动学说抢占先机。

惠更斯的波动学说同样可以推导光的反射和折射定律。他提出的惠更斯原理经过后世光学大家菲涅尔的补充，成为"惠更斯 - 菲涅尔原理"，以解释衍射现象，成为波动学说的顶峰。

双方都在己方阵地中拿下了优势战场：惠更斯诘问，如果光如牛顿所言是一束束微粒，那为什么两束光的碰撞不会改变彼此的行进方向；牛顿则批评惠更斯，如果光是一种波，那么如同声波可以绕过障碍物，为什么光线不会像声音那样绕过障碍，而是在遮挡物背后留下清晰的影子。

这场争论持续了数个世纪，直到下个奇迹年即 1905 年，爱因斯坦以光电效应的光量子现象为基础，提出光的波粒二象性，才算为这场马拉松式的辩论画上终止符。

惠更斯在与牛顿信件往来之余，还在指导莱布尼茨学习数学。莱布尼茨原本便涉猎广博，颇具功底，来法之前便设计了手摇式计算器，可以方便地进行四则运算。而今莱布尼茨在大师指导之下，数学功力更见提高。此后他遍访名师，两度访问伦敦，与当时一流的科学家交流学习。他的手摇计算器已经超过了当时英国皇家学会的设计，广受好评。唯一出来唱反调的依然是以机械大师自居的胡克，胡克并没有吸取在此前牛顿反射式望远镜一事上吃瘪的经验，尖酸刻薄地嘲笑了莱布尼茨的作品。

莱布尼茨日后被历史学家称为最后一位全能型天才，他涉足了历史、经济、神学、语义、政治、科学等诸多领域。腓特烈大帝曾称赞他"本人就是一所科学院"。在巴黎，他的科学尤其是数学功底得到了显著提高。

在巴黎，莱布尼茨开始精研笛卡儿的解析几何。他的天赋及努力让他迅速在数学领域超过了老师惠更斯，仅仅数年，莱布尼茨便独立于牛顿在 1675 年也发明了微积分。与牛顿从天体力学入手创立微积分的角度不同，莱布尼茨以数学家身份，从几何学的切线面积问题发散，提出了同样的数学理论，二者殊途同归。

此后莱布尼茨还独立发展出二进制算数，并在法国科学院宣讲。约 20 年后，莱布尼茨与东方传教士白晋神父通信，了解到中国的《周易》六十四卦体系，惊喜莫名，认为中国古代已经由伏羲创造了二进制数学，而今由他重拾这一失传千年的成果。成果发表之后法国科学院反应平淡，没人知道它究竟可以派上什么用场，直到 3 个世纪后电子计算机诞生，人们才发现莱布尼茨留下了多么宝贵的礼物。

在研究微积分时，莱布尼茨已经与牛顿有所交集，此前莱布尼茨访问英伦时已与英国皇家学会秘书奥登堡有所交流。1675 年莱布尼茨得到来自英国方面的最新无穷级数研究目录，其中已经涉及一些牛顿的研究。一年后，莱布尼茨在奥登堡的引荐下，与牛顿短暂通信。

其中两封最重要的牛顿回函如今被称作"前函"与"后函"，一份长达 11 页，另一份更长达 19 页，其中约略提及了牛顿的数学研究。

谨慎的牛顿一方面担心莱布尼茨窃取自己首创的微积分思想，另一方面又要彰显微积分的首创之权。两封信遮遮掩掩而疑心重重，他提到了自己在研究"流数"，却又不愿意具体阐述，只是留下了一段难解的密码："6accdae13eff7i3l9n4o4qrr4s8t12ux"。

如果解开这段密码，它大概的含义是：已知包含若干流量的方程，求流数；或者反过来，已知流数，求流量。

这段语焉不详的文字，是公开信函中最早关于微积分的定义。然而即使是透露这样的只言片语，也足以让牛顿担心自己的成果外泄。在"后函"中，牛顿听闻莱布尼茨在信件中提到的与自己体系有异但内核一致的微积分体系，他不算客气地评价道："以前悬而未决的问题现在同样无解。"

二人的通信就此中断，莱布尼茨虽然热情回复了这一封"后函"，给出了自己微积分研究的部分细节，并邀请牛顿复信，但他再也没有收到牛顿的任何回应。双方在此后整整 8 年里一直对自己的研究成果保持缄默，两位巨人在这里分道扬镳。在这次两人谨慎的试探里，双方都没有得到太多有用的信息。

然而，这两位最杰出的数学家间短暂的通信成了无意间按下的定时炸弹按钮，8 年后时钟跳动归零，关于微积分发明优先权的争斗轰然炸响。这是科学史上最著名也最影响深远的一次优先权之争，被数学史家称作"巨人相搏"。日后，数学界的两大山头莱布尼茨与牛顿，以及背后的欧陆学界与英国学界开展了绵延 40 年的争斗，双方启动了豪华的助威团队，参战名单至今读来都令人肃然起敬。

不过，在 1675 年，一切都还风平浪静。双方豪华的助威团还未到位，这一年，莱布尼茨的学生、鼓手、支持者，来自瑞士数学世家的伯努利兄弟还未成气候；而牛顿未来最亲密的挚友、天文学家埃蒙德·哈雷（Edmond Halley）则刚刚步入格林尼治，只是天文台长弗兰斯蒂德的助手及学生，时年 19 岁。

哈雷出身显贵，相貌堂堂，教养颇高。他与弗兰斯蒂德的师生关系起初十分融洽，这个尚未从牛津大学毕业的年轻人，已经熟练地掌握了天文仪器的操作方法，很受台长赏识。次年，在查理二世资助下，哈雷接受了来自皇家学会的重任。他搭乘东印度公司的商船，扬帆南下，跨越万里波涛，历经数月航程，抵达南大西洋的圣赫勒拿岛。

圣赫勒拿岛孤悬海外，距离最近的大陆也有近 2000 千米之遥，是当时英国最靠南端的领土。岛上人口不多，在 121 平方千米的岛屿上，到现在也只有几千人居住。岛上最高峰阿克特翁山，海拔超过 800 米，简直是天然为观星打造的高塔。夜幕降临后，银河从大洋的一端跨过夜空，连接到另一端，缓缓从大洋的东面升起，扫过整个穹隆，再从大洋的西侧隐没。

在南纬 15° 线上，哈雷看到了与英国迥然不同的夜空。于是圣赫勒拿与格林尼治遥相呼应，一对师生同时观测着南北半球天空。哈雷不辱使命，在南太平洋难得晴朗的天气中，他以为期两年的不懈观测，绘制出精密的南天星表，包括主要恒星 341 颗，并在两年后返归英伦的 1678 年付印，老师弗兰斯蒂德赞誉哈雷为"南天第谷"。

在哈雷留下的星表中，既包括北半球居民熟悉的天蝎、射手等星座，也包括科学界生疏的南天星座南鱼座、波江座、南三角座、飞鱼座。绘制星图时，哈雷怀揣着对赞助人查理二世的敬意，还把政治元素夹带其中。

当年英格兰内战，查理二世与克伦威尔鏖战于伍斯特原野。查理二世兵败落荒而逃，藏在一棵橡树背后方幸免于难。哈雷在绘制星图时，便将一个星座命名为查尔斯橡树座。如今查尔斯橡树座已遭废弃，原有天区分属于船尾座和南十字座。

哈雷离开圣赫勒拿后再也没有回到过这片土地，但圣赫勒拿没有忘记哈雷。今天，如果前往岛上观星，还会看到当年哈雷工作过的地方，哈雷观测的原址被称作哈雷峰，当年的简易天文台已经崩塌，只余几道残垣。在石墙的中间，人们树立起纪念石碑，上面刻着一段文字：

"这里是埃蒙德·哈雷的天文台。他来到这里，将南天星辰绘入星图。（1677—1678）"

回归英国后的哈雷被授以硕士文凭，又以 22 岁之龄被选为皇家学会会员，仅比老师晚了一年。然而，舞台后面的阴影里，他昔日的老师冷冷地凝视着他的背影。

或许是因为哈雷善于交际、圆滑的处世风格与老师的古板相违，弗兰斯蒂德再没提起过"南天第谷"的赞美。后来弗兰斯蒂德发表了潮汐研究论述，被哈雷指出多处讹误。老师转而成为了学生的敌人，在此后的许多年里，二人一直针锋相对。

不过哈雷并没有受此影响，生性活泼的他拒绝被拘束在教职的囚笼里，他启程前往欧洲游历，还一度在巴黎天文台与卡西尼共事，观测彗星轨道。

哈雷早年在科学领域的贡献乏善可陈，不过，一个小小的咖啡馆里，哈雷无意之间做出了他对科学史的最大贡献。

1684 年，伦敦市内的一家咖啡馆里，哈雷、建筑大师雷恩爵士和胡克一边喝着咖啡一边探讨科学。当时三人讨论的焦点在于行星轨道计算，哈雷请教雷恩和胡克，行星与太阳之间的作用力是否遵循平方反比定律，如若遵循，行星的轨道该是什么形状。

这实际上是当年牛顿与胡克争论过的高塔坠物问题的翻版，胡克与雷恩均不能解答。只是胡克自信满满地宣称，说自己早已证明这一问题，他不公布证明过程，只是想让别人认识到知识的宝贵。雷恩不满胡克的吹嘘，当即与二人下了赌注，给胡克和哈雷两个月时间，先找到答案者可以获得一本价值 40 先令的书籍。

两个月的时间匆匆而逝，雷恩失去了对胡克的耐心，还对他冷嘲热讽。哈雷自觉无法独立解决，他收拾行囊前往剑桥，在当年秋天，28 岁的哈雷敲开了 41 岁牛顿的家门。

哈雷博士本以为这次拜访会枯燥而冗长，他做好了等待牛顿漫长计算的准备。然而牛顿几乎在哈雷刚刚叙述完问题的同时，便立即给出答案：轨道是椭圆。哈雷惊喜地问他如何知道，牛顿简单地回答："我算过。"牛顿随即在书房的纸堆里寻找他计算的草稿，可没能找到，他答应重新计算，然后把论证过程提交给哈雷。

哈雷等待了整整一个秋天，3 个月后牛顿的信函从剑桥翩然而至，里面是牛顿用 9 页纸写就的《绕转物体的研究》，这薄薄的 9 页纸的价值远远超过等重的黄金，此后在这 9 页纲要的基础上，牛顿将其扩充为三巨册《自然哲学的数学原理》，正式发表万有引力定律，以一人之力，统一了伽利略用于地面的力学体系和开普勒用于天空的力学体系。

牛顿告诉人们，周遭世界与星体之间遵循着同样的定律。他在开普勒的行星三大定律基础之上更进一步，告知学界开普勒的椭圆轨道并不是宇宙的终极真理，而只是深层万有引力定律的基本表征。伽利略和开普勒告诉大家宇宙的样貌，而牛顿从纯数学的角度来揭示世界的逻辑。

如今这部作品已经成为科学史上最重要的科学著作，没有之一，它已经知名到无需提及书的全名，仅说出《原理》二字，便众皆知晓。

随后牛顿沉浸到《原理》的编订工作之中，还不忘把一部分天才浪费在炼金术之上。他的头发在 40 多岁的壮年便转为灰色，他对此自嘲是用了太多的汞。他把睡眠时间压缩到四五个小时，对工作的专注以及水银毒性的侵蚀让他无暇顾及生活琐事，后来关于牛顿"忘了吃饭""煮了怀表"的传说大多源于此一时期。

也正是牛顿撰写《原理》的同时，1684 年 10 月，莱比锡大学学术刊物《学术论文集》刊登了莱布尼茨署名的论文，论文的名字繁琐而冗长，名为《一种求极大值与极小值和求切线的新方法，也适用于分式和无理量以及这种新方法的奇妙类型和计算》。在这篇论文里，莱布尼茨率先发表了微分研究，声称自己发明了这一崭新的数学工具。他得意地在文中宣称微分的应用如同魔术般神奇，完全可以使"其他渊博的学者百思不解"。

重大的变革在波澜不惊的表面之下悄然发生，在当时，这篇论文并没有引起意料之中的反响。一方面是因为莱布尼茨当时刻意模仿笛卡儿《几何学》中干瘪简约的文风，另一方面也是因为在这篇略显粗糙的论文里，很多问题还都扑朔迷离，微分的体系还不完整。即使在后来莱布尼茨最为亲近的朋友，微积分宗师伯努利兄弟看来，这篇论文也"与其说是一种说明，还不如说是一个谜"。

不过，这并不影响莱布尼茨做出近代数学史上最伟大的创举：这是数学史上首篇公开发表的微积分文献，比牛顿公开发布的微积分论文早 3 年。两年后莱布尼茨又发表了积分学论文，两篇论文携手确立了微积分体系，采用先进的现代微积分符号。现代数学体系从此建立。

微积分的发明，成为了 17—18 世纪最为重要的科学成果，微积分为数学、物理、天文、工程等多个学科提供了"屠龙利器"：天体的运行、琴弦的振动、机械的运作及电动力学都处在微积分的研究之下。数学的爆发式发展，推动着启蒙时代的学者们建构起现代的科学体系。

微积分，在后世数学家、现代计算机之父冯·诺依曼笔下，是"现代数学取得的最高成就，对它的重要性怎样估计也不会过分。"

虽然是新生学科，但微积分 calculus 这个单词，却承自古罗马的黄金时代。在拉丁语里，calculus 代表计数用的石子，从计数石子的 calculus，又衍生出了计算 calculate。万法归宗，如今的微积分思想，可以一直向上溯源到数学的鸿蒙之时。微积分的实际应用也由来已久，从阿基米德当年使用穷竭法研究弓形面积，再到我国刘徽的割圆术，用多边形逼近法求取圆周率，微积分的思想一直一脉相承。

科学思想的进步当然不会是空中楼阁，社会的实际需求一直推动着理论研究。在微积分孕育的漫长时间里，整个世界都在等待这门学科来解决种种实际问题。

古希腊的数学家芝诺提出过"飞矢不动"悖论：一支射出去的箭在每个瞬间都是一次定格。当箭在空中飞动之时，它的瞬时速度似乎应该由距离除以时间得出，可是在"飞矢不动"的瞬间，时间是零，又如何求得它的瞬间速度？——在这里，对微积分的需求在于对速度与位移问题的求解。

17世纪，望远镜为天文学家提供了天空的权杖，"伽利略和开普勒们"积累起大量观测素材，为建立日心说找到铁证，奠定近代天文学基础。天文学的发展也催生了对透镜愈发严苛的需求，光学随之蓬勃发展，计算曲线透镜的折射反射成为重中之重——在这里，对微积分的需求在于求解曲线的切线。

一个中间凸出的葡萄酒桶，可以装下多少体积的美酒？一条行星的曲线轨道，围合了多大的面积？炮弹被发射出炮筒，炮筒与地面呈多少角度可以让大炮的射程最远？——在这里，对微积分的需求在于计算体积、围合面积以及曲线的长度。

莱布尼茨提供的数学工具，可以将上述问题——解答。

靠着这两篇论文，莱布尼茨就此留名青史。海峡对岸的英国同行们打开论文，发现其中并没有提到牛顿的名字。

这是巨人间对微积分优先权争夺的开始，当时的牛顿引而不发，或许是莱布尼茨论文的发表终于让他感到了紧迫性，他仅仅用了一年半的时间便完成了巨著《原理》，在其中的第二册中增加一段叙述，提到了10年前与莱布尼茨的"前函"与"后函"中的密码表述，表明自己才是微积分的最早发明人。

1687年，这部历史上最伟大科学著作的出版工作并不顺利，在提请学会付梓印刷时，学会刚刚出版了英国博物学家约翰·雷的《鱼类史》，这位兢兢业业的博物学家写出了当时最全面的鱼类自然史论，书中还配有大量精美的鱼类插图。不出意料，这样的书作毫无市场销路，《鱼类史》的出版拖垮了学会的财务状况，因此无力承担《原理》的印刷费用。是哈雷垫付了部分书款，确保书籍付印。

三巨册的《原理》是科学诞生以来最伟大的综合性数学及物理著作，牛顿身居斗室之间，构建了人类有史以来最宏伟的科学体系：《原理》囊括了牛顿三大力学定律、万有引力定律、微积分初步研究，还涉及光学、流体力学。《原理》的出版为牛顿迅速在西方学界奠定了科学泰斗的地位，他的理论如同旋风一样席卷欧洲。

即使是在后来的微积分优先权之争中属于莱布尼茨阵营的法国数学家洛必达侯爵，读到此书也由衷叹服。洛必达迅速成为了牛顿的粉丝，还开始打探牛顿的生活细节："他吃饭吗？喝水吗？像别人一样过日子吗？"

《原理》的影响不止在科学界，以医学及实验哲学研究而进入皇家学会的启蒙时代最杰出的哲学家之一、被后世称作"英国和美国的自由主义之父"的约翰·洛克（John Locke）也对它大为欣赏。

洛克与牛顿和波义耳早在皇家学会时已是旧识，三人之间多有书信往来，主要交流炼金术心得。洛克作为经验主义鼻祖，信奉知识源自经验以及内心的逻辑思考，正同牛顿相合。只是牛顿为了防止门外汉说三道四，故意用拉丁语将书稿写得晦涩难懂，只有真正的学者才能一窥究竟。洛克本哲学家出身，难以理解牛顿精深的数学思想。洛克先是请教惠更斯，后来又专程前往伦敦向牛顿讨教，牛顿只能简单地为洛克尽量通俗地讲解。洛克曾为《原理》写过一篇热情洋溢的书评，从书评来看，洛克基本没有看懂这本书。

这是"自由主义之父"与科学领域的最后交集，洛克此后一心投入哲学思辨，不再过问科学研究。他相信人天性自私，顺应人性、保护私有财产有助于社会的财富积累和进步。他提倡保护每个人的根本权利，提倡人人生而平等。与霍布斯维护君权不同，洛克主张监督制衡政府权力，这是民主共和的思想土壤。只是他去世于 1704 年，那时君主立宪和民主议会制度还在早期阶段，他没能在有生之年看到自己自由理想的践行。

可以告慰的是，在 1620 年，一艘名叫"五月花号"的帆船悄然驶离了英国港口，它满载着 102 个乘客，有清教徒，有破产者，也有流浪汉。他们怀揣着对大洋彼岸的憧憬，在那个并不适合航海的季节起锚，历经 66 天与风暴、疾病、饥饿和绝望的搏斗，横跨北大西洋，抵达北美洲东岸。

洛克去世大半个世纪后，这群旧世界的弃儿从英国的管辖下独立，建立起美利坚合众国，洛克的自由主义思想被写进《独立宣言》，成为了美国立国的思想土壤。

除洛克、哈雷、洛必达等牛顿的粉丝之外，也有大把人对牛顿不满。其中首推胡克，万有引力的基础平方反比定律早在与哈雷打赌时他便有所涉猎，如今牛顿著书立说，胡克心中自然不平。书籍尚未出版时，他便坚称牛顿的重力研究自己早就做过，并怒不可遏地表示是自己启迪了牛顿的书作，要求牛顿在《原理》序言中予以声明。牛顿迅速做出反击，他重新仔细地校对了书稿，尽管胡克对他的研究确有铺垫推动，但他仍然干净利落地将书稿中出现的胡克的名字尽数删除。

胡克与牛顿之间裂痕愈深，在皇家学会此后的一次例会上，当看到牛顿和几位同事步入，胡克便愤愤起身，离开了会场。

至于法国天文台的实际执掌者卡西尼则根本拒绝接受牛顿的理论。他原本便在科学领域观念保守，连哥白尼的日心理论都拒绝相信，还反对开普勒的行星定律。这位欧洲最杰出的天文观测者对万有引力和光速有限的结论一直持反对观点，直至去世。

此外，格林尼治天文台长弗兰斯蒂德也对牛顿颇有微词，他与牛顿在《原理》书成之前有着频繁的通讯往来。此前弗兰斯蒂德并不赞同牛顿的万有引力理论，他把星体之间的引力看作与磁力相仿，而最强劲的磁铁也很难吸引一定距离外的钢针，万有引力这种超远距作用力的概念，对他来说太过超前。然而天文台长依然慷慨地提供了自己珍贵的观测数据，他的数据成为了万有引力定律提出的重要事实基础，然而牛顿在《原理》中，只是在致谢部分轻描淡写地提及他从天文台得到过一些帮助。

靠着《原理》的出版，牛顿飞速收获了在科学领域的巨大声誉。此前，由于牛顿不愿公开发布科学观点，发布的少量的成果也仅在英国内部小范围流传，在欧陆学界牛顿的名声不如莱布尼茨。如今，牛顿终于具备了和莱布尼茨直接作战的能力。

大风起于青萍之末，起初双方均未出手，仅仅是在二人的支持者中小范围发动。其中莱布尼茨阵营中的主力旗手是来自瑞士的伯努利兄弟——雅各布·伯努利（Jacob Bernoulli）及约翰·伯努利（Johann Bernoulli）。

伯努利兄弟出自瑞士传奇世家，伯努利家族三代之中诞生了 38 位科学家，家族 100 多位后裔均在历史上占有一席之地。父亲尼古拉·伯努利（Nicolaus Bernoulli），是巴塞尔市政商名流，伯努利兄弟从小便接受了良好的教育。

伯努利兄弟是伯努利家族在科学史上的第一代学者。哥哥雅各布·伯努利生于 1654 年，艺术与神学硕士出身，长于微积分、无穷级数求和，更承接费马和帕斯卡的研究，成为概率论领域的大师。1687 年，雅各布出任巴塞尔大学教授，通过莱布尼茨的论文走进微积分，被莱布尼茨赞誉为少有的能理解自己微积分思想的学者。

弟弟约翰·伯努利，是尼古拉的第十个孩子，比哥哥雅各布小 13 岁，出生在 1667 年，数学天赋更胜其兄。他读到莱布尼茨的微积分论文时，还只是 21 岁的青年。父亲曾经逼他从商，然而他执意跟从哥哥雅各布学习数学。学习莱布尼茨的微积分理论仅仅两年，他靠着远过于哥哥的天赋，已经积累了与哥哥同等的数学功底，约翰以莱布尼茨为自己的师长，二人不时通信讨论数学问题。

约翰·伯努利是第一本微积分教科书的实际作者。他的学生，仅仅读了《原理》便成为牛顿粉丝的洛必达侯爵，在后来以洛必达法则为人所熟知。这位天赋有限的侯爵为了在数学史上占有一席之地，直接购买了约翰·伯努利的成果，将老师的作品汇编在数学专著《用于了解曲线的无穷小分析》里，成为完善的教科书。洛必达为约翰提供了大额资助，约翰拿人手短，一时间不便点破。

考虑到这毕竟不是自己的成果，洛必达侯爵在教科书的前言里谦虚地向莱布尼茨与约翰·伯努利致谢，表示"我无偿地使用了他们的发现"，"只要他们愿意，我真诚地把他们要求拥有的任何东西归还他们。"约翰事后终于反悔，声称自己对洛必达法则拥有所有权，抱怨是洛必达用金钱换取他人的才智。这种事后声明已经于事无补，洛必达法则已经成为学界标准术语，约翰·伯努利的洛必达法则，让那个本应在历史上籍籍无名的贵族学生在数学领域得到了永生。

英国一方宣称牛顿才是微积分的真正发明人，学界耆宿沃利斯已经年过古稀，再无与霍布斯争论时的活力，但他依然警惕注视着莱布尼茨的动向。为保住英国的数学地位，他亲自出版著作为牛顿助拳，还举出了当年牛顿与莱布尼茨通信的"前函"与"后函"，暗示莱布尼茨是从这两封信件中得到启发。约翰·伯努利在沃利斯的著作中看到牛顿式微积分的介绍，激动地致函老师莱布尼茨，指责牛顿才是剽窃者。

约翰·伯努利看到大洋彼岸对老师的指控，力主莱布尼茨直接出面与牛顿对战。这倒也符合约翰本身争强好斗的性格。早在 1690 年，微积分刚刚发布 6 年时，约翰便已经与自己的哥哥雅各布势同水火。

那时莱布尼茨受制于繁忙的工作，在微积分上的工作远称不上细致，为后世数学家留下了大量空缺。哥哥雅各布·伯努利最先将积分规范化，今天通用的"积分"一词便出自雅各布的设定。弟弟约翰·伯努利则奋起直追，以莱布尼茨真正传人自居，兄弟二人互生嫌隙，却也互相激励彼此深入探索。哥哥雅各布面对数学水平已经超越自己的弟弟，一直倨傲地以"我的学生"称呼对方，而弟弟约翰不满哥哥的托大，一直暗中隐忍，终于突然发难挑战兄长。

两兄弟之间最知名的一次较量起源于悬链线研究，该问题试图求出当一段绳子两端被固定，中间松垮自然下垂时，形成的曲线是何种形状。

表面看来，这是非常简单的函数问题，但学界却久久未有定论。悬链线问题历史悠久，达·芬奇就曾经探究过，如果要去绘画戴项链的女人，那么项链自然下垂的曲线应当如何体现。此后，伽利略、惠更斯、莱布尼茨都有所涉猎，很多人猜测悬链线是一条抛物线，但受限于传统的数学工具，均未得证。

雅各布·伯努利得到微积分神器，1690年，雅各布开始求解悬链线问题，整整一年未能建功。次年，弟弟约翰·伯努利出手，只用了一夜便算出是双曲余弦函数。他专门以自夸的语言写下与哥哥交流的全部过程。雅各布感到被严重打击，引以为奇耻大辱。

赢下了悬链线之争，约翰·伯努利志得意满。1697年，约翰看到老师莱布尼茨在微积分发明权之争中处于下风，他发动了另一场不见硝烟的学术决斗，提出"最速降线问题"，向全欧洲数学界提出挑战，希望通过决斗击溃来自英国的反驳。

最速降线问题在大半个世纪前由伽利略提出，它希望求得：当小球在重力作用下滚落，如果不计摩擦力，那么沿着什么形状的曲线滚落，可以让滚落的时间最短。

直觉看来，似乎应该沿着一条直线下滑，毕竟"两点之间线段最短"。然而最短的路径并非最快，如果路径下凹，滚落的小球在一开始就可以获得更大的加速度，反而可以更早滚到终点。

现在要求解的就是这条凹陷曲线的方程，约翰以得意的语调，宣布自己早已得知答案，只待有识之士以同等智慧揭晓。怀着为老师出头的心态，约翰在声明之中暗讽牛顿，专程将问题寄往英国，看看这位自称先于老师莱布尼茨发明了微积分的数学家是否当真名副其实。

牛顿当时已经离开了生活30年的剑桥，前往伦敦工作整整一年，时年54岁的科学家出任英国造币局局长，成为一名王朝官僚。局长本为养老闲职，可牛顿却以科学家的精密和前所未有的热情改造了整个造币局，以铁腕迅速攫取扩大造币局长的权力。他提高造币厂产能，与造伪币者斗智斗勇。他的触手遍及11个郡，他亲自行走在贫民窟泥泞的街道和肮脏的酒店，也曾在风月场所与线人接头。他甚至乔装成治安法官，亲自刺探犯罪者的情报。

传奇案犯查洛纳案底无数，一直逍遥法外，被牛顿以伪造钱币之名投入监狱。查洛纳靠着政府关系被判无罪释放，一年半后再度被牛顿送回铁牢。他们间的斗智斗勇持续三年，查洛纳一度吹嘘可以靠着自己的关系脱罪，然而牛顿建立起遍布伦敦的福尔摩斯式密探网络，搜集 34 个详细的口供相互参照，以铁证将其送上绞架。行刑后案犯在仍未断气时被巨刀斩成四块，供旁边嗜血猎奇的伦敦市民围观嘲笑。

约翰·伯努利的挑战信函寄到伦敦，牛顿刚刚忙完当日铸造新币的工作到家。本已疲倦的牛顿见信愤怒异常，直言：

"我不喜欢在数学问题上被外国人戏弄。"

随后牛顿拿起伯努利的信函，直接计算到翌日凌晨，只用了几小时便得出了正确答案：最速降线是旋轮线。

那一年的复活节将近之时，伯努利收到了四份正确答案。他的老师莱布尼茨和学生洛必达侯爵都给出了正确解答，他的哥哥雅各布也提交了正解，给他最后重击的则是最后一份答案。那份答案论证清晰流畅，没有署名，只是在信封上盖有来自英国的邮戳。

约翰·伯努利看着纸上优美的论证，带着羞愧与敬畏感叹："我从他的利爪，认出了这头狮子。"

大多数的科学史记录中，作者都将约翰·伯努利一眼认出牛顿的匿名答案归功于牛顿优雅简洁的论证。不过，也有部分原因在于：牛顿和莱布尼茨各自独立发明微积分时，也各自发明了一套微积分符号记法，牛顿采用点记法，而欧洲大陆采取了莱布尼茨更加简洁并一直沿用至今的现代记法。牛顿匿名信函之中的点记法符号也相当于牛顿的独家签名。

数学是一门古老的学科，可数学符号和代数方程式的出现都远比许多人以为的要晚。如今翻开 16 世纪之前的大部分数学文献，其中的数学运算几乎都要用文字表达。加号（+）到了 12 世纪才被创造，乘号（×）则到了 17 世纪才首次出现。

17 世纪正是数学被系统符号化的关键时节，笛卡儿、牛顿、莱布尼茨等一系列数学家都引入大量符号来简化表述。数以百计的符号通行在不同学者的手稿之中，彼此无法互通，是莱布尼茨花费大量时间，慎重而精心地选取符号，排沙简金，几乎重构了 17 世纪晚期的数学符号体系。

我们今天使用的很多符号都出自莱布尼茨的贡献，包括相似符号∽、全等符号≌、交集符号∩、并集符号∪，微积分中最重要的积分符号∫。今天代数式用圆点·表示相乘也是出自莱布尼茨的建议，他希望避免乘号与字母 X 混淆。

莱布尼茨的符号体系简洁优雅，远远超过了牛顿的点记法。而牛顿早期的著作中，有大量本可用符号清晰表述的概念，他还是按照传统以文字表述。

在牛顿的《原理》第三版中，有这样一段文字：

> "量在其中的消失的最后比，严格说来，不是最后量的比，而是无限减少的这些量的比所趋近的极限，而它与这个极限的差虽然比任何能给出的差更小，但是在这些量无限缩小以前既不能越过也不能达到这个极限。"

以牛顿的数学功底，这段文字已经足够清晰。可是，到了莱布尼茨的手稿里，要表达同样的含义，只需要写下：

$$\mathrm{d}y/\mathrm{d}x$$

符号体系的差异也间接影响到两岸的实力差距。争论过后，英国学者沉醉民族荣光，故步自封，拒绝采用莱布尼茨符号体系，也一直与欧洲大陆的学者划清界限。在此后很长一段时间里，英国都没有涌现出伯努利兄弟这样的数学大家。牛顿去世后，作为微积分发源地之一的英国，数学发展开始逐渐落后于对岸。

在伯努利为狮子利爪惊叹的时间节点，这头"狮子"正在筹划《原理》第二版的写作，他虎视眈眈地将目光投向格林尼治天文台，要求台长弗兰斯蒂德进一步提供他需要的天文数据。

弗兰斯蒂德与牛顿的合作并不愉快，他深知牛顿对自己素无敬意，只是利用自己拿到关键数据而已，但分享牛顿荣耀的希望依然支撑了他。弗兰斯蒂德在紧绷的公务之余还要满足牛顿的各项要求，即使全力以赴，也往往偶有讹误。牛顿则无法容忍错误的发生，他一边批评台长，另一边却索要更多资料。弗兰斯蒂德的科学造诣比之于牛顿，确实相去甚远。在牛顿看来，二者之间的智力鸿沟也造成了莫大的交流障碍，他始终把弗兰斯蒂德看作高级观测员，而不是自己的同事。

1703 年，牛顿的宿敌胡克在落寞中走完了自己 67 年的人生旅途。这位才学渊博的大师晚景凄凉。他在力学、天文、数学、建筑诸多领域均有建树，如果他能在他广博的知识体系中择其一深入探索，或许可以取得更大的成就。由于他古怪的性格，一生中与多位科学巨匠都有过不快的争论，他少有朋友也难以得到认同。皇家学会里的很多同事对他都颇多抱怨、颇多敌视。

胡克在牛顿发表万有引力定律之前已经了解到平方反比定律，他的思考角度也与牛顿的《原理》相似，只是他从来没有想过或者没有能力将这些灵光深化为完整的论著，也没有开展实验来论证这些想法。胡克在万有引力的发展历程中做出的贡献以及对牛顿的一点启发，在日后牛顿强大话语权的压制下，很少为人所知。

胡克去世后牛顿更进一步，当选为新任英国皇家学会会长。入会之初腼腆寡言的牛顿历经造币局 7 年的打拼锻炼，已经深谙权力斗争之道。学会中与牛顿不和的会员或被驱逐，或被改选换届，或被打压解约，牛顿的门徒则受到重用。今天留下的牛顿手稿中，还能看到牛顿开列的黑名单，对于牛顿希望替换掉的会员，他们的名字都被打叉标记。

在胡克去世的同年秋，英国皇家学会元老、牛津大学萨维尔几何学教授沃利斯也逝世在 86 岁的高龄。次年牛顿一纸信函递到牛津，在他的影响下，48 岁的哈雷当选新一任牛津大学萨维尔几何学教授，继承了沃利斯的教职。哈雷并未辱没牛顿的赏识，他在母校的授课风趣自然，赞誉纷至沓来，首次宣讲便大获成功。牛顿完成了在学会的布局，此后他长久地把持着会长的位置，每次换届会议均成功当选，直至去世。

此时的牛顿，靠着《原理》一书成为科学界第一人；皇家学会会长一职奠定了他在科学界的地位；在造币局的公职让他的影响力直抵英国政界。很快，他又被授予爵士头衔，成为了因科学贡献受封贵族的第一人。在流传下来的油画像里，牛顿戴着昂贵的假发，身着繁复的织锦，面容冷峻，像是个举足轻重的老派贵族。

这是牛顿一生影响力的顶峰，他迅速而高效地开始了对昔日老对手的清算。

首当其冲的是已经逝世的胡克，英国皇家学会中胡克的实验室和图书馆被解散，胡克留下的实验器材或被分散或遭销毁。

在胡克逝世的第二年，牛顿重启光学的波动说与微粒说之争，于当年出版巨著《光学》，这本著作汇聚了牛顿在剑桥30年研究的心血，从粒子的角度，阐明了反射、折射、透镜成像、眼睛作用模式、光谱等方方面面的内容。他把微粒说与自己创建的皇皇力学框架熔为一炉，更从波动说中汲取养分，将波动说中的振动、周期等理论引入粒子论，全面完善了粒子学说。紧接着他将波动说无法解释的问题一一提出，驳斥惠更斯当年的《光论》。当时惠更斯也早在1695年病逝于荷兰海牙。波动说连失胡克与惠更斯两大支柱，牛顿以一己之力，扭转了光学两大理论交锋局势，此后的一个世纪，微粒说一直牢牢占据着光学研究的主流。波动说则要靠英国物理学家托马斯·杨的带领才能卷土重来，那时时光已经流逝到1807年，正是拿破仑和嘉庆皇帝分掌东西方政权的时代。

从今日的科研角度来看，牛顿在与胡克和惠更斯争论中能处于上风，并不在于他懂得聪明地选择时机和利用权力，更在于牛顿采用了远远领先同时代学者的方法论：假说演绎法。

假说演绎法，如今已经是科学界研究的标准方法：研究者首先提出假说，随后围绕假说设计实验，如果实验与假说一致，则假说可信度提升；如果实验与假说不一致，则假说被推翻。如果这条假说可以经得起一系列实验支撑，假说则可以上升为定律。

假说演绎法并非牛顿首创，此前伽利略与笛卡儿都曾采取过假说演绎法。伽利略传说中的比萨斜塔自由落体实验便是典型运用：先提出"两铁球同时落地"的假说，随后登塔实验，论证假说。

胡克与惠更斯还停留在上一代学者的归纳推理法。归纳推理法由17世纪学者弗朗西斯·培根提出，主张要观察大量自然现象，之后归纳推理得到真理。亚里士多德的"物体越重，降落越快"便是典型的归纳法：他先要观察到大量石块下落速度快过羽毛的现象，再归纳出这一原理。

把惠更斯的《光论》和牛顿的《光学》放在一起，可以非常清楚地看到两种科学范式的差异：

在《光论》中，惠更斯引用大量自然现象作为波动说佐证，有木星伽利略卫星的卫星食，有望远镜对远方物体的观测，有冰洲石奇异的折射现象；但在《光学》里，牛顿是以设计出来的海量实验支撑了自己的命题。

为了证明"白光由多种原色的光复合而成"，牛顿设计多种实验器材，做了 5 个截然不同的实验。有的实验用到棱镜，有的实验用到梳齿，有的实验用到画家的多种颜料混合，从 5 个角度完成论证。

牛顿将阳光分解为不同颜色的光
来源：大英百科全书网站

这两部书相隔不过十数年，看上去却完全分属两个时代。惠更斯以观察归纳手法，已经做出了足够耀眼的成就。关于折射的案例中，他用固定住的望远镜持续观测远方的钟楼，发现钟楼塔尖在每天的不同时间出现在视野里的位置也忽高忽低。他合理解释为：由于早晚空气中水汽较多，中午水汽消散，空气的折射率不同，故而塔尖忽高忽低。但惠更斯没有牛顿的实验意识，从来不会想着设计某个实验，来验证推敲自己的归纳得出假说，也不会考虑设计实验，看看在空气中出现的现象在水中是否也同样成立。

这正是牛顿的领先之处，他的胜利是科学范式的胜利，他从伽利略与笛卡儿手中接下全新的研究方法，发扬光大，带领整个学界走向现代。

在光的波粒之争取得阶段性胜利后，牛顿的目光投向格林尼治台长、剑桥校友弗兰斯蒂德。当时牛顿正在修订第二版《原理》，非常需要天文台的观测数据。而弗兰斯蒂德将40年来的星表都封存在格林尼治，由于部分数据尚待完善，他担心贸然出版会有损自己的声誉，不但不出版，也不对牛顿公开。

牛顿转而借助皇室权威，决定以英国皇家学会的名义，编写星座目录呈献英国安妮女王丈夫乔治亲王，来取得自己需要的数据。牛顿组织的编辑委员会均为他的挚友，而星表的作者本人却被排除在外。1709年弗兰斯蒂德逾期未缴纳学会会费，遭牛顿除名。星表最终定名为《不列颠星表》，未经作者授权，在哈雷的主持下于1712年出版。

弗兰斯蒂德当时已经66岁，深受痛风所累，阅书震怒，大斥哈雷是"懒惰卑劣的小偷"。在牛顿与哈雷的授意下，书商超过规定印数超量印刷，遭到了老台长的悲愤指控，这是那个时代学术界还不多见的盗版现象。很快，随着印刷技术的蓬勃发展，盗版行业开始发展起来，并伴随着学术界如影随形地走到今天。18世纪里盗版业迅速发展壮大，从偷偷摸摸地剽窃发展到大宗的跨国交易，英法两大科学院采取委托授权印刷商的方式抵制盗版，尚可取得一些成效，单枪匹马的作者们只能自谋出路，有的作者要在每一本正版书上签字来防伪。美国的国父之一本杰明·富兰克林采用一种"自然印刷"的技术，通过在纸上划出独一无二的划痕来保护版权。后来，这套技术帮助美国清除了假钞的威胁。

那些被盗印的星空目录，后来在弗兰斯蒂德的坚持下，把出版的400本书搜集找回了300本，付之一炬，但这不能阻挠牛顿拿到弗兰斯蒂德的观测数据。牛顿旋即出版了第二版《原理》，在这部被完善的巨著中，牛顿将弗兰斯蒂德的名讳全部除去，一处不留。

弗兰斯蒂德去世在1719年年底，临行前还在润色《不列颠星表》，由他认可的版本在1725年作为遗作出版，那是有史以来星体数量最为详尽、位置也最为精确的星表，3000余颗恒星赫然在列。序言中弗兰斯蒂德自陈绝不会屈从于牛顿的权力施压，更不会像哈雷那样对牛顿曲意奉承。在他留下的文书里，充斥着对牛顿和哈雷的怨念与不满。只是他的不满没有生效，台长去世次年，作为全英最杰出的天文学家，埃蒙德·哈雷成为新任皇家天文学家，接管了他生活工作了 45 年的格林尼治天文台。这对师生持续了 40 年的不快敌视靠着生死之隔分出胜负，只是哈雷得胜之时，也已经是 64 岁的老者。

哈雷接手天文台伊始，弗兰斯蒂德愤怒的遗孀将此前置办的仪器掠夺一空，面对着百废待兴的格林尼治，年过花甲的老人只能从头开始。1721 年哈雷为天文台装备了第一台中星仪，上面装配的望远镜还是故人胡克 20 年前的遗物。

此后这座中星仪与后来添置的四分仪一起，在哈雷的主持下开始了历时 18 年完整"沙罗周期"的对月球的观测。所谓沙罗周期，是指每隔一个 18 年又 11.32 天的周期，日地月三者又回到相似的几何对应位置上，前一周期出现的 43 次日食和 28 次月食又会重新顺次出现。这是有史以来对月球最全面的观测计划，可哈雷留下的数据并不够精确系统，在天文观测的领域里，他始终没有超越自己的老师。

在一个又一个夜晚，哈雷端坐在弗兰斯蒂德的观测台上，通过胡克的透镜凝望着空寂单调的月球表面，不知他是否还会忆起三人之间的往昔。

哈雷又在任上工作了 20 余年，直至 1742 年谢世。逝世时他正安静地坐在一把椅子上，口中品着美酒。在他生命的最后几年，他的牙齿已经全部脱落，只能靠着细软的鱼肉果腹。

哈雷的影响力没有随着故去而消弭，他对身后的天文研究依然影响深远。他生前最重要的一项突破是对彗星的研究。他发现 1531 年、1607 年和 1682 年的三颗彗星轨道记录如此一致，经过对既往数据的研究，他认定这三次彗星记录是同一颗彗星的三次回归，每次回归之间相邻约 76 年，哈雷预言它在 1758 年底到 1759 年初之间还会再现。预言之时他已年近半百，要验证预言还需半个世纪。他知道自己无法亲眼看到彗星的回归，略带遗憾地感慨，不知若彗星真的在 1758 年重临，后人还是否会承认他的贡献。

时光证明了哈雷实属多虑，哈雷去世 16 年后，彗星如约而归，如今这颗彗星以"哈雷彗星"之名通行于世。这颗世界上最著名的彗星是游荡在宇宙中一块覆盖着尘土的"脏雪球"，它不算庞大，直径只有 11 千米，放在北京中心还不够盖住北京城的三环。这个"雪球"在哈雷之前，被观测发现了那么多次，在中国的星志里，哈雷彗星的记录可以追溯到春秋战国年间，可近两千年来，只有哈雷发现了它的运行规律。

　　哈雷生前的另一大预言则预测了 18 世纪中叶的两次金星凌日，金星凌日时，通过在地球不同位置观测金星通过日面的时间，是测量日地距离的绝佳机会。当时开普勒定律仅能测出行星之间的相对距离，对于星体之间的绝对千米数却不了解。故而金星凌日的观测对于测定太阳系规模意义重大。哈雷求得两次凌日将于 1761 年与 1769 年相继发生，根据他的方案，只需在不同位置同时观测，再历经不算繁复的计算，即可求得太阳系的大小。

　　金星凌日通常两个一组成对出现，两次间隔 8 年，可两组之间却相隔一个多世纪，故而这仅有的两次观测机会弥足珍贵。哈雷深知那时自己已将作古，便将方案公之于世，鼓舞后辈天文学家尽可能前往相隔足够遥远的观测地点，并且呼吁各国通力合作，把握良机。

　　金星凌日如期发生，在已故的哈雷鞭策下，各国派出了规模庞大的观测小组，数百位科学家被组织起来，他们的船队冒着英法"七年战争"的烽火，船头破开万里波涛，足迹遍及开普敦、毛里求斯、菲律宾、西伯利亚、青藏高原。按照哈雷的遗嘱，在世界的各个角落，上百个天文镜筒同时对准了太阳。

　　天文学家们大多历经了重重磨难，在几百名科学家中，成功观测到两次金星凌日的是法国贵族奥特莱奇，他在西伯利亚和加利福尼亚先后成功完成观测。英国方面则由库克船长在太平洋塔希提岛拿到数据，这位伟大的航海家探索了大洋洲的绝大部分区域，由他发现的分隔新西兰南北双岛的海峡至今仍冠以库克海峡之名。船长返回英国后，各方面的数据终于吻合起来，人类第一次知道了太阳系的大小，当时的计算数据按照哈雷的计算法则，与现代数据的误差仅在 4% 以内。人类熟悉的太阳系原来如此广大。

　　金星凌日之时，昔时与哈雷在巴黎天文台共事过的法国科学院奠基人卡西尼已经去世半个世纪，接替他领导天文台的儿子卡西尼二世雅克·卡西尼也已离去。他的孙子卡西尼三世与曾孙卡西尼四世坚守天文台，分别观测了前后两次金星凌日。这对父子的天文学贡献不算丰富，却对地质学颇有研究，在此后科学院对法国地形的全面测绘中，起到了重要的作用。

　　牛顿解决了与胡克及弗兰斯蒂德的恩怨后，终于腾出手来，亲自解决与莱布尼茨悬而未决 20 年的争端。

当时莱布尼茨服务于汉诺威宫廷，从事修史与王位继承法研究。他当选法国科学院院士，又在 1700 年筹办组建了柏林科学院，出任首任院长。他在俄罗斯帝国彼得大帝三次访问欧洲考察期间面见沙皇，劝说沙皇建立彼得堡科学院，还被彼得大帝聘为彼得堡枢密顾问。莱布尼茨的理想抱负实在太多，一个人的力量却如此微弱，柏林科学院固然成为了德意志境内的学术中心，却始终难与英法两国的皇家学会一较高下。而俄罗斯科学院的前身彼得堡科学院，在他去世后 8 年方才成立。

此前莱布尼茨与牛顿的优先权之争仅在两人追随者之间发动，莱布尼茨门下有着约翰·伯努利这样的优秀旗手，牛顿一方则略逊一筹。牛顿厌倦了小打小闹式的彼此攻讦，亲自出手，在他的影响下，英国皇家学会组织起特别委员会，来处理微积分的优先权之争。牛顿宣称委员会成员学识广博，来自几个不同国家，学术精熟，一定可以给出公正客观的解答。

委员会很快匿名出具了翔实的报告，寄送全欧，宣布牛顿对微积分具有优先权。期间牛顿一直撇清自己和委员会的瓜葛，表示自己"远远回避"，"唯恐被人觉得我为自己的案件作证"。后来人们整理牛顿手稿，发现牛顿正是报告初稿的撰写人。两个世纪后学会整理档案时，发现了当时被有意隐瞒的委员会名单，委员会几乎完全由牛顿的门人挚友构成，其中最为人熟知的一位便是埃蒙德·哈雷。

莱布尼茨无法忍气吞声，他与伯努利一道，用匿名传单通报全欧，攻击牛顿追名逐利，还顺便提到了牛顿对于胡克平方反比定律的"借鉴"以及对弗兰斯蒂德的无情打压。只是双方的话语权并不对等，莱布尼茨如同堂吉诃德，面对英国皇家学会隆隆旋转的风车。

1714 年，英国安妮女王驾崩，无嗣，英国斯图亚特王朝画上句点。莱布尼茨服务的汉诺威宫廷选帝侯乔治·路德维格，在此前的王室联姻中与英国产生关联，莱布尼茨作为王位继承法权威，为乔治多方奔走。莱布尼茨经过一系列艰难的谈判，以新近通过的《权利法案》和《王位继承法》为法理基础，协助乔治继位为英国国王，史称乔治一世。这位英语并不流利的国王开启了英国近两个世纪的汉诺威王朝；国祚一直延续到 20 世纪初，维多利亚女王是汉诺威王朝的最后一位主人。

莱布尼茨得信立即赶回汉诺威，希望随主公前往英伦就职，然而他抵达之前三天，乔治已前往伦敦加冕。那时莱布尼茨与牛顿的微积分之争影响到了英国与汉诺威的外交关系，为大局计，旧主乔治一世拒绝了莱布尼茨这位功臣前往伦敦上任的申请。

晚年的莱布尼茨被遗忘在汉诺威，身患重病。他的晚年生活也不平静，牛顿的挚友、医生克拉克以书信为载体，展开了与莱布尼茨的对辩。

莱布尼茨与克拉克的争辩进而拓展到关于世界根本论点的分歧。克拉克是学识广博的英国学者，竭力推广牛顿宇宙观，他在推动牛顿体系取代旧有的笛卡儿体系中居功甚伟。在牛顿草拟《光学》一书后，他承担了全书拉丁文翻译工作，并促成出版。

克拉克秉持着牛顿的绝对时间空间论，将时间、空间当作绝对的存在。莱布尼茨则认为如果存在"绝对"的时空，无疑相当于承认了在上帝之外，竟然还有不依赖上帝而得永恒之物，大大损害了上帝的尊严。

克拉克支持牛顿的神学观点，认为上帝会对世界时时施加影响。在莱布尼茨看来，如果上帝还需要时不时干预一下世界的发展，偶尔显露神迹来影响世界，这就不是一个优秀的上帝，故而牛顿一派的观点，贬损了上帝的神性。

莱布尼茨在信中讽刺："牛顿先生和他那一派还有对上帝的作品的一种很好笑的意见。照他们的看法，上帝必须不时地给他的表重上发条，否则它就会不走了。""就像钟表匠修理钟表那样，这钟表匠越是不得不时常把他的钟表重新拨一拨和矫正一下，他就越是个坏的工匠。"

而克拉克代表牛顿反唇相讥，认为如果莱布尼茨相信，上帝一旦设定了宇宙的开启，就放任宇宙自己发展下去，自己不做任何干预，那莱布尼茨要置上帝于何处？不对自己的国家施加任何影响的国王，还是不是真正的国王？

克拉克认为，恰恰是认为上帝不能插手宇宙的莱布尼茨，在贬损上帝的神性。

在长达一年的争论中，双方探讨了决定论、上帝的全知全能、灵魂与实体等一系列问题。这是两大流派枯燥冗长却又火星四溅的对阵，双方的对辩内容充实、逻辑严整，如今来往的超过100页篇幅的信件已经收录进《莱布尼茨与克拉克论战书信集》，供哲学爱好者瞻仰学习。

这一场争论并没有完美的结局，甚至没有结局。

如今的读者把书信集翻到最后一页，目光投向文末的最后一行，那里静静地躺着一句注释：莱布尼茨先生的逝世，使他未能答复这第五封信。

那一年是 1716 年，70 岁的莱布尼茨在痛风和胆结石引起的绞痛中长逝。他生前为欧洲五个宫廷工作过，更协助乔治一世取得了英国王位，但弥留之际没有任何一位旧主派人探看，去世后也没有任何一位君王派人吊唁。他的秘书草草埋葬了他，没人来参加他的葬礼，也没有牧师在墓前为他祈祷。

莱布尼茨的离世给了牛顿单方面陈词的机会，委员会出具的匿名报告成为了他最有力的武器。这些文件有些被起草数十次，总页数超过 500 页，一直保存到了今日。牛顿在很久之后，还得意地谈起自己漂亮的反击，而那时牛顿的生命也只剩下几个月而已。

来自牛顿的打压并未湮没莱布尼茨的功绩，今天人们公正地将牛顿与莱布尼茨同时视为微积分的独立发明人。

虽然在历史上，历代数学家在微积分诞生的前夜都做出过自己的探索，"业余数学家之王"费马建立了求切线、极大值和极小值以及定积分方法；英国皇家学会奠基人沃利斯在《无穷小算术》里采用了无穷小量的概念；牛顿在剑桥大学的导师巴罗率先发现了切线和面积问题的互逆关系，这将在未来推导出微分与积分的互逆，但发明微积分的荣耀终将归于牛顿和莱布尼茨：是他们分别提出了微积分的两个基本概念；是他们发展起使用微积分概念的基本算法和表述形式；是他们用微积分解决了前人不能解决的问题。

此前的学术争论往往在于不同学术观点之间的针锋相对，而牛顿与莱布尼茨之间却是学术优先权之争。虽然此前胡克与惠更斯之间因为游丝弹簧的发明权有过不快，与牛顿也因为谁先发明了反射式望远镜大吵一架，但那毕竟不算是重大发明，还仅限于学术圈子内部的小打小闹。科学家们严肃对待起优先权问题，正是自牛顿与莱布尼茨始。

牛顿时代，科学家们还优哉游哉地带着些许诗意与悠闲研究工作，有了新的发现，学者们通常只会小规模在书信中告知同行，再缓慢地搭建完善理论框架。牛顿自奇迹年发明微积分，中间足足相隔了近 20 年方才发表。而莱布尼茨虽然抢在牛顿之前，但从创立微积分到发表论文之间，也隔了整整 9 年。在两人通信得知对方已经在研究类似课题时，两位大师也都低估了对手在这一领域所付出的艰辛努力。后来的学者们从他们的经历中汲取教训，完善了科学论文的发表制度。

牛顿对莱布尼茨的心中芥蒂没有随着莱布尼茨的逝世而消弭，1726 年，莱布尼茨去世后的第十年，牛顿的第三版《原理》发行，莱布尼茨遭遇了胡克与弗兰斯蒂德的经历，在这一版的《原理》中，莱布尼茨的名字也遭全面删除。

当时的牛顿已年逾八十，身体逐渐衰弱，他一生中的对手都已经先他而去，他不再与人争论。在外人的眼里，暮年的牛顿是一个慈祥的老人。面对纷至沓来的赞誉，他评价自己"我只是一个在海边玩耍的小男孩，在嬉戏中偶然找到一颗比较光滑的石头，或是格外美丽的贝壳，然而，伸展在面前的真理却广阔如同大海"。

那时牛顿已经无力从事学术，只是偶尔还会摸摸各式金属，怀念旧时光阴。临终前他曾与哈雷会面，谈及此前与弗兰斯蒂德的种种，说自己还想再去研究月球。可病情让这些希冀终成空想，牛顿逐渐远离了造币局以及皇家学会的核心事务，搬到郊外的庄园保养身体，但他仍然拒绝退休，他不时回到这两地，或在仆人的搀扶下，或在摇摆的轮椅上缓缓巡视自己昔日的权力领地。

艾萨克·牛顿爵士逝世于 1727 年春，享年 84 岁。皇家学会会长的职位随着他的逝世从缺，他昔日的追随者、学会秘书汉斯·斯隆（Hans Sloane）爵士接替了这个位置。

斯隆爵士在科学史上不算广为人知，不过当年却是闻名的医师、博物学家、收藏家，他多年以来不遗余力地收藏各种有趣的物件。斯隆爵士听闻伦敦一个年轻的印刷工人从美洲带来几件古董，不顾地位尊卑之别，盛情邀请印刷工上门，展示了自己的各种藏品。最后花了大价钱从这个叫作本杰明·富兰克林的小伙子手里买下了一件石棉钱包。那时这位未来的美国国父刚刚成年，旅居伦敦期间，曾经有贵族向他夸口说，让他见见牛顿，富兰克林满心欢喜，可直到返回美洲，都没成如愿。

汉斯·斯隆爵士以 92 岁的高龄去世，他将自己在世界各地搜集的近 8 万件藏品以远低于实际价值的两万英镑置换给国家。英国后来以斯隆爵士的收藏为基础增补维护，建成了大英博物馆。他对人类日常生活的最大贡献是在牙买加游历时发现了当地人的饮品可可，他把可可加入牛奶，发明了巧克力奶，他的成就值得每一位美食爱好者铭记在心。

艾萨克·牛顿如今被视为历史上最伟大、最具影响力的科学家，没有之一，他的名字"牛顿"如今也是物理学中力的基本单位，宇宙中所有的相互作用都在这一单位的度量之下。在美国历史学家麦克·哈特排出的一份《影响人类历史进程的 100 名人排行榜》中，牛顿位列第二，排在穆罕默德之后，排在耶稣基督、佛陀释迦牟尼及东方圣人孔子之前。他一生中最大的科学思想都成型于自己的 26 岁奇迹年之前，此后的半个多世纪，他通过不断的争吵以及斗争用自己的思想改变了整个世界。他终生未婚，生活不算幸福快乐，还有过一次精神崩溃。他的助手评价他"在我见过的人里，他最心存恐惧，最谨慎小心，最猜忌多疑"。

在牛顿下葬的当日，为他抬棺的有两位公爵、三位伯爵及大法官，送葬的队伍绵延数里，如同送别一位万民敬仰的君王。他被葬在威斯敏斯特教堂，后人为他修建了气派的纪念碑。此后这片区域成为了英国杰出科学后辈的安息之所，长眠的牛顿还会在这里等来达尔文、麦克斯韦。

流亡在此的法国青年弗朗西斯 - 马利·阿鲁埃（François-Marie Arouet）敬仰地望着送葬的长队，这位青年后来以伏尔泰（Voltaire）的笔名名震欧陆，他在英国接受了牛顿的洗礼，回国后大力宣传牛顿思想，创"牛顿主义"一说，成为启蒙运动中不可撼动的旗帜。

18 世纪后来被称作"光之世纪"，牛顿爵士无疑是这光明的源头，在伏尔泰、孟德斯鸠、卢梭等一众鼓手的战斗下，光明的时代随之开启，崭新的社会终得建立。大潮从科学领域率先涌起，漫过了整个世界，那个曾出现在哥白尼《天球运行论》（*De Revolutionibus Orbium Coelestium*）标题中本意为"运行"的拉丁文天文学术语 revolutionibus，演化出另一个全新的词汇——

Revolution，革命。

第三章

革命

从哥白尼的《天球运行论》到伽利略的《对话》，再到牛顿的《原理》，科学家漫漫求索两个世纪。哥白尼亲手推开了中世纪锈蚀千年的铁门，伴随着门轴转动时发出呕哑的嘶吼，光从门缝中以 30 万千米每秒的速度涌进，转瞬之间照亮了整个欧陆。

欧洲诸国几乎是同时醒来的，为人类揭示宇宙的五位最重要的科学家哥白尼、第谷、开普勒、伽利略和牛顿，分属五个不同的国家，学术中心从意大利移到不列颠，最后又将东渡英吉利海峡，归于法兰西。

伽利略辞世百年之后，意大利最后的科学精英业已凋零，这个当年辉煌的文艺复兴运动发源地不复当年荣光。人们转头回望，仅仅望见一缕伽利略时代的余晖。

1737 年，佛罗伦萨，埋葬了伽利略整整 95 年的尘封之所再度开启。人们从那个迫于教皇压力、收容了伽利略近一个世纪的寒酸钟楼密室里拖出了两个棺架，一个葬着伽利略，另一个葬着他的学生维维安尼。

人们怀揣敬意吟唱着祷词，抬着棺椁缓步前行。挽歌回荡在高高的廊柱之间，婉转绕梁。抬棺者走过一半的路程，放下棺架，由另一批人接手，以分享为伟人扶柩的荣耀。

这场迟来的葬礼整整规划了半个世纪。当年伽利略的资助人和学生、托斯卡纳大公费尔南多二世与维维安尼屈从于罗马教廷，不敢给他举办一场隆重的葬礼，如今大公已经去世整整 60 余年，维维安尼也已辞世 32 载。他们在世时已经设计好了伽利略的陵寝，圣克罗切大教堂被选为体面的安息之所。伽利略的半身塑像立于教堂北墙的壁龛之中，司职天文学与几何学的女神分列两侧。在伽利略陵寝的对面，教堂南墙，另一个托斯卡纳人，去世在伽利略出生前的艺术巨匠米开朗基罗华贵的纪念碑与之遥遥相对。

牛顿去世后，他身后的科学界留下了巨大的学界真空。牛顿虽然有在剑桥大学任教的经验，却不擅长教授学生，他没能为英国培养出下一代杰出的学者，他去世之后，英国便再不复数学中心的地位。

18世纪的启蒙时代后来被称作理性时代，在整个百年中，科学的发展都显得温和而平静，下一次的风起云涌，还要等到达尔文携进化论向整个神学体系发起冲击。这是缺乏英雄气质的时代，没有布鲁诺火光之中的殉道，没有伽利略与教廷的激烈抗争，也没有牛顿的苹果传奇。这个时代被看作是两次科学革命高峰之间的低谷，在暗淡的星光之下，人们以精致柔和的动作，规矩地向前行进，半个世纪以来的汹涌洪流被泄入地下湖泊，它们在平静的地表之下不安分地涌动，等待着喷薄欲出的一刻。

牛顿的影响还没有从欧洲大陆上淡去，他为18世纪的科学界留下丰富的科学遗产以及数之不尽的议题，后世的学者小心翼翼地手捧牛顿的遗赠，在继承得来的框架之下悉心探求。

牛顿的去世是微积分草创时代的完结，也为约翰·伯努利翦除了最重量级的竞争对手。这一年，约翰·伯努利已是花甲之年，这位好斗暴躁的老人如今孤独寂寞，昔日的对手仇敌，都一个个离他而去。

最先离去的是他的学生洛必达侯爵，自从洛必达汇编了约翰的微积分成果出版书籍，约翰便一直耿耿于怀，认为学生应该明确表述这是约翰个人的成就。虽然洛必达已经在书中特别向他致谢，洛必达定理也是学界的通俗叫法而非洛必达执意冒名顶替，然而约翰依然和洛必达走向决裂。

洛必达侯爵去世在1704年，那本引起两人争议的《用于了解曲线的无穷小分析》，在此后一直被用作高等数学的标准教材。约翰在此后的生命里，会看到这本署名洛必达的教材一次次出现在自己的眼前。

随之而去的是约翰·伯努利的哥哥雅各布·伯努利。

自从当年悬链线争端爆发，约翰和哥哥的关系就每况愈下，他也略带神经质地亲笔写信指责自己的父亲，认为父亲更关心自己的哥哥，而忽视自己的感情。写信抱怨之时约翰已经年过而立，可在父亲面前争宠这件事上，还是表现得像个孩子。

当年他与哥哥雅各布·伯努利关于悬链线和最速降线的争端还历历在目，不断被他回味重温。在最速降线一役里，虽然雅各布和约翰都给出了正确的答案，但解答方法却不尽相同。雅各布的解法更为复杂，但给出的是通用解法；约翰的解法聪明巧妙，但适用面却相对狭窄，日后，以雅各布的解法为基础，发展出了微积分的重要领域变分法。变分法作为处理函数变量的重要工具，用于处理函数领域的问题，通过求取极值函数得到泛函数的极大值和极小值。

变分法的使用也非常广泛，那个历史悠久的数学问题：用一条绳子圈一块地，绳子围成什么形状，才能让围合的面积最大化？——就是涉及最大值求解的问题。

如今我们用直觉也能猜出答案是圆形，可要精确证明却非常困难。正是雅各布的变分法将其解决。在日后，变分法在理论物理中将成为强力工具，在材料学中也会有广泛应用，经济学家们还会用来求解动态最优问题。在不久之后，变分法将在约翰的学生欧拉、学术后辈拉格朗日手里得到发扬，他们找到了变分法中的关键定理——欧拉 - 拉格朗日方程。

雅各布的成就没有得到弟弟的信服。在 1718 年的信件里，约翰还沉浸于当年一夜之间解出悬链线方程的光辉战果，在与友人的通信当中专程炫耀。他写下了："我哥哥的努力没有结果，而我却幸运得多。"时隔多年，约翰依然对那一日早上兄弟之间的对话印象深刻，一五一十地记录在信件之中。约翰·伯努利还专门指出，这不是自己心胸狭窄，如果是雅各布解决了这个问题，那么他也一定会贬低自己，自己如此行事，只是对雅各布基本的回敬。

这封信函作为兄弟二人紧张关系的缩影，也是约翰对哥哥仇恨的最佳佐证，毕竟，提笔写下这封信函之时，雅各布·伯努利已经去世整整 13 年，再无法对弟弟做出回应。

雅各布·伯努利在 1705 年去世，比莱布尼茨和牛顿都要早，甚至还早于自己的父亲。伯努利家族的亲缘关系一向紧张，即使是在约翰眼里更为得宠的哥哥，也因为父亲强迫自己从事商业而耿耿于怀，他的座右铭"我违父意，钻研群星"就是明显的注解。

雅各布把一生都献给了自己挚爱的数学，即使在临终之时，还要嘱咐后人要在自己的墓碑上镌刻一条等角螺线，彰显自己对数学的热爱。

等角螺线通俗的叫法是斐波那契螺旋或者黄金螺线，被广泛应用在摄影构图指导中，今天打开社交网络上的摄影构图热帖，总可以看到黄金螺线的身影。雅各布钟爱这条曲线，因为它经过各种几何变换后依然保持自相似，雅各布·伯努利认为这是对自己品格最好的描述，他为自己拟定的墓志铭是"纵然变化，依然故我"，也是对等角螺线性质的阐述。

只是，为他雕刻墓碑的工匠学艺不精，错把等角螺线雕刻成了蚊香形状的阿基米德螺线，美感尽失，雅各布若有所知，也当心怀遗憾。

雅各布去世后，约翰继承了雅各布在巴塞尔大学数学教授的席位，得到了向往已久的教职。

如今牛顿也已经长眠，约翰·伯努利终于成为了这个时代最举足轻重的数学家。他连续当选巴黎、柏林、英国、彼得堡几大科学院的院士，又因微积分的应用，在力学、天体力学、流体力学领域连续摘取法国科学院的年度大奖。以约翰·伯努利为中心，他与百余位学者建立联络，往来讨论学术的信件超过 2500 封，在数学领域里留下了自己不可磨灭的痕迹。

他依然热衷于与人争斗，不过牛顿之后，已经没人具备与伯努利正面对抗的实力。英国数学家、以"泰勒级数"留名数学史的泰勒曾和他互有龃龉，不过远远不如当年牛顿给他的重击。

再后来，连泰勒也去世的时候，约翰·伯努利居于数学领域的御座，傲然评论："我的对手们都死在我的前面，还都比我年轻，这是一种命运。在过去的十五年中，他是他们中的第六个。"

这位倔强的老人把代表对手命运的珠子一颗一颗从生拨到死，心中充满快慰。

约翰·伯努利对科学领域的贡献还远不止亲手巩固微积分领域，更在于他为学界培养出后继之人。他是合格的老师，自己三个儿子都成为杰出的数学家，门下的学生里最为杰出的一位，是莱昂哈德·欧拉（Leonhard Euler）。

历史上最多产的全才数学家欧拉。

牛顿逝世的同年，1727 年，法国科学院在每年例行的征文竞赛中提问，希望找出船上桅杆的最优放置方法。时年 29 岁的法国数学家、地球物理学家皮埃尔·布格（Pierre Bouguer）获得头名奖金。布格出身水文测量世家，父亲让·布格是皇家水文学教授，皮埃尔·布格自小受到父亲在数学与科学方面的培养。后来父亲去世，水文学教授一职从缺，布格以 15 岁少年之龄提出申请，捍卫了父亲留下的席位，在 16 岁那年接替教职，成为少有的年轻教授。布格后来以"造船工程之父"之名传世，夺取桅杆设计奖项完全在预料之中。此后布格连续出手，分别在两年后与四年后再夺头名，靠的是海上航行中对星体高度以及磁偏角测量的研究。

在那次波澜不惊的桅杆设计竞赛中，布格光芒掩映之下，是另一个学界尚不知名的青年。居于第二名的是 20 岁的莱昂哈德·欧拉，日后被称作 18 世纪最伟大的数学家，他把牛顿数学引入物理领域，创立分析力学，开宗立派。当时的欧拉已经显出了超凡的数学天分，他并不会在意这场小小的竞争失利，毕竟此后他将 12 次夺得该奖项的最高奖金，而且比之于布格，欧拉在桅杆设计上确实有着天然弱势——他生于内陆国家瑞士，提交论文时甚至没见过大船。

与布格相仿，欧拉同样与科学渊源颇深。他的父亲保罗·欧拉担任神职工作，少时求学于巴塞尔大学，拜师雅各布·伯努利，也与雅各布的弟弟、莱布尼茨的学生约翰·伯努利相识，还在雅各布的居所共同居住过。

欧拉 13 岁进入父亲的母校就读，就已经结识了在此任教的约翰·伯努利。约翰当时已年过半百，他发现了故人之子的数学天赋，于是悉心提点。约翰忙于教学，虽不能时时加以辅导，但依然把每个周日的下午留给欧拉，来指导欧拉一周中遇到的学术难题。

欧拉本在父亲的安排下从事神学，然而在约翰·伯努利的指导之下，欧拉的数学功底与日俱增。随后约翰亲自出马劝说老朋友保罗·欧拉，最终保罗同意儿子走上数学道路，承继约翰以及莱布尼茨的衣钵。1727 年的那次法国科学院的征文第二名奖项，正是欧拉的崭露头角。

1727 年 4 月，欧拉申请就任母校巴塞尔大学物理教授未果，于是他接受了来自彼得堡科学院的邀请，启程离开故乡。他乘船沿莱茵河而下，在四轮马车里颠簸地穿过德意志诸国，又通过海路历时一个月终于抵达圣彼得堡。

彼得堡科学院的建成还要回溯至欧拉的师公莱布尼茨，莱布尼茨与彼得大帝一晤，劝说沙皇在彼得堡建设俄国专属的科学院。科学院于 1724 年建成，一年后彼得大帝驾崩，王后卡德琳娜登基继位，史称卡德琳娜一世。这位巾帼之君继承了丈夫的遗愿，彼得堡科学院的聘书雪片般飞到欧洲的各大学术中心，聘请知名的科学家前往俄国就职。伯努利一脉中最先就任的是欧拉的师兄、约翰·伯努利的两个儿子尼古拉·伯努利与丹尼尔·伯努利，两人均是伯努利世家下一代的佼佼者。

当年约翰·伯努利和哥哥雅各布相继反抗父亲的命令，拒绝从商而投身数学，并以此为傲。如今约翰衰老下去，像当年自己的父亲一样，强迫儿子经商，不希望孩子继承自己研究数学。然而儿子依旧抗拒父命，踏上数学之途。如同当年约翰师从哥哥雅各布学习数学技巧，如今，约翰的儿子丹尼尔也跟从哥哥尼古拉学习。二人的数学天赋得到了完整挖掘，被聘任前往俄国研究数学之时，尼古拉30岁，丹尼尔只有25岁。

伯努利家族迎来了第二代杰出传人的到来。尼古拉·伯努利跟从伯父雅各布·伯努利的脚步，大力发展概率论。尼古拉修订了伯父留下的书稿，出版新版《猜度术》，还修订了伯父留下的5篇微积分级数方面的论文，准备作为《猜度术》的附录出版。唯其不幸的是，他仅仅前往俄国工作8个月便因为发热，逝世在31岁的壮年。他空出的席位后来由欧拉继承。

弟弟丹尼尔·伯努利13岁入读巴塞尔大学，16岁拿到硕士学位，与数学家哥德巴赫还有过通信往来。他追随哥哥的脚步，共同前往圣彼得堡。

尼古拉的去世让弟弟丹尼尔遭受重大打击。丹尼尔一度动起了离开俄国的念头，他写信给父亲约翰，也提到自己在圣彼得堡的黯淡时光。这对父子的关系说不上融洽，父亲为他做的最重要的一件事，便是推荐欧拉前来圣彼得堡，使丹尼尔找到了自己一生的挚友。

彼得堡科学院称得上学术乐土，学院对年轻科学家非常慷慨，提供高额薪资、免费住房及各种津贴，学术氛围也宽松自由。学者们可以自由选择研究方向，这极大激发了欧拉的潜力。欧拉几乎是刚到俄国不久便学会了俄语，超过了许多国外来此的同侪，尽管他的俄语还带有浓重的瑞士口音，但欧拉已经可以自如地用新语言沟通和写作。

与欧拉共同工作的日子，是丹尼尔最高产的时光。他在俄国任职的8年中，是欧拉忠实的朋友、伙伴以及竞争对手。丹尼尔在概率论、偏微分方程、物理学和流体动力学领域都做出了自己的贡献。如今，中学课本里还会提到伯努利定理：流体流速越快，则流体压力越小。这是丹尼尔在微积分的帮助下把液体的流动简化为积分方程后得出的结论。

欧拉离开巴塞尔两年后，老师约翰·伯努利在巴塞尔大学招收了另一位杰出的学生皮埃尔·路易·莫佩尔蒂（Pierre-Louis Moreau de Maupertuis），莫佩尔蒂后来成为法国知名科学家，在数学、物理学方面都有建树。

莫佩尔蒂算是欧拉的师弟，却年长欧拉 9 岁，他出生于 1698 年，与布格同年。与布格及欧拉两位出身学术世家、甫一出世便注定走上科学道路的天才少年不同，莫佩尔蒂在走进科学之前尝试过许多领域。他并不早慧，16 岁时方前往巴黎上学，与之相比，16 岁的布格已经成为了教授。

莫佩尔蒂家境尚算殷实，固然能提供不少支持，可家中也没有明确的培养方向。母亲对他多加溺爱，有求必应，一度引起亲弟弟的嫉恨。毕业后莫佩尔蒂学过音乐，也在父亲的运作下从军，成为骑兵军官在那个时代本是许多小伙子都会羡慕的人生旅途，但莫佩尔蒂依然选择离职，因为他找到了自己真正热爱的领域——科学。

他曾经研究过乐器的发声、数学的极大值与极小值、几何学的旋轮线性质，还闯入生物学领域，发表过对火蝾螈习性研究的论文。他在而立之年，已经同时成为了英法两大皇家学会的院士。

莫佩尔蒂进入巴塞尔大学时已经 31 岁，直接获准住在恩师约翰·伯努利家中。在巴塞尔，他把自己此前粗犷散漫的知识体系融会贯通，他勤奋地攻读笛卡儿、莱布尼茨以及牛顿的最新成果，而最适合教导给他这些知识的人，无疑是莱布尼茨的学生，已经与牛顿纠缠多年的约翰·伯努利。

莫佩尔蒂在 1730 年完成学业，经过短短一年的高强度磨砺，他进一步研读牛顿的《原理》，发表多篇论文，宣布自己成为牛顿学说的信徒。

此时，牛顿学说在欧洲已经广为流传，根据几条简单的定理，人们沿着牛顿指引的方向推导解决了大量物理问题，从炮弹弹道再到行星周期。

只是牛顿学说还显得太过先进，很多人怎么也想不通，为什么两个距离遥远以真空阻隔的物体，竟然会有引力彼此吸引；再比如，根据牛顿学说，地球自转的离心作用会把物体向外甩出，把地球变成两极略扁赤道凸出的扁球体，这也令那些一贯认为地球是完美球体的学者难以接受。

关于地球形状的争论当然不仅是专家学者的象牙塔之争，它也会影响到人们的日常生活。科学家此前曾发现，一架在巴黎校准精确的秒摆，到了赤道附近的卡宴就会失准，必须缩短摆长才能回归精确，原因就在于在扁圆的地球上，靠近赤道则距离地心变远，导致引力变小。

人们此前已经尝试过测量地球大小，早在牛顿时代，法国科学家、巴黎天文台创始人之一的让·皮卡尔（Jean Picard）就以极其复杂的三角测绘法，综合多种仪器以两年时间测量穿越巴黎天文台的子午线，得出一度经线长 110.46 千米。莫佩尔蒂在法国就读的同时，英国测量师理查德·诺伍德（Richard Norwood）从伦敦赶往约克，去重新测量一度经线的长度。诺伍德的测量方法原始简朴得略显悲壮，他沿途有时靠着在地上拉紧一条链子，有时靠着步测，中途还要考虑地形高低和道路曲折不断调整数据，通过两年枯燥的工作，他得出的数据为经线长 110.72 千米，与现代的数值差距仅仅不到 550 米。

不过，皮卡尔和诺伍德对地球大小的估算是建立在地球是正球体的基础之上，如果牛顿的扁球体模型正确，一度经线在不同纬度上的长度还会不同。皮卡尔去世后，法国天文台的卡西尼一世和儿子卡西尼二世在皮卡尔的基础上，向北向南在更大的范围内重新测量，结论与牛顿的预言完全相反。卡西尼家族认为地球应该是在两极凸出的狭长球体，类似于橄榄球绕着长轴旋转。

莫佩尔蒂站在牛顿一方，坚信地球是扁球形状，成为了卡西尼坚定的学术对手。1735 年，莫佩尔蒂说服法国科学院，派出了两支远征队实地测量。第一支队伍被派往秘鲁，由当年桅杆征文中力压欧拉的布格、数学家查理·孔达米纳（Charles Marie de La Condamine）以及结构学家路易·戈丁担纲，第二支队伍则在莫佩尔蒂的带领下前往北欧。两支队伍一在极地，一在赤道，通过不同纬度上经线长短的对比，确认地球形状。

莫佩尔蒂团队中的二号人物是来自瑞典的天文学家安德斯·摄尔修斯（Anders Celsius），时年 34 岁。他两年前刚刚结束北极之旅，出版了丰富翔实的极光观测资料，对于小组即将探访的极地，摄尔修斯再熟悉不过。

摄尔修斯先前往伦敦，买到了当时制作最为精良的象限仪，随队在次年出发。

莫佩尔蒂的目的地拉普兰位于芬兰和挪威北部，3/4 都位于北极圈内。当地土著居民拉普兰人与欧洲人人种有别，他们黄色皮肤，身材稍矮，更像是亚洲居民，世代以放牧驯鹿为生。传说每年圣诞老人的驯鹿车便是从拉普兰启程，为全世界的孩子送去礼物。旖旎的极地风光与异域的民族风情让如今的拉普兰成为著名的旅游胜地，不过，当年莫佩尔蒂的北欧之旅却艰苦异常。

他们费尽九牛二虎之力，将笨重的象限仪竖立在拉普兰荒原。在夏季要面临大群蚊虫叮咬，冬季又要忍受北极圈的酷寒，当他们穿越在北欧的森林中时，偶尔还会有驯鹿来踢他们的雪橇。观测之余，莫佩尔蒂与精通北欧文字的摄尔修斯一起辨识了一块古北欧石碑。莫佩尔蒂更对两个土著姑娘大献殷勤，并把她们带回了巴黎，日后为自己添了数不胜数的麻烦。

完成观测后，小组取道波罗的海，路上还遭遇了海难，他们经历波折在启程一年零三个月后返回巴黎，带回了来之不易的研究成果。莫佩尔蒂随后向学会汇报，证明牛顿学说正确无误，地球确实是扁球体。摄尔修斯分别后继续游历，1741 年摄尔修斯劝说瑞典王室提供一笔赞助，建立起瑞典首个现代天文台，装备了当时最先进的天文仪器。他展开了对地磁的研究，通过观测罗盘指针的倾角，发现极光越强，罗盘的偏差也越大，从而认识到极光与地磁之间的关系。

在天文观测上，摄尔修斯出版了自己的星表。他独创了光度仪，他把一组相同的半透明玻璃片放在观测者与星体之间，看看要用多少块玻璃片才能阻隔全部星光，因而获得了 300 余颗星体的光度数据。

摄尔修斯最大的贡献是创立了摄氏温标体系，他将冰水混合物定为 100℃，水的沸点定为 0℃。后来他的学生、物理学家马丁·施勒默尔（Martin Stromer）把标度倒转，成为了我们今日通用的摄氏度。

与莫佩尔蒂北欧小组的坎坷之旅相比，布格在秘鲁的旅途就更令人不忍耳闻。秘鲁的安第斯山脉陡峭险峻，云雾笼罩，观测难度极大。三个领头者分别从海路和陆路赶往南美，几乎是甫一到达便陷入了困境。考察团先是惹恼当地土著，被愤而赶出城市，后来由于女人产生误解，远征队的医生遭到谋杀。戈丁率先与布格和孔达米纳决裂，脱离了远征小组。

布格与孔达米纳穿越湍急的河流，走过寂寥的荒野，不屈不挠，克服险阻，依然坚持工作，还顺便去测量了地球质量。他们首先提出了铅垂线测量地球质量的方法：在大山附近垂下铅垂，然后测量铅垂被山体吸引偏转的角度来确定大山的质量，再根据一套复杂的计算得到地球的质量。不过他们的测量并不成功，下一次类似的实验要到 30 年后才由天文学家马斯基林得出相对准确的数字。

随后布格与孔达米纳也分道扬镳，他们纷纷指责对方的计算出现了错漏，也都拒绝复核自己的数据。最后布格、孔达米纳、戈丁三人各自得出一个结果，三个人又分三条路线分别返回法国。布格和戈丁在出发的 3 年之后回到巴黎，而孔达米纳则在 1743 年才回返。他深入热带雨林，在亚马孙河上用木筏漂了足足 4 个月赶到下游，在他的游记里，首次以科学家视角详尽介绍了亚马孙流域的风貌。

孔达米纳回到巴黎时已是启程 10 年之后，他带回的数据证明了扁球模型的正确，不过那时莫佩尔蒂小组早已回归，孔达米纳的努力几乎没有得到任何肯定。此外，他一道带回的还有翔实的笔记、200 多份标本和艺术品，他把这些珍贵的资料赠予自然学家布丰（Buffon），为布丰后来积 40 年心力的巨著《自然史》做出帮助。

秘鲁小组历尽艰辛，得到的无非是莫佩尔蒂北欧小组在 1737 年就公布的成就，最终的荣耀归于莫佩尔蒂。在科学院座无虚席的大厅里，莫佩尔蒂把在拉普兰广袤原野的冒险经历娓娓道来，以事实有力地反击雅克·卡西尼的椭长地球模型，对昔时的其他对手也出言讽刺。随着莫佩尔蒂在学界地位的升高，他流露出的骄傲令他昔日的朋友与其逐渐疏远，与师长约翰·伯努利的关系也日益淡漠。

以卡西尼为首的反方不会就此认输，卡西尼拒绝接受莫佩尔蒂的数据。在他的影响下，科学院只愿为莫佩尔蒂安排一个虚职。莫佩尔蒂言辞激烈地出言反击，直至与整个法国科学院决裂。1740 年，莫佩尔蒂接到来自普鲁士的邀请，便头也不回地启程前往柏林。

那时整个欧洲局势已经开始转变，执掌了法国长达 70 年的"太阳王"路易十四已在 35 年前陨落。他的内脏被取出，血液被抽干，遗体被封入铅棺，心脏被单独保存在珐琅盒里。

"太阳王"一生戎马，连年征战，令法国成为西方世界最为强大的国家，赫赫武功背后也拖下长长的阴影，连年用武拖垮了法国的财政。去世前"太阳王"将王位传给了时年 5 岁的曾孙，史称路易十五，并叮嘱曾孙止戈偃武，休养安民。

路易十五勉力维系着波旁家族的统治，可曾祖父留下的种种问题深入骨髓。

此时，欧洲的天平开始缓缓向法国的东侧倾斜，日耳曼民族悄然抬头。

1740 年，腓特烈二世即位成为普鲁士国王，这位年仅 28 岁的新君后来以腓特烈大帝之名传世，他一手将普鲁士缔造成欧洲一流强国，以不世出的军事天赋引领普鲁士迅速崛起。腓特烈大帝还醉心于艺术，身后留下 4 部交响曲与 100 多首长笛奏鸣曲。他甫一登基便着手完善柏林科学院，夯实德国的科学基础。

柏林科学院，也称普鲁士科学院（历史上曾多次更名，是今日柏林 – 勃兰登堡科学与人文研究院的前身），由莱布尼茨倡导建成，多年来一直被笼罩在英法两大科学院的阴影之下。怀着为普鲁士网罗优秀人才的理想，腓特烈大帝向欧洲多名大师发出邀请，经过伏尔泰的推荐，莫佩尔蒂成为了腓特烈心中最佳的院长人选。

莫佩尔蒂在 1746 年升任柏林科学院院长，此前由于学术对手雅克·卡西尼从中作梗，法国科学院开除了他的会籍。肩负着国王的厚望，他虽竭尽所能运营学院，却往往力不从心。一方面，柏林科学院以法语作为官方语言，莫佩尔蒂在学术工作上没有障碍，但德语上的欠缺总让他在日常行政工作上诸多掣肘。另一方面，国王希望将学院打造成世界顶级，却一直未能提供足够的经费。诚如法国科学院的创立伊始，如果没有"太阳王"和柯尔贝尔的慷慨解囊，一定不会留住惠更斯与卡西尼两大巨头，柏林科学院也无法例外。长久以来，院内唯一拿得出手的大师，便是与莫佩尔蒂几乎同时从彼得堡科学院被挖回的莱昂纳德·欧拉。

欧拉此前在圣彼得堡的十余年研究并非一帆风顺，俄国的政局急转直下，政局的震动也影响了学界。当年继承先夫遗愿，盛邀各国学者来俄的女主卡德琳娜在位两年便驾崩，由彼得大帝尚未成年的孙辈彼得二世执掌俄国政权，彼得二世的统治也不长久，仅仅两年便夭折，随后即位的是彼得大帝的侄女安娜一世。

安娜一世作风独裁、生活奢靡，对科学漠不关心，在她的高压统治下，成批学者离开圣彼得堡自谋出路。1733 年，欧拉的挚友丹尼尔·伯努利也无法忍受圣彼得堡紧张的政治氛围，向欧拉辞行回归故国，此后二人一直密切通信。归国后丹尼尔正式出版流体力学著作，期间得到了欧拉大量帮助。欧拉利用自己的微积分技巧，协助丹尼尔为流体现象建立数学模型。

丹尼尔在 1735 年赢得法国科学院的年度大奖，奖项颁给了他在天文学领域的成就。然而，这项奖励不但没有为丹尼尔带来快乐，反而成为了他的枷锁，更成为了数学界的莫大损失。原因是当年另一位联合获奖人也提交了一篇相同领域的论文，与他平分了该年科学院大奖。这位联合获奖者，正是丹尼尔的父亲约翰·伯努利。

约翰·伯努利当年在与哥哥雅各布的学术争端中，便不容雅各布压自己一头，如今看到儿子将要挑战数学第一人宝座，更加怒不可遏。他把这次平分大奖看作儿子对自己的示威。父子情谊在此彻底崩裂，争执之后父亲将丹尼尔赶出居所，父子之情被一扇房门斩断。

父子反目后，丹尼尔依然心怀对父亲的尊重，在他出版的《流体力学》一书的卷首页中，他委婉地向父亲示好，印刷上了"丹尼尔·伯努利，约翰之子"的字样。约翰的回应仅仅是在出版著作《水力学》时，大量抄袭了丹尼尔的作品，他还专门把真实的出版年份 1739 年写成 1732 年，比丹尼尔的《流体力学》要早，暗示是儿子抄袭了自己的作品。

心灰意冷的丹尼尔远离了数学研究，从此数学学科损失了一位大师。不过，丹尼尔的天资不会被浪费，他一生中 10 次获得法国科学院的大奖，涵盖了潮汐、海流、时间度量等方方面面。他以微积分为利器，将数学思想融入物理学，在流体问题、物体振动和摆动问题领域都留下了自己的成果。他被后世称作"流体力学之父"，连"流体力学"这门学科的名称，都源自他的文章标题。

丹尼尔从此声名鹊起，相传一次丹尼尔在旅途中与陌生人相谈甚欢，他自我介绍说自己便是丹尼尔·伯努利，而陌生人却毫不相信自己见了这位名声远扬的学者，不屑地抬杠："那我还是艾萨克·牛顿呢。"

丹尼尔·伯努利后来成为了柏林、法国、英国等各大科学院的会员，赢得了整个欧洲的尊重，却唯独不能赢得自己父亲的亲情。

1733 年丹尼尔离开俄国后，圣彼得堡的数学重任落在了 26 岁的欧拉肩上。此时的欧拉进步神速，完全可以填补尼古拉和丹尼尔这对伯努利兄弟留下的空白。

期间欧拉解决的最著名的数学难题，是 18 世纪著名的古典数学问题之一——七桥问题。

在德国哥尼斯堡，普勒格尔河穿城而过，形成了环绕河心岛屿而成的环岛水系及辐射开去的三条支流，岛屿与河岸以七座桥连接，"七桥问题"问的是：如何找到一条路线，走完所有的桥，且每座桥仅经过一次。

哥尼斯堡的七座桥
来源：维基百科

　　许多数学家及爱好者多加尝试，对看似简单的七桥问题均束手无策，一度想通过穷举全部路线暴力破解。欧拉在1735年拿到问题，几天后便提出该问题无解，他把七桥问题简化为一笔画问题，并提出了确定一个图形是否可以一笔画出的判断通则。后来，这类图形的一笔画路线，就被称作欧拉路线。

　　这篇开创了拓扑学的论文《哥尼斯堡的七桥问题》拖了整整一年才正式发表。那时欧拉的工作日益繁重，为了完善定时系统，欧拉投入到繁琐的太阳观测之中，视力开始急剧衰退，很快右眼就完全失明。

　　伤残没能击垮欧拉，欧拉于1738年和1740年两度获得法国科学院大奖。然而俄国的学术环境却不断恶化。女沙皇的宠臣嘲讽说："天国的隐秘不容凡人窥探，也正因此，上帝收回了欧拉的一只眼睛以为警告。"在欧拉决心离开俄国时，已经长期遭到秘密警察的监视。

　　收到腓特烈大帝的邀请，欧拉最终于1741年告别工作十四载的圣彼得堡，前往柏林，成为柏林科学院的"股肱之臣"。欧拉先是出任数学主任一职，又在一年后接管学院天文台。被腓特烈大帝亲切地称呼为"我的教授"。

　　当莫佩尔蒂外出柏林，欧拉便承担起代理院长的职责。他承担天文观测，也要运营植物园，连人事与财务也要过问，此外，国王也不断委以公务，他接手了从运河规划到宫殿建设的重要职责。

欧拉在柏林兢兢业业 25 年，写下了大约 380 篇论文。他继承老师的研究，在变分法下继续推进；也放眼天空，研究星球的运转；为了配合腓特烈大帝的军事行动，他要涉足火炮及弹道学；为了满足海洋扩张需求，他开始研究船舶制造及航海；他还抽空辅导腓特烈的侄女安哈尔特·德索公主，通过书信讲授力学、物理、天文学等课程，这些珍贵的信件后来被汇集出版成为《致一位德国公主的信》，此书被翻译为 7 种文字传播，是文从字顺的科普作品。

欧拉的两部重要著作《无穷小分析引论》和《微积分概论》都写就于这一时期，《无穷小分析引论》被看作数学"七大名著"之一，与后来高斯的《算术研究》齐名，欧拉在书中广泛地讨论了各种函数的变换、分解、展开、在积分学当中的应用。欧拉用代数基础而非通行的微积分基础解决分析高阶曲线，从此被称作"分析的化身"。

在欧拉与莫佩尔蒂勉力经营柏林科学院时，不远之外的巴黎，一批法国学者开始了启蒙运动中最伟大的工作。这项工作几乎是在无意间播种萌芽，却在王权板结的土壤上裂出革命的孔隙，最终撕扯开整个大地。

1746 年，莫佩尔蒂刚刚执掌柏林科学院，几个出版商在巴黎会见了一位名不见经传的法国翻译家德尼·狄德罗（Denis Diderot）。这位刚过而立之年的译者刚刚成功翻译了英国哲学家沙夫茨伯里（Shaftesbury）的《道德哲学原理或功德论》，反响不错。出版商这次交给他的任务，是将英国人钱伯斯在十几年前编撰的《钱伯斯百科全书》翻译成法文。这套百科全书厚达 5 卷，是当时最完备的百科全书。出版商提供了对于狄德罗尚算可观的年薪，狄德罗正受困于拮据的财务状况，欣然允诺。

德尼·狄德罗生于 1713 年，出身法国平民家庭，父亲以制刀剪为生，家境尚算殷实。狄德罗 15 岁前往巴黎就读，4 年后获得硕士学位。他与父亲的关系不算融洽，由于他违背父命，拒绝从事法律这类体面的工作，父亲与他断绝了关系。此后狄德罗一直没有固定工作，而是混迹于巴黎，一边打杂一边在文坛广泛交际。

狄德罗在巴黎结识了一批同样志向高远却籍籍无名的朋友，他在咖啡馆里认识了刚刚来到巴黎闯荡的让·雅克·卢梭（Jean-Jacques Rousseau），这位日后以《社会契约论》《爱弥儿》《忏悔录》蜚声世界的思想者当时还只是满脸稚气的青年。作为没有受过系统教育的钟表匠的儿子，卢梭在巴黎深感力不从心。他那时远未找到自己人生的方向，做过学徒、杂役、教师和流浪音乐家，到了巴黎之后，又开始着手改进简谱记谱法，还立志靠着下国际象棋养活自己。卢梭和狄德罗的友谊持续了近 20 年，两个一无所有却满腔抱负的年轻人在街头一边兴奋地探讨未来一边彼此相送，卢梭先陪着狄德罗走到住处，狄德罗又转过身来把卢梭送回居所。

狄德罗不满仅是翻译英国人的一部旧书，他怀揣着热情和理想，说服了出版商们，编订一部新的百科全书，那将是有史以来规模最为宏大的著作，将包含现存所有知识的方方面面。

后来，这部著作被定名为《一个文人学者团体编纂的百科全书，或科学、艺术、手工业详解词典》（以下简称《百科全书》）。狄德罗以超凡的投入和努力，集结起难以想象的社会资源。

他最具慧眼之处，是请到了一位同样优秀的主编，法国数学家、哲学家让·勒朗·达朗贝尔（Jean le Rond d'Alembert）。

达朗贝尔生于 1717 年，比狄德罗年轻 4 岁，是出身低微的私生子。他一出生生母便担心影响名誉将他遗弃。他被发现时正躺在让·勒朗教堂的石阶上，于是以让·勒朗之名受洗，后来亲生父亲找到了他，也只是把他寄养在一个玻璃匠家里。他的生母在达朗贝尔日后崭露头角时曾经找到他，想与儿子相认，得到的仅仅是一句冷淡的回复："你只是我的继母。"达朗贝尔把养母视作自己的母亲，与她一起生活到终年。他拒绝跟从父姓，自己取姓为达朗贝尔。

在生父出资下，达朗贝尔在教会学校里曾攻读神学与医学，最终却打下坚实的数学与物理学基础。在狄德罗上门相邀时，达朗贝尔已经在科学界小有名气。他的达朗贝尔判别法是标准的判断级数绝对收敛的方法，一直到现在还在使用，且以"比值判别法"为名被写入高数课本。

这个没有受过正规大学教育，完全靠自学攻读牛顿及其他学者著作的年轻人，22 岁即完成了自己的首篇学术论文，随后两年间陆续向法国科学院提交 5 篇报告，研究微分方程的积分方法，以及物体在介质之间的阻尼运动。他 24 岁即被提升为数学副院士。他的学术著作《气流》将实验物理归结到数学领域中，还获得了莫佩尔蒂管理之下的柏林科学院授奖。

达朗贝尔加入编书团队之时，还在尝试以微积分解释物理学上的振动现象。他在对振动琴弦的研究中，将弦看作是由无数个无穷小质点构成的一条线段，它的振动就可以用偏微分方程描述。如今，这样的方程被称作波动方程，成为了后来声学、电磁学、流体力学及电信业的重要基础。

达朗贝尔身材矮小，不修边幅，个性诙谐，很讨大家喜欢。他很快适应了自己的角色，在《百科全书》的编制中，达朗贝尔主要负责数学与自然科学相关条目。在他负责的微积分相关条目里，他将自己与欧拉等一众知名学者的最新成就写进了《百科全书》。

按照主编狄德罗最初的编书设想，法国科学院要包揽自然科学、医学、解剖学等重点内容；法兰西学士院可以提供语言部分的条目；铭刻及美术学院要承担历史地理和文学部分；索邦神学院负责神学和宗教；巴黎大学负担人文科学、哲学和法学。

这是一个几乎不可能完成的工程，可在狄德罗与达朗贝尔的努力下，他们耗费了 1/4 个世纪，把它变成了现实。

一批杰出的人才加入了丛书的编订工作中。伏尔泰当时已经从英国旅归，大力宣扬牛顿学说，他发表《哲学通信》，希图将英国资产阶级革命思想带回法国。伏尔泰在 1746 年刚刚成为法国科学院院士，已经颇有名气。伏尔泰虽认为自己远比狄德罗高明，但仍愿屈尊写下几笔。

时任法院庭长的孟德斯鸠，当时正一心写作《论法的精神》，这位年近花甲的老人在洛克的分权思想之上，明确提出三权分立，铸造了现代民主思想的基石。他与伏尔泰一道，负担起文艺批评和历史条目的编订。

法国科学院常务秘书、哲学家丰特奈尔已年逾 90，他的科学造诣不及顶级学者，却以通俗流畅的科普作品享誉学界。在任期间学院的年度总结均出自他手，著名科学家的讣告也多由他起笔。狄德罗和达朗贝尔在老人的助听器边侃侃而谈，获得了老人的认可。丰特奈尔去世在自己百岁诞辰前的一个月，没能赶上丛书第一卷的首印。

博物学家、生物学家布丰生于富贵之家，25 岁时因母亲去世继承了家中的遗产。这个年轻人获得了巨额财富后，没有像其他纨绔子弟一样恣意挥霍，而是靠着财富带来的地位跻身法国上流社会，入选法国科学院院士。孔达米纳从秘鲁经线长度测量之旅归来后的珍贵笔记就赠予了布丰，这些资料在布丰《自然史》一书的写作中颇具贡献。狄德罗和达朗贝尔上门之时，布丰已经执掌皇家植物园，他的著作《博物学》也将问世，他用后来在《自然史》一书中娓娓道来的生动笔触，负担起大量生物学词条的编写。

狄德罗的挚友卢梭仍以音乐家自居，他改良的简谱体系并未获得艺术家的认可，他的《现代音乐论》销量也实在糟糕，但他依然参与到音乐条目的编写中去。

至于主编狄德罗，这个刀剪匠的儿子，承担起吃力不讨好的手工业栏目，从农业到农村经济，再到针织业、服装业，他的条目覆盖了土地丈量、面包烘焙、制胶封漆等诸多领域，他跑遍了工厂和车间，阅读了上千本手工业册子，最后整整贡献了 5000 余条主题。

这些围绕着百科全书聚拢而来的启蒙思想家们，一共有 160 余人。他们有着不同的政见、迥异的哲学观和相异的信仰，他们是文学家、医生、工程师、音乐人、旅行者、航海家和军事家，他们几乎分布在每个知识领域。尽管观点不尽相同，他们却都有着解放思想、探求人性光辉的共同诉求，他们因此被称作百科全书派，是启蒙运动中最为重要的学者团体。他们也因此被打压、被迫害，在丛书编订出版的过程中，两度遭到当局干涉而中断。他们有的被关进监狱，有的被迫流亡国外，副主编达朗贝尔也心怀恐惧，在加入 13 年后的 1759 年退出工作。

这一批群星般映照着启蒙时代的学者们，几经曲折完成了丛书编订，从 1751 年第一批 7 部大部头问世，再到 1772 年全书编成，一共 28 部，囊括了 71 818 个条目以及 3129 幅插图。狄德罗之后，到 1780 年，其他编者又陆续补充 7 部，成为完整的 35 部的第一版。

在丛书的编制中，作为编书语言的法语也得到充实完善，法语的精确程度大大提升，开始取代拉丁语成为国际通行的学术语言。

在 1746 年，几个出版商当然不会意识到自己按下的是怎样一个按钮，这场文人学者集结而来的气势磅礴的合唱，唱响了法兰西和美利坚两国革命的先声。这是历史上的第一次，一部学术书籍在政治领域中引发如此之大的影响，在人类的文明史与抗争史上也占据了一席之地。

东西方的历史在这里悄然交汇，正在 1772 年狄德罗的《百科全书》全书编成之际，在伏尔泰口中文明开化的东方，在西方知识分子著作里刮起东方风潮的清帝国，比伏尔泰年轻 17 岁的乾隆皇帝启动了东方盛世最大规模的编书工程。这一年是乾隆三十七年，正是康雍乾盛世的高峰。在乾隆皇帝的主持下，纪晓岚、陆锡熊、孙士毅等 360 多位高官、学者参与，聘请 3800 名学士历时 13 年，意在收拢囊括中国古代全部书籍，归入经史子集四部，故称《四库全书》。全书共收入图书 3500 余种，79 000 卷，计 8 亿字。

《四库全书》抄本及正本共计八部，虽出自千人手笔，却笔笔不苟，如出一人。文化价值自不待言，艺术价值也不容小觑。与《百科全书》被当局打压封锁全然不同，《四库全书》作为官修书籍，获得了政府的倾力支持，乾隆本人也亲自参与到校对中去。

这是《四库全书》的大幸，也是《四库全书》的不幸。

出于维护正统统治目的，编修中大量书籍遭到焚毁、篡改，编书的同时，也是对全国文字的大审查、大清洗。其中因不符合主流思想，禁止收录之书达到 2855 种，与全书所收录的数量相去不远。明清之际的著作当然要重点审核，其他朝代抗击外族的作品也不能幸免。

即使在收入的书籍中，亦有文字遭到删改，岳飞的名句"笑谈渴饮匈奴血"就因"匈奴"一词涉嫌影射关外胡虏而犯禁被修改。其他书籍中讹字别字也偶有出现——为了配合乾隆皇帝的亲自校对，馆臣会刻意留下些许错漏留待皇帝查验以取悦圣上。然而皇帝一时的附庸风雅难免日久生厌，时而"并不开视"，便"朱笔大书校过无误"，馆臣也只能将错字予以照录。

18 世纪下半叶，东西方最杰出的知识分子，以不同的理由，不同的方式，编写着分属东西方最浩大的典籍。而东西方文明两极最后的命运，从这两次修书中，或许便已初见端倪。

当两个文明再度相遇，主客之势已全然逆转。咸丰十年即 1860 年，西方社会已在启蒙精神的引领下走向共和立宪，勃发出盎然的生机；清帝国的皇权则不断加强，巨人的肌体不断衰竭老化。那一年启蒙运动发源地出动的英法侵略者进入北京，八部《四库全书》中藏于圆明园文源阁的一部在联军身后的大火中随着华美的建筑化作灰烬。

随着启蒙运动逐渐深入，牛顿体系在欧洲确立了领导地位。《百科全书》副主编达朗贝尔编书之余，正忙于进一步验证牛顿学说。其中最复杂的问题之一是三体问题。

三体问题致力于在三个质点的质量和初始状态均已确定之时，在万有引力定律之下求出三者的运动规律，其中最简单的案例就是日地月的轨道计算。

即使动用微积分武器，三体问题也依然难解。早在 18 世纪初，牛顿和莱布尼茨正吵得不可开交之时，欧洲大陆的数学家便已经尝试采用微积分深化牛顿的力学体系。而探究日、地、月三者关系的三体问题几乎是数学家们不可逾越的高山。

莱布尼茨曾邀请数学家皮埃尔·瓦里尼翁解决三体问题，然而瓦里尼翁束手无策，如果假设其中某个物体不动，还勉强能得到简单的答案，可一旦三个物体都运动起来，他便无计可施。后来，数学家雅各布·赫尔曼以及约翰·伯努利联手跟进，从数学角度证明平方反比定律一定会导出圆锥曲线的轨道，补足了当年牛顿在《原理》中仅仅当作假设却未能严谨证明的缺憾，不过他二人也没能在此之上更进一步。

这不能怪罪诸位数学家学艺不精，通常情况下，一般的三体问题的运动方程为十八阶方程，需要得到 18 个积分才能完整解答。除了少数特殊情况以外，根本无法得出标准答案，运用微分方程写出日地月三者相互吸引的等式不算困难，但解出三个等式却不可能，只能通过近似计算才能粗略得解。

首先把微积分融入牛顿力学体系的大部头著作出自欧拉笔下。1736 年，欧拉还在圣彼得堡时便出版了《力学》，以纯代数方法而非传统几何学方法论述力与运动的关系。3 年后，欧拉打破微积分与牛顿定律的最后障壁，通过编制三角函数微积分，求解常系数线性微分方程解决天体之间引力的摄动。随后欧拉连续出手，先是攻克月球摄动问题，之后又靠着解决土星和木星之间的引力摄动问题摘取 1748 年的法国科学院征文大奖。这些在天体力学领域的进展，正是解决三体问题的关键。

在欧拉的基础之上，又有两位数学家加入到三体问题的求解之中。一位是《百科全书》副主编达朗贝尔，另一位是当时名气稍逊的，在此前莫佩尔蒂北欧考察中随行的数学家亚历克西斯·克劳德·克莱罗（Alexis Claude Clairault）。三人采用各自的方法进行模拟，同时发现牛顿体系的预测值与观测值出现了偏离。

这是牛顿学说继地球形状之争之后遭遇的又一次危机，上一次靠着莫佩尔蒂的北欧考察安全过渡，这一次轮到莫佩尔蒂的助手克莱罗出手。克莱罗在1749年发表论文，指出了自己、达朗贝尔和欧拉此前均存在计算失误，达朗贝尔当即坦承失误，欧拉则提名克莱罗获取彼得堡学院奖，牛顿定律地位再得巩固。

这只是克莱罗对达朗贝尔的第一次碾压，10年后，正是已故哈雷博士预测的彗星回归年，克莱罗综合万有引力定律和微积分方程，在法国科学院大会上公布了他预测的回归日期，宣称误差不会超过1个月，1759年年初，彗星如期而至。牛顿定律历经子午线测量、三体危机及哈雷彗星回归预测三役，一举征服学界。三役中均有贡献的克莱罗，因此收获了"新牛顿"的称号，达朗贝尔感到颜面扫地，私底下吐槽克莱罗的方法并不算高明，无非也就是靠着"乏味冗长的计算"。

也正是从这一时期开始，微积分开始逐步接手天文学研究的阵地，此前从哥白尼到开普勒的历代天文学家们，主要靠观测积累大量数据，再根据观测经验总结星体轨道。而如今，有了微积分作为基础，由精密航海对精确星表和月球运行方位预测表的需求，催生出全新的天体力学。从此，周天星体轨道确认的方法，在天文观测者的观测数据和经验推演基础上，又加入了天体力学家的数学计算。

天体力学的学科基础，从百年之前的牛顿起步，欧拉、达朗贝尔逐渐加固，随后又迎来两位杰出的年轻数学家：先是由拉格朗日创立了大行星运动理论，又由拉普拉斯集各家大成，以5卷16册巨著《天体力学》，提出了天体力学的学科名称，也奠定了整个学科的基础。

这两位年轻人中的第一位，约瑟夫-路易斯·拉格朗日（Joseph-Louis Lagrange）生于1736年，比欧拉足足年轻29岁，他崭露头角之时，还只是19岁的青年，那时他靠着自己在变分法领域的研究，已经获得了都灵皇家炮兵学院的教职。

拉格朗日生于意大利都灵的官员之家，由于父亲投资失败，不幸家道中落。拉格朗日单纯地以为学习数学可以改善经济状况，在后来的回忆中，他提到，如果家中富有，他就不会把自己奉献给数学事业。

拉格朗日没有接受任何名家的辅导，他靠着自学，18岁发表首篇论文，也开始与欧拉通信，引起了柏林科学院院长莫佩尔蒂以及欧拉的注意。

1756年，莫佩尔蒂在巴黎的学术对手雅克·卡西尼去世，他在法国科学院的会籍得以恢复。这时莫佩尔蒂由于健康原因，已经无力深化他最得意的关于"最小作用量原理"的研究，莫佩尔蒂与欧拉力邀拉格朗日前来柏林就职，希望为这位年轻后辈提供远比都灵更有声望的职位。

年轻的拉格朗日礼貌地拒绝了莫佩尔蒂和欧拉的善意，只愿意以通讯院士的身份与学院保持联系，他转身成为都灵皇家科学院的奠基人。拉格朗日是都灵科学院院刊最主要的供稿人。

面对拉格朗日的婉拒，莫佩尔蒂已无暇叹惋，那时，莫佩尔蒂因卷入一场长达数年的无谓争论而备受打击、身体渐衰。

莫佩尔蒂这一场争论的对手，是伏尔泰。

当年目睹牛顿葬礼而深受触动的伏尔泰，在启蒙运动中一直致力传播牛顿思想。他从英国带回了牛顿主义，也带回了牛顿的苹果传奇，有关牛顿苹果树下的悟道多个版本的故事中，流传最广的便是出自伏尔泰的记述。他漫长的战斗生涯跨过了"光之世纪"的前 3/4，后来以大量的诗歌、通信、戏剧及论述传世。

在狄德罗刚刚成为《百科全书》主编的同年，伏尔泰已经成为法国科学院院士。4 年后伏尔泰应普鲁士国王腓特烈大帝邀请东去柏林，以宫廷文学侍从的职位出仕宫廷。

伏尔泰的仕途并不顺利，生性好斗的他几乎是一到普鲁士就对君主产生了不满，还出言讽刺君主的虚伪。很快，他又与莫佩尔蒂针锋相对。

两人之间的争论爆发于 1753 年，当时莫佩尔蒂与数学家塞缪尔·柯尼希（Samuel König）发生了一段过节。柯尼希是欧拉和莫佩尔蒂的同门，也得到过约翰·伯努利的栽培。他发表论文，对莫佩尔蒂的最小作用量原理提出质疑。

最小作用量原理描述的是：当一个体系自发产生变化之时，变化方式总会使系统总作用量最小。这一原理此前在欧拉的研究中也有所提及，在莫佩尔蒂的阐述下发扬光大，是莫佩尔蒂最得意的研究成果。

当时莫佩尔蒂已年过半百，身体状况亦每况愈下，糟糕的身体让他变得尤为易怒。即使在壮年时期，莫佩尔蒂都不介意与恩师伯努利关系破裂，如今更加容不得批评。

欧拉本来出面为之辩护，然而莫佩尔蒂决意亲自出手，他仿效 40 年前牛顿打击莱布尼茨的手腕，以专家评审会的方式打压柯尼希，逼迫他辞职。随后"欧洲的良心"伏尔泰为柯尼希出头，展开了针对莫佩尔蒂的猛烈抨击。

伏尔泰本是莫佩尔蒂的故人，莫佩尔蒂能出任院长一职也是出于伏尔泰的推荐。本次反目，不仅是因为伏尔泰的正义感驱使。伏尔泰当时的情人爱米莉因工作与莫佩尔蒂接触后，开始转投牛顿粉丝伏尔泰所讨厌的莱布尼茨阵营，对莫佩尔蒂也萌生好感。如今私怨之上，又添公仇。

伏尔泰的手段不算高明，莫佩尔蒂提出过许多奇思妙想：炸开金字塔探索其中奥秘；向地心打孔到地层深处一探究竟；聚集一堆面粉看看上面是否会自然长出鳗鱼。伏尔泰以充满讽刺的语气狠狠地嘲弄着院长这些新奇的想法，在伏尔泰笔下，就连莫佩尔蒂引以为豪的北欧子午线测量之旅，也变成了"你在那些无聊之极的地方，证明了牛顿足不出户就能证明的东西"。

莫佩尔蒂在伏尔泰的"包装"下成为学界笑柄，腓特烈大帝出面支持自己的院长，把伏尔泰赶出普鲁士，不过已经于事无补。莫佩尔蒂的身体迅速衰朽下去，他启程前往巴黎休养，可离了院长的柏林科学院无法如常运转，他只能拖着病体赶回柏林。最终，莫佩尔蒂又前往巴塞尔，当年关系一度冰冻的恩师伯努利不计前嫌，把他接回家中调养生息。

1759 年夏天，莫佩尔蒂病情加重，致信让妻子前来瑞士陪同。他没能等到与妻子见最后一面，柏林科学院院长至此陨落。临行前，他把一部分遗物留给了伯努利夫妇，又将跟随多年的星盘和磁石遗赠给当年远赴秘鲁考察的孔达米纳，那是在 20 年前的地球形状争端中，拉普兰考察队负责人给予秘鲁考察队成员的最后一份礼物。

皮埃尔·路易·莫佩尔蒂被后来的历史学家看作"失落的天才"，他有着凡人难及的珍贵天赋，却缺乏持之以恒的钻研精神。他涉猎广泛却留下太多烂尾，连最得意的最小作用量原理的数学基础，都有待后来的拉格朗日修补完善。他一生骄傲，毫不容情地讥讽打压自己的学术对手，也引发了与伏尔泰之间无谓的争执，最终使他拖着残缺的病体遗憾地躺进坟墓。

至于伏尔泰，与莫佩尔蒂的争吵不过是他生活中的一段小小插曲，他同时正精力百倍地参加到《百科全书》的编纂之中，在给副主编达朗贝尔的信件中，他保证自己只要一息尚存，就会为这座"文学史上最伟大、最美好的丰碑"贡献绵薄之力。

当时《百科全书》第一卷已经于 1751 年出版，其余各卷逐次发行。随着影响力日益扩大，官方开始打压书籍编订。政府公布了相关条令，对所有未经许可而写作、出版散布"危险书籍"的行为均将处以死刑或苦役，就连将屋子租给地下印刷厂的房东，都将被处以严厉的罚款。

出版商与达朗贝尔都开始萌生退意，只有主编狄德罗还能顶住压力。两大主编之间的分歧悄然加深。伏尔泰当时居住在洛桑，劝说达朗贝尔把丛书的编订从巴黎迁往此处，声称在瑞士编书更能赚钱，还不用像狄德罗那样受尽委屈。达朗贝尔开始指责狄德罗为了赚钱对出版商过于言听计从，对自己的去信也不理会，还扣下了自己尚未发表的一些条目。狄德罗则向达朗贝尔百般解释，可达朗贝尔均不接受。两位主编就此分道扬镳，达朗贝尔退出了编书团队。

令狄德罗雪上加霜的是，百科全书派的另一主力、他青年时代的挚友卢梭也与他产生裂痕。卢梭当时已经写成《论不平等的起源》，收获了很高的声望。卢梭孤独地隐居在乡间别墅，他天性敏感，若是狄德罗时时探看，卢梭会觉得受到了打扰，可若是狄德罗不去拜访，卢梭又觉得受到了忽视。

卢梭多愁善感地抱怨说，过去他和狄德罗默默无闻之时，两人的命运由贫穷连在一起，而如今狄德罗步入了上流社会，成就却让他们彼此分开。

狄德罗在心烦意乱中写出了剧作《关于〈私生子〉的谈话》。在乡间别墅里，雅克·卢梭打开剧本，读到了这样一句："只有恶人才会孤独。"

间接挑起了这一争端的伏尔泰，刚刚得知莫佩尔蒂病逝的消息，他不会因为院长的死亡便轻易结束争端，在他讽刺莫佩尔蒂"用面粉生产鳗鱼"的可笑之时，还顺便攻击了另一位生物学家尼达姆。

英国人约翰·尼达姆（John Needham）生于 1713 年，比伏尔泰年轻 19 岁，在微生物研究领域略有所长，也是首位以天主教牧师身份被接纳进英国皇家学会的会员，"以面粉生产鳗鱼"一说出自尼达姆的首创，莫佩尔蒂只是发文予以支持。

科学界票友伏尔泰无意间乱入了生物领域"渐成论"与"预成论"两大阵营的对战。在 18 世纪，人们开始把物理学研究思路引入生命科学。哲学领域最重要的问题"你从哪里来"的发问引爆了"渐成论"与"预成论"的争执。生命从何而来？是自然界的自然孕育还是真如《圣经》所言，出自造物主的创造？

"预成论"认为，从上帝造物的一刹那起，便已经创造了全部当时以及未来在地球上出现的生物。每个器官都预先成型，只是极其微小，在后来的发育中按比例放大而成熟。人的生殖细胞中各个胚胎层层嵌套，每个胚胎发育成人之后，又在生育年龄激活体内下一级胚胎成为子辈。如果有人找到在伊甸园里首次偷食禁果的亚当令夏娃受孕的第一颗精子，用显微镜去观察，他可以看到层层嵌套的全部人类后代的模样。

这样的观点在今日看来荒谬之至，在当年却风靡一时，连莫佩尔蒂的师公莱布尼茨都赞同"预成论"。莫佩尔蒂并未囿于师门见地，他与布丰和尼达姆组成了坚定的渐成论"铁三角"，相信生命来自无生命的普通物质。

"渐成论"又称"自然发生论"（abiogenesis），源头可上溯到古希腊时代。尼罗河流域的埃及居民发现尼罗河泛滥之后，潮湿的土地上遍布蹦跳的青蛙，便认为湿润的土壤自然可以长出青蛙；欧洲的农夫发现粮仓中会滋生鼠患，便以为潮湿的粮食自然可以变成老鼠。浅层次的"渐成论"在一个世纪前生物学家弗朗西斯科·雷迪（Francesco Redi）的实验中被证伪，他将腐肉放在罐子里，发现只要以纱布隔开苍蝇，腐肉上便不可能生出蛆虫，所以生命必定来自于生命。

不过，自从 17 世纪在荷兰磨镜师列文虎克和显微学鼻祖罗伯特·胡克开启了微生物之门，"渐成论"说法再度流行，很多生物学家相信微生物可以自然产生。

尼达姆以实验论证，他把煮沸杀菌的羊肉汁放入消过毒的玻璃烧瓶，用软木塞密封，数日后羊肉汤中蠕动着大量微生物。他又观测潮湿腐败的麦子，发现同样可以繁殖生命。他把这些生物描述为细小的"鳗鱼"，也正是这些实验引来了伏尔泰的攻击。这些结果直接宣告了生命似可从非生命物质中诞生，经过布丰在《自然史》中的引用，"渐成论"名噪一时。

伏尔泰作为"预成论"信徒，不擅于生物实验，却擅长攻击人格。伏尔泰先是在作品中把尼达姆歪曲成用羊肉汁和腐烂小麦生产"鳗鱼"的可怖怪人，又说尼达姆是同性恋者，并诬指尼达姆是爱尔兰人，又信仰耶稣会——在当时的法国，无论是爱尔兰人、耶稣会会士还是同性恋者都不受欢迎。

尼达姆则不落下风，列举讽刺伏尔泰的风流韵事，还说伏尔泰和他外甥女有着暧昧关系，连伏尔泰牙齿脱落、罗圈腿的生理缺陷也被提上台面。

这场闹剧以伏尔泰更胜一筹的手段告终，尼达姆因信仰耶稣会和欺诈双重罪名一度被投入监狱，他的著作被列入天主教的禁书名录。由于与尼达姆站在一队，布丰也被伏尔泰间接嘲弄。

　　科学议题的争端终归要回归科学领域，在尼达姆实验的 20 年后的 1765 年，意大利生物学家拉扎罗·斯帕兰札尼（Lazzaro Spallanzani）解决了这一争端。

　　斯帕兰札尼与尼达姆同为神职人员出身，他的第一篇论文名为《论石子在水面上的弹跳现象》，是现存最早的关于打水漂的研究。这篇论文也正如同投入学术领域水面的一颗石子，径直沉入水底。斯帕兰扎尼随后接触到布丰和尼达姆的著作，开始转向生物学研究。

　　斯帕兰扎尼的研究建基于大量实验事实，他还曾劝说布丰去买一架显微镜，多靠观测，少靠想象。但斯帕兰扎尼为追求研究精密残忍而冷漠，同时代的学者对他几无好感。为了研究动物的可再生功能，他找来许多种生物，切掉它们身上几乎每种器官，看看会不会长出新的，光是蜗牛他就切了 700 只，随后他列出了长长的动物可再生器官的清单，从水螅的触角到蝾螈的颌。

　　斯帕兰扎尼也最先研究消化系统，他把食物装在金属管里让鸡吞下，等鸡吐出来后观测食物的变化。有时，他等不及鸡吐出金属管，就直接杀鸡取管。这样的实验，他后来又在鸽子、鹰隼、蛙类、蛇类、兔子和狗身上做过。他甚至亲自吞下用布袋包裹的食物，尔后他尝了尝布袋里取出的面包渣，宣布这些面包"质量还在，但却没了味道"。

　　1765 年，斯帕兰札尼重复了尼达姆的实验。他发现，尼达姆最大的漏洞在于消毒不够彻底，只要将肉汤及器皿煮沸超过 45 分钟，再把尼达姆的软木塞改为用熔化的玻璃封锁瓶口，则瓶中再也不会有所谓"鳗鱼"出现，微生物不可能从无到有。斯帕兰扎尼由此提出食物的气密封存法。1795 年，拿破仑悬赏征集长期保存食物的方法，法国发明家尼古拉斯·阿佩尔（Nicolas Appert）在 14 年的研究后，发明了罐头，得到了 12 000 法郎的奖金，还开办了世界第一家罐头工厂。阿佩尔把各种食物都运用他的专利加热抽气密封，从禽畜肉类再到预制便当，在他的帮助下，巴黎人喝上了玻璃瓶装的密封牛奶。拿破仑失败后，阿佩尔经营不善最终破产，死于贫困，那家罐头厂却一直经营到了 1933 年。

　　预成论就此翻盘成功，伏尔泰等人更加坚信，人类现在所处的世界与上帝创造之时全然相同。当时，阿尔卑斯山上已经发现远古海洋生物化石，而伏尔泰看来，那不过是过路的旅人吃剩的鱼骨。

　　伏尔泰专门致函斯帕兰札尼，庆贺胜利。随后他投入到风起云涌的启蒙运动中去,与他在科学领域的业余表现截然不同,他以不懈的斗争和丰富的著述开蒙了一代学者,被一个时代尊为导师。他一生反对专制,倡导自由平等,将法国启蒙运动的思想推向整个欧洲。

当年他流亡英国期间目睹了牛顿的国葬,自己去世时却没有体面的葬礼。1778 年伏尔泰病逝,被匆匆葬在巴黎郊野。13 年后,法国大革命已经如火如荼,在革命家的支持下,他的遗体经历了盛大的送行,安放在新近竣工的巴黎先贤祠。先贤祠的法文 Panthéon 源于希腊语,含义是"所有的神"。

他终于得到了匹配的葬仪,此后,伏尔泰还会在此迎来卢梭、雨果和左拉。

论战的另一方尼达姆晚于伏尔泰三年善终在布鲁塞尔,享年 68 岁,辞世前得到了足够的敬意,以英国和比利时的贵族爵位身份入殓。

伏尔泰的骨灰在巴黎先贤祠下葬
来源:维基百科

这一场争论复杂微妙,"预成论"者使用正确的实验现象支持了错误的神创观点,"尼达姆们"支持的学说无误却选错了实验,生物学发展的步伐就此大大拖缓。"渐成论"则要等到进化论、胚胎学以及 DNA 理论提出之后,才会重归应有的历史地位。

1953 年,芝加哥大学的研究生斯坦利·米勒在导师斯坦利·尤里的指导下实验,在长颈瓶里装着水、甲烷、氨气和硫化氢,模拟远古时代的海洋和大气,还放了电火花来模拟远古闪电。几周后瓶里的汤汁中检测出了种类繁多的有机化合物，其中就包括生命必需的氨基酸。这个实验以"米勒 - 尤里实验"之名被写进教科书，显示了基础的生物粒子可以经过简单的化学过程产生，生命与非生命的界限在这里尤为模糊。斯坦利·尤里早在 1934 年已经因为发现氢的同位素氘而获得诺贝尔化学奖，然而这位早已见惯了大场面的学者依然按捺不住心中的喜悦，认为这一定是"上帝的杰作"。

此时距离莫佩尔蒂与伏尔泰的争端，已经整整过去两个世纪。

1759 年，莫佩尔蒂的去世未能引起腓特烈大帝关注，那年蔓延了整个欧洲的"七年战争"从英法正式宣战开始，已经行进到第三年。腓特烈大帝的普鲁士与英国一道，以新兴国家之姿，力敌法俄奥三大强国。当年严冬，腓特烈大帝以主力与奥地利主将道恩元帅对峙，连战皆北。士兵在临时搭建的木屋里瑟瑟发抖，大雪漫天而下，覆盖了普鲁士人留下的数千具尸体。

经历了 3 年精疲力竭的战争，这只"普鲁士之狐"正在默默舔舐伤口。腓特烈归国后忙于稳定货币，训练新军，预备与法奥军队决战。战争中对峙双方均伤痕累累，最终腓特烈以教科书式的战术布局反制成功。这场漫长的战争还要持续4 年，英国和普鲁士一方才会取得胜利。而惨胜之时，当年意气风发的普鲁士国王已年过半百，两鬓斑白，饱受疾病的折磨。此后他又活了 23 年，一直在整理战争留下的焦土。

各国在战场刀兵鏖战之时，科学界却合作紧密。1761 年，正是已故埃蒙德·哈雷博士预言的金星凌日年。他在遗言中呼吁各国把握住 1761 年及 1769 年两次金星凌日的观测，在全球不同观测站同时测量金星通过日面的时刻，来测出太阳到地球的精确距离，进而推算出太阳系的大小。

在当时的欧洲，很多国家连本国详尽的测绘地图都没有，可科学家们已经放眼宇宙，做好了测量太阳系的尺寸的准备。各国科学院还派出了科考队远赴地球各个角落。"七年战争"极大地扰乱了科学计划，英国派出学者查尔斯·梅森（Charles Mason）和杰里米·迪克森（Jeremiah Dixon）搭乘皇家海军军舰，出发前往印度尼西亚。两人刚刚离开两日便遭法国军队拦截，激烈的交火后 11 名英国水手阵亡，军舰也遭到破坏，只能回到英国修补。

两位科学家惊魂未定，致函皇家学会建议取消行程，很快受到皇家学会申饬。

来函表示国家与学会对他们寄予厚望，连观测经费都是会长特别向财政部申请的拨款，如今经费已经被两人放进口袋，一旦半途而废，整个英国都会颜面扫地，如果两人拒绝前行，将按罪论处。两人只能勉强再度踏上征途，最后虽然在好望角完成观测，成果却不尽如人意。

英国的另一位科学家内维尔·马斯基林（Nevil Maskelyne）则前往大西洋南端的圣赫勒拿岛，那是当年哈雷博士绘制南天星图的观测基地。马斯基林一路顺风顺水，还带着一大车的设备和超过 100 加仑的葡萄酒和朗姆酒。唯一遗憾的是他遭遇了当年困扰哈雷的同样问题，金星凌日时乌云密布，所有的努力毁于一旦。不过在观测之余他完善了一种经度测量方法"月距法"，似乎可以解决当年困扰伽利略、惠更斯和胡克的经度测量问题。

马斯基林返程前，梅森与迪克森在好望角的观测已经完成，途经圣赫勒拿岛，三人在岛上短暂停留。此后梅森与迪克森启程前往新大陆，在美洲勘测了宾夕法尼亚和马里兰之间的边界，后来那条以梅森 - 迪克森线命名的分界线，在美国内战中成为奴隶州与自由州的分界。马斯基林则在英国继承了哈雷留下的席位，成为第五任皇家天文学家。

英国人的测量之旅充满艰难险阻，不过这些在法国人面前简直不值一提。最令人唏嘘的法国科学家让蒂，购买了最精良的器材前往印度，可凌日发生时他还耽搁在海上，颠簸的船体毁掉了观测。好在金星凌日均为两两一组，下一次凌日 8 年后还会发生，为了在下次观测中确保万无一失，让蒂干脆住在了印度，用间隔的 8 年时间在印度建立起完美的观测站，精心调试各项设备。然而 8 年后金星凌日再度降临时，一朵乌云飘来遮住了太阳，8 年的努力功亏一篑。返程时让蒂又遭遇疟疾侵袭、飓风席卷，历经九死一生终于在离家 11 年后返回法国，他的经历如同荷马史诗中用十年时间从特洛伊返回希腊的英雄俄底修斯，遭遇也与俄底修斯类似，他被亲属宣告死亡，家产也被亲属掠夺一空。

毁掉 1761 年金星凌日观测的并不只有糟糕的运气，那些观测了天象全程的科学家也不能拿出具有信服力的答案。要测量日地距离必须取得金星凌日的精确时间长度，然而由于大气层中涌动气流的干扰，金星进入太阳边缘之时显得尤为模糊，科学家们各自拿出了自己估计的凌日时间表，面对相差极大的结果，大家莫衷一是。只能留待 8 年后第二次凌日时再做观测。

至于严重干扰科学观测的"七年战争"，在首次凌日观测的两年后收尾。世界格局在战后重新构筑，普鲁士成为欧洲新贵，英国从法国手里赢得了加拿大及印度，迈向了日不落帝国的辉煌。法国和奥地利则黯然失色，不复荣光。

政治架构的改变也悄然播下革命的种子，法国被削弱的君权土壤中，公民的力量开始萌芽；而英国庞大的军费被转嫁给北美殖民地，十三州殖民地居民不满于英国的横征暴敛，在 1775 年爆发了美国独立战争。"七年战争"中指挥才能尚显稚嫩的英军上校乔治·华盛顿，在独立战争中成为了殖民地独立军队的统帅。

莫佩尔蒂之后，忙于军政的腓特烈大帝没有遴选一位新院长，1753 年至 1766 年间，在腓特烈大帝委任下，欧拉成为了柏林科学院行政工作负责人。如今的史料里，在欧拉服务柏林科学院的时间里，留下 3000 份详细的文档，包括大量的报告、笔记和会议记录，几乎是逐日记录了欧拉 25 年里的每一项科研、行政、组织工作。他为了学院宵衣旰食，承担了远比往日繁重的工作，他为科学院遴选人才，也平衡学院的收入支出，从日历的出版到地图的绘制他都要过问。

仅靠一个单薄的欧拉自然撑不起整个学院，其他科学家也陆续受聘而来。首先入职的是欧拉的老师约翰·伯努利之孙，也以约翰·伯努利为名，称约翰·伯努利三世。这位出身数学世家的少年，入职时仅仅 19 岁，他在腓特烈大帝的安排下，接过了此前由欧拉掌管的天文台。34 年前，年仅 13 岁的欧拉刚刚结识亲手将自己带入数学领域、改变了自己一生的老师伯努利，如今年近半百的欧拉望着雄心勃勃的少年英才，恍如昨日。

欧拉在柏林后期的工作不算开心，由于他在当年的争端中站在莫佩尔蒂一方，他与伏尔泰关系一直很僵。他讷于修辞辩论，常被伏尔泰出言嘲讽。欧拉在腓特烈大帝这边也不讨喜，在腓特烈大帝看来，这位数学家太过单纯谦和，一副呆板的理科生气息，私下里竟然用欧拉的眼疾开玩笑，叫他"数学独眼龙"。这位雄才大略的君主不懂得如何尊重顶级数学家的才华，竟然让欧拉协助修建自己私家花园的水槽。欧拉通过计算求出了将水提升至蓄水池里需要多大的力，可纸面的方程又不能真的修好水管。腓特烈用充满嘲讽的语气与伏尔泰通信："我的花园连几何学都用上了，结果连一口水都送不到我的水池里去。"

最令欧拉难以忍受的是百科全书派达朗贝尔的到访，这个当年被遗弃在教堂石阶上的私生子如今已是法国科学院的一流数学家，当时两人陷入学术优先权之争，已经颇不愉快，达朗贝尔此番来访，却成了腓特烈大帝的座上嘉宾。更令欧拉不快的是，达朗贝尔得到自己在柏林用了 25 年都难以取得的信任：达朗贝尔被邀请继承莫佩尔蒂身后从缺良久的院长席位。

欧拉在给拉格朗日的信件中表达强烈不满，抱怨达朗贝尔一再对自己的研究成果吹毛求疵，仅仅是因为"达朗贝尔自己没研究出来"，又指出"这种人要是当了院长，只会弄得一团糟"。

欧拉的紧张略显过度，达朗贝尔在宫中住了 3 个月便返归巴黎，不但没有抢走欧拉的位置，还劝说国王任命欧拉为新任院长，也推荐了拉格朗日前来普鲁士。那时拉格朗日两年前已经通过在月球天平动问题的解答获得法国科学院大奖，这一年又在研究木星及四颗伽利略卫星与太阳的相互引力关系中，对繁杂的六体问题以近似方式求解，再获大奖。

国王对欧拉继任院长一事按下不表，却对拉格朗日大加赞叹。他力邀拉格朗日来柏林工作，全然不顾欧拉的心理感受，说出了："欧洲最大的王的宫廷里，要有欧洲最大的数学家。"

拉格朗日则只是写下了一段礼貌而意味深长的回绝："如果欧拉还在柏林，我前去工作似乎还不合适。"

事已至此，欧拉终于心灰意冷，他于 1766 年整理行装，接受了卡德琳娜二世女沙皇的邀请。59 岁的老人再一次踏上了 40 年前走过的前往圣彼得堡的路途，将自己的余生彻底奉献给了俄国。拉格朗日闻风立即从意大利赶来，在而立之年继承了欧拉的数学部主任席位。

拉格朗日承接欧拉的分析学研究，同时进入纯数学和应用数学的多个领域。他同样重视"代数化的分析方法"，认为纯代数解法不必借助几何图形，更加纯粹。如同欧拉早年的著作《力学》，大量采用纯数学手段进行力学分析，而更少采用几何作图法；拉格朗日则更进一步，他在欧拉出版《力学》的半个世纪之后的 1781 年出版了《分析力学》，在这一部巨著里，拉格朗日没有采用一张插图，一切力学作用都被他归拢在美妙的纯数学分析之下。他骄傲地宣布："力学已经成为分析的分支。"

分析力学这门崭新的、融合了力学与数学的分支由拉格朗日创立。从此，数学分析开始与几何及力学脱离开来，数学分析，这一在分析学中最古老、最基本的枝权，由此更加繁茂。

在此后服务柏林的 20 年里，拉格朗日一个人就撑起了学院。腓特烈大帝为感谢达朗贝尔为自己推荐了拉格朗日这样的优秀人才，专门写下："全靠你的费心和推荐，我在我的科学院里，用长着两只眼睛的数学家，代替了只有一只眼睛的数学家。"

此时的欧拉在圣彼得堡受到了极大礼遇，女沙皇专门拨款上万卢布，为欧拉置办下两层的河景别墅，配备全套家私。女王派去了十几位侍从，还包括一名王室厨师，任凭差遣。然而好景不长，欧拉刚刚回到圣彼得堡时左眼便突发白内障，他靠着模糊暗淡的残存视力，抓紧最后的时光，在黑板上奋笔疾书，辅以口述，由学生笔录。他的儿子约翰·阿尔勃兰特·欧拉（Johann Albrecht Euler）随他前往圣彼得堡，出任物理学院主席，后来又转任学院秘书，一直随侍父亲左右，协助父亲处理论文修改事宜。

随后欧拉又遭重创，1771 年，圣彼得堡大火，逾 500 间民房遭到焚毁。大火毁掉了欧拉的住所，也险些毁掉了欧拉的生命。虽然老人被救出，大量成果却在火中付之一炬。然而欧拉越挫越勇，1778 年夏，欧拉的学生，约翰·伯努利三世来俄访问老师时，惊喜地发现欧拉还算健康，只是老人的视线已经模糊。欧拉已经不再能辨认出昔日少年的面庞，然而一旦欧拉拿起粉笔，走向黑板用很大的字体写下算式，欧拉的板书远比许多常人写得要清楚漂亮。

在黑暗的世界里，欧拉在圣彼得堡写出了一生中近半数的论文著述，以强大的记忆和心算继续工作直至逝世。

经过几十年磨砺，欧拉在数学上的造诣已经收放自如，运用一心。失明后他继续着高强度研究，现在留下的史料里，流传下大量关于欧拉记忆力及心算能力难以置信的描述。他可以一字不差地背出 50 年前孩提时代读过的诗人维吉尔的长诗《埃涅阿斯纪》全篇，也能轻松报出前 100 个质数以及它们的平方、立方、四次方、五次方乃至六次方。传说两位学生在无穷级数求和问题上算到第 17 项，在小数点后第 50 位数字产生争执，欧拉以心算复盘，给出了正确答案。在研究到梅森素数之时，他又以心算，得出 $2^{31}-1$ 是个素数，在梅森素数领域再添一笔。据后来的法国物理学家阿拉戈评价，欧拉在计算时如同"人在呼吸"或"鹰在翱翔"

一样自然而出乎本能。

欧拉后来的研究涉及数学以及其他学科的方方面面，其中有个有趣的数学问题是 36 军官问题，欧拉设想"在 6 人见方的 36 人阅兵方阵里，6 支部队每支都派出 6 个军衔不同的军官，是否有一种排列，令每一行每一列都既没有军官来自同一部队，也没有重叠的军衔。"

欧拉把满足这一特性的方阵称作正交拉丁方阵，他没能解出这一题目，他曾想与丹尼尔·伯努利交流，却收到了故人去世的消息。他只留下了猜想，猜测 36 军官问题无解，而这猜想要到 1901 年才由法国数学家泰利证明无误。

这道题目后来开启了组合数学分支，最接地气的成果是欧拉在此基础上发明了数学游戏"拉丁方块"，经过演化成为了今日风靡于学生与上班族之间的游戏"数独"。

在莫佩尔蒂与欧拉为柏林科学院挖掘了拉格朗日这一年轻数学家的同时，法国科学院一方也颇有收获。欧拉回到圣彼得堡次年的 1767 年，在学术对手达朗贝尔的书房里，一位 18 岁的少年受到了接待。

皮埃尔-西蒙·拉普拉斯（Pierre-Simon Laplace）的少年生活如今已不可考，这个后来位列侯爵的大师在成名之后，对自己的农民出身深感自卑，对年少时在诺曼底乡下的经历避讳不谈。仅有的史料显示他少时即已初现天赋，16 岁进入卡昂大学攻读神学。

两年的大学生活发掘出拉普拉斯的数学天赋，他放弃神学，手持母校数学系教授的介绍信，踏入学术中心巴黎，拜会年过半百的达朗贝尔。

这是那个农家子弟抓住的最重要的一次翻身机会，关于这次会见历史上留下多个版本的描述，不过一致的是达朗贝尔的态度很不友善。达朗贝尔不相信出身乡野的少年能对数学有深刻的理解，他扔给拉普拉斯一本厚厚的数学书，要拉普拉斯看完再来找他。拉普拉斯几天后就读完再度来访，虽然不相信这个少年可以在这么短的时间内理解这本书，但通过询问交流，达朗贝尔终于被拉普拉斯打动。

另一个版本的故事则说达朗贝尔扔给拉普拉斯一道数学难题，要他下周给出答案，结果拉普拉斯一个通宵就把难题搞定，达朗贝尔当场又给出一道题目，拉普拉斯随即解出。

达朗贝尔终于意识到了拉普拉斯的数学才华，从那时起，他一直把这个少年视作自己的门徒。他亲自指导拉普拉斯的数学，帮爱徒安排工作。在他的引荐下，拉普拉斯出任巴黎军事学院数学教授，教授数学和静力学。

随后的 3 年里拉普拉斯完成了 13 篇论文，从数学到天文学都广泛涉猎。1773 年，他的论文得到了法国科学院常务秘书孔多塞侯爵的高度评价。这一年 3 月，24 岁的拉普拉斯得偿夙愿，成为学院一员，很快便跟随上欧拉、拉格朗日的步调，在天体力学领域，他还能直接修改完善欧拉和拉格朗日的成果。

他飞快地从前辈的经验中汲取着营养。在拉普拉斯进入科学院后，拉格朗日提交论文，将两大巨行星的轨道变化简化为一系列微分方程，证明了木星和土星轨道的变化是振荡式的，而且是有界的。拉普拉斯拿到论文，触类旁通，于次年发表论文，谈远日点和轨道偏分率的计算，其中的计算方法正是取自拉格朗日。

拉普拉斯面见老师达朗贝尔当年，距离哈雷预言的下个金星凌日年只有两年的准备时间，这时错过上一次凌日的法国科学家让蒂还在印度等待着凌日的发生。一海之隔的英国派出了新的团队，"七年战争"中曾在皇家海军中服役的詹姆斯·库克（James Cook）奉命前往太平洋。

库克船长时年不惑，是坚毅的海军军人，"七年战争"中库克曾与法国人真刀真枪地作战。他擅于地图测绘，战后成为海事测量师，受聘在恶劣的天气和环境中绘制纽芬兰沿海海图，备受海军及皇家学会重视。他在日记中留下这样一句话："我不只要比前人走得更远，更要竭尽人力所能走到最远。"

他后来真的把这个愿景变为现实，此后他三下太平洋，航行里程超过了郑和、哥伦布、麦哲伦、达伽马这些前辈的总和。1769 年库克接受皇家学会委托的金星凌日观测，不过是这次漫长征途的开始。出发时他还只是皇家海军的普通军官，是英国九百位上尉之一，归来后他已是整个不列颠的英雄。

库克船长于 1768 年夏日出发，乘着季风横渡大西洋，随后向南绕过合恩角进入太平洋。经过大半年的行驶，在第二年春抵达目的塔希提岛完成观测任务。他带回的数据与其他科学家的数据对照，大体上弥补了 8 年前的失败，得到了太阳系的尺寸。

完成观测后库克船长的使命远未结束，他拆开了海军部的密函，函中指示他在南太平洋寻找传说中的南方大陆。库克船长绕行了新西兰南北双岛，确定了新西兰的英语命名，也发现了分开新西兰南北双岛的库克海峡。随后他启程勘测澳大利亚东南海岸，将当地命名为新威尔士，也就是今日的新南威尔士州。

库克船长的三下太平洋，与此前人类航海史上的任何一次远征都不相同。此前的郑和宝船，意在宣扬天威、交好友邦；哥伦布和麦哲伦的船队，则在打通商路，开辟市场。库克船长的起航是首次以科学考察为目的的大规模远航，不仅填补了地图上的大片留白，在科学领域也留下了烙印。

库克随船配有经验丰富的画师及科考人员，异域的地貌、水文、动植物都得到详细记录。在他的随船生物学家里，有一名 26 岁身材高大的年轻人约瑟夫·班克斯（Joseph Banks），出身贵族家庭，在塔希提岛之旅中成为库克船长的左膀右臂。塔希提岛上的 3 个月，班克斯学会了当地土著的语言，短暂交往了土著女友，离开后班克斯为当地居民留下许多水果的种子，把柠檬、酸橙、西瓜引入了这片陌生的土壤。未来待到班克斯旅归英伦，他将在 1778 年以 35 岁之龄当选英国皇家学会会长，开始自己长达 42 年的皇家学会领袖生涯。

在随船画师笔下，塔希提岬角巨岩嶙峋，如同狰狞的怪兽；复活节岛则在夕照中宁静安详，巨大的石像沉默地一字排开，望向澎湃汹涌的南太平洋。随船更有许多植物被制作成标本带回英国，以双名命名法将植物归为纲、目、属、种的瑞典博物学家卡尔·凡·林奈（Carl von Linné）惊喜地望着库克带回的财富，称赞这些搜集品"无可匹敌、令人惊异、空前绝后"。

为库克赢得名誉的则是他对抗坏血病的伟绩，早在大航海时代中，坏血病便幽灵般与航海水手如影随形，从哥伦布到达·伽马都深受困扰，各国海军中死于坏血病的船员比战死的还多。一旦被坏血病缠身，船员首先会皮下瘀青出血，随后关节疼痛，肌肉绵软无力，此后牙齿松动，牙龈腐烂。早先坏血病出现在十字军战士中时，军医只能将病人腐烂发臭的牙肉割下，对控制病情却束手无策。

如今我们知道坏血病的成因是维生素 C 摄入不足，只需摄入新鲜蔬果即可缓解，维生素 C 也因此被称作抗坏血酸。西方水手们的主食是腌肉饼干，自然容易生病。与之相反的是来自东方的郑和船队，船上常备新鲜果蔬、腌制泡菜，船队上下两万人，从未有坏血病出现，中国人的食不厌精在此得到了回报。

库克船长尝试了多种方法，最终向船员供给柠檬蔬果，在数万公里的行程中，无一人死于坏血病，返回英国后他写成详尽的报告提交皇家学会，获得了学会最高荣誉，被颁授科普利奖章。

科普利奖章由英国皇家学会设立于 1731 年，当时的学会会长正是牛顿的继任者汉斯·斯隆。汉斯·斯隆爵士以 67 岁之龄，在 1727 年从牛顿手里接替了这个席位。他利用会员科普利爵士（Sir Copley）遗嘱里捐赠给学会的 100 英镑，设置了科普利奖章，用来表彰"科学界任何分支上的杰出成就"。在还没有诺贝尔奖的 18 世纪，此奖与法国科学院的学院征文大奖同为当时科学界的最高荣誉。

科普利奖章每年颁发一次，通常每年有一位学者获奖。虽然奖章并不限定获奖者的国籍，但基本上还都是颁给英国学者。直到奖章设立后半个世纪的 1794 年，才有了第一个外国获奖者伏特。奖项创立至今已近 3 个世纪，无论是英国本土的化学家普利斯特里、进化论提出人达尔文、物理学家霍金，侨居美洲殖民地的富兰克林，还是英国以外的门捷列夫、巴斯德、爱因斯坦，获奖者的声望和级别都足以配得上皇家学会第一奖项的分量。

至于法国的科学院征文大奖，比英国科普利奖章还要早 10 年。

1721 年，法国科学院建院第 55 年，这个由政府出资、主要目的意在服务国家的科学院为了鼓励学者为国家展开服务，首次建立了奖项评选机制，这就是后来的法国科学院征文大奖。政府定期在科学院悬赏公布研究主题，设定交稿日期，由专家评审团确定每年的获奖者。评选标准是，从事的研究对数学及其他学科有重要的推动作用。

每年的征文主题仅仅是一小段简单的文字，接下来，就看参加的学者们各显神通。比如，在 1812 年关于电力的主题，后来由泊松获奖的征文题目就仅是一句话而已：

"通过实验和计算，确定电荷在带电体表面的分布：请同时考虑单一带电体和相互作用的带电体情况。"

既然重在"服务国家"，在前期，法国科学院提出的问题都非常务实。

在大航海时期，远洋贸易和军队运输需求不断加强。同期征文就出现了许多与航海相关的题目，包括 1727 年布格与欧拉获奖的"如何在船上放置桅杆"、1729 年的"航海中如何测量星星高度"，以及 1731 年的"在海上如何测量磁偏角"。

由于更重视"问题求解"，与英国方面总是把奖项颁给本国学者的惯例不同，法国的征文大奖在获奖者国籍上的要求就相对开放。首批获得征文大奖的麦克劳林是英国数学家，他以在多体碰撞问题上的数学计算获取荣誉。欧拉、约翰·伯努利、丹尼尔·伯努利也都是法国之外的欧陆人士。此外，只要提出最佳的解答，科学院也并不限定获奖次数，布格在水文航海方面3次获奖，欧拉的获奖次数也达到了可观的12次。

当然，法国的征文也未必总会收到回应。1857年，法国科学院悬赏征求"费马大定理"证明，压根没收到靠谱的答案。后来只能无奈地颁发给德国数学家库默尔，他在费马大定理的研究中取得了一定突破，但他当年甚至没有报名。

在3个世纪前，英法两大皇家学会开展军备竞赛的时光里，他们以不同的组织形式、融合各自的历史风格，推出了分属英吉利海峡两岸的评奖机制。

再后来，各大主流科学院也开始设置自己的专属奖项，正是在彼此各异又彼此竞争的评奖中，一批年轻学者走进了学界的视野，一批优秀的成果得到了表彰。在大学制度还远没有今日完善的时代，科学院机制的成熟补足了高等教育及科研里缺失的一环，也正是在这300年间，西方的科技水平迅速发展，建立起现代的科研体系。

在奖项的评定中，科学界与学者们获得了多赢：当时英国的科普利爵士捐赠的100英镑，以及后来在1881年家族又补充赞助的1666英镑，使这个本该少有人知的英国贵族留名青史；提供资金的法国政府，从科学院收集的论文里，汲取了整个欧洲的先进技术；居中主持的法国科学院，靠着为政府提供解决方案，从政府得到了充裕的资金；至于那些获奖者，他们不但获取了奖金回报，而且得到了学界的认可。

今天，诺贝尔奖成为了科学界最重要的奖项。每年一度的诺贝尔奖评选成为了街谈巷议的话题。因为对科研事业的重视，越来越多的奖项开始诞生，现在法国科学院每年颁发的科学奖项已经超过80个，更多的科学工作者从中受益。

当年库克船长获得的科普利奖章，正是现代科研体系建构完善的表征之一。

奖章之外，库克船长在科学史上还留下了另一浓墨重彩之笔，他参与了大航海以来一直困扰着航海家的经度测量问题争端：天钟与时钟之争。

从哥伦布到达·伽马再到麦哲伦，他们都在海上失去过方位。纬度的确定只需测量北极星与地平线夹角。测量经度却要根据地球每小时转过15度，去比较出发地和测量地的时差。自当年伽利略为解决经度测量问题向惠更斯的父亲求教未果，只好自己推出不完善的木星天钟法以来，已过去了一个多世纪，但经度测量问题并未得到解决。

科学家们分成两派，一派为天钟派，寄希望将天体的运行编写成星表，通过星体位置判断时间。卡西尼、惠更斯、牛顿和哈雷都曾希望借助月亮在星星间走过的位置来判断出发地的地方时。另一派为时钟派，他们希望制作精密的钟表带到船上，有了出发地的时间，结合测量地的地方时，从时差推算走了多少经度。

但双方都遭到挫败，在库克船长出道的半世纪前，1714 年，年过古稀的牛顿爵士和哈雷与政府委员会面谈，接受有关经度测量的官方咨询。牛顿拖着疲倦的身体表示，现有的测量方法在理论上都正确无误，只是难以实行。在天钟派，由于天体数据极度缺乏，天钟一直停留在理论之上；在时钟派，虽然惠更斯从摆的等时性原理入手发明摆钟，后来又与胡克同时发明机械钟表的重要组件游丝弹簧，然而受到颠簸船体影响，摆钟和游丝弹簧都无法在海上保持准确。牛顿也认为很难造出准确的海钟。

政府听取了牛顿的意见，为了解决经度问题，决定悬赏征集解答，根据答案的精确程度，给予 1 万 ~2 万英镑的赏金，这是一笔丰厚的奖金，当年的 1 万英镑的购买力超过今日的 150 万英镑。为了保证这笔巨款公平发放，政府成立了经度局负责评估考核，专家小组中包括了皇家学会会长、格林尼治台长、牛津大学萨维尔教授、剑桥大学卢卡斯教授等重量级学者。

经度局存在了近一个世纪，在这一个世纪中，经度局收到了许许多多奇思妙想。随着科学的推进，弗兰斯蒂德在格林尼治的 40 年里完成了 3 万次观测，出版了《不列颠星表》后，天空中的群星位置进一步清晰，为月距法的推行奠定了基础。而钟表匠人改进着时钟制作工艺，为时钟派积蓄技术力量。终于，在库克船长时代，天钟派和时钟派迎来了正面交锋。

天钟派的传人中最杰出的是在圣赫勒拿岛金星凌日观测失利的现任皇家天文学家马斯基林。马斯基林在观测金星凌日往返圣赫勒拿岛的航程中，利用象限仪和月球表多次确认经度，航行一帆风顺。时钟派的支持者则为英国钟表匠人哈里森，哈里森年长马斯基林 39 岁，以精湛工艺设计出多款航行海钟，在马斯基林扬帆大西洋时，哈里森的儿子威廉带着父亲的海钟前往牙买加，哈氏海钟在海洋上通过考验，历经 81 天的海上航行，误差仅为 5 秒。

看上去经度局已经完成任务，哈里森将获得经度局的两万英镑。然而马斯基林认为自己的月距法才应该获得奖项。马斯基林随后主持出版了第一卷《航海年鉴与天文星历》，此后不断更新，年鉴包括了大量繁琐精确的数据，标记出每 3 个小时月球相对太阳或者其他星体的相对位置，协助海员确定出发地时间。同时作为皇家天文学家，马斯基林是经度局的当然成员，他对海钟的应用百般设障，坚决否认哈氏海钟的准确性。

作为负责评核海钟的主要负责人，马斯基林取得授权，取走陪伴哈里森 30 余年的几台海钟。哈里森要求马斯基林签署确认收到的海钟完好无损，遭到拒绝，皇家天文学家与哈里森争执不下，只同意签下"从外表看来海钟完好"。

马斯基林并不爱护哈里森视若珍宝的作品，在搬运海钟时，就把一号海钟失手摔在了地上。三台海钟在没有减震装置的车上颠簸摇晃着去了格林尼治天文台，也没有得到礼遇。在接下来的考评中，马斯基林上发条的时候动作很是粗鲁，海钟又被放在没有遮阴的地方暴晒。最终实验数据如马斯基林所愿不够准确，于是马斯基林评定：时钟法可以成为天钟法的补充，却不适合作为独立的观测手段。

这场争端一度惊动了国王，英王乔治后来将哈里森的五号海钟拿到身边，以马斯基林同样的方法实验，经过精心护理，海钟表现出了预期的精度。哈里森终于全额领到了属于自己的奖金，那时距离他制造哈氏一号海钟已有 40 余年，哈里森也已经是 80 岁的老人。

库克船长的长途航行，为天钟派和海钟派提供了实地检验的平台。库克船长首航中，在随船天文学家的帮助下，采用了天钟法。比照新近出版的星历，他观测月亮方位确定格林尼治天文台的地方时，有效确定了经度。第二次航海中，库克转而使用时钟法，携带在哈里森海钟基础上仿制的肯氏海钟。肯氏海钟也通过了考验，一直精确地显示着格林尼治时间，由于不用繁琐地对月观测和计算，大大减少了船长的工作。库克船长把海钟称作"从不出错的向导"，并在海钟的帮助下绘制出了南太平洋群岛的高精度海图。

库克船长以实践证实了时钟法的优越，在 1775 年结束第二次考察之后仅一年便再下大洋，这一次他使用哈里森的四号海钟，一直保持着稳定正确的航向。

彼时库克船长已经荣誉等身，英王乔治三世准备待他航海归来便授予爵位。不过，英王没能等来库克的返航，库克船长在夏威夷岛上的冲突中死于当地土著之手。

作为首个在夏威夷部落中出现的白人领袖，土著居民认为船长具有神性。库克的尸首由部落首领和长老保存，享受了最高规格的葬仪。他的内脏被取出，尸身被烘烤，肌肉被刮去，剩下的骸骨被清理后用作供奉。在库克继任者克拉克船长的沟通下，岛民归还了船长的遗骨，只是由于分多次归还，船员们难以拼出一具完整的遗体，只得将它们收拢进棺木，随着库克船长生前的遗物一道投入大海安葬。

库克船长带给夏威夷的，不仅仅是先进的生产技术和外来的文明，还有梅毒、淋病、肺结核以及流感。在库克船长登陆夏威夷后不到一个世纪里，夏威夷的人口从 50 万骤减至不到 8 万。

类似的例子数见于历史，在北美的平原、秘鲁的山地、非洲的南部高原以及太平洋诸岛，来自欧洲大陆的病毒肆虐地屠杀免疫力不足的土著居民，很多民族因此而灭绝，很多文明消弭在历史。后来的殖民者们乐见其成，他们在土著文明的废墟上，建立起西方语境下的所谓现代文明。

从大航海时代开始的外来文明与本地文明的相遇中，甜蜜与合作只是瞬间，疾病和鲜血才是常态。

库克船长用自己不过 50 年的一生践行了那行"竭尽人力走到最远"的笔记。他作为有史以来走得最远、探索了地球上最多地方的航海家，受到举国崇敬。

他用塔希提岛上观测的金星凌日，协助揭示了太阳系的大小；他的发现之旅，帮助人们了解地球另一面的景象；他对马斯基林和哈里森两种经度测量方法的实际应用，让人类在大洋上找到方向。

错失经度奖的马斯基林也同样做出了贡献，毕竟哈里森的海钟囿于工艺技术，难以大规模生产，因此十分昂贵。而通过马斯基林编制的星表，海员们只需要买一架廉价的六分仪，就可以取代昂贵的海钟。马斯基林的月球表直到 1907 年还有出版，大量海员从他的工作中获益。如今去看描摹航海时代的影视作品，总能看见船长随身携带六分仪观测星空的场景。

此后的马斯基林，雄心不仅仅限于掌握测量地球上的方位，他更进一步，希望测量地球的密度。

此前，法国科学院应莫佩尔蒂建议，分别向北欧和秘鲁派遣科考队时，秘鲁小组的负责人布格与孔达米纳便试图称量地球。他们设想通过测出铅垂被附近的大质量山体吸引偏转的角度来得到引力偏差，进而得到地球的密度。但当时的测量并不成功，如今马斯基林接过了这一任务。

1772 年，他请金星凌日观测时在圣赫勒拿岛相遇的测量学家梅森，去找一座理想的山开展测量。梅森遍寻英伦，最终在苏格兰山地中找到了理想的测量对象——榭赫伦山。这座山山体规整，接近扁圆锥体，非常便于测量体积，而且山的周围空旷，没有其他山体，铅垂线不会被其他山体的引力干扰。现在，榭赫伦山已经成为苏格兰旅行胜地，几乎每本旅游手册写到这座山的时候，都会提一笔榭赫伦山在科学史上的地位。

山体形状规整的榭赫伦山
来源：维基百科

马斯基林披挂上阵，1774 年夏季，他与数学家查尔斯·赫顿合作，指挥一组测量员前往苏格兰中部。要了解引力偏差，必须要知道山体的质量，他们粗略假设山的密度等于普通岩石，再乘以山的体积来求得山体质量。

可测量体积也是繁重的工作，虽说山体外形相对规整，但为得到精确的体积，他们还是像裁缝为顾客测量三围一样精确地完成海量测算。测量中，面对落在地图上一个个测量点的海拔数据，赫顿灵机一动，把相同海拔的点连在一起，清晰地展示了山体形状，就此发明了等高线。最后，经过整整两年的计算和上百页论文阐述，查尔斯·赫顿估算地球密度为水的 4.5 倍。

由于测量中做了太多的假设和粗略的估算，马斯基林和赫顿的结果和今天的测量值相比，误差虽然控制在 20% 以内，依然略显粗糙。不过，靠着这次测量，人类再一次验证了牛顿定律，并且得知了地球的密度，进而求得了地球的质量，一瞬间，整个太阳系的质量都得到估算。

马斯基林作为剑桥大学毕业的世袭英国贵族，毕生服务英国王室。终其一生他都在不断尝试研究突破，希望垂名青史，维护家族荣耀。他几乎参与了当时所有意义深远的科研项目，包括金星凌日的观测、时钟法与天钟法的经度测量决战，以及对地球密度的估算。可惜的是虽然他一直不辞劳苦、不屈不挠，还用上了不算光彩的恶意竞争，可直到最后他也没能取得胜利。

马斯基林对金星凌日的观测因为被乌云遮挡而一无所获；他支持的天钟法输给了哈里森制造的海钟；唯一值得称道的是对地球密度的测量，他靠着不算准确的数据，获得了英国皇家学会的科普利奖章。

内维尔·马斯基林去世于 1811 年的早春，没能赶上自己的八十寿辰。他逝世时也算得享尊荣，被列入多国学院的会籍名录，声名远播至沙俄与波兰。

他不会想到的是，在榭赫伦实验中无意间发明的等高线，让他和赫顿成为了地图测绘学的先驱。

在此之前，学界也有过类似等高线的运用。世纪初测量英吉利海峡深度时，就出现了粗糙模糊的等深线，荷兰测绘师也采用过类似的方法简单地描绘地形。而人类首次采用大量翔实的数据，通过高精度地形测绘和数据搜集来绘制真正意义的等高线，就是从榭赫伦实验开始的。

等高线之后，它的诸多变体——等深线、等温线、等气压线等——被投入使用，这些测绘工具走进人类的生活。

马斯基林还意想不到的是，后来彻底解决地球密度测量的学者当时就在他的团队之中，20 年后，亨利·卡文迪什（Henry Cavendish）以卡文迪什扭秤实验求得了地球的真正质量。

卡文迪什与马斯基林渊源颇深，他在 1731 年生于贵族家庭，算起来还年长马斯基林一岁。父亲查尔斯·卡文迪什是封建领主德文郡公爵的儿子，也是皇家学会的成员，在政界和学界都极具影响力。卡文迪什从贵族世家背景中获益匪浅，他 17 岁入读剑桥大学，但没能取得学位。卡文迪什随后移居伦敦，在父亲资助下建立了自己的实验室。他使用的天平由钟表匠哈里森制造，是 18 世纪首个精密天平。未来化学宗师拉瓦锡同样以齐备的实验室著称，但拉瓦锡的天平也不过是与卡文迪什的天平同等精度。

在父亲的提携下，卡文迪什虽然尚无科学成就，但已经可以跟随父亲旁听英国皇家学会的会议，会后可以与英国的顶级学者一道进餐。比之于拉普拉斯在3年内连发13篇论文才能进入法国科学院的经历，卡文迪什在父亲的帮助下，在29岁还没有任何一篇论文时便成为了皇家学会的一员。

所幸卡文迪什的努力回报了父亲的宠溺，他不负所望地成为了一流学者。但他与上流社会圈子的行事风格迥异，不擅长社交，性格极其腼腆。卡文迪什居住在热闹繁华的伦敦，却过着隐士般的生活，如同漂浮在宇宙之中的一颗孤星，常常拒人于千里之外。父亲去世后，他只会出席学会的议程和圈内聚会，连唯一的弟弟也无法踏入他的生活，他和管家交流都靠留字条。

在卡文迪什已享盛名之时，他也依然不懂得如何融入社会。他每天按部就班地在同一时间出门散步，为了避免遇到熟人，他每次都走在马路正中间。当有客人慕名拜访，迎客后他就安静地坐在客人身边，一言不发，直到客人尴尬地离去。一次聚会上有仰慕者盛情地当面夸赞了他，卡文迪什惊慌得不知所措，直接起身离席，搭乘马车返回了家里。

承蒙父亲遗赠的巨额财产，卡文迪什得以从柴米油盐中解脱出来，完全沉浸在科学之中。卡文迪什是英格兰银行最大的储户，可他对财富毫无概念。一次有银行家与他谈到，他某个账户里的财产达到了8万英镑。面对一笔价值超过今日千万英镑的财富，卡文迪什只是答道，自己对此并无兴趣，若是这笔结余给银行家添了麻烦，他宁愿放弃这笔款项。

每当学会有重大议题，都会组织小组共同研究。卡文迪什在学会早期的工作中参与了一系列的专题小组，在1769年的金星凌日年，他便是小组成员之一。马斯基林与赫顿在苏格兰高地上忙着测量地球质量时，卡文迪什也在小组之中，只是那时卡文迪什的学术积累还相当有限，无法对项目产生重要推动。

在马斯基林榭赫伦实验的20余年后，卡文迪什在朋友的帮助下，制造出精密的扭秤。两个巨大的金属球以金属丝悬挂在天平两端，以小铅球吸引大球，令金属丝微微旋转，再去精确测定金属丝的旋转角度。这是那个时代最为精密的实验，连观测者的走动都会影响实验精度，卡文迪什只能在另一间屋子里，通过望远镜观察屋子里的实验现象。

卡文迪什在 1798 年公布成果，他计算的地球的密度是水的 5.48 倍。他的成就震惊一时也闻于邻里，当邻居散步到卡文迪什宅邸附近，会指着房子告诉孩子："那是世界被称重的地方。"

虽然现如今的实验设备已非卡文迪什的装置所能比拟，且经过两个多世纪科技的突飞猛进，但是现代学者也不过把他的数据轻微修正为 5.51 倍。

在为卡文迪什赢得盛名的扭秤实验之前，卡文迪什最擅长的是化学。当时物理学和天体力学在牛顿建立的恢宏框架之下，历经伯努利、达朗贝尔、拉格朗日等学者的层层补充，已经日渐完善。而化学还处于一片混沌之中，炼金术的影响仍未褪去，化学家在很多人心里，依旧是在阴暗潮湿的小屋里，拿着坩埚搅拌神秘药品的阴暗形象。

古希腊的四元素体系还盘踞在化学的御座之上，影响深远。在亚里士多德完善后的体系里，万物均由四种元素土、气、水、火组成，炼金术中又加入了所谓的第五元素——哲人石。它是能将贱金属转化为贵金属的神秘物质，《哈利·波特》中的魔法石便是哲人石的另一种译法。这套陈旧原始的理论在一个世纪前曾经被皇家学会的奠基人之一、"化学之父"罗伯特·波义耳质疑，但波义耳没能从理论上彻底否定四元素理论，而波义耳之后，化学停滞了将近百年。

在卡文迪什的时代，一批新的化学家开始重拾波义耳的理论及研究方法，化学家的出现形成喷涌之势。

瑞典的科学家卡尔·威廉·舍勒（Carl Wilhelm Scheele）在 1772 年刚到而立之年。他经营着一家药店，闲暇之余研究化学，他在分析空气时发现了氧气，并写出了《空气及火的研究》。不过由于印刷厂的延误，作品推迟两年方才出版，随后舍勒被接纳成为瑞典科学院会员。

舍勒的发布终究慢了一步，抢先发布氧气研究的是英国皇家学会会员约瑟夫·普利斯特里（Joseph Priestley）。普利斯特里本是牧师出身，却因为不接受三位一体的思想而备受打压。当年牛顿也不相信三位一体，但至少懂得聪明地予以掩饰，而普利斯特里似乎不在乎自己的信仰为人所知，于是他先被教会革除教籍，也不容于牛津与剑桥的教职。

在舍勒进行氧气分离工作的两年后，普利斯特里独立在英国以聚光镜片加热氧化汞，也分离出氧气。他发现在氧气中蜡烛会燃烧得更加旺盛，呼吸起来也会更加舒服。虽然他的成果比舍勒晚两年，却因为舍勒论文的推迟得以先行发表，如今学界同时把舍勒和普利斯特里视作氧气的发现人。

普利斯特里后来被称作"气体化学之父"，他研究分析了空气中多种物质的性质，包括氯化氢、二氧化硫和一氧化碳。他曾在啤酒厂旁居住过一年，研究了啤酒生产中大量逸出的当时还被化学家们称为"固定空气"的二氧化碳。他将二氧化碳溶解在水中，发明了汽水，因此获得了科普利奖章。在库克船长远征之时，他曾被遴选为随船科学家的候补，只是因他的宗教倾向落选，不过普利斯特里还是参与了一次短途航行，航行中他把汽水带给船员，作为治疗船员的坏血病的药品。经过检验，汽水对坏血病没有丝毫疗效，但很好喝。

至于与普利斯特里同在皇家学会的卡文迪什，他从气体性质入手，把金属浸润进强酸，得到氢气，进而研究了氢气的性质。他还在普利斯特里的基础上研究了二氧化碳。他同样获得了皇家学会的科普利奖章，当年一手提携爱子进入科学界的慈父如果在天有灵，也当心怀慰藉。

植物吸收二氧化碳排放出氧气，氢气轻而上浮且在空气中可燃，碳酸盐与酸结合可以生成二氧化碳……一项项化学发现相继浮出水面，这些实验搭建起化学学科的根基，在未来的中学课本里再现。这也从侧面说明当时化学还远远落后于数学和物理学，毕竟早在一个世纪以前，牛顿和莱布尼茨的微积分已经将数学带入高等数学范畴，是现在大学数学课本上的考点。物理学也以微积分为工具，开拓出天体力学的战场。而化学还停留在初中阶段，宛如襁褓之中的婴儿。

普利斯特里命运多舛。当年他被库克船长的舰队拒绝；晚年在法国大革命期间，又由于同情法国革命遭到英国同僚敌视。同僚对他多加污蔑，声称他靠玩弄权术窃取本不属于自己的荣誉；他支持的法国也给他带来了麻烦，在1791年纪念巴士底监狱解放的活动里，一伙暴动的市民闯进了他的居所，焚烧了这位原本支持革命的学者家中贵重的仪器、论文和书籍。普利斯特里孤身逃出，横渡大西洋流亡彼岸，得到了美国社会的接纳，还曾与美国首任总统华盛顿探讨科学。普利斯特里最终在美国定居，依然研究气体，他晚年最重要的发现是燃烧不充分的木炭会产生一氧化碳，如今使用的煤气灶的设计还要追溯到他的发现。

普利斯特里最终病逝他乡，骨灰也未能送归故里。而舍勒则痴迷化学实验，口服各类药品来精研其性质，最终他摄入了太多有毒物质，于43岁的壮年去世。

从舍勒到普利斯特里再到卡文迪什，都没能继波义耳后打开更新的局面。

他们并非没有竭尽全力，他们做了种类繁多的实验，研究了琐碎复杂的药品，可面对散乱的化学现象，他们茫然而不知所措。普利斯特里和舍勒作为氧气的发现者，手中已经掌握了通往化学殿堂的重要锁钥，可是他们却不清楚这把钥匙要用来打开哪一扇门。他们迷失在广袤的原野，拾得零散的几块骨头，却始终没能成体系地建立起宏观框架，将它们拼成完整的生物化石。

禁锢他们思想的囚笼正位于他们自己脑中，当时的化学家普遍对"燃素说"深信不疑。人们为了解释火的本质，引入了"燃素"观念，认为一切可燃物中都含有燃素。燃烧之时，可燃物不断释放燃素。当点燃的木条燃烧殆尽，燃素也挥发殆尽，死灰不得复燃。

随着实验推进，燃素说的缺点逐渐显露。譬如，金属在氧气煅烧之后，生成的金属灰竟然质量有所增加。今日的化学家当然了解这是金属与氧气化合，质量增大。可在燃素说框架下，燃素散佚到空气中，质量应该流失才是。化学家只能假设燃素具有负质量，所以物质失去燃素反而会变重。

故而在卡文迪什研究氢气时，一度欣喜有加，认为自己从空气中分离出了燃素。氢气易燃，又是无色无味的气体，更重要的是，氢气轻而上浮，把空气灌进气球，气球不但不落地，反而飞向空中，正像是燃素"负质量"的表征。

燃素说固然老旧，但毕竟是当时最完善的燃烧学说，狄德罗编写《百科全书》之时，还将其收入化学部分。燃素说盘踞在化学的方方面面：氧气之所以助燃，是因为氧气是纯粹完全不含燃素的空气，燃烧时氧气飞快地从燃烧物中攫取燃素，所以燃烧剧烈，就被命名为"脱燃素空气"；物质在二氧化碳中无法燃烧，是因为二氧化碳已经固定吸收了太多燃素，已经饱和，所以起名"固定空气"。

英国化学家还在迷宫里徘徊，而此时在一海之隔的法国，化学绽放出新的生机。

法国化学家安托万-洛朗·德·拉瓦锡（Antoine-Laurent de Lavoisier），1743

年生于巴黎，比拉格朗日年轻 7 岁，比拉普拉斯年长 6 岁。与普利斯特里和舍勒的出身寒微不同，拉瓦锡生于富裕的律师家庭。拉瓦锡一脉自高祖时代从驿站送信的小公务员起步，历经 100 年奋斗在巴黎政界站稳了脚跟。28 岁那年，拉瓦锡与父亲在最高法院的富有同僚、税务包收公司的合伙人玻尔兹尚在豆蔻年华的女儿玛丽缔结连理。

拉瓦锡少年时已经崭露头角，20 岁时即在公共照明方面的科学院征文中获得嘉奖，后来当选科学院院士。与半路出家的英国同僚不同，拉瓦锡在就学期间即确定了化学研究方向，且师从名家。当时法国政府的税款征收并不是政府亲力亲为，而是委托给税务包收公司，政府每年只是从包收公司拿走相应的款项，多收的部分就成为公司的利润。拉瓦锡入股了税务包收公司，成为合伙人，每年享受着丰厚的分红。岳父也是合伙人之一，更在政界颇具影响。在两家财力的支援下，拉瓦锡建立起法国最完备的实验室，安心科研。他的实验室完备而奢侈，连烧杯都备了上万只。

丰厚的经费让他可以随心所欲地开展工作，他订购了当时最好的聚光透镜，隔着玻璃钟罩给物体加热。今日，坐落在瑞士欧核中心的大型强子对撞机是人类史上最昂贵的仪器，它庞大的环状身躯长达 27 千米，深埋在法国和瑞士交界的侏罗山下，每次启动所占用的能量会让附近的城市灯光都略略变暗。此仪器可使基本粒子流在其中加速，以接近光速对撞，用以探测宇宙起源的奥秘。拉瓦锡手中的昂贵仪器同样大大推进了研究效率，如同对撞机拆解了物质，拉瓦锡在钟罩里用高热将物质分解化合，来探索物质的结构。

拉瓦锡甚至订购了一批钻石，分批次放在聚光镜下烧成二氧化碳，发现钻石燃烧必须要有氧气参与——这样优渥的研究条件，无疑令远在瑞典开着寒酸药店的舍勒望洋兴叹。

在仪器帮助下，拉瓦锡把化学变成一门精密科学。传统观点认为，四大元素可以相互转化，譬如将水在蒸馏瓶里长久加热，会在水中出现一些固体，就是元素水化成了元素土。拉瓦锡以精确的测量论证，这些固体的质量，大体相当于蒸馏瓶变轻的质量，故而所谓变出的土，无非是溶解在水中的玻璃晶体。

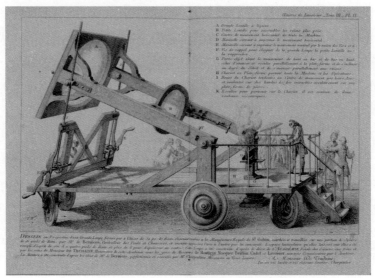

拉瓦锡使用巨大透镜聚光燃烧钻石
来源：维基百科

1772 年，舍勒的氧气发现之年，拉瓦锡挺进氧化燃烧领域。他用聚光镜隔着钟罩加热磷与硫，发现生成物的质量有所增加。他又将氧化铅和木炭与外界隔离加热，氧化铅分离出来的氧气与木炭化合，生成了大量二氧化碳。当时拉瓦锡对氧气和二氧化碳都不了解，他无法解释其中原理，但已隐约感到这将改变整个化学学科。拉瓦锡将实验报告以密封笔记的形式递送到科学院，一方面保证自己的发现优先权，另一方面也希望待研究完善后再予公布。

他有着足够的自信和野心，在密封笔记里，他宣称自己即将掀起一场"物理、化学界的革命"。

海峡彼岸的对手不会给拉瓦锡留下太充裕的时间，普利斯特里在同年已经在英国皇家学会发布了对"固定空气"二氧化碳的研究心得。拉瓦锡拿到了普利斯特里的报告，深感不安，他只能静下心来，夜以继日地进行实验，开展与学术对手的疯狂赛跑。

随后半年的实验都不顺利，拉瓦锡的构思仅有一小部分得到证实，而许多精密仪器尚在定制，不能立即投入使用。怀着强烈的危机感，拉瓦锡抢先对已掌握的实验现象做出了带着猜测与假设的总结。他猜测物质燃烧后变重，是因为与空气的某种成分结合，从而提出了氧化学说的雏形。

这个如今看来远不完善的总结，真的如拉瓦锡所预言，永远地改变了化学学科。它扬弃了禁锢了整整几代人的燃素理论，代之以化合与分解理论。

拉瓦锡赶往法国科学院，取出了之前封存在学院的实验笔记。他终于要面临半年来脑海中不断预演的时刻，将崭新的化合理论公诸学院同僚。拉瓦锡要用那远不完善的猜测来掀起化学革命，彻底粉碎燃素说。他以坚定的态度表示，自己正是这一划时代理论的第一且唯一的发现者，在随后的日子里，他将把假设全面落实。

出乎拉瓦锡的意料，学界同僚对他崭新理论的反响并不热烈。人们抱着怀疑而审慎的态度审视着他的主张，应者寥寥。当时旅居法国的政治家、科学家富兰克林，更直言不讳地指出拉瓦锡的理论很难成立。

大洋彼岸的普利斯特里加快了步伐。拉瓦锡在科学院演讲的次年，即1774年，普利斯特里晚于舍勒两年独立发现氧气。带着些许骄傲，普利斯特里翩然造访巴黎，获得了法国科学院的盛情款待。他也前往拉瓦锡的家中沙龙做客，大谈自己新近发现了一种能让火焰燃烧得更加剧烈的气体，那是后来被他称作"脱燃素空气"的氧气。拉瓦锡夫妇与宾客均面露惊讶，拉瓦锡内心深处无疑充满懊恼，那正是他此前做过的、尚未进一步深化的同样实验。

普利斯特里走后，拉瓦锡与远在瑞典的舍勒通信，还专门寄送了自己的书作。盛情之下舍勒深感荣幸，以谦卑的笔触在信函中提供了碳酸银实验的思路。舍勒的寒酸实验设备无法完成实验，索性将自己的构思对拉瓦锡和盘托出，建议由拉瓦锡实操。

舍勒低估了拉瓦锡的骄傲，在信函里，舍勒详尽地展示了碳酸银实验的过程，精确到连什么时间放入什么药品，用到什么仪器以及实验步骤都一一列明，简直像是今日中学里化学老师为学生布置家庭作业。倘若拉瓦锡按照舍勒的建议严密执行，只能算是在他人的指导下得出成果，于是拉瓦锡又转回普利斯特里分解氧化汞的路子。有人质疑拉瓦锡不过是照搬普利斯特里的实验，拉瓦锡只是闻言而笑："第一个把兔子惊出草丛的人，未必能把它抓住。"

对于普利斯特里这位重量级的竞争对手，拉瓦锡的情感是复杂的，一方面他尊重普利斯特里的劳动，坦承普利斯特里的首功；另一方面他也不满于普利斯特里的研究方法，认为普利斯特里的实验"缺乏推理""纯属拼凑"，而自己得出了截然不同的理论，理应为世人承认。

当时学术领域以外，英法两国在军事上也剑拔弩张。"七年战争"中，英国击败法国，从法国手中夺取了加拿大，牢牢把握北美霸权。自此英国加强在北美的控制，提高税赋、垄断经济，也暗暗埋下了剧烈冲突的导火索。正在普利斯特里因氧气研究获得英国皇家学会嘉奖的同年，大洋彼岸，美洲新英格兰殖民地的民怨终于沸腾，为反抗英国东印度公司的茶叶垄断，殖民地革命党人将东印度商船的茶叶倾入大海，史称"波士顿倾茶事件"，酝酿十载，美国独立战争拉开帷幕。

起初，这类激进行为并未获得全部殖民地人民支持，后来的美国国父富兰克林都曾认为倾倒的茶叶理应获得赔偿。然而情势急转直下，1775 年莱克星顿的枪声响起，1776 年 7 月 4 日，13 个北美洲英属殖民地的代表齐聚费城，签署《独立宣言》，宣告美利坚合众国的独立。

独立战争持续到 1783 年，此前深受英国打压的法国迅速承认美国，并且加入到对抗英国的阵营当中。富兰克林本打算退隐，此刻临危受命，以古稀之龄远赴法国担任美利坚驻法公使。

除了政治影响外，富兰克林在科学史上也有一席之地。他年轻时已是电学先驱，曾与许多学者通信往来，还被英国皇家学会主动选举为会员，且豁免了会费。他确定了今日使用的正电、负电、电池、导体等物理词汇，更积极将理论知识引入生活领域，比如在宴会上用电烤火鸡。早先普利斯特里曾涉足电学，认为电力的吸引与引力一样符合平方反比定律，他的研究一路得到富兰克林的鼓励。

富兰克林最广为人知的是风筝实验，他在雷暴之中将闪电通过风筝线引入莱顿瓶。1753 年富兰克林介绍了自己设计的避雷针，此后第一根避雷针竖立在费城。避雷针的推广又遭神学家阻挠，他们认为干涉雷电会让上帝无从发泄愤怒，实在不敬。哈佛大学首任物理学教授还专门撰写论著驳斥神学家：如果事事都要顺服神意，那人也不应该避雨。

来到法国后，富兰克林年事已高，只能淡出一线研究，却依然心系科学。尽管英美两国还在战争当中，科学界依然保持着友好联络。当时正值英国库克船长远赴太平洋第三次科学远征的尾声，富兰克林特别发布指示，要求美国海军遇到库克的船队务必友善对待。只可惜指示发布之时，库克船长已经在一个月前罹难于夏威夷，他没能感受到这份来自敌国国父的敬意。

在法国巴黎，富兰克林不遗余力地参与社交、出入沙龙、经营关系、争取欧洲盟友的帮助。期间，他经常造访的一处宅邸，正是拉瓦锡在巴黎的寓所。

当时拉瓦锡已在兵工厂担任要职，他奢侈的实验室就设在厂内，拉瓦锡与妻子玛丽也居于此处。拉瓦锡工作之时，玛丽承担起重要的助手工作，她掌握多种语言，拉瓦锡的很多论述都在妻子的翻译下从巴黎走向世界。玛丽也略通绘画，论著中的大量插图都由她亲笔绘制，她的画风细腻写实，完美地再现了实验场景，也成为今日史学家研究当年仪器设备的珍贵史料。

玛丽的绘画天赋并非天生，她的老师雅克-路易·大卫（Jacques-Louis David）是一流名家、法国古典主义画派奠基人。以大卫的大师地位，教导玛丽略显大材小用，不过拉瓦锡不仅在学界声名远播，更在兵工厂和包税公司担任重要公职，大卫也乐得结交。玛丽流传至今的两幅素描练习画作，上面就写着大卫略显夸大的赞美。

在女主人打理下，拉瓦锡的寓所不时举办沙龙聚会，社会名流时常来访。法国科学院新秀、达朗贝尔一手栽培的拉普拉斯就时时访问，他帮助拉瓦锡设计多款化学仪器。当时腓特烈大帝已经去世，柏林科学院的拉格朗日西来巴黎加入学院，也时有造访。那时拉格朗日年过半百，长年工作让他患上了神经衰弱，在拉瓦锡的聚会上，拉格朗日总是带着淡淡的疏离凝望窗外，给宾客留下怅然的背影。

除这些科学家之外，美国公使富兰克林更是座上常客，在富兰克林驻法期间，拉瓦锡夫妇一直小心经营着与公使的关系。为了讨取富兰克林的欢心，玛丽还专门为公使绘制过一幅肖像，比之于老师大卫圆滑的溢美之词，富兰克林则只是委婉评价："以我看来，更可贵的是作画的一双玉手。"

很多人误以为拉瓦锡是氧气的发现人，事实上他只是将这种气体研究得最深入的学者。终拉瓦锡一生，这位现代化学学科的缔造者也没能发现任何一种新元素。普利斯特里和舍勒发现了氧，舍勒还独立发现了其他 7 种元素，其中包括重要的氮、氟、氯，卡文迪什发现了氢。在那个大部分元素还不为人知的时代，拥有最好实验环境的拉瓦锡却一无所获，实在略显反常。他更多地扮演着大统合者的角色，将繁杂的现象纳入完整的框架。1777 年拉瓦锡发表论文，正式将氧气命名为"致酸要素"，现代英语的氧气 oxygen 一词便源自于此。虽然后来证明不是所有酸中都含有氧元素，酸的性质由氢离子而非氧元素决定，但这个名字一直沿用至今日。在东方，日语中对的氧的称呼依旧是酸素。在中国，清代化学家徐寿在同治年间翻译化学著作时，因这种气体为维系生命所必须，是"养气之质"，于是中文译作"养气"，后来统一加上气字偏旁，成为氧气。

拉瓦锡靠着氧化研究奠定了在化学领域的地位，牢牢把持着学界话语权，辅以税务包收公司的巨额收入，以及兵工厂的政界公职，他走上了人生巅峰。18 世纪 70 年代末，距离法国大革命尚有 10 年，10 年间拉瓦锡一直过着从容优渥的生活。期间，拉瓦锡夫人玛丽的绘画老师、古典主义大师大卫为拉瓦锡伉俪留下了科学史上最生动的一幅肖像绘画。

在画里，玛丽倚在丈夫背后，头发蓬松富有光泽，优雅大方地望向画家的方向。拉瓦锡伏在案前，身着华服，假发一丝不苟。他正在写着实验手稿，手中的鹅毛笔还停留在纸面，这一刻他回过头去望向妻子，面容平和安静。在夫妇身边的工作台上和地面，摆放着一系列实验仪器。

拉瓦锡夫妇非常珍爱这幅肖像，即使在后来法国大革命的动荡恐怖时期，玛丽也一直随身携带。玛丽过世后，画作传到侄孙女手中，后来潦倒的侄孙女迫于生计，将其出售，一度藏于收藏家约翰·洛克菲勒之手，现在被保存在纽约大都会博物馆。

上一次拉瓦锡心急地公布了远未成熟的笔记，大功未竟，这一次他汲取了教训，用 10 年时间充实磨砺，10 年之后，他携完善成熟的理论框架卷土重来。

此刻，大革命的重云正在远处缓缓压向巴黎，暴风雨前的平静之中，发生了两件微不足道的小事。

第一件小事发生在 1779 年，法国科学院迎来了一位名不见经传的医生。

让 - 保尔·马拉（Jean-Paul Marat）与拉瓦锡同岁，作为深受启蒙思想熏陶的医生，他也热衷科研。马拉在科学院展示了自己的科学论文，涉猎火、热、光、电四大版块。他在最得意的一篇《关于火质的研究》中提出火是一种实体。

这种业余科研者的观点当然没有得到科学院的认可，马拉读书太少而想得太多，论文中连牛顿的理论也不放在眼里。在科学院的审查中，学者拉瓦锡、拉普拉斯、孔多塞都表达了对马拉的否定。拉瓦锡作为燃烧现象的学术权威，给予了糟糕的评价，科学院也拒绝出版马拉的作品，大门在马拉身后砰然关闭。马拉带着愤愤不平离开学院，拉瓦锡则将注意力转向氢氧化合生成水的实验，很快淡忘了这次平淡无奇的学术评估。

第二件小事发生在拉瓦锡与马拉会面 5 年之后的 1784 年，这一年，拉普拉斯任教的巴黎军事学院迎来了一批新生，拉普拉斯参与主持了入学考试。当年入学的炮兵学员里，有一位年仅 15 岁、来自科西嘉、口音可笑、性格倔强的矮个子少年。

这一年，35 岁的拉普拉斯成为拿破仑·波拿巴（Napoleon Bonaparte）的老师。

这两件小事成为拉瓦锡和拉普拉斯人生道路的拐点，两只蝴蝶扇动细小的翅膀，一场巨变在波澜不惊中发酵酝酿。

10 年的风平浪静之后，推动法国大革命隆隆前行的巨手中，一只属于马拉，他以"人民之友"的称号向王权发起了不屈不挠的冲击，与其他革命者一道拉开了大革命的帷幕；另一只属于拿破仑，他在大革命的基础上改共和国为帝国，以一系列战争将法国带入欧洲之巅，加冕成为法兰西史上第一位皇帝，革命大幕在拿破仑的身后又缓缓合拢。

化学革命与法国大革命几乎是同时发动起来的，靠着勤勉的求索和完善的实验分析，化学这门年轻的学科开始跟上数学、物理学、天文学的脚步。

与化学的突飞猛进不同，其他三大学科似乎已经进入了瓶颈，这个时代已经太久没有出现过可与伽利略和牛顿比肩的大师。

拉格朗日疲惫地致信达朗贝尔，他感到数学似乎已经达到了极限。研究已经停滞在牛顿和莱布尼茨留下的微积分领域太久，人们在地表竭尽所能地开采，对深处的矿脉却难以触及。百科全书派领袖狄德罗也猜测，数学家们的创造终将流芳千古，但已经再难有新的进展，也很难产生实际的用途。

达朗贝尔与自己的爱徒、学院秘书孔多塞侯爵则选择相信未来，认定数学道路远未断绝，可这样的判断更多出自于个人的内心信念，道路彼端通向哪里，他们也难以断言。

所幸，拉格朗日等到了高斯登上舞台的时代，他看着那个被誉为"数学王子"的年轻天才以无与伦比的才华打消了自己的隐忧。

物理学此时正停滞在电学初阶，1775 年，意大利物理学家亚历山德罗·伏特

（Alessandro Volta）发明了起电盘，这是后来电容的前身。1777 年法国科学家查理·库仑（Charles Couloum）发明了扭秤，并在后来得出了库仑定律，发现电荷间的力与电荷的大小成正比，与距离的平方成反比，证实了当年普利斯特里的猜想。他的扭秤设计也启发了卡文迪什，后来卡文迪什用扭秤实验称出了地球的质量。

历史默默地埋藏下电气时代的伏笔，后来伏特和库仑两个名字分别成为了计量电压与电荷的基本单位，然而他们都没能在自己的实验基础上更进一步。这是那个年代物理学上乏善可陈的发现中仅有的几个亮点，那时还没有人知道这些发现能对人类社会产生怎样的作用。

天文学则还要沉寂更久，卡西尼世家与弗兰斯蒂德完善了星表，之后的天文学家们满足于利用牛顿、欧拉、拉格朗日代代精进的数学体系计算各种已知天体的轨道，再与实际观测参照，来验证牛顿体系的正确。他们专于验证性的计算，跟随在大师身后亦步亦趋，却没有去探索新的领域。无论是在英国的格林尼治，还是在法国巴黎，惠更斯、卡西尼、哈雷这样的天才，都已经失落了很久。

直到 1781 年，敏锐的目光穿透五大行星的轨道，突破了当时已知太阳系的边界。真正的发现不再出自迟缓官僚的科学机构，而是出现在英国业余观测者的家庭作坊，哥白尼以来稳定运转了两个世纪的太阳系模型被重新改写。

这一年的一个春夜，威廉·赫歇尔（Wilhelm Herschel）发现了天王星。

威廉·赫歇尔在 1738 年生于尚处英王治下的汉诺威，他的家乡在"七年战争"时被法国军队占领，19 岁的赫歇尔渡过海峡，抵达英国时已经身无分文。靠着家族传承的音乐素养，赫歇尔后来在英国巴斯教廷中占据了一席之地，担任教堂风琴演奏师，留下了 24 首交响乐、7 首小提琴曲和 2 部管风琴协奏曲。

在英国的漫漫长夜里，他抬眼望向星空，被宇宙的魅力深深折服。赫歇尔几乎将全部业余时光投入天文观测，就寝前他端着杯子，喝着牛奶攻读天文学著作。这个从未受过正规天文学系教育的音乐家，全凭自修，造出了那个时代精度最高的天文望远镜，令英法两大官方天文台都为之汗颜。他后来拥有的最高性能的望远镜放大倍数达到了 6450 倍，而同时期皇家天文学家马斯基林最好设备的放大倍数也不过是 270 倍。他的妹妹卡罗琳·赫歇尔（Caroline Herschel）比哥哥年轻 12 岁，本是颇具天赋的歌唱家，也受他邀请赴英。卡罗琳放弃音乐领域的发展，成为他的观测助手，日后也成为略有小成的天文观测者。她的一大工作职责是，在哥哥废寝忘食地观测之时，给他喂饭。

威廉·赫歇尔大部分的发现是依靠一台自制的"7英尺望远镜"，这台看上去口径不大的小型设备，把格林尼治的望远镜远远甩在身后。赫歇尔站在弗兰斯蒂德和卡西尼的肩膀上，进一步完善现有星图。

"7英尺望远镜"制成3年后的1781年，在赫歇尔的镜筒指向金牛座天区时，一个星图上未曾标出的细小光点闯入了赫歇尔的视野。高倍数望远镜观测下，太阳系内和系外的天体有非常明显的差距。远离太阳系的恒星因为过于遥远，即使放大之后也只是小小的光点，而太阳系内的行星和彗星放大之后却呈现小圆面。赫歇尔本次发现的正是一颗系内天体，他又通过几天的跟踪观测，发现星体在恒星背景上发生移动，他猜测自己可能发现了一颗新的彗星。

新彗星的发现引起大量关注，学界的通力合作下，英国皇家天文学家马斯基林、法国的拉普拉斯与赫歇尔携手，发现新星体没有彗尾，轨道与彗星传统的抛物线或长椭圆形状也不相同，相当接近正圆。赫歇尔靠着领先全欧的望远镜观测，估算星体直径超过地球4倍，远远大于普通彗星，这明显是一颗行星。

1781年的春夏之交，欧洲天文学界热忱地关注着这颗星体。他们从欧洲的各个角落将手中的镜筒指向这颗行星，一道道视线从同一片陆地的不同位置与遥远的顶点连接，构成了跨越遥遥空间的修长锥体。学界确定，这颗行星孤悬在太阳以外29亿千米的荒寂空间，环绕太阳一周需要84年，太阳系至此被扩充为七行星系统，太阳系边界向外推出了整整一倍。

1781年天王星在金牛座天区的闪现，并不是它首次出现在人类的视野。天王星最亮的时候，视星等级达到了5.5等，用肉眼都勉强可见。人们回溯历史上的观测记录，发现在赫歇尔之前足足有22次天王星的记录。天王星的发现不在于难于观测，而在于难以分辨。

观测者随便拿起镜筒指向天空，观测到的星体都数以十万计，天王星湮没在浩繁的星空背景之下，人们仅仅把它当成夜空背景里的平凡光点，并没有跟踪计算它的轨道，因此，太多天文学家与它擦肩而过。

赫歇尔的杰出之处不仅在于拥有先进的仪器，更在于勤奋努力。在孤寂的夜晚中，他咀嚼着妹妹喂进口中的饭食，对整个宇宙展开了巡天观测。赫歇尔把宇宙分成一个个细小的区域，逐个不漏地观察记录。这样的巡天观测，他一共完成过四次，如同书斋里一页页翻过宇宙这本大书的读者，总有一天，他会翻到写着天王星的这一页。

赫歇尔决定效仿伽利略命名美第奇星群先例，将新行星命名为"乔治星"，来报答国王的知遇之恩，但遭到了几乎整个天文学界的反对。

已知的五大行星严格按照神话中罗马诸神命名，分别为水星信使之神墨丘利（Mercury）、金星美神维纳斯（Venus）、火星战神马尔斯（Mars）、木星主神朱庇特（Jupiter），以及土星农神萨图尔努斯（Saturn）。不仅行星以神祇为名，各行星的卫星也是如此。譬如火星的两颗卫星，便分别以战神马尔斯的两个儿子恐惧之神福波斯（Phobos）与惊慌之神德莫斯（Deimos）为名；木星卫星多以主神朱庇特的妻妾、情人、侍从为名；土星卫星则以农神萨图尔努斯治下的提坦神族为名。

在众神闪耀的天空之上，若是按照赫歇尔的提议，加入一颗乔治星，无疑与现行体系格格不入。以政治人物为星体命名，本就难容于学界。伽利略当年充满政治色彩的美第奇星群后来就被改作伽利略卫星。年轻的哈雷前往圣赫勒拿岛绘制南天星图时，为了纪念查理二世所命名的查尔斯橡树座也被废弃。

最后，新行星按照首个确认其轨道参数的德国天文学家约翰·埃勒特·波得（Johann Elert Bode）的提议，以天空之神乌拉诺斯（Uranus）命名，中文译为天王星。

这场命名风波并没有平息，赫歇尔固执地要在天空中加入自己的家国情怀，后来他发现了天王星最大的两颗卫星，拒绝遵循传统，坚持以纪念莎士比亚的名义，用莎翁戏剧中的人物命名。天文学界认可了赫歇尔的坚持，后来天王星系统成为了莎翁纪念馆。今天当普罗米修斯和潘多拉的名号响在土星卫星群中之时，天王星卫星群赫然出现了朱丽叶。

主流学界热情接受了这位业余天文观测者。亨利·卡文迪什也出席了赫歇尔在场的午餐会。卡文迪什以极度内向、从不敏于社交著称。天王星发现之时，卡文迪什刚过 50 岁，已经被吸纳进皇家学会 20 年。卡文迪什唯一参与的社交活动，也仅有皇家学会俱乐部的聚会而已。他如精密的钟表般在每周四按时加入聚会，每次循规蹈矩地将帽子挂在同一颗钉子上。

卡文迪什一向沉默讷言，整场宴会中他往往不发一言。如果想得到这位学者的学术见解，朋友们通常要回避他的目光，漫不经心地假装对着空气讲话。如果引起了卡文迪什的注意，他会接上朋友的话头，口若悬河地说个不停。

当赫歇尔也加入皇家学会之时，沉默的卡文迪什一反常态，在午餐会上主动搭讪。那次餐会卡文迪什恰好坐在赫歇尔身边，他腼腆又慢条斯理地问道："你确实看到星星是圆的吗？"赫歇尔答道："圆得就像一枚纽扣。"卡文迪什随即陷入沉默，直到静默地吃完正餐，他忍不住又问了一句："圆得就像一枚纽扣？"赫歇尔大声答道："圆得就像纽扣！"

卡文迪什再度陷入沉默。

赫歇尔在当年秋季获得科普利奖章，英王乔治三世礼聘他成为王室私人天文学家。赫歇尔融入了英国学界，也成为了英国民族荣光的象征。他和妹妹卡罗琳·赫歇尔依旧保持着巡天观测的习惯。璀璨的星空下，他与妹妹支起天文望远镜，调整好角度对着天空。沉重的设备不便随时更换角度，镜筒就静静保持对准中天的位置。太阳西落，群星从东面升起划过天穹，镜筒随着地球的自转在星河里扫过一道又一道天区。

经年累月的观测下，赫歇尔已经不再满足于仅仅是拓展太阳系的边界，他把目光望向了宇宙边缘。

从 1784 年到 1785 年，赫歇尔连续发表两篇论文，提出了对当时宇宙认知最颠覆性的思考：他猜测，银河并非一条横贯天球的宽阔光带，而是亿万繁星汇聚而成的星系。他与妹妹卡罗琳用新望远镜观测到 466 处新的星云，数量达到当时已知星云的 4 倍。他前瞻性地判断，或许其中大部分星云都并非银河系内弥散的小小云团，它们或许是和银河同样浩大的星团，只是距离我们太过遥远，才成为投射在镜片之上的小小光斑。如果说哥白尼把地球从宇宙中心流放到太阳系中的普通行星地位，赫歇尔则直接流放了整个银河系，他意图把人类几千年来观测到的全部宇宙，降格为更大空间尺度之下的小小孤岛。

赫歇尔忙碌起来，去建造一台史上最大的反射望远镜——40 英尺望远镜。这台望远镜焦距达到了 12 米，反射镜直径也达到了 122 厘米。"40 英尺望远镜"代表了当时天文学界最高的技术能力，15 米长的木头镜筒穿透屋顶，斜斜地从房屋里伸出，又探出了超过三座房子的距离。为了支撑镜筒，工人们搭起超过 5 层楼高的三角形支架，支撑起沉重的构件。从远处看去，如同指向天空的大炮。

英国国王乔治三世先后为望远镜支付了 4000 英镑，与当年库克船长远赴太

平洋时收到的数额相当。这尊"大炮"将用来验证赫歇尔的各种奇思妙想，测定
星体距离、探索河外星系，乃至去探索外星生命的迹象。历经4年建设，赫歇尔
的"大炮"正式建成，国王与皇家学会的多名学者都前来观礼。赫歇尔爬上高高
的木架，俯视着镜筒底部的成像，宣布自己看到了"前人从未见过的深层空间"。

　　赫歇尔对宇宙的认知已经非常接近当代科学认知，在1802年的世纪之初，
他提出了"深度空间"理论：既然光在空间中穿梭需要时间，那么当人们望向遥
远的天际之时，不仅看到了宇宙深处，也望向了时间深处。

赫歇尔的"大炮"
来源：维基百科

　　今天我们都知道，对于一万光年以外的星球，我们看到的也是它一万年前的
模样。遥远的星球发出光线，穿越亿万公里，投射在40英尺望远镜的反射镜面，
这份来自过去的光携带着过去的信息。很多垂老星球已经湮灭，但光线却依然穿
行在星际之间，人类看到它，读到的已是那颗星体的遗言。

赫歇尔相信，银河系也不能永远存在下去，总有一天银河系要走向衰亡解体，星系、恒星、地球和地球上的小小文明，都无可避免地将走向终点。

赫歇尔探索星空的同时，妹妹卡罗琳·赫歇尔一直陪伴在侧。她获得了王室的职位和薪俸，成为历史上首位以科学研究为终生职业的女性。她一生中独立发现了 8 颗彗星，在天文学史上留下了一席之地。

卡罗琳终生未婚，天文学成为了与她终生为伴的爱好与事业。1797 年她发现第 7 颗彗星时已经 47 岁，却依然如孩童般开心兴奋。发现彗星后，她激动地只睡了一个钟头，便挽起一匹快马，借着星光骑行，在破晓前赶到了 30 公里以外的格林尼治。她亲手把报告交给皇家天文学家马斯基林，当晚马斯基林便确认了她的发现。

天王星的发现震动了整个学界，影响远远超出了不列颠一国的国界，远在圣彼得堡的欧拉也产生了兴趣。晚年的欧拉，已经成为了镇守整个彼得堡科学院的大家长和精神领袖。在他身边工作过的助手学生都成长为俄国的中坚数学家，欧拉每日与其他学者探讨研究的基本方向，其他学者们就在他指引的路途上进一步运算发扬。

经他严密推导得出的欧拉公式：$e^{\pi i}+1=0$，将自然对数之底 e，圆周率 π，虚数单位 i 和自然数中最重要的两个数字 1 和 0 用简单的算式统一起来，它优美简洁而浑然天成，被看作是上帝的作品。

晚年的欧拉保持着虔诚的信仰，据传 1773 年，年近 60 岁的狄德罗应女沙皇凯瑟琳大帝相邀前来俄国，在宫中陈述自己的无神思想。此刻欧拉走了出来，举出在自己看来优美天成的方程，希望证明上帝的存在。

1783 年，即发现天王星的两年之后，9 月 18 日上午，在与家人用膳之后，欧拉的两位助手到访，三人兴致有加地探讨起天王星轨道的计算要领，欧拉一边口述，助手一边在黑板上记录。谈话间，欧拉的烟斗蓦然从手中落地，他想弯腰去拾，突然感到脑中一阵疼痛。

"我要死了。"他喃喃低语，随后失去了意识。

这是一代数学宗师最后的遗言。

莱昂纳德·欧拉去世于当日的子夜，享年七十有六。他没能回归故里，而是长眠在他奉献出大部分生命的圣彼得堡。

莱昂纳德·欧拉与阿基米德、牛顿，以及之后的数学王子高斯并列被称为最伟大的四位数学大师。与其他三位大师鲜明的个性不同，他没有阿基米德"撬起地球"的豪言壮语，不像牛顿那样孤高冷峻，更不像高斯年少成名，欧拉勤恳谦逊，温和仁慈，虔信上帝。他也热爱家庭，在去世前的早晨还为孙辈上了数学课。他没有留下被人传诵的轶事传奇，一生波澜不惊，却在平静安宁之中孜孜以求，几乎在数学的每一个分支都留下了他创立的重要定理，在物理学、天文学领域也留下卷帙浩繁的资料。彼得堡学院在欧拉去世后启动了《欧拉全集》的编修整理工作，汇编了他一生中的 885 卷著作及大量书籍，足足用了 47 年才出版完毕。

法国科学院常务秘书孔多塞留下一句深情缅怀的话语："他中止了计算和生命。"这句话几乎被后来的每一部欧拉传记作者引用。拉普拉斯也留下评价："读读欧拉，他是我们每个人的老师。"

欧拉逝世后仅仅一个月，拉普拉斯和孔多塞共同的老师达朗贝尔也在巴黎病逝。达朗贝尔生前不信仰宗教，巴黎市政府也拒绝为其举办葬礼，于是他被简单地下葬。达朗贝尔把遗产和文稿都留给了学生和挚友孔多塞，孔多塞引领着送葬的长队，最后独自一人把老师安葬在巴黎市郊的公共墓地。在年底的科学院大会上，孔多塞缅怀着如师如父的达朗贝尔，眼泪夺眶而出。

这一年距离莱布尼茨发表第一篇微积分论文一百周年仅差一年，这是上一代数学家的陨落，当年的新生力量得以走到台前，而所谓的"新生"力量，如今也已不再年轻。拉格朗日已经年近半百，拉普拉斯也已年过而立。

此时的拉普拉斯，已成长为法国科学院的柱石，他精力充沛地广泛发表议论。先是在天体物理学领域发表拉普拉斯方程，将微积分利用到分析天体引力分量之上。随后积极出任公职，通过了拿破仑的入校考评。期间拉普拉斯与拉瓦锡合作，借助拉普拉斯设计完善的仪器，拉瓦锡证明呼吸作用是一种缓慢燃烧过程，为打破燃素说打下基础。

十年前拉瓦锡年轻气盛，在立足未稳时冲击燃素说，终告失败。如今他历经与拉普拉斯等学者十年合作，积累了大量的资料。拉瓦锡先于 1780 年发表《燃烧通论》，又在 1786 年以法国科学院院长身份发布《评论燃素》，通过翔实的实验，以氧化燃烧学说将争执一锤定音。

这一次拉瓦锡没有遭遇十年前的冷遇，各大学府旗帜鲜明地投入拉瓦锡阵营中，燃素说的发源地柏林科学院率先宣布废除燃素说，此后都灵、圣彼得堡依次跟进，氧化燃烧理论还传到大洋彼岸，获得了美利坚第一学府哈佛大学的肯定。

拉瓦锡的学术对手普利斯特里已经无法与其相提并论，这位先于拉瓦锡发现氧气的化学家，原本有着绝佳的机遇抢先进入现代化学的殿堂，然而他却长久徘徊在燃素说的小道上，一直捍卫燃素理论直到去世。后来的生物学家乔治·居维叶评价普利斯特里时，带着遗憾概叹："普利斯特里是现代化学之父，但他始终不肯承认自己的女儿。"

这不仅是化学在燃素说单一战场上取得的胜利，随着空气被分离出各种气体，水被分解为氢气和氧气，被称作"金属灰"的"土"被还原成闪亮的金属，如今火的本质也被确定。在拉瓦锡、普利斯特里、舍勒、卡文迪什的努力下，传统炼金术中土、气、火、水四大支柱被一一折断。在旧有学说的残破废墟上，拉瓦锡终于腾出手来，开始绘制新的蓝图。

如果仅仅是推翻燃素说，拉瓦锡还不足以被称作现代化学之父，在此后的日子里，他一直在做两件事：为各种化学物质命名和为化学学科建立体系。

当时的化学家们各自均有一套命名系统，化学物质命名体系杂乱不一，还残留着大量炼金术用语。同为醋酸盐的醋酸铅和醋酸钙分别被称作"土星糖"和"虾眼盐"，同为氧化物的氧化锌和氧化银被称作"哲学的羊毛"和"弦月"，完全看不出化学性质的关联。

拉瓦锡与同僚合作，提出化学命名五大法则。在由拉瓦锡担纲出版的《化学命名法》中，以简明清晰为前提，以希腊及拉丁词汇为载体，以化学性质最终命名，形成了沿用至今的命名规范。

随后，拉瓦锡出版《化学基础论》，这本书被誉为化学领域的《原理》，将当前所知的几乎一切化学现象纳入拉瓦锡的化学框架，他切断了化学与炼金术的最后联系，炼金术里神秘模糊的仪式被改造为化学物质之间的定量反应，现代化学自此而始。

这是当时最完备的化学教科书，循序渐进，由浅入深。第一章从燃烧现象讲起，详细描述了铁丝在氧气中燃烧生成四氧化三铁的实验，这个实验在中国初中化学课本里，也同样安排在第一章节讲述。拉瓦锡的实验描述清楚明白，说铁丝燃烧中"会放出与中国烟花类似的耀眼白光"，还专门添加注释，提醒燃烧时要防止过热导致试管炸裂，这一点也与今时的教科书编写范式相同。

在序言里，拉瓦锡回顾展望了化学学科发展历程，总结了自己的研究方法，感谢了对化学事业推动巨大的科学家们。他提到了与自己搭建化学命名法的诸位同事、与自己通信往来的舍勒，还有帮助自己设计仪器的拉普拉斯。

唯独没有提到普利斯特里。

《化学基础论》于 1789 年付梓，四本用红色皮革特别包封的精装本被送进宫去，作为馈赠国王贵族的礼物。拉瓦锡不忘旧友，特别邮寄两册给已经返归大洋彼岸的富兰克林。

化学革命经历二十余年的酝酿，大势抵定。与此同时，政治革命的火苗也熊熊而起，点燃了巴黎这座城市。

1789 年 7 月 14 日，巴黎市民攻占了巴士底狱。

巴黎的民怨不是一天堆积而成，"七年战争"中法国战败已经伤痕累累，美国独立战争中法国的支援又掏空了国库。1774 年路易十六继位，接过破败不堪的国家。与两位先君不同，路易十六温和善良却性格懦弱，他愿意去配合时代的洪流，施行改革。当政之后，他任用贤能，意图取消特权。在他的改革方案中，他决意轻徭薄赋、鼓励商贸、振兴工业，他禁止严刑拷打，尊重人权，实现言论自由及宗教自由。

路易十四在位 72 年，路易十五在位 59 年，如果能给路易十六同样的时间，或许法国终将按照他的蓝图，平稳过渡到民主时代。然而，历史只给了他 15 年。

最激烈的抗议恰恰来自国王的身侧，特权阶级强硬反对路易十六的改革方案。市民攻占巴士底狱半年前，国王为改善财政状况，重新启动法国中世纪的三级会议传统，召集教士、贵族、市民三大等级的代表共商国是，这也是法国历史上最后一次三级会议。国王在掌声中走入会场，陈述了特权等级与市民等级平等纳税的构思，特权阶级拒绝合作，而市民等级也认为没有听取己方诉求，退出三级会议，单独组建国民议会。路易十六以武力威胁，经过了启蒙运动的市民毫不让步，在 7 月 14 日攻占法国用来关押政治犯的城堡建筑——巴士底狱。

作为火药管理局负责人之一，拉瓦锡此前曾执行命令，将一批火药运送至巴士底狱，以防不测。拉瓦锡随后被带到市政厅，向愤怒的市民当庭解释，压力之下，他保证如果革命演变到了需要以火药捍卫民权之时，他定当供应充足的火药。而此时国民议会已经不需要他的保证，典狱长洛奈侯爵自知抵挡无望，开启火药库向市民军投降。

市民从巴士底狱里营救出了当日在押的全部 7 名犯人，包括 4 名伪造犯、2 名道德犯贵族和 1 名谋杀嫌疑人。典狱长被拖出殴打，戳刺斩首，他的头被高高挑起在长矛上，宣告了法国大革命的正式开始。

相传当消息传到凡尔赛宫，路易十六惊惶不定，他问向身边的廷臣："是暴动了吗？"

拉罗什富科公爵迎向国王的双眼："不，陛下，这是革命。"

1789 年 8 月 26 日，国民议会颁布了《人权和公民权利宣言》，这份宣言比美国的《权利法案》的颁布还早两年。宣言在世界史上首次宣布，每一位公民，都应该享有平等而独立的权利。从自由到财产，到反抗压迫，再到法治。他们主张"天赋人权、不可侵犯、不可让渡"。一个半世纪后，刚刚诞生的联合国通过《世界人权宣言》，其中很多条款连具体措辞都来自于 1789 年的宣言。

10 年前被拉瓦锡拒之于科学院门外的医生马拉弃医从政，成为法国大革命的风云人物。他创建了巴黎最负盛名的报纸《人民之友》。作为卢梭主义信徒，马拉反对法国成为君主立宪国家，要求建立人民至上的全权政府。他宣称人民群众与特权阶级的矛盾不可调和，只有通过暴力流血，打破一切旧有体系，才能让这个欧陆大国涅槃重生。

马拉作为雅各宾派领袖，观点激进而嗜血，在他广为传播的宣传册里，他向敌人悍然宣战："砍掉五六百颗头颅，来确保人民的安眠、自由以及幸福。"

拉瓦锡也名列马拉的榜单之上，马拉在《人民之友》上把拉瓦锡塑造成人民公敌，他宣称要"公开揭发这个冒充内行"的拉瓦锡先生，在马拉看来，拉瓦锡在包税公司、火药管理局和科学院的公职都是在侵夺人民的财富，拉瓦锡为巴士底狱提供的火药也是在与人民对立，马拉总结："愿上帝把他吊死在街灯柱上。"

为求自保，拉瓦锡公开放弃了 4 个公职的薪水，包括在贴现银行和包税公司的收入。他唯独小心地维系着火药管理局的职位，因为他的实验室就设在兵工厂里，他实在不忍放弃自己辛苦操持的研究基地。不过这些努力徒劳无功，报纸辛辣嘲讽，说若是出任公职的都是些不在意薪水的富人，那么普通人就更没法做官。

对于 10 年前同样对马拉论文给出否定意见的孔多塞，马拉也没有放过，马拉指责孔多塞虚荣，编排孔多塞为了年金把妻子出卖给出价最高的人。这类诽谤流传许久，到下个世纪仍有著作将其收入书内。

孔多塞在担任法国科学院秘书之余，专于思想领域启迪。如果不是法国大革命的爆发，他或许将平淡走过一生，老死在侯爵的位置上。如今革命兴起，孔多塞积极参与到政治中去。

孔多塞作为吉伦特派杰出人物，一度被选为巴黎立法议会议长，负责起草法国新宪法。在他的设想里，法国将以科学作为国家根基与国民教育核心，由充分的客观信息理性运营，国家将天然代表公众利益。

孔多塞身为贵族，却坚定为弱者发声，他公开主张女性应该拥有与男性相同的财产权、投票权、工作权以及接受公共教育权。他反对贩卖黑奴和奴隶制度，也坚持新教徒和犹太人应该获得平等的公民权利。这位活跃在政治一线的知识分子，一度被称作法国大革命的"擎炬人"。

孔多塞偏向革命一侧，那时路易十六已经出逃，人们冲进王室宫殿，撕下涂抹了国王和王后的肖像，用油灰覆盖了标着"国王"或"王室"的标记。在国民议会依然表示拥护君主政体时，在部分革命引领者开始退缩时，是孔多塞在 1791 年站了出来，面对 2000 名公众发布演说，痛陈君主制弊端，呼唤自由属于共和。孔多塞身为侯爵和科学院院士，又身兼国库专员的公职，敢于公开反对赐予他贵族头衔和官职的君主制，却依然不能免于被归为阴谋家和肮脏政客。

1792 年底，在马拉主持下，国民公会发起了针对国王的审判。法学家马尔泽布以古稀之龄出庭，担任国王的辩护律师。他与两位同事援引《1791 年宪法》，陈述即使国王有罪，根据宪法规定，国王依然享有普通公民的神圣权利，最高刑罚无过于放弃王位。判处国王死刑，恰恰是对宪法的亵渎。

然而"路易十六必须死，因为祖国必须生"的口号盖过了马尔泽布的辩护，在来年初审判表决之时，马拉违反无记名投票原则，公开宣读投票内容，靠着市民群情激奋地围观，对反对死刑的议员施压。最终反对死刑或支持缓刑的票数合计 360 票，支持立即死刑的有 361 票。

这戏剧性的一票之差，使路易十六成为法国史上唯一被处死的国王。当他走向刑场，跪在断头台前之时，路易十六抬头向前望去，在熙熙攘攘的人群后，是巨大雄伟却空空荡荡的基座，基座上原本立着曾祖父路易十四的雕像。

行刑时国民卫队均戎装到场，在广场上排列成数重人墙，手中的枪刺反射着耀眼的光芒。行刑官高高举起国王的头颅，向人群展示。断头台下，热情高涨的市民高声呼喝着、推搡着，他们伸出手臂，挥舞着手中的圆帽，争先恐后地想从人墙的间隙中分享一点视野，去目睹王朝的谢幕。

路易十六不算是昏庸的君主，可也缺乏以雷霆手段弹压局势的能力。他在巴士底狱陷落后翌日便前往制宪会议现场，表示支持议会，他批准了后来诞生的《人权宣言》和法国历史上第一部宪法《1791 年宪法》；可他也曾调集军队试图恫吓市民，也曾反悔试图撤回已批准的法令。他死在王座之上，或许只是因为在那个激变的时间节点，他恰好坐在王座之上。

马拉亲手点燃的革命烈火也开始反过来舔舐他的身躯，国王被处死后仅一年，马拉在浴缸中遭少女夏绿蒂·科黛刺杀。拉瓦锡夫妇的旧交、马拉的朋友画家大卫以古典主义圣像画的笔法绘出了马拉的死亡。画中马拉闭着眼倒在浴缸边沿，死前还在处理革命文件。他的鲜血从伤口里涌出，右臂无力地垂落，肃穆的光线照在马拉身上，如同照着殉道的圣者。这幅古典主义的巅峰之作《马拉之死》，后来被收录进许多名画集录与美术教材。

马拉的继任者罗伯茨比尔随即设立起革命法庭，不经司法程序，随意将反革命者无端处决，法国的恐怖统治走上顶峰。在这段血腥的日子里，有 4 万法国人死在断头台或监狱中。断头机以每分钟砍掉一颗头颅的速率高效运作，特制的船只满载政治犯开到河心，在机械的操作下撤去船底，将犯人投入水中溺毙。

革命伊始，法国科学院内还算井然有序。革命刚刚爆发的 7 月，科学院还在正常开展学术会议，交流论文，拉普拉斯的论文还在分享对黄赤交角的见解。那时科学院院士、天文学家巴伊在国民议会中身居要职，随后又被任命为巴黎首任市长，科学院还专门派出代表团前去祝贺。本来与巴伊关系不算融洽的孔多塞，也对昔日的对手表示友善。

时局不断收紧，法国的学者们还在为统一度量衡而努力。拉瓦锡、孔多塞、拉格朗日、拉普拉斯等一流学者聚集起来，摒弃繁复的英制系统，试图建立一套以十进制为基础的公制单位。

委员会取地球子午线长度的四千万分之一为长度基准单位，称为 1 米，在此基础上确定了面积单位平方米与体积单位立方米。拉瓦锡又与同事合作，测量出 1 立方分米纯水的质量，定为 1 千克，作为质量单位的基准。

这一套度量衡系统时逢化学与政治两大革命，选择纯水的质量作为基准，也是时代留下的烙印。

18 世纪 90 年代，化学在以拉瓦锡为首的学者努力下，摆脱炼金术的桎梏，引入定量分析，成为精密科学。其中，对各种化学物质的质量、密度和浓度的测量成为了重要工作。

大革命期间的法国通行质量单位还是法制盎司，是化学家们为了方便比重的测量，最先以水作为标准单位，来测量各项化学物质的比重。

因为最简单确定固体比重的方法就是泡在水里称量。

根据阿基米德浮力定律，物体浸入水中称量，失去的重量恰好等于排水量，只需要在空气中称量一次，又在水中称量一次，用空气中的重量除以变轻的重量，可以直接得到该物体对于水的比重。

拉瓦锡在《化学基础论》中记载过黄金比重的测定：一块质量为 8 盎司 4 格罗斯 $2\frac{1}{2}$ 格令的黄金，浸入水后，变轻了 3 格罗斯 37 格令。说明，同等体积下，金重 4893.5 格令，水重 253 格令。推知若水的比重为 1.0000，则金的比重为 19.3617。

拉瓦锡的数据，已经非常接近现代黄金比重 19.32。

从这里也可以看出，在化学研究中，如果还是采用盎司 - 格罗斯 - 格令系统，质量表达非常繁琐，一旦采用水作为标准单位，一切都清晰起来。

用水作为比重单位，在测量液体溶液比重时，更见高效。

要确定化学实验中产生的酸碱溶液的浓度，拉瓦锡使用静流天平，先后用同一个小水晶球悬挂在水中和溶液中来回称量失去的重量，只需要一次除法，就可以得到液体溶液的比重，进而得知溶液的浓度。

正是水在化学研究中长期作为比重标准单位的既定事实，让度量衡委员会听取了拉瓦锡的建议，将 1 升水的质量定义为 1 千克。

说是时代烙印，也恰是因为度量衡的改革赶上了化学革命如火如荼之时。如果再早一个世纪，由牛顿和波义耳设计度量衡，那时化学定量分析还没有走进历史，水在比重测量中的重要作用还没有被普及，或许这两个醉心炼金术的学者，会把性质稳定又有象征意义的黄金作为质量准石。

今天，这套度量衡系统已经得到大部分国家采用。在东方，1928 年，经过蔡元培、钮永建、孔祥熙等人的审查商讨，拟定《中华民国权度标准方案》，规定这套源自法国大革命的所谓"万国公制"，成为中国度量衡的准绳。为了将民间的习惯单位与公制单位对接，又规定 1 米分为 3 尺，6000 平方尺聚为 1 亩，1 千克分为 2 斤。

当年那一批为制定度量衡标准而努力的科学家们，没有来得及完成委员会的全部构想。

1793 年，恐怖统治的阴影笼罩了学界，法国科学院院名中还嵌有"皇家"二字，它被看作是旧有王室的势力残余，横遭解散。这个始建于 1666 年太阳王时代，凝聚了惠更斯、卡西尼、伯努利、狄德罗、达朗贝尔、拉普拉斯、拉瓦锡、孔多塞历代学者心血的学术殿堂轰然崩塌，倒在了建院的第 127 个年头。

学界一片人心惶惶，多位挚友建议拉格朗日离开巴黎返回柏林。然而，拉格朗日却决心留下来，亲身经历这场启蒙时代以来最宏大的思想实验。他们都远远低估了恐怖统治的血腥程度，拉格朗日目睹了一场又一场暴行之后，深深震怖，时刻提醒自己"这是你自找的"。

这也是启蒙运动的绝响，当时启蒙时期黄金一代的思想家们都已作古：孟德斯鸠去世在 1755 年，伏尔泰和卢梭去世在 1778 年，达朗贝尔去世在 1783 年，狄德罗去世在 1784 年，他们播撒下法国大革命的火种，却没能亲眼看到革命到来。

唯一见证大革命的思想家，是硕果仅存的孔多塞侯爵，可这位法国大革命的"擎炬人"也终究因为反对雅各宾派的激进律法，在未出席法庭的情况下被判处死刑。孔多塞在友人的居所里躲藏了 5 个月，写出了一生中最重要的一部启蒙哲学著作《人类精神进步史表纲要》。在逼仄压抑的时局下，他依旧相信人的理性与良知，相信人类的完美之路没有尽头。这位无所畏惧的启蒙者，对未来的人类远景洋溢着憧憬与乐观。

孔多塞预言道："这一天终会到来，届时阳光将只照耀在崇奉理性的自由人身上，届时暴君与奴隶、教士与他们虚伪的工具，将只存在于史书中或戏剧里。"

完成了著作，孔多塞走出了庇护人的居所，本希望逃出巴黎，可旋即遭到逮捕。入狱两天后，孔多塞侯爵死在囚室里。这是启蒙时代最后一位思想家的离去，关于他的死因，历史学家众说纷纭。

孔多塞的死，只是科学家们群体命运的细小缩影。

科学院荣誉院士拉罗什富科·丹维尔公爵，反对暴民司法以及革命法庭，于1792 年遭到杀害。

法国科学家萨隆，曾在赫歇尔天王星发现中与拉普拉斯彼此独立确认天王星轨道，在大革命中反对解散巴黎最高法院，获罪问斩。

化学家狄特里希男爵，时任斯特拉斯堡市市长，在他的居所里，音乐家鲁热·德·利尔创作了《莱茵军战歌》。在进军巴黎的路上，军士们唱着激昂的乐曲彼此鼓劲，这就是后来的法国国歌《马赛曲》。然而狄特里希后来因为同情王室，被处决在断头台上。

此前被选为巴黎市长的法国天文学家巴伊，以对哈雷彗星与木星轨道的研究立说。1793 年，他外出访问拉普拉斯，在途中被捕，被要求在法国王后的审判中作证。他严词拒绝，随即遭到审判。断头台上，冰冷的冬雨浸透了他的身躯，狂暴的群众在下面怒吼，有市民大声对他喊道："你在发抖吗，巴伊？"他淡然回应："只是因为冷。"

当年为国王辩护的政治家、法学家马尔泽布，是狄德罗的挚友，担任政府公职期间批准了《百科全书》的出版。这位 72 岁的老人也与女儿及孙辈被一同处决。他的后辈中唯有外孙女身怀六甲，逃过一劫，日后诞下自由主义思想家托克维尔。托克维尔在 1856 年出版的《旧制度与大革命》，是对法国大革命最清醒的剖析。

与其他科学家不同，拉瓦锡小心谨慎地回避参与政治，他明明有机会逃离法国，但心中始终对祖国怀有不舍，相信终有拨乱反正之时。然而覆巢之下，焉有完卵，拉瓦锡的寓所遭到搜查，文件均被封禁，他与岳父一道以包税公司合伙人的身份被投入牢狱。

匆匆审理之后，28 名合伙人被当场宣判死刑，翌日执行。多位学者冒着生命危险向当局请愿，均被一一驳回。他的学生闯入公共安全委员会会场，激昂的陈词回荡在宽阔的大厅里，无人敢于应声，主席台上，雅各宾首领罗伯茨比尔沉默地安坐，未置一词。

安托万·洛朗·拉瓦锡于 1794 年 5 月被送上断头台，享年 50 岁。面对行刑路上谩骂的市民，拉瓦锡的同僚不满地感叹："我们死后，剩下的竟然是这些家伙。"随后 28 颗头颅一一滚落，掉落进柳条编织的筐里。

拉格朗日痛心地感叹："砍下这颗头颅只要一瞬间，可长出这么一颗却需要 100 年。"

拉瓦锡倒在了黎明前的黑暗，如果他能像孔多塞那样躲避一段时间，他终将看到恐怖统治的终结。拉瓦锡去世后不到一年，罗伯茨比尔在"热月政变"中被断头机处决，法国开始重回正常轨道。

恐怖统治结束后，拉瓦锡得到了迟来的缅怀。拉格朗日等科学家们连续两次组织起肃穆的追悼仪式，人们为他树立起半身塑像，基座上刻着缅怀的铭文。在第二次葬礼上有 3000 人到场，男士均黑衣出席，女士则身着缟素。

拉瓦锡去世的次年，1795 年，国家科学与艺术学院成立，两年前皇家科学院关闭后，革命中被驱散的科学家们得以回归学院之下的科学学部。拉瓦锡去世后 6 年的 1799 年，当年通过拉普拉斯入校考试的科西嘉少年拿破仑终于羽翼丰满，他在那一年发动"雾月政变"，成为法兰西的新主。1814 年，波旁王朝卷土重来，复辟的路易十八恢复旧制，两年后将学院改组为法国科学院，直至今日再没中断。

大革命的遗孤托克维尔在《旧制度与大革命》中回顾这段日子，虽然有着外曾祖父马尔泽布惨遭断头的家族回忆，反思之余，他依然理解赞赏这次革命，它残暴地吞噬了 4 万条生命，但也最终动摇摧毁了整个欧洲的封建制度；它开启了史上首段恐怖统治，但也永久地改变了法国和世界的样貌，把自由、平等、博爱的思想混合着血液浇灌进脚下的土地。

托克维尔对革命的批评不在其恐怖与残暴，而在于革命的不够彻底。在托克维尔看来，革命过后，法国依然保留了强大的集权政体，法国人民并未与旧制度彻底切割，许多旧有思想和习惯被继承到新的世界。新社会的大厦里，依然填充着旧制度的瓦砾。

启蒙时代在 18 世纪末期宣告终结，在漫长的 17 世纪中叶到 18 世纪的时间里，思想者和科学家以锋利笔触坚韧书写着政治和科学两大领域的革命。后人们读到这一段历史，书中晕染开来的墨水里隐隐透出血色。

个体的价值以惨烈的代价得到展示与尊重，"社会科学"作为文明的重要分支首次出现在西方世界的词库，关于人类自己的学科走上舞台。千年以来压抑在欧洲上方的王权与教权在革命的冲击下变得薄弱松动，革命带来的蓬勃动力注入世界的引擎，社会的进步日益突飞猛进而咄咄逼人。半个世纪后英国作家狄更斯提笔，以法国大革命为背景创作巨著《双城记》时，写下这样的概括：

"这是最好的时代，这是最坏的时代。"

第四章

激变

每当后世的历史学家对比法国与美国的大革命时，总是唏嘘不已。与美国朝气蓬勃的独立战争相比，法国大革命笼罩着浓郁的悲剧气息。这一场革命摧毁了旧制度，也摧毁了法兰西民族一代精英。法国也从此罹患上革命狂热病，一个世纪以来政权几易其主，共和国与帝国政体在历史年表上犬牙交错。

启蒙时代靠着黄金一代科学家、哲学家的风云际会，法兰西原本已经建立起了整个文明世界的学术中心地位，却在革命之中自废武功，学术地位摇摇欲坠。

战争的废墟上，法国科学院的重建工作也在进行。在科学院旗下聚拢起硕果仅存人才的，是拉普拉斯与拉格朗日两位元老。

拉普拉斯和拉格朗日本非贵族出身，在大革命期间卖力地帮助革命军制造枪炮弹药，拉普拉斯还带着些许不情愿却又干劲十足地加入到共和历法的制定中去，委员会把 1793 年作为共和国元年，又把不同月份的名字诗意地定为热月、雾月、霜月。靠着对革命的贡献，两位科学家得以平稳躲过断头的风险。

政权更迭之下，拉普拉斯总是屹立不倒，屡获荣升。1795 年共和国重组度量衡委员会和巴黎天文台，改为法国经度局，他成为领导成员。同年科学院复建，拉普拉斯就任副院长，又在次年升为院长。他昔日的弟子拿破仑通过雾月政变上台后，还提名他短暂地担任了一段时间内政部长。

在此后历史学家的记录里，拉普拉斯的风评不能算好，他被看作是见风使舵的政治投机客。可也正是这位圆滑的政客利用自己的高位，一手改进了法国的高等教育。他组织改建了高等师范学校和巴黎综合工科学校，与拉格朗日共同投入教学工作，还聘请了一批一流教授。

拉瓦锡的旧友，射影几何的奠基者加斯帕尔·蒙日（Gaspard Monge）革命期间曾避祸逃出巴黎，如今被邀请归来，在两所高校讲授射影几何，拉格朗日也坐在台下的听众之中。高等师范学校首批学员之一，日后热传导领域的大师傅里叶（Fourier）刚刚毕业便前往综合工科学校担任助教。日后蒙日与傅里叶随拿破仑远征埃及，一直作为随军学者服务军旅。

拉普拉斯与拉格朗日建立起宏伟的教学计划，制定出有史以来最充实、最丰满的现代教学大纲。传统的大学教育中，历来以神学、医学作为主流学科。而在拉普拉斯与拉格朗日的规划下，在学校 2~3 年的修习中，学生们先要用 3 个月的时间对自然科学的发展建立提纲挈领的了解，之后学习 4 门基础学科，包括射影几何学、化学、分析力学以及物理学，这 4 门学科构成了学生们知识框架的基础。

在蒙日亲自设计讲授的射影几何学课程中，学生们从射影方法起步，进而到曲线的切线和法平面，再到可展曲面的概念。这些艰涩的考点并非形而上学的研究，大纲要求学生直接将所学投入国家的需要。射影几何学的理论可直接用于建筑学和机械制图，还可以辅助军事防御工程设计。知识开始走出象牙塔，直接与国家意志结合。按照设想，一批批实践派的理工人才将从学校中被批量生产，在日后的法军军队里，连普通炮兵都具备基础的抛物线计算能力。

这套宏大的纲要没能得到完整的施行，艰深的课程内容令许多学生望而却步。但这一批聚集而来的名师，在大革命后的简陋环境中，培养出了 19 世纪上半叶照亮法兰西的群星。

这批学子中走出了安培（Ampère），他的名字成为了计量电流的单位；有卡诺（Carnot），他日后成为了热力学创始人之一；有菲涅耳（Fresnel），他在光学研究中带领波动说重整旗鼓与牛顿的粒子说展开对抗；还有泊松（Poisson），他在数学及物理领域都留下自己冠名的定理，即使是对科学不太了解的人，也往往听说过泊松的黑历史"泊松亮斑"。拉普拉斯和拉格朗日还挖掘了同事的爱子柯西（Cauchy），鼓励其走上数学道路，日后柯西成长为"思想明确属于现代的首个法国数学家"，他首先将严格性引入了数学分析。

拉普拉斯教学之余，也未曾荒废学术。在他晋升为院长的同年，他出版了巨著《宇宙体系论》，这本书和他后来陆续出版的《天体力学》共同奠定了天体力学的基础，他以牛顿定律为基础，推演出周天的天体运行，从行星运转到潮汐涨落。其中最重要的科学思想当数"星云假说"，该假说认为太阳系由气体星云凝聚而成，是最早的关于太阳系起源的科学判定。全书最后，拉普拉斯还加入了一节天文史纲，他自豪地宣布，万有引力定律固然是英国人的发现，但没有法国科学院的推动，它便不能有如此之大的影响。他也关注东方的成果，附录中特地比照中国先秦时代周公的天文观测方法和自己的现代方法，还加以评判指出不足。

拉普拉斯更雄心勃勃地认为，依照他的天体力学理论，宇宙的未来都可以根据简单的定律逐次推出。如果能知道每个物体的运转速率和基本性质，一切事物的发展变化都尽在掌握。

他的自信在 1814 年达到峰值，这一年，他放出了"拉普拉斯妖"。

如同在一局台球中，如果事先知道每个台球的方位和质量、台球桌的摩擦系数，当挥杆者的力量给定，则根据牛顿定律，自然可以预测出挥杆后每个台球的位移。拉普拉斯把这种自信推广到整个宇宙，认为如果一个智能生物了解某一刻所有物体的位置、质量及它们之间的作用力，那么只要根据公式计算，宇宙的过去和未来，将被完完全全地算出。

这个智能生物被后人称作"拉普拉斯妖"，在这只假想怪兽的脑海中，宇宙的一切都是静止不动的画面，没有什么可以逃脱它的法眼，就像拉普拉斯在《概率的哲学探究》中所说："没有任何事物是不确定的，未来如同过去一样，在它的眼中一览无余。"

在"拉普拉斯妖"的世界中，一切都已经预先决定，世界如同一只上足了发条的钟表，走到了零点一刻，便知道此前一定是从零点走来；走过了零点一刻，便一定会到零点二刻，一切都按部就班。这种世界观被称作决定论，也叫作拉普拉斯信条，世界按照物理秩序依存于严格的因果关系。

这是在整个 19 世纪统治着物理学界的理论，也是牛顿力学的辉煌巅峰。"拉普拉斯妖"高踞在决定论的高塔审视着大地，直到一个多世纪以后，屠龙的勇士带着量子力学的利刃前来挑战，在微观领域，海森堡的"不确定性原理"昭示了没有哪个微粒可以被同时精确测定位置以及速度。而宏观层面上，决定论的高塔也开始坍塌，根据 20 世纪中叶气象学家洛伦茨提出的蝴蝶效应，即使是最微小层面的影响，都会对整盘局势产生翻天覆地的改变。在最简单的台球桌上，出杆者无法追求精确的九球以上的撞击，因为场内任何一位观众的重力场都会对结果产生扰动。另外，如果要计算一团气体分子的撞击运动，一旦撞击超过56次，则宇宙边缘的一个电子的引力都会让结果偏移。

不过，在拉普拉斯著成《天体力学》的时间节点，决定论的形势还一片大好。拿破仑收到《天体力学》后曾责备他，这部关于世界体系的著作里，为什么一个字也没提到上帝。

一贯被人批判谄媚圆滑、见风使舵的拉普拉斯面对未来的皇帝，坦然对答："我不需要那个假设。"

拿破仑这位拉普拉斯昔日的弟子，从军事学院中习得了远超其他军校学员的数学技巧。他重视数学在军事中的应用，对数学有着几近虔诚的崇敬。他懂得数学家对于国家的作用，但对数学家们艰深的研究却只能理解皮毛。他接过拉普拉斯敬献的著作，带着政治家的自大，对拉普拉斯表示，一旦自己能找到一个月的空闲，一定把这本巨著读完。

按照拉普拉斯和拉格朗日的构想，他们已经为法国在革命的废墟上培养提拔了一代精英，法国在此后一个世纪的学术领先地位几乎不可撼动。然而，靠着先进的制度、完善的机构、优秀的教师，固然可以把一代优秀的学子培养成杰出学者，却不能孕育与生俱来的天才。不远之外的德国郊野，天才的种子在不为人知的角落发芽生长，要遮掩住法兰西群星的光芒，也只需要一轮朗月。

后来拉普拉斯口中"世界上最伟大的数学家"、世人公认的"数学王子"高斯于1777年降生，即将在智力上对所有法国的数学同行展开毫不留情的碾压。

卡尔·弗里德里希·高斯（Carl Friedrich Gauss）生于德意志布伦瑞克乡下，从小并未接受过系统的教育。高斯能以农家子弟的出身获取"数学王子"的称号，几乎完全依仗自己的天赋。如今流传下来的高斯的童年轶事无一例外地描述了他的早慧，他3岁便可以纠正父亲的计算错误，7岁时，老师要求大家计算从1加到100时，他就自行发现了等差数列求和公式，他高傲地在老师刚刚读完题便把写着答案的石板放到桌上，用农民的土话说道："就是这。"

1849年，高斯已经是年过古稀的老人，当时也算是杰出的后辈天文学家恩克与他通信，曾提到自己关于质数出现频率的研究，请高斯指正。而高斯在回信里，只是轻描淡写地回复，恩克的工作，早在自己 15 岁时就已完成。

据高斯回忆，15 岁的自己筛选计算每连续 1000 个数字中的质数大概要用一刻钟，在一个又一个一刻钟后，排查了几乎前 100 万个数字。当代数学家约翰·德比希尔在记述这段历史之余，曾好奇地尝试了少年高斯需要一刻钟来完成的工作，他在计算了 1 小时之后便放弃，工作仅完成了不到 1/3。

高斯的天分很快引起了布伦瑞克公爵斐迪南的注意，公爵为高斯支付了学费，3 年之间高斯阅遍了欧拉、拉格朗日和牛顿的重要著作，未满 19 岁时便独立使用尺规作图画出正 17 边形，同年他在博士论文中给出了二次互反定律的首次证明，当年这个问题曾经难倒过欧拉以及与拉普拉斯和拉格朗日并列称为"三 L"的勒让德。

不过，令高斯真正引起学界瞩目的，是他在天体力学领域的成就。1801 年，高斯 24 岁，这一年距离威廉·赫歇尔爵士发现天王星正好 20 年。这一年，来自意大利西西里岛的天文学家皮亚齐（Piazzi）发现了太阳系中位于小行星带中的谷神星。

20 年前赫歇尔在巡天观测中在金牛座发现了天王星的踪迹，如今还是在金牛座，苦苦搜索了 11 年的皮亚齐在火星和木星轨道之间发现了新天体。然而，与幸运的赫歇尔不同，在他仅仅连续观测一个月后，由于地球公转，新天体的视位置距离太阳越来越近，被太阳的光辉湮没。

皮亚齐的数据仅仅跟踪星体走了 3 度，考虑到天体的逆行和其他行星的引力扰动，在这样残缺数据的基础上，靠着简陋的纸笔以及对数表来推演轨道几乎是不可能完成的任务。

用数学语言来描述这个问题，大约是已知一条椭圆地球轨道、其焦点太阳的位置以及若干从地球发出前往谷神星的视线与谷神星轨道的交点，求解谷神星椭圆轨道曲线坐标。这个问题需要动用八次方程，加上复杂繁琐的解题过程，恐怕只有天体力学奠基人拉普拉斯或者已故的欧拉出手方能做到。

其他数学家束手无策，年轻的高斯接受了挑战。他用了两个月的时间，不仅计算出了天体轨道，更提出了崭新的计算方法。两位天文学家按照高斯提供的坐标，在年底将望远镜指向了预言的天区，失踪的天体再度出现，距离高斯的预言只差 0.5 度。

不久之后谷神星轨道附近又发现了智神星、灶神星和婚神星，谷神星也与它们共同被降格成为小行星，其他小行星的轨道运算也完全适用高斯提出的崭新算法。当年欧拉需要 3 天时间才能完成的计算，如今高斯几个小时便能完成。

在智力最顶尖领域的比较中，且不将天才与凡人作比，即使天才与天才之间的差距都如此明显。

在高斯看来，这次轨道推演只是再平淡不过的工作，人类史上发现的首颗小行星，在他的原话里，也不过是"一堆毫无价值的土块"。

高斯更为关注的是自己的作品《算术研究》，公爵的赞助使他无须计较生计，可以将全部心力投入数学研究。这部颇具历史意义的专著在高斯大学期间即已完成，被出版商拖到了 1801 年方才出版。这部作品共分 7 个部分，被称作"加 7 道封漆的著作"，以其晦涩难懂又价值非凡著称。高斯日后的弟子狄利克雷正是全面掌握了《算术研究》中的精要，得以在 1831 年成为柏林科学院院士，在柏林任教长达 27 年，他在高斯逝世后承继了高斯在哥廷根的教职。入选科学院的同年，狄利克雷迎娶了丽贝卡·门德尔松，成为了著名作曲家费力克斯·门德尔松的妹婿，数学与音乐在这里联姻。

公爵增加了高斯的津贴，让他有了结婚立业的物质基础。欧洲学界热情地接纳了高斯，拉普拉斯宣称高斯的才华已经超过了自己。年近古稀的拉格朗日读到高斯刚刚出版的《算术研究》，也亲自致信，宣称高斯已经名列一流数学家之列。学界震惊于少年的天才，而高斯自己只是归功于自己的勤奋，他面对访客的称赞，直接指向书中的一页："这个问题只占了短短几行，我却花了 4 年，我没有哪个星期不在考虑它的符号。"

1804 年，哥廷根筹备建设新天文台，德国著名学者亚历山大·冯·洪堡力荐高斯出任天文台长。在一次学术会议上，洪堡问拉普拉斯谁是德国最伟大的数学家。

拉普拉斯毫不犹豫地回答："普法夫。"

洪堡惊诧莫名，立即追问："那高斯呢？"

拉普拉斯答道："高斯是世界最伟大的数学家。"

按照前辈莫佩尔蒂、拉格朗日走过的道路，此时高斯似乎应该离开德意志，西去学术中心巴黎，在东方的俄国，圣彼得堡科学院也向他伸出了橄榄枝，希望高斯继承欧拉去世后从缺良久的"王座"，高斯都没有应允。他本打算长期留在布伦瑞克，可是时局急转直下，彻底改变了他的发展轨迹。

拿破仑来了。

拉普拉斯的学生拿破仑，以共和国军团司令的身份在 1798 年远征埃及，他带着随行学者蒙日和傅里叶，一边劫掠着东方古国的文物，一边也仿照法国学院，建立起埃及学院。

次年拿破仑回归巴黎，通过"雾月政变"成为共和国第一执政者，又在 1804 年加冕称帝，在加冕典礼上，拿破仑心急地从罗马教皇手里抢夺了皇冠。消息传回巴黎，综合工科学校的学子开始反抗帝制，新近加冕的皇帝不满地对着老友蒙日抱怨："你的学生声称是我的敌人。"

当年在大革命中投票主张废弃一切贵族称号的蒙日傲然回复："陛下，我们费了大力才教育他们拥护共和，现在让他们转而拥护帝制，也实在太过突然。"拿破仑随即以伯爵之位加封，蒙日欣然领受。

拿破仑随后发动起一系列战争，兵锋所向无不披靡。终于，1806 年，拿破仑入侵了普鲁士。

高斯的庇护人，布伦瑞克公爵斐迪南在腓特烈大帝时代的"七年战争"中便戎马疆场，功勋赫赫。如今，年过古稀的公爵再次披挂上阵，希图将法军拒之门外。可惜公爵已经老去，他面对的又是拿破仑这样的军事天才，对阵中公爵脆败，被毛瑟枪击中，身负重伤、双目失明。

拿破仑没有杀死公爵，也没有对他加以囚禁，他只是歇斯底里地嘲讽了这位老人，杀死了他的精神。在那个晚秋的清晨，高斯在自己的宅邸中向外望去，篷车匆匆驶过，里面躺着他垂死的恩主。他们之间没来得及说任何一句话，这也是他和公爵生前的最后一面。

随后布伦瑞克公国并入拿破仑治下，高斯在 1807 年前往哥廷根，在天文台长任上继续服务直到终老。

在这段日子里，妻子乔安娜也跟随高斯前往哥廷根，两人生育有三个孩子，这让高斯从公爵辞世后的抑郁中得到了安慰。他在书信里的笔触变得欢快幸福，表示"居家的生活快乐而飞速地一天胜过一天，不论是我们的小女儿长了一颗新牙，还是小儿子认了一个新字，对我们而言，都像是发现新行星或是新的真理一样重要"。

这样的幸福没有持续太久，公爵去世后 3 年的 1809 年，同样是在晚秋，高斯挚爱的妻子死于难产。

在丧偶的哀痛中，高斯在一页手稿上写下："你要我不要过于悲伤，而我又怎么振作得起来。"那页纸上满是泪痕。那时的高斯还不知道，不到半年后，年仅两岁的小儿子路易斯也将离他而去。

高斯竭力把日程表排得满满当当，把自己关进简陋的书房，没有对朋友倾诉抱怨，似乎已经从痛苦中解脱出来。

直到人们很多年后找到高斯的手稿，翻到他妻子过世那年留下的一页，那一页的内容是纯科学的椭圆函数研究。在大段大段的晦涩公式中，突然出现了一句用铅笔插入的、毫不相关的话："对我来说，死亡比这样的生活更可爱。"

挚友亲人离去之外，高斯在财务上也日益入不敷出。

普鲁士战败后，哥廷根也被划入法国势力范围，并入新的威斯特伐利亚公国，居民需要缴纳一笔惩罚性质的重税。高斯作为大学教授，也需缴纳 2000 法郎。很多朋友以各种方式为高斯提供帮助，均被婉言谢绝。拉普拉斯直接在巴黎代为支付了款项，也被高斯退回，还支付了利息。直到后来有人匿名寄来 1000 荷兰盾，他无法退还，只得收下。

这场战争的始作俑者，对公爵没有任何尊重的拿破仑，日后却对高斯遥致敬意，后来他再度进军德意志，却避开了哥廷根，因为"历史上最伟大的数学家生活在那里"。

很多朋友劝说过高斯，建议他利用拿破仑对数学的虔心向这位政治家示好，来免除 2000 法郎的重担。只是高斯无法释怀拿破仑当年对布伦瑞克公爵的侮辱以及对普鲁士的侵略，始终未对拿破仑做出回应。

高斯依然在仰望星空，1811 年一颗大彗星出现在天空，长达大半年，引起了整个世界的关注。谣言迅速蔓延开去，后来的人们认为这预示着来年莫斯科的大火与拿破仑的最终败亡。托尔斯泰在《战争与和平》中，还写下了主角对彗星的观察和平民的不安。这一年的葡萄酒质量优良，商家还以"彗星之酒"的名称宣传炒作，在多年之后依然畅销。

在东方，这颗彗星同样引起了骚动。1811 年即嘉庆十六年，天理教首领林清宣称彗星入紫微垣，天下即将易主，于是林清在两年后杀入紫禁城，但遭到清军剿灭，史称"癸酉之变"。

多位天文学家对彗星跟踪观测，威廉·赫歇尔还专门对彗星路径加以确认。最终一锤定音的依然是高斯，他依仗年轻时就熟练运用的数学方法，精确计算出彗星轨道。

与此刻的德意志诸邦不同，英国靠着英吉利海峡的天险，得以免遭拿破仑的大军蹂躏。在拿破仑入侵布伦瑞克的前一年，英国人靠着特拉法尔加海战的大捷，一举击破了拿破仑饮马泰晤士河的愿景。

正如拿破仑与普鲁士的紧张关系不会打消他对高斯的尊重，英法之间的战事也没有影响拿破仑对敌国学者的重视。早在拿破仑加冕称帝前的1802年，来自英国的赫歇尔便在英法两国休战的间隙造访巴黎，在拉普拉斯的陪伴下获得拿破仑的接见。他在巴黎的盛夏中与未来的皇帝一边吃着冰激凌，一边聊着宇宙构造。

如今到了1807年，皇帝在普鲁士得胜之余，也不忘抽出时间，为远在英国的年轻化学家汉弗莱·戴维（Humphry Davy）颁发奖章，表彰他在电化学上的贡献。

战事之中凭借英吉利海峡天险得以保持和平的英国，涌现出了一批杰出学者，此次接受勋章的戴维，便是其中年轻有为又极具魅力的一位。

戴维生于1778年，受奖时尚不到而立之年。他出生于贫困家庭，教育资源几近于无。这位日后英国最杰出的化学家之一、电化学领域的奠基人回顾这段童年时光，把这段艰难时期看作一生的财富，由于他未能接受系统的教育，让他学会通过自学锻造思维。

戴维起家于气疗诊所，在研究各类空气性质时引发了对化学的兴趣。他是以事实说话的实证主义者，亲身参与危险气体的吸入实验。他曾亲自吸入3升一氧化碳，经历煤气中毒的濒死体验。勇敢之余他也留有后手，吸入一氧化碳时两位助手就在他身边，手持充满氧气的膀胱袋，随时准备动手抢救。

19世纪初，戴维已经成长为小有成就的学者，除了在化学上的成就，他也涉足物理的电学研究。他以铂金为原料制成灯丝，做出了最早的白炽灯原型，虽然发光不够持久，但也足以轰动一时，并为后来爱迪生的碳丝灯泡奠定了基础。成为英国皇家学会会员后，他公开展示了改进版本，碳极之间的电弧照亮了学会四壁，台下的学者啧啧称奇，这是电弧灯在人类文明史上的首次亮相。

秉承对物理与化学两大领域的了解，戴维将两大领域融会贯通，开辟出电化学领域。戴维不仅懂得如何在实验室里开展严谨的研究，也懂得在象牙塔外与富人打交道，他积极募资，建立起当时能量最高的伏打电池，最高电压达到了5000伏特。

伏打电池在戴维手里成为化学分析的利器。他通过电解各类盐溶液，分解出一系列新元素。他陆续发现了钾、钠、钙、镁、硼、钡等多种元素，拿破仑颁授的奖章，即为表彰他在电化学领域的贡献。

戴维的化学研究推动了诸多领域的进步，其中也包括医学。早在1772年，普利斯特里便发现了一氧化二氮气体。到了世纪之交的1800年，戴维与助手在实验室里研究一氧化二氮时不慎吸入，大笑不止，于是发现这种气体能引发难以控制的大笑，人们把它称作笑气。笑气在今日是严格管制的气体，当时却被拿来在俱乐部里吸食取乐。戴维的便携吸气装置由大工程师詹姆斯·瓦特亲手设计，戴维本人也在某次吸食笑气后，带着恍惚与陶醉在纸上写下"牛顿和戴维"，把自己的名字与百年前的科学宗师并列，从这个举动，或许可以一窥戴维的野心。

后来笑气终于用作正途，成为手术中的麻醉药品。1806年，又有德国同行赛特纳（Serturner）从鸦片中分离出提纯成分，用作止痛，由于该药品有极强的催眠作用，便以希腊文的睡眠一词为其命名为吗啡。多年之后，当戴维的生命油尽灯枯之时，他正住在日内瓦湖畔的酒店中休养。在他生命的最后一晚，戴维凝视着宁静的湖面，服下定量的吗啡，在弟弟约翰·戴维读书声的陪伴下进入了永恒的长眠。

与其他学者不同，戴维不仅专精于斗室之中的研究，更善于将知识传播给大众。1799年，伦敦成立了一个新的科学组织——皇家研究院（Royal Institution）。

与致力于科学研究的皇家学会不同，皇家研究院更专注于科学知识的传播。建院人本杰明·汤普森（Benjamin Thompson）生于美国，以伦福德伯爵（Count Rumford）的身份混迹英国上流社会。他被看作是投机人士和好色之徒，可也正是这位不为人所称道的伯爵，建立起伟大的科普圣地，并远见卓识地聘请了两位卓越的英国学者。

在物理学界，他选择了托马斯·杨（Thomas Young）——后来的光学波动说奠基者。

1801年，托马斯·杨完成了物理学史上的著名实验——杨氏双缝干涉实验。

这是牛顿发布《光学》后的一个世纪里最重要的光学实验：光通过平行的双缝，便会使得有些区域因叠加而变亮，而有些区域又因抵消而变暗，视觉上形成彼此干涉的波带条纹。

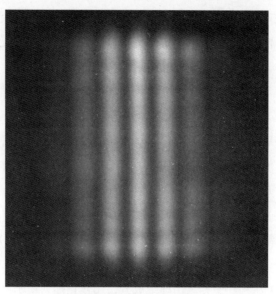

阳光的双缝干涉图像
来源：维基百科

在波的传播中，当两列波叠加在一起，波峰的叠加会让波动增大，而波谷与波峰的重叠会让波动抵消。当两列波不能完全叠加时，干涉条纹就会出现。实验结果巩固了光的波动性质，打破了牛顿粒子说在光学领域的百年统治，如今走进中学的物理课堂，教师们还会在实验课上重复这两个世纪前的实验。

在后来的实验中，人们发现，即使对着双缝逐个发射光子，也同样会形成干涉条纹。按说，每个光子并不知道上个光子会出现在何处，也不清楚下个光子会走向何方，可它们依然在屏幕上排成整齐的概率波纹，似乎有某种难以名状的力量引导着每个粒子完成自己对自己的干涉。后来的学者们提出了奇妙的解释：这意味着光子同时通过了两个狭缝，单一的量子也呈现出波的状态。杨氏双缝实验不仅在牛顿粒子说的高墙上敲开缺口，也为一个世纪后量子力学的创立埋下伏笔。

伦福德伯爵选择的化学界代表是年轻的戴维，他在 1801 年甫一加盟即被任命为实验室主任，后来又出任院长。建院 3 年后的 1802 年，皇家研究院的创始人伦福德伯爵便与管理层不合，渡过海峡去了巴黎。在巴黎生活期间他迎娶了拉瓦锡的遗孀安妮，这段婚姻短暂且不幸，此后伦福德伯爵在法国终老，再也没有返回伦敦，研究院的重担几乎是落在了戴维一个人肩上。

戴维没有辜负创始人的委托，他的同事托马斯·杨固然具有极高的学术天分，却难以将晦涩的知识简单明了地对听者阐明。而戴维全然相反，1801 年起戴维正式登台，开始向公众发布演说。

在那个暮春之夜，22 岁的年轻人面对大厅里的数百位观众，以"流电学"为主题首次演讲。他的演说慷慨激昂而引人入胜，一连串电化学实验被一一展示，火光、烟雾、爆炸组成的演示如同魔法，令观众如痴如醉。在演讲末尾，戴维铿锵有力地宣告：科学赋予了人类认识自然、改变自然的伟力，靠着实验对自然世界的探索，人们可以不再仅仅成为探索者和学习者，人们必将成为自然的主宰者。

他的演讲风靡伦敦，成为伦敦的时尚节目，一度可与白金汉宫的游园会比肩。戴维的授课手法激进而大胆，当讲到地质学时，他会在讲堂上搭建起火山模型，模型中会剧烈喷出烟雾和火花。讲到一氧化二氮的化学性质，他直接提供笑气给大家吸食。绅士们带着好奇与企盼排队走向讲台，接过软管，吸上几口圆形烧瓶中的笑气。刚刚还一丝不苟的绅士们，转眼间便表情沉醉、乐不可支。围观的观众们瞠目结舌，纷纷打开本子写下笔记。这种科普形式如今看来实在不负责任，在当时却为听众带来新奇的体验。

每逢戴维演讲夜，名媛淑女们身着盛装，佩戴着装饰着羽毛的帽子，争奇斗艳；绅士们则戴着假发、穿着燕尾服、裤子扎进高筒靴子，仿佛观看一场庄重严肃的歌剧。研究院足以容纳上千位听众的半圆大厅中座无虚席，王室贵族们也频频到访，而听众们的马车常常拥堵在研究院门前的大街之上。

年轻的戴维只是当时一代化学家中最具有代表性的一位，19 世纪初的化学界，承继拉瓦锡留下的基业，涌现出一批优秀的学者。意大利的阿伏伽德罗（Avogadro）提出了高中化学课本里第一章即会涉及的重要考点阿伏伽德罗定律，阐明同温同压之下的等体积气体含有相等数量的分子，他留下的阿伏伽德罗常数至今还用作衡量粒子数量的基本单位。法国的盖 - 吕萨克（Gay-Lussac）更进一步，通过研究不同气体之间的反应，发现反应前与反应后的气体体积之间存在简单的比例关系，从而提出气体化合体积定律。人类的研究终于开始触及分子与原子层面。

首个提出原子理论的是年长戴维 12 岁的英国同胞约翰·道尔顿（John Dalton），在戴维面向公众发表科普演说之时，道尔顿也应邀从定居地曼彻斯特赶往伦敦，在英国皇家学会发表了关于原子理论的演讲。

他重拾了古希腊哲人的原子理论，认为一切化学变化都是原子的重新组合。

原子论上承古希腊哲学家德谟克利特，他认为一切事物都由极其微小、无法拆分的粒子构成，这是原子论的雏形。在之后的两千年里，直到道尔顿的时代，原子论一直没有得到深入发展。人们把原子论看作先哲的哲学观点，而非坚实的物理化学事实。没有人使用定量方法深化对原子层面的阐述，也没有人从原子理论去解读化学现象，因而在整个中世纪里都被忽视。

直到道尔顿以现代化学的研究方法复生了这一古老的哲学思想，化学家们开始加入道尔顿的研究体系，测量原子的相对质量，研究分析各项元素的性质，通过精密的实验确定每种分子的原子组合，从此化学开始逐步走向现代。

在拉瓦锡时代，化学家们便已整理出包含 33 个元素的列表。元素表中包括玻意耳与牛顿时代便已经知晓的硫、碳、金、银，也包括后来发现的氢、氧、氮。当时的元素表中还混杂着"光"与"热"这样本不属于任何物质、未来即将被剔除出表格的元素，也混入了一些被误以为元素的化合物，比如成分是氧化镁的"镁氧土"和成分是氢氧化钡的"重土"。

到了道尔顿的时代，更多新元素被加入列表，1789 年学界发现了铀（uranium），得名于赫歇尔发现的天王星（Uranus）。那时用新的天文学发现命名元素是一时风潮，元素铈（cerium）的命名来自高斯曾参与轨道测算的谷神星（Ceres）；元素钯（palladium）的命名来自于第二颗小行星智神星（Pallas）。

道尔顿主张，将物质不断拆分，终将会遇到不可细分的微粒，这就是原子。每一种原子对应一种元素。相同元素的原子形状、大小、化学性质均相同。原子之间的差异造成了多种多样的元素。

道尔顿又提出"倍比定律"，发现不同原子遵从简单的固定比例化合，最终形成宇宙中丰富多彩的物质。倍比定律的提出，让后来的化学家们可以用分子式表示各种物质。

在道尔顿的定量分析中，他引入了"原子量"（今天称作"相对原子质量"）这一至关重要、沿用至今的化学概念。诚如当年天文学家们还无法测定几大行星与太阳的绝对距离，便通过观测先行确定几大行星之间的相对距离，地球与太阳的平均距离就被定义为 1 "天文单位"。如今道尔顿限于条件，也无法测定每个原子的具体质量，但却可以通过原子之间的化合关系和化合物质量来确定不同原子的相对质量。

他把最基础、最轻的氢元素原子量定义为 1，由此测定出当时最为完善的原子量表格。如今原子量依旧是化学中的重要概念，经过更新，在 20 世纪 60 年代，国际物理和化学两大联合会分别采纳以碳 12 原子质量的 1/12 作为 1 相对原子质量标准。

道尔顿的原子论也开启了 19 世纪化学学科的发展，被后世称作"有机化学之父"的尤斯蒂斯·冯·李比希（Justus von Liebig），就紧随道尔顿，启用有机化合物分析法，精密测定每种物质的元素构成。

此前人们往往认为有机物与无机物之间相隔天堑，有机物必须从生命等有机体中取得，具有神秘的生命力。正是李比希发现，所谓神秘的有机物原来也同样由不同元素成比例结合，并不比无机物多出什么神秘性质，适用无机物的化学定律也同样适用有机物。李比希的挚友维勒人工合成尿素，从无机物中生产出有机物，更将所谓"生命力论"淘汰出局。有机化学学科正式创立，摒弃了神秘主义。

同样受到道尔顿启发的还有英国化学家威廉·普劳特（William Prout），普劳特发现根据道尔顿的原子量表格，大多元素的原子量都是氢的整数倍。他猜测氢元素是各元素之源，是不同数量的氢原子组成了不同元素。

普劳特的观点提出在 1815 年，是道尔顿原子论刚刚提出不久之时。围绕普劳特的观点化学家分成两派，直到近半个世纪后才由精确的原子量测定予以否定。不过普劳特的观点已经足以启发后世的化学家，人们开始尝试把元素按照原子量由少到多排成序列。19 世纪 60 年代末，俄国化学家门捷列夫在按照原子量排列元素时发现了元素周期律。

道尔顿与戴维之间也建立起深厚友谊，他们都从彼此的研究中获益良多。道尔顿的科学化学观影响了戴维，戴维在实验方面的天赋也启发了道尔顿，道尔顿在各种气体燃烧的实验里引入了戴维的伏打电池组，用电火花替代传统的酒精灯来点燃混合气体，以避免产生废气。

在戴维获得拿破仑授奖的次年，1808 年，道尔顿出版了《化学哲学新体系》第一卷的第一部分，剩余部分在后来的 10 年间陆续补足，他在这本书中正式发布了现代意义的原子论。在书的扉页上，他带着敬意写下"献给戴维，皇家研究院化学教授"。戴维读过这部巨著，把原子论赞颂为"当代最伟大的科学成就"，盛赞道尔顿的功绩可以与开普勒媲美。

今天的学者们翻开《化学哲学新体系》，也会被道尔顿的坚韧打动。道尔顿不像戴维拥有先进的实验室和研究条件，也不像前辈拉瓦锡可以靠着丰厚的家资全身心投入研究，道尔顿的研究环境堪称寒酸，仪器设备也很简陋，收集实验中产生的二氧化碳用的还是洗净的膀胱。他还是色盲患者，无法准确地判断每种化合物的颜色。在英国，色盲症被长期称作道尔顿症，以纪念道尔顿在色盲领域的探索。

靠着简陋的设备，道尔顿深入探索了各种化学现象。如同当年天王星的发现人威廉·赫歇尔爵士启动了对整个宇宙的巡天观测，如今在曼彻斯特，道尔顿启动了对几乎每一种已知元素排列组合的逐一观测。他测定了声音在不同气体中的传播速度，对当时各种化合物性质详尽梳理，还广泛引用他人成果，甚至研究了来自中国的铜锣、铜钹的合金成分。

道尔顿生性谦逊低调，原子论发布之后，身负盛名的他本可赚取不菲收入，可他依然隐居在曼彻斯特的实验室里，且低调地参与当地的儿童教育。

道尔顿克服简陋的器材设备限制依然做出伟大的成就，是后世的励志故事作家们喜欢的素材，很适合用来激励出身不佳的贫困学子。但不能否认的是，简陋的实验条件一定会制约科学研究的长期发展，以道尔顿之勤勉，亦不能例外。

由于缺乏精密的实验数据，他测量出的原子量并不很准确，很多都与现代值相去甚远。道尔顿的理论也没有立即为学界所接受，必须依托其他学者的跟进才能得证。

本可以跟进支撑道尔顿的是巴黎的盖-吕萨克——同时代的实验大师。为了研究高空的化学和电磁现象，他两次甘冒奇险，搭乘热气球升空。他轻装简行，把椅子这些随身物品一一掷下，直抵 7 千米以上的高空，打破了人类有史以来升空高度的纪录。他坐在简陋的吊篮里，克服高空的缺氧与严寒，强忍身体的僵硬与耳鸣，坚持在高空完成了空气取样、气压测量和地磁测量，最终证实高空的地磁强度与空气成分都与地面非常接近。

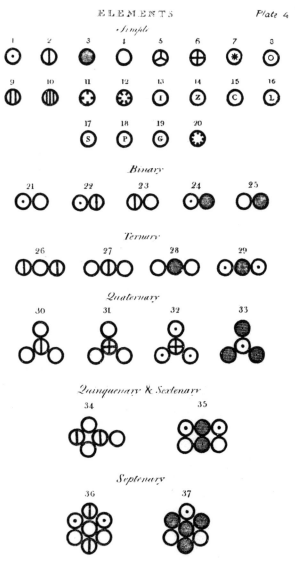

道尔顿《化学哲学新体系》中的原子与分子模型

来源：维基百科

在道尔顿精研原子论的同时，盖 - 吕萨克提出了气体化合体积定律，也称盖 -

吕萨克定律。定律阐明同温同压之下，参加同一反应的气体体积成整数比。好比氢氧燃烧生成水的实验中，消耗的氢气、氧气体积比就是简洁的 2∶1。

气体化合体积定律原本可以成为支持原子论的极佳工具，水分子（H_2O）中的氢原子数量也确实是氧原子的 2 倍。然而道尔顿受限于实验能力无法验证，竟然专门反对自己的战友，无视实验证据，想当然认为"气体在任何情况下都不以等体积比例化合"。

即使是对道尔顿多加肯定的戴维，也承认道尔顿只是"粗糙的实验者"，"道尔顿先生更像是一位原子哲学家，为了使原子本身按照他提出的假设排列，他常常使自己沉迷于徒然的推测"。

如果能为道尔顿配置全面精密的实验设备，提供良好的科研环境，或许原子论将不会拖延到 50 年后才广为接受。歌颂学者在逆境中的奋起固然感动人心，但不能为有天赋的学者提供良好的工作环境，无疑是对智识的浪费。

曾有化学家久慕道尔顿大名，前往曼彻斯特拜会。当他终于找到道尔顿时，吃惊地发现，这位身兼英法两大学会会员的学者并没有任教于什么知名学府，反而身居陋巷，教一群孩子最基础的加减乘除。见面之时，道尔顿不顾访客的惊诧莫名，向身侧一指，要求访客暂坐，不要打断他正在讲授的数学题目。

戴维与道尔顿完全相反，他热心于仕途。1820 年，那位当年曾经随船陪同库克船长南下太平洋的英国皇家学会会长班克斯病逝，结束了他 42 年的漫长任期。时年 42 岁的戴维四处奔走，为自己谋得了班克斯留下的会长席位。

1810 年，道尔顿曾婉拒戴维把自己纳入英国皇家学会的建议，很多传记作者归结为道尔顿的谦虚，其实还有部分原因是道尔顿的贫困令他难以承担会费。后来，道尔顿在不知情的情况下在 1822 年当选为会员，会费也被豁免。为道尔顿奔走筹谋的正是刚刚接任会长席位两年的戴维。

两种截然相反的处事态度同样可以成就学术硕果，这两位学者日后还各自培养出一位高徒。在戴维皇家研究院的听众里，走出了迈克尔·法拉第（Michael Faraday）；在道尔顿简陋的课室中，走出了詹姆斯·普雷斯科特·焦耳（James Prescott Joule）。

在不远的将来，这两个孩子快速成长起来，将人类带入了电气时代。

1812 年的冬春之交，新晋皇家学会秘书汉弗莱·戴维继承着 11 年来的传统，在皇家研究院再度演讲，一日之内组织起 4 场讲座，主题是"酸和氧的关系"。

这正是戴维意气风发的时期，这一年戴维被授予爵士封号，也同一位富有的孀居女士结婚。他的妻子正是他科普讲座的听众如愿以偿地靠着戴维的贵族地位获得了"夫人"（lady）的头衔；而靠着妻子的丰厚财产，戴维也得以很快从皇家研究院院长的位置上辞任，只保留了荣誉教授的席位。

这个当年出身贫寒的年轻人，靠着自己的学术成就以及联姻，在 34 岁这一年步入了上流社会。历史学家弗兰克·詹姆斯谈到这一节，略带揶揄地评论："这桩婚事，真像是同时代作家简·奥斯汀的经典小说桥段：'他得到财富，而她得到头衔'。"

这 4 场讲座成为了戴维在皇家研究院的谢幕之作。华贵典雅的马车再度将学会门前的大道挤得水泄不通，贤达名流纷纷落座，场场爆满。当最后一场讲座结束之时，绅士淑女们纷纷起立，热烈的掌声回响在宏伟的大厅。

讲堂角落里，衣履略显格格不入的法拉第静坐在那里，这位 20 岁的年轻人全神贯注地聆听，在纸上写下详尽的笔记。

未来，他将会从戴维手里，接过这座千人讲堂。

法拉第当年整理的笔记原稿保存到了今天，386 页笔记一丝不苟，工整有度，还配有详细的仪器和实验图表。如今翻开笔记的扉页，上面的手写黑体字与带着曲线装饰的花体字交错排布，就像是那个时代装订精良的书籍——这倒不仅仅是因为法拉第尊重知识，法拉第作为书商装订学徒，装订出漂亮的笔记只是本职工作而已。

法拉第于 1791 年降生在伦敦贫民区的铁匠之家，他从未接受过系统高等教育，只在儿时学习了读书写字以及简单的算术。13 岁时，他已经靠着在书商手下打工来承担家庭责任了。

法拉第的装订工生涯持续了 8 年，8 年之中他求知若渴。他一完成枯燥的装订工作，就会立即阅读。法拉第晚年回忆这一段日子时，笑言以自己当时的知识储备和辨别能力，看到什么就会相信什么，连《天方夜谭》都会信以为真。而上天对他最好的馈赠就是，他受雇装订的、让他信以为真的最重要的一部书籍，是 1797 年的《大不列颠百科全书》第 3 版。

命运已经铺好了他未来的道路，其中最令他印象深刻反复阅读的条目，是

"电"。当年同样的条目也曾经启迪过普利斯特里，如今，它传到了少年法拉第的手中。

他每天工作后都泡在装订室，如果雇主有了有趣的新书，他就协助细致地装订，通常还会制作副本自留。他听了学者约翰·塔特姆的 12 场关于电学和力学的讲座，1812 年，他又参加了戴维的 4 场讲座。正是这 16 场讲座为他开启了通往科学殿堂的大门。他随后被推荐给戴维，临时做了戴维的书记员。年底法拉第致信戴维，奉上了精心装订制作的、戴维年初 4 场讲座精美笔记的复制本。

戴维大为感动，接纳了这个没有高等教育背景的年轻人，让他成为自己的实验助手。起初，他对把这个年轻人带入科学领域也颇多犹豫，同样出身寒微的戴维，深知要靠科学改善经济状况实在太难，在法拉第入行之前戴维专门叮嘱："对于将自己奉献给科学的人来说，科学就像是个严苛的女人，苛责不少，回报却不多。"

不过法拉第心意已决，1813 年，21 岁的法拉第正式进入皇家研究院，随后，这个此前连伦敦郊区都没出过的青年，得以陪同导师戴维前往欧洲科学考察，行程长达 3 年。

那时英法两国之间战火仍频，出于对学者的尊重，拿破仑特许戴维一行自由进出。旅途之中法拉第常常受到戴维新婚妻子的轻视慢待，还要承担起男仆的责任，可他依然珍视这次机会。因为他有机会聆听盖 - 吕萨克的演讲，这位刚过而立之年的学者已经成为巴黎工业学校的化学教授和索邦大学的物理教授，正在研究碘元素；他可以随从面见安德烈·玛丽·安培，这位同样刚过而立之年的学者已经手执巴黎高等理工学校的教鞭，日后被麦克斯韦称作"电学中的牛顿"；他还有幸在意大利面见了伏打电堆的发明人伏特，那一年伏特已经年近古稀，被拿破仑政府授以伯爵称号。

在未来漫长的工作里，法拉第发表了超过 400 篇论文，由于数学功底的薄弱，全部论文中未曾出现过一个微分方程。他的很多学术思想要依仗后来麦克斯韦的协助，才能转化为数学语言。然而，欧洲游历的 3 年，让他得以接触到西方科学界最重要的学界精英和最先进的学术前沿，使他得到了与大学教育同样珍贵的经历。

1821 年，法拉第承继奥斯特、安培等人的研究，发现电磁旋转现象，奠定了电动机的发明。1831 年，他完成了发电机的设计原理。

10 年之间法拉第解决了两大问题：用电动机告诉人们电有什么用；用发电机

告诉人们电从哪里来。

法拉第被迅速授予各种荣誉，1824 年皇家学会以几乎全票赞成的结果对 33 岁的法拉第敞开了大门，投票中仅有一人反对。

许多历史学家相信，这唯一的反对票来自于法拉第的老师戴维。

这是科学史上又一对师徒之间的裂隙，这并非法拉第与戴维之间的首次冲突，戴维一直没能给予法拉第足够的尊重。1823 年，戴维的挚友、未来戴维传记的作者帕里斯博士与戴维偶然探访皇家研究院。那时，法拉第还在用业余时间做实验。

帕里斯博士看到试管上沾染的一些油渍，他不顾自己客人的身份与体面，不留情面地训斥了法拉第，认为法拉第作为助手，竟然连基本的实验器具都未能妥善保养。法拉第没有反驳，只是解开了试管的封蜡，刺鼻的气味传了出来，油渍也逐渐消失。第二天一早，帕里斯在桌子上发现了法拉第留下的便签："您注意到的油渍，其实就是液态氯。"

压力与嫉妒被转移到戴维和帕里斯一方。氯气的液化是气体领域的重要成果，如今却出自小小助手的独立研究。在后来法拉第关于氯气研究的论文中，戴维强行加上注释，声称法拉第的研究完全出于自己的安排，自己已经预见实验结果，因此自己才是解决氯气液化问题的第一人。

法拉第则声称：戴维没有给自己任何指导。

师生之间的关系日渐紧张，有次戴维在法拉第的实验室随口建议法拉第将氯酸钾与硫酸混合密封加热。如今任何具备初等化学知识的高中生都非常清楚氯酸钾这种强氧化剂在密封容器内反应时易燃易爆。戴维走后，实验室发生剧烈爆炸，法拉第险些失明。很多人猜测，熟知氯酸钾性质的戴维预谋已久，13 年后法拉第聊到这一过节，也并没为老师的清白辩解。

当戴维看到法拉第进入了皇家学会提名名单，看到这位自己挖掘的穷苦孩子竟然也要为科学界承认，获得与自己同样的地位，怒不可遏。出身于学徒的戴维反过来打压起自己的学徒，他声称法拉第剽窃了自己和其他学者的成果，这完全是"仆人带着银器出逃"。

这位皇家学会会长怒不可遏地找到法拉第，要法拉第自己把名字从名单上移除。

法拉第只是淡淡表态，只有自己的提名人才有资格取消自己的提名。

戴维暴怒回应："我是皇家学会的会长，我有这个权力。"

戴维没有真的取消法拉第的提名，关于法拉第入会的投票前后一共进行了11轮，包括赫歇尔在内的元老会员都站到了法拉第这边，法拉第终于当选。未来，戴维也没能阻止皇家学会把最高荣誉科普利奖章颁发给法拉第，而且一共两次。

师徒之间的关系归于冷淡，直至戴维在法拉第进入皇家学会 5 年后的 1829 年去世。

戴维在生命的最后几个月中，躯体日渐衰弱。1828 年年底，他在罗马过冬时，度过了自己的 50 岁生日，那时他还能外出打猎。可 1829 年 2 月，戴维又一次罹患中风，经过几个月休息调养依然不治，在日内瓦的旅店去世。如今他长眠在日内瓦的公共墓园，朴实的墓碑字迹模糊，青翠的藤蔓攀缘其上。

来自昔日老师的打压一度使法拉第暂停电磁学研究，但即便如此，法拉第也从未公开表达对戴维的不满，他依然满怀感恩地看待这一段师生之谊。他接替了戴维的位置，成为了皇家研究院的领袖，也发扬了戴维在皇家研究院的科普传统。

法拉第创办了定期举行的"周五夜话"，还有专门为儿童宣讲的"圣诞讲堂"，在后来近 40 年的时光里，他孜孜不倦地面向大众传播知识。他继承了戴维生动有趣且才华横溢的演讲风格，重视实验展示。一次演说中他将"法拉第笼"引入了礼堂，他被封入巨大的木箱，箱外覆盖着金属网络，高压电流引发的电火花在笼外噼啪作响，笼内法拉第手中的验电器却显示笼内不带电荷，非常安全。伦敦的绅士淑女们欣赏着这舞台戏剧般的实验，如痴如醉。

直到今日，"圣诞讲堂"仍未中断。许多人都在其中领悟到科学的美妙，当他们聊到讲座，往往会说自己"看到了什么"，而非"演讲者教给了我什么"。

法拉第保留着科学家的严谨缜密，也承继了老师戴维赋予讲座的社交色彩。"周五夜话"遵照了严格的仪式，每当晚上 9 点的钟声响起，礼堂大门准时洞开，法拉第在全场热切的目光中匆匆而入。他一丝不苟地打着领结，燕尾服的衣摆在身后飘荡，走过同样盛装的绅士淑女，阔步登上讲台，开始操作已经调试妥当的实验器材。有时，演讲中途法拉第的夫人也会前来旁听，这时法拉第会立即停下演说，陪同妻子来到前排就座。

法拉第在皇家研究院的圣诞讲堂

来源：维基百科

法拉第有了越来越多的听众，中后期的每场演说中，前来旁听的观众一直有800人左右。其中最知名的三场，听众超过了千人之众，达到演讲厅容纳的上限。他的听众里有科学家、贵族，也有普通民众，在1855年的圣诞讲座里，英国女王一家也莅临会场。维多利亚女王的丈夫阿尔伯特亲王带着两个小儿子在前排落座，两个孩子一个是未来继承大统的爱德华七世，另一个则是日后受封爱丁堡公爵的阿尔弗雷德亲王。

法拉第发扬了老师留下的科学遗产，行事风格却与戴维相去甚远。1832年，法拉第被提名爵士头衔，最终法拉第谦虚地婉拒，他认为追求世俗的财富和荣誉与《圣经》相悖，他宁愿"至死都是平民"。

戴维的离世解除了法拉第的负担，他终于得以重归电磁学领域。在一水之隔的法国，学界也同样憾失巨擘。

戴维辞世两年前的1827年，法国科学院的拉普拉斯走完了他77年的人生路途。这位出身低微，靠着扎实的学术功底与政治手腕几经沉浮不倒的伯爵安老在自己巴黎乡下的庄园。

与拉普拉斯共同重建法国科学院的拉格朗日先他一步，在巴黎先贤祠的地穴里长眠已经 14 载，拉格朗日的墓碑低矮而朴素，上面镌刻着他的几项头衔，从帝国的伯爵到荣军院的大军官勋位。他临终前还在修订自己的《分析力学》，同样享年 77 岁。在拉格朗日辞世前，蒙日和几位老友前来探看，想多了解一些他的生平，只惜拉格朗日的记忆已经随着身体一同衰朽，已经不再能为挚友们提供素材。

在拉普拉斯最后的日子里，他最得意的门生陪伴着他。泊松目睹了恩师的谢世，当场泪下。他的另一位学生傅里叶题写了官方悼词，记录了老师的遗言："我们所知甚少，而我们的未知无限。"

与拉格朗日顺利的安葬不同，拉普拉斯去世后又经磨难，他的大脑被医师取出，精心保存，日后被送往英国解剖展出。他身体的其余部分则经历迁徙，最终安葬在自己的家乡。他的雕像被放置在高台之上，安置在六根希腊多立克式支柱撑起的穹顶下，眺望着自己少时长大的村庄。

拉格朗日和拉普拉斯，是牛顿下一代杰出学者中最具有代表性的两位，他们共同度过了法国大革命的血腥残暴和随之而来的政治反复，他们共同为法兰西挖掘出一代杰出的年轻学者，他们共同深入完善了牛顿留下的数学及物理框架。

他们当然也受到了牛顿的深刻影响，拉格朗日承认牛顿的天才之余，也曾带着一丝嫉妒感叹牛顿的幸运，因为"在他那个时候，世界的体系仍然有待发现"。拉普拉斯则一直被冠以"新牛顿"的赞誉，学生傅里叶在悼词里记录的遗言，还带着些许牛顿当年感慨自己只是"在未知的真理的海洋边捡拾贝壳"那句著名遗言的影子。

也有历史学家认为，傅里叶记录的遗言更多是在塑造老师的光辉形象，拉普拉斯实际的感言痛苦而无奈。在另一份记载中，根据拉普拉斯一位在场朋友的描述，那天拉普拉斯的身体已经非常衰弱，泊松试着安慰自己的老师，老师真正的遗言充满痛苦："哎，我们过去追求的都是幻影。"

拉格朗日与拉普拉斯的学生们后来分别继承了两个人的研究方向，在 19 世纪上半叶形成了两个观念相左乃至互有敌意的学派：坚持拉格朗日的分析方法的一派有傅里叶、欧姆和安培；拉普拉斯一派则由柯西、布瓦松执掌门庭。

拉普拉斯看到了年轻一代的成长，他去世之时，安培已经提出了安培定律，并已出版作品《电力学现象中的数学理论研究》，在安培进入法国科学院后，也被英国皇家学会接纳成为海外会员。欧姆也在这一年出版了《电路的数学研究》，充实了上一年中的实验成果，发表了欧姆定律。

至于拉普拉斯另一个学生拿破仑，他比老师还要早离去 6 年。1821 年 5 月，这位法国历史上最伟大的军事家离开南大西洋圣赫勒拿岛，那是当年哈雷观测南天星空时驻留过的地方。

看到拿破仑的垮台，在不远之外的哥廷根，高斯终于得到了些许慰藉。他怀着对布伦瑞克公爵的思念，广泛搜集阅读了关于拿破仑生平的各种作品。据称，高斯平静地读着这些资料，乐在其中。这时，布伦瑞克公爵已经长眠 14 年，高斯也已经年过不惑。

随着法拉第、安培、欧姆将电力学向前推进，高斯也开始从纯数学领域进入电学应用，在 1831 年法拉第发明电动机理论后，高斯与友人韦伯合作，制作了世界上首台电报机。

1831 年是科学史上成绩斐然的一年。法拉第在发现电磁感应现象之余，还做出了第一个变压器，在当时应用范围不广，却在未来的输电工程中大展身手；同在英国，菲利普斯首先使用接触法制备了硫酸；罗·勃朗经历了 5 年对 4000 多种植物的研究分类，发现了细胞核；瑞典化学家贝采里乌斯发现了同分异构现象；高斯在电报之外，还建立起复数代数学，把复数分解为平面象限上的点，拓展了数学的边界。地理学上，人类对地球两极的了解也开始深入。在北方，北磁极被发现；在南方，通过英国皮斯库船长的环南极航行，人们确定了南极是一块独立的大陆，与其他大陆并不相连。

在这一年年底，在这些重大发现之余，发生了另一件未被学界重视的小事。英国皇家海军治下一艘名为"小猎犬号"的双桅军舰从英国德庞港收起船锚，驶向波涛汹涌的大西洋深处，即将开启一段长达 5 年的环球航行。

这次环球航行原本与科学领域关联不大，首要的目标是测量南美洲海岸的水文情况。军方无须舰长对沿途风光做精美的绘制，只需要由专业人士测绘沿途的陆地形状、山体高度。同时，军方还建议考察太平洋的珊瑚环礁。

只看军方下达的任务，这不过是一次枯燥的漫长例行公事，然而，因为一个人的参与，这一次行程成为科学史上最重要的一次远航，1831 年所有科学突破都将在这次远航面前黯然失色。

1831 年 12 月 27 日，时年 22 岁的查尔斯·罗伯特·达尔文（Charles Robert Darwin）以随船博物学家的身份随军舰启航。他未来提出的进化论，令人类对生命以及世界的认知图景就此发生惊天巨变。

达尔文对人类既有认知的撼动并非一日之功，时间从达尔文的时代前推一个世纪，旧有秩序的外壳之上已经出现裂痕。这是另一次神学与科学的冲突，达尔文只是将这一场蔓延百年的争端推向顶点。

在此之前，宗教的权威典籍还凌驾在地质学乃至生命科学之上，宗教导师告诫人们，是上帝在创世纪的七天里创造了世界和全部物种，又是诺亚方舟时代的洪水塑造了现今的地质地貌。

当学界探讨地球的年龄之时，他们没有依据地质学证据，也不靠年代测序，而是考据神学典籍。地球年龄与上帝创世关联颇深，是重要的神学问题，学者们在同一话题之下堆砌出大量繁琐的探讨。托马斯·阿奎那、马丁·路德等历代先知根据《圣经》的记载不断回溯，不约而同地将地球的年龄确定在 6000 年上下。

学界领袖牛顿则在工作之余将大量的天分浪费在神学研究，他在几十年间断断续续地根据《启示录》和《但以理书》整理《圣经》的编年史，这部编年史在牛顿去世后流传开来，采信了地球 6000 年历史的说法。

率先从科学角度开展分析的是来自英国的地质学家詹姆斯·赫顿（James Hutton）。

赫顿出生于 1726 年，他成长在启蒙时代英才辈出的苏格兰爱丁堡，那也是孕育了哲学家休谟、经济学家亚当·斯密、蒸汽机改良者瓦特的苏格兰，他与大师们多有结交，最终赫顿发扬了牛顿的科学精神，也推翻了牛顿认可的《圣经》编年史。在美国学者雷普切克的赫顿传记里，他被称作"发现时间的人"。

爱丁堡附近，远古以来的剧烈地质运动为赫顿提供了地质学考察的最佳标本，4 亿年来火山活动不断，海湾之上巉岩盘亘。传统观点认为诺亚洪水是一切地质地貌的成因，在 6000 年间将地球雕琢成型。而赫顿站在爱丁堡海岸东望北海，感受自然伟力作用之下的旖旎地貌，第一时间想到：区区 6000 年，要形成如此鬼斧神工的造化，实在太短。

怀着谨慎的态度，博物学家赫顿在古稀之年完成了一生中最重要的研究，

1785 年，法国大革命尚未爆发，他首次向传统观点发难。也正是在这一次挑战中，他成为现代地质学最重要的开拓者。

在爱丁堡皇家学会的会场，他连续发布演讲，这是科学史上第一次以地质证据将星球历史铺展开来。虽然此前《自然史》的作者布丰伯爵靠着研究加热球体的散热速度，将地球的年龄拉长到 7.5 万年，但毕竟数量级差异不大。赫顿指出，地球虽不是恒久存在，但它的年龄非常古老，已经远远超出人类所能衡量的认知。

如果考据一下当年到会旁听的名录，我们将得到一份星光熠熠的名单：《国富论》的作者亚当·斯密、电学家库仑、化学家布莱克以及爱丁堡大学数学教授普莱费尔均赫然在列，现场齐聚了 50 名苏格兰的饱学之士。赫顿怀着自信将他的革命性观点传播给苏格兰最优秀的大脑，然而应者寥寥。

这并不全然出自旁听者的高傲，也要部分归于赫顿糟糕的文笔，他的演讲内容枯燥晦涩，如果不字斟句酌地推敲，没有人能听得懂赫顿的理论。

晚年的赫顿还在完善作品，他与好友普莱费尔多方考察，又用了 10 年终于在 1795 年著成《地质论》，将地球描述成在地质长河中不断冲刷成型的机体：火山隆起，形成新的土地；流水冲刷，侵蚀着地上的土石；江河湖海的底部，微粒缓慢沉积；地壳深处，岩层在高温下熔化。

这是一个缓慢变化更替中的世界，周遭在侵蚀和修复中达成平衡。

赫顿离去是在成书两年之后，去世当日他还试图写下对矿物命名的一些想法。他的书作保持了他一贯枯燥生涩的文笔，直到他的挚友普莱费尔用生动的语言重新阐述，它才为世人所知。

地质学的进展也顺应了生物学领域的转变，大量的化石证据让生物学成为一门独立学科。1800 年，一份鲜有人知的德国医学文件中首次出现了"生物学"（biology）这个单词，随后经过两位博物学家的推广传播开去，其中一位博物学家，正是未来在进化论领域提出"用进废退"学说的让-巴蒂斯特·拉马克（Jean-Baptiste Lamarck）。

在启蒙时代，博物学家已经发掘出了数目可观的生物化石，化石的生物特征与当代生物出现巨大差异。当年伏尔泰在与尼达姆的论战中，固然可以将阿尔卑斯山顶的鱼化石强辩成"路人吃剩的鱼骨"，但在欧洲、西伯利亚和北美的猛犸象骨骼体形超过现代大象的 2 倍，总不能解释为是现代生物的遗骸。当此之时，杰斐逊治下的美利坚弗吉尼亚州地底，又有巨大的树懒骨骼被发掘出来。19世纪20年代前后，大西洋两岸开始陆续发现恐龙骨架。

当静默地层里的大量化石随着博物学家们"叮咚"的锤凿声重见天日时，人们望着史前未知巨兽的骨骸，心中不免隐然升起一丝疑虑：诺亚并没有来得及拯救所有的物种，仁慈的上帝也会毁灭自己神圣的造物。

起初无人敢于说出这渎神的猜测，它被记录在学者桌上凌乱散落的私人笔记里，出现在台面之下的窃窃私语中。人们的疑虑从未断绝，最终私语声汇聚放大，终将令台面之上的人们有所耳闻。

撕下这一层面纱的是法国博物学家乔治·居维叶（Georges Cuvier），居维叶生于1769年，年少时读着布丰伯爵的《自然史》长大，在大革命前便成了小有名气的医师和农学家。他也有着敏锐的政治嗅觉，在恐怖统治之前便逃出巴黎，而政治甫一安定便获得法国学者泰西耶引荐回归，被赞扬"我从诺曼底的粪堆里拣出了一颗明珠"。

居维叶的回归恰逢其时，1795年正是赫顿《地质论》成书之年，法国科学院也在恐怖统治消散后复建。大批科学前辈的流失空出了大量席位，时年26岁的居维叶得以成为科学院一员。他懂得如何发掘自己与上层的关系，懂得如何通过科学院获得拿破仑的恩宠，身居高位。在法国政权频繁更替之时，如同善于审时度势的拉普拉斯，居维叶同样历经各朝而不倒，拿破仑时代他获得皇家特命全权代表的头衔，路易十八上台后他依然担任政府要员，到了路易·菲利普君临法兰西之日，64岁的居维叶受封成为帝国男爵，名望及财富均达到了顶峰。

他通过大量解剖实践积累了丰富的生物学知识，搭建起现代解剖学的构架。他在巴黎的寓所堆满了各式动物的骨骼，他如同身陷骸骨迷宫的侦探，从骨骼形态的蛛丝马迹中寻找它们彼此之间的联系。他从一块骨头的关节咬合特征猜测着相邻骨节的形态，又从关节扭动的方向推敲动物运动的模式，最终搭建成丝络相连的整体。正如一条曲线的方程式含有曲线的所有属性，截取部分曲线，也足以推断出整个函数图像在其他象限的走势。从一颗锋利的牙齿化石，居维叶可以推断这颗牙齿是用作撕咬其他动物的皮肉，进而可知这种动物一定具备有力的下颚，有着尖利的爪子用来抓捕猎物，有着用来消化肉类的内脏以及善于急速奔跑的四肢。如果在化石挖掘中，同时挖掘出尖利的牙齿和颀长的犄角，很明显后者是前者的猎物，因此，不能将尖牙和犄角组装到同一动物之上。

　　有一次，居维叶的友人扮成四蹄硕大、两角凛然的怪兽试图惊吓他。居维叶只是淡然一笑，表明有蹄有角的动物本性食草，不会对自己造成什么伤害。

　　此前与布丰同时代的瑞典生物学家林奈，曾根据生物的生殖特征，将生物分入纲（Class）、目（Order）、属（Genus）、种（Species）。如今居维叶通过广泛实证研究，将生物归入脊椎动物、软体动物、节肢动物和辐射动物 4 个"门"。学界终于开始以生物特征为物种分类，而非按照传统神学观点，简单地分为"洁净的"和"不洁净的"。

　　居维叶治下的生物理论反哺了赫顿的地质学科。居维叶考察过巴黎地层，发现一处岩层里交错着 9 种不同的地质构造，来自咸水和淡水的生物分层交替。生物学证据有力证明：生命和地球的历史都尤为古老，诺亚洪水不是唯一的一次也不会是最后一次。

　　居维叶把"水成论"和赫顿的地质历史结合为一，提出了"绝种论"。

　　他宣称在漫长的地质历史上，地球上至少有过 6 场大洪水以及数不胜数的地质变迁、地震和生物灭绝。物种会灭绝的观点，如今看来实属理所当然，在当年却与物种不灭的神学主张相悖。

　　这些巨大的变迁与赫顿的主张抵牾，居维叶认为，赫顿所提出的世界缓慢更替的说法无法解释物种的批次灭绝。他提出了"灾变论"，认为是一次又一次的大规模地质灾难，斧凿了如今的地貌，塑造了现在的物种。

　　每一次毁灭过后，造物主要重新创造出新的物种，至于此前物种的样子，在造物主的脑海中只记了个大概。造物主凭借模糊的印象复原原有物种，让今天的物种与旧有的物种产生了些许差别。

　　反对居维叶观点的，是与赫顿同在苏格兰、出生在赫顿去世那一年的地质学家查尔斯·莱尔（Charles Lyell）。他赞同赫顿的缓慢更替学说，学界称之为"均变论"，他相信漫长的地质历史中，并非剧烈的灾难将地貌一次塑造成型，而是缓慢地滴水穿石，侵蚀沉积，造就高山与深谷。

　　地质学刚刚诞生的日子里，出现了错综复杂的学术流派：居维叶的"灾变论"，赫顿与莱尔的"均变论"，强调火山喷发隆起的"火成论"，还有相信《圣经》的诺亚洪水以及水流冲刷侵蚀的"水成论"。

此后的大半个世纪里，地质学家们合纵连横，激动地在"水成论对火成论""灾变论对均变论"的辩题下针锋相对。不同的辩论之中，昨天的队友可能在今天成为学术上的对手。

传统神学观点开始被实证性的科学证据撼动，然而，从赫顿到莱尔再到居维叶以及此前的布丰，都秉持着物种不变的理念。首先对进化论有所触及的反而是达尔文的祖父伊拉斯谟斯·达尔文，这位诗人、医生以及博物学家模糊地提到了动物物种的转变，在他的著作里，直接写下了"它们都是从同样的生命纤维中产生出来的"。

另一位更为深入的生物学家则是早达尔文一辈的法国生物学家拉马克。当年在他的力推之下，"生物学"一词得到了认可。如今在 1809 年的著作《动物学哲学》中，拉马克率先提出了"用进废退"和"获得性遗传"的思想。如同那个流传甚广的误读，一代代长颈鹿先祖不断伸长脖子去吃高处的树叶，又一代代地把长脖子这个特征遗传下去，最后让长颈鹿们成为今日的样貌。

长颈鹿的故事简单生动又通俗易懂，构成了很多人对进化论的第一印象。然而，拉马克理论在科学上并不正确。后来，达尔文一派的动物学家魏斯曼为了反驳拉马克的观点，做了小鼠实验，一代代切掉小鼠的尾巴，与拉马克的预测相反，每一代小鼠依然带着尾巴降生。

在后来的生物学家眼里，魏斯曼的实验不算科学，毕竟切断尾巴属于人为，并不来自拉马克理论的"用进废退"，但如果思考一些其他类似的例证，依然可以驳斥"用进废退"带来的优势遗传：例如铁匠们往往都锻炼出了强健的肌肉，可铁匠世家的孩童出生时并不会自带更健壮的体魄。

真正成功打压拉马克的恰是拉马克在法国科学院的同事居维叶，居维叶在生物学领域堪称权威，私德上却一贯不为人所称道。1815 年，他主导了一次令人类蒙羞的研究，他解剖了萨尔特杰·巴尔特曼的遗体。

萨尔特杰·巴尔特曼出生在南非，1810 年，这位 21 岁的女性沦为欧洲人的奴隶。她甫一抵达伦敦便被裸体关进笼子，供人参观她丰满的胸部与硕大的臀部。在隔着笼子观赏她的文明人士里，居维叶也名列其中。

在当时的西方社会，黑人依然被看作低等生物，那场解放黑奴的美国南北战争还要半个世纪才会打响。西方文明社会带着盲目与自大，认为黑人只是发育不完全的物种，居维叶看到巴尔特曼的举止，认为她完全可以用来展示黑人的猿类特征。

经过漫长的巡回展览和折磨，巴尔特曼在痛苦中病逝。遗体被送到居维叶处，经过解剖，又被做成标本。在法国自然历史博物馆里，居维叶切割开她的遗体，分离出她的骨架、大脑和生殖器。这些器官一直在博物馆中对外展示，直到20世纪末，她的遗体才应南非政府要求，返还故里。

居维叶出具了翔实的解剖报告，论证巴尔特曼与猿类相近，作为黑人低等地位的佐证。他的科学观点为种族偏见捆绑，令他有意忽略了巴尔特曼明明有着完全不逊于欧洲人的理解和学习能力：她甚至接受过相当的教育，能说流利的荷兰语，以及一些英语和法语。

面对拉马克的进化观点，居维叶表示出了毫不遮掩的敌意。在居维叶的研究中，他并没有足够支撑物种变化的化石证据，在他看来，很多动物的古今化石都区别不大。那时拿破仑已经完成了巴黎远征，为居维叶带回了木乃伊。居维叶发现4000年前的古人与今人的生理结构也重规叠矩。至于其他学者们鉴定发现的古人类化石，他态度坚决地予以反对，认为这只是被偶然混进真正化石中的现代人遗骨。

拉马克解释，仅仅数千年的时间不足以让生命出现明显演变，木乃伊当然不会与现代人有太大区别。居维叶则反驳，如果短时间内生物没有变化，那么在漫长的时间里，生物也将依然古今一辙。

在居维叶的反对下，学界没有接纳拉马克的理论。拉马克的晚年贫困潦倒，更双目失明，靠着女儿的笔录坚持创作。1829年，拉马克在巴黎病逝。居维叶在为拉马克拟定的悼词中，不顾礼仪成规，出言嘲讽，评论拉马克的理论是"靠着努力和愿望就可以产生器官""可以激发诗人的想象，却经不起任何解剖学家的推敲"。

居维叶赢得了反对进化论的每一场争论，而他自己本身的不朽业绩和搜集来的大量生物学素材，恰恰在未来成为了进化论的佐证。

这是达尔文西行前人类朝向生命起源的挖掘中最接近真相的一次，拉马克的失败固然有居维叶从中作梗的因素，但更重要的原因是拉马克没有积累足够的生物学证据，没有充分地系统研究，没有广泛实地考察作为基础，也就无法支撑崭新的理论。

英国海军"小猎犬号"的远洋之旅，恰好为达尔文提供了积累证据和实地考察的珍贵机会。

查尔斯·达尔文是 1809 年生人，出生在英国中部的小镇什鲁斯伯里。祖父伊拉斯谟斯·达尔文经商之余也热衷科学，与蒸汽机改良者詹姆斯·瓦特、化学家约瑟夫·普利斯特里都有交往。资本主义的蓬勃发展造成了社会阶级的剧烈流动，贵族凭借农业和土地得来的收入已经不足以维持他们奢侈的生活，他们开始从豪宅的壁龛中搬出精美的罗马雕像，把乔治时代的华美壁炉换成简单款式，甚至出售拍卖祖辈积累的家产，直到最后，他们开始抵押先祖传下的土地来获取贷款。资金雄厚的工商业大佬们在一旁虎视眈眈，他们手握重金，寻找着安全的投资渠道以获取利息，用低廉的价格吃进贵族们无力维系的资产。达尔文的父亲罗伯特·达尔文本是医术精湛的医生，后来靠着多年行医结交的关系，将借方和贷方撮合，自己也参与地产投资与放贷生意。加之达尔文的外公韦奇伍德经营着远近闻名的陶瓷生意，财富倾泻进达尔文家族的门厅，如同流水。

这个有着浓郁商业氛围的家庭，偏偏生出查尔斯·达尔文这样对金钱无感，执着于自然的孩子。父亲曾经严厉批评达尔文，说他每日只知道打猎玩狗，整个家族都会因他蒙羞。

两年爱丁堡大学的医学教育和三年剑桥大学的神学教育都没有吸引这个年轻人，达尔文在剑桥期间喜欢上了地质学，他一有机会便前往郊野，跟着教授挥舞地质锤东敲西砸。严厉的父亲支付起生活费来倒算是慷慨，在剑桥读书期间，达尔文想听音乐时，可以直接从教堂雇来唱诗班在自己的宿舍表演。

1831 年，达尔文通过剑桥的科学圈子，得知"小猎犬号"的舰长罗伯特·费茨罗伊（Robert FitzRoy）愿意为一位绅士提供舱位，随行做无薪研究工作，达尔文立即决定上船。

这是"小猎犬号"第二次远洋航行，上一次航行中，舰长在麦哲伦海峡的冬日里终日与恶劣环境搏斗，不堪旅行重负，结束了自己的生命。新任舰长费茨罗伊为了消解旅途中的苦闷，专门请了比自己年轻 4 岁的达尔文同行。费茨罗伊舰长不会想到的是，30 年后，正是这位年轻人提出了与基督教截然相反的理论，让自己陷入抑郁，做出了与前任舰长同样的人生选择。

此后 5 年，"小猎犬号"沿大西洋南下，经巴西、阿根廷，通过麦哲伦海峡进入太平洋海域，路过太平洋东的加拉帕格斯群岛，又经塔希提岛前往新西兰及澳大利亚，最终从好望角绕过非洲，返归英国。

整整环绕地球一周的航行中，达尔文领略了各地风土人情、地质地貌、生物形态。在这个原本类似于舰长清客的位置，达尔文发挥出了资深博物学家的作用。每到一处，他都精力充沛地在当地考察，每经停一个港口，他都将自己搜集整理的标本化石邮寄回远隔山海的家乡。

在达尔文的《小猎犬号科学考察记》里，他运用在剑桥大学训练出的生动文笔和优雅叙述，细致地描述这次远行的林林总总。他用词考究优美，后来他的很多篇游记都被选入英国的语文课本，作为英文写作的示范。

他从典型理科生的视角，对所有的见闻都进行严谨的定量分析，考察日记里随处可见精密得有些过分的叙述：看到一只青蛙，便一定要去描述青蛙"坐在离水面约 2.5 厘米高的叶子上"；在丛林里，有蚊子叮咬他的手臂，也要记录下"我想至少有 50 只"；类似"今天分外凉爽，23℃""距离 72 米射一只鹿，连开 10 枪都没射中"的句子，就更加常见。

这次旅程也是一次美食之旅，他尝试了沿途的各种动物：在大西洋圣保罗岩，达尔文走近鸟群，随意用地质锤一敲，就能抓到不少呆头呆脑的鲣鸟和黑燕鸥；他捕获水豚之后，吐槽"肉也不算好吃"；最丰富的收获是在南美海岸捕获的羊驼，据记录剔出的内脏净重 77 千克，他开心地写下"我们有了供大家过圣诞节的鲜肉了"。

1835 年，出发之后的第四年，"小猎犬号"航行到加拉帕格斯群岛。

加拉帕格斯群岛如今被称作科隆群岛，隶属厄瓜多尔，只是加拉帕格斯群岛的名字在达尔文的著作里太负盛名，这个名字才得以保留至今。

今天，群岛绝大部分面积都是国家公园，其上生活着超过 700 多种动物、80多种鸟类以及多种多样的昆虫，生物涵盖了从热带的巨龟到寒带的企鹅，成为一座天然生物博物馆。群岛距离厄瓜多尔本土有一个多小时的飞机路途，岛上物种与南美大陆相对独立。近百个岛屿散布在赤道两侧两万多平方千米的洋面上，洋面的分隔让不同岛屿上的生物也不尽相同，为达尔文提供了天然的考察圣地。

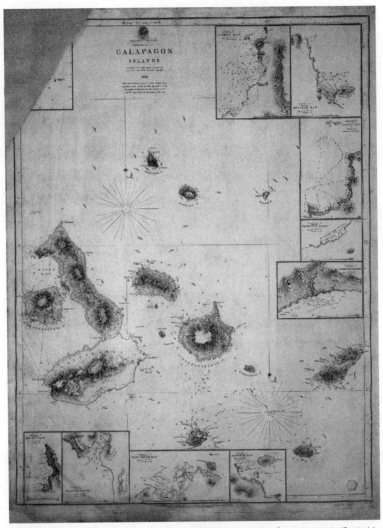

加拉帕格斯群岛测绘图，由"小猎犬号"船长费茨罗伊主导绘制
来源：维基百科

　　达尔文在岛上搜集了 26 种鸟类标本，其中，给达尔文以启发的是岛上的 13 种燕雀。不同岛屿上的燕雀虽然非常相似，可鸟喙的形状与大小却各有不同。如果说上帝要不辞劳苦地为每个岛屿都专门设计一种不同的鸟类，似乎也太过麻烦。达尔文猜测，岛上的燕雀们原本出自同源，在分散到各个岛屿的过程中，鸟喙为了适应不同岛屿的特有食物，逐步进化发育成为不同的样貌。来自于同一先祖的

鸟类族群，就此分裂为不同物种。

如今，这些雀鸟们被命名为达尔文雀。根据今天的生物学证据，它们的先祖在两三百万年前来到加拉帕格斯，当年只有 5 个岛屿的加拉帕格斯群岛接纳了这群远道而来的客人。那时的气候远比今天要温暖湿润，群岛周围的火山不时喷发，旧的岛屿沉没，新的岛屿露出水面。沧海桑田间，达尔文雀们适应着环境，分化成为 5 个属共 15 种鸟类。在今天的加拉帕格斯，这些鸟类们依然按照达尔文《物种起源》中的理论改变进化，和达尔文时代的祖先们又出现了些微不同。就在当下，还有一种新的达尔文雀正在进化形成。

达尔文在逗留期间，一共采集了 70 多个达尔文雀标本。这些标本原本可以成为支持进化理论的重要证据，却因为达尔文的疏忽，未能对每一份标本注明具体岛屿来源，为此后的研究平添麻烦。最终，在《物种起源》一书中，达尔文并没有提到这些可爱的鸟类。

在后来，达尔文雀一直吸引着众多科学家的目光。两个世纪后的今天，对达尔文雀的研究已经进入了基因组层面。生物学家们发现，某种基因可以调控鸟喙部分骨骼的生成，而另一种基因不止会影响鸟雀的鸟喙形状，在人体中也与面部畸形关联密切。

历经 5 年的航程，达尔文回到阔别已久的英国。

他带回了成箱的化石标本，更带回了融入他世界观方法论的考察经历。5 年的锻炼，让他成为了小有成就的博物学家。靠着丰厚的家资，他得以放开手脚，专心复盘，形成体系。

达尔文的朋友们也参与到他的工作当中，鸟类学家约翰·古尔德（John Gould）协助整理鸟类标本时，启发了达尔文关于达尔文雀的思考；地质学家莱尔将达尔文的藏品展示给地质学会，协助他被学界接纳；古生物学家理查德·欧文（Richard Owen）以居维叶的继承人自居，他后来亲自为恐龙这一古老物种命名，他参与分类整理达尔文的化石。

远洋航行为达尔文提供了充裕的材料素材，在达尔文的思想中播种下进化论的种子，可要将种子正式变成科学的大树，却需要证据、论述、研究与思考。达尔文"小猎犬号"旅归后，如同细心的侦探，在物种与化石的迷宫中抽丝剥茧。待到《物种起源》正式出版，已经距离达尔文返回家乡又过了 20 余年。

生物学家、著名科普作家理查德·道金斯曾抱怨：牛顿的微积分如此晦涩难懂，可早在 16 世纪就已经奠定基础；达尔文的进化论看上去即使是普通人也能理解一二，竟然到了 19 世纪下半叶才被提出。

实际上，科学的发展往往是成体系链条式演进的。

达尔文的进化论，受的是"小猎犬号"环球航行中考察经历的影响。"小猎犬号"要具备远洋考察的能力，又需要正确测量航行中的经纬坐标，必须以精确的航海图和航海钟作为前提。

达尔文"小猎犬号"航行中由鸟类学家约翰·古尔德协助整理的鸟类插图，图为中嘴地雀（Geospiza fortis），是达尔文雀的一种

来源：DARWIN C R. Birds Part 3 No. 4 of The zoology of the voyage of H.M.S. Beagle [M]. London: Smith, Elder and Co., 1839.

精密的航海钟靠的是此前库克船长三下太平洋对哈里森航海钟的验证，"小猎犬号"航行到库克船长途经的塔希提岛时，也要按照库克船长当年留下的数据调校自己的航海钟。也同样是在库克船长那首次以科学考察为目的的远航中，随船携带达尔文这样的博物学家才开始形成惯例。

精密海图比航海钟的出现还要早，为了测量经纬度，还需要采用皇家天文学家马斯基林的"月距法"，船长们手持六分仪，比照经度局发布的月亮位置把当地经纬坐标与海图对照。而"月距法"要得以实施，必须精确估算月亮的运行轨迹，又需要以微积分为基础的天体力学给出答案。

自牛顿与莱布尼茨的微积分创立，两百年间，科学发展形成了一条生生不息又环环相扣的紧密长链，最后促成了"小猎犬号"的远洋航行和达尔文进化论的提出。这样的长链还有许多许多条，每一条长链都形成人类文明中的科学分支，每一位在科学史上做出贡献的学者都作为长链的一环承前启后。

踏上巨人肩膀的眺望者，自己也最终成为巨人。

达尔文出发前，莱尔的地质学著作《地质学原理》的第 1 版已经在 1830 年发行。这是当时地质学科重要的开山之作，这部巨著日后会一直更新到第 11 版，从地理变迁导致的气候变化，一直讲到潮汐与洋流对地貌的影响，还顺带批判了拉马克的物种变化理论。也正是从《地质学原理》开始，"均变论"取代居维叶"灾变论"的地位，在未来的一个世纪里，成为了地质学主流学说。

达尔文带着第 1 版《地质学原理》登上了"小猎犬号"，航行期间，他如饥似渴地汲取着书中的知识，同时保持独立思考。当他发现莱尔著作中关于珊瑚环礁的成因与现实的结合不够优美，他立刻予以订正，给出了自己的解释。后来莱尔成为了达尔文最忠实可靠的朋友，尽管莱尔从始至终都没有成为进化论的信徒。

莱尔"地质地貌在缓慢改变"的观点，也促使达尔文在思考"物种是否也可以演变更新"，后来达尔文在出版《小猎犬号航行日记》第 2 版时，专门在扉页中注明献给莱尔先生。他还盛赞《地质学原理》是空前的名著，"这本日记以及其他拙著中的科学记载，都是从这本书中推演而出的"。

启发达尔文的当然不止《地质学原理》这一部著作，另一位巨人的作品对达尔文起到了更大影响。

1838 年的秋天，达尔文在旅归两年后，拿起了马尔萨斯的《人口原理》。

托马斯·马尔萨斯（Thomas Malthus）是达尔文上一代的学者，在牛津与剑桥都学习过，1805 年马尔萨斯接受东印度公司旗下东印度学院的聘请，成为历史和经济学教授。当达尔文读到《人口原理》时，马尔萨斯已经去世 4 年。

在《人口原理》中，马尔萨斯思考到人类的前景，提出了广为人知的悲观论断：空间与食物资源的增长呈线性提高，是有限的；而人口的增长为几何级数增长，可以是无限的。总有一天，人口数量将超过资源供应的极限，产出的资源再也无法供养全部人口，人类将永远陷入贫穷与饥饿。

《人口原理》成书于法国大革命期间的 1798 年，那一年马尔萨斯 32 岁，还名不见经传；法国的年轻将领拿破仑还风头正盛，携带着蒙日与傅里叶一众学者征服了埃及。1798 年是嘉庆三年，这一年，马尔萨斯未来的雇主东印度公司还没有开始大规模向中国输入鸦片，组织虎门销烟的林则徐刚刚在这一年考中秀才，还只是个 13 岁的少年。

马尔萨斯的人口观点成为了进化理论的火花塞。达尔文意识到，自然选择之下，有限的资源无法满足全部物种所需，必然造成生物之间的淘汰竞争，他在笔记中写下："有利变异必然趋于保存，而不利变异应该趋于消亡，其结果必然导致新物种的形成。"

1839 年，"小猎犬号"返归的第三年，达尔文已经初步搭建起进化论的纲要。在崭新的进化论思想中，三条核心理论支撑起庞大的框架：遗传变异、自然选择、万物共祖。

遗传变异，指的是生物在漫长的进化过程中，既能继承上一代生物的特质，也会出现非遗传的性状突变；自然选择，指突变之后，不同性状的生物在自然中各凭本事生存，不适应环境的生物死亡，适应环境的生物存活；万物共祖，是指所有的生物都是由当初最原始的同一生命形态进化而成的，在这株枝繁叶茂的生命之树上，每一条枝杈都栖息着一个物种，它们虽形态各异但师出同源，人类与飞鸟走兽有着相同的祖先。

遗传变异是物种多元化的动力，自然选择决定了物种演化的路途，万物共祖揭示了我们来时的方向。

这一年，达尔文的理论框架基本稳定，他并没有选择直接公开这划时代的成就。他在 1844 年整理出了一份厚达 255 页的纲要，在私人圈子讨论。直到 1859 年，他才正式把《物种起源》出版成书，那时距离他重返英格兰，已历经 23 年。

达尔文的沉默实乃意料之中，他要面对学界的指摘，更要面对来自宗教方面的压力。

如同当年哥白尼的日心说直接挑战了教廷的解释权，达尔文同样在挑战一套运转千年的宗教体系。

如果承认生物是自然进化而来，那么造物主的位置何在？如果亚当本身都未曾出现过，那么《新约》中把基督定义为替世人赎罪的"第二亚当"，岂非无凭无据？如果人类自身是在进化进步，而非堕落，原罪又从何而来？没有原罪，人类又是否需要被救赎？

"生物靠进化而来""人类脱胎于动物"这些观点直接挑战了基督教的创世纪神话。一块关键的基础被抽出，直接造成整个上层神学体系的摇摇欲坠。

19世纪的欧洲，宗教思想已经不像伽利略时代一样神圣不可侵犯，却依旧根深蒂固。既然宗教界的神创论与进化论无法调和，不如直接否认进化论。

达尔文当然知道自己要面对的大山，他选择沉下心去，去研究藤壶、珊瑚礁、火山岛，他的领域跨地质学、动植物学、古生物学、生态学乃至人类学。每夯实一个新领域，都将提高一点他的话语地位，这些研究资料也将在未来为进化论提供佐证。到那时，一切都将水落石出。

对宗教的担忧仅仅是沉默的原因之一，达尔文的身体状况也延宕了研究。南美归来，达尔文老迈未至但身体先颓，他时时恶心头疼，疲劳低落。或许是在南美被蚊虫叮咬感染了罕见的热病，又或许是精神压力造成了心理顽疾，医生们无法给出诊疗方案，他尝试了一种又一种偏方秘技，又搬去乡村别墅调养生息，甚至追随潮流求助电学，用微小的电流刺激身体，但身体始终没有好转。

电学，虽然在法拉第、奥斯特、安培、欧姆等一系列学者的推动下，已经取得了相当的进展，电动机与发动机的原理也早在达尔文远航之前就被发现，但在实际应用层面，却迟迟难以推广。

法拉第的电动机与发电机这两项发明已经成为了19世纪下半叶资本主义社会第二次工业革命的基础。后来工程师西门子在1866年制造出发电机的原型，又在19世纪70年代改造出实用的发电机产品。来自科学领域的突破为实际的技术发展注入强大动力。电，从富兰克林的风筝实验和静电火花的新奇现象，开始成为与人类命运息息相关的能源。

生产力的发展也促进了经济繁荣，技术开始成为企业发展的核心竞争力。为了提高效率，企业的规模不断扩大，垄断组织诞生，生产资料和社会财富开始向资本方流动。垄断组织为了追求利润，开始跨出国界，从而推动西方国家积极对外扩张乃至于侵略。人类社会的组织形式产生了翻天覆地的变化，我们的世界开始逐渐形成今天的格局。

第二次工业革命发端之时，法拉第的实验室里还是一片风平浪静，世界还远未意识到这两项发明的意义。

有两个故事曾经描述过这段尴尬的平静期，这两个故事我们都耳熟能详，却又难辨真伪。一次是在法拉第的实验室里，英国首相曾带着好奇问法拉第这些发明会产生什么影响；另一次是在皇家研究院的演讲中，法拉第展示了发电机后，一位夫人问道："这东西到底有什么用？"

面对英国首相，法拉第答道："我不知道，但我肯定你的政府会对它征税。"对那位夫人，法拉第只是反问："一位刚出生的婴儿又有什么用呢？"

学者们行动起来，异想天开地为电力科学做出了或新奇或荒诞的尝试。达尔文失败的电流疗法，只是当时社会风潮的一部分。

电与生命的联系早在半世纪前就已经被偶然发现。1786 年，意大利医生伽伐尼用解剖刀碰到蛙腿外露的神经，蛙腿剧烈抽搐。他猜测生物的肌肉组织相当于一个个小小的莱顿瓶，在生物电的作用下，生物得以活动。

他的解释虽然不对，却启发了挚友伏特，伏特在任帕维亚大学物理学教授时，延续伽伐尼的青蛙实验，又测试了各种各样的金属，最终在 1800 年发明了伏打电堆。

电堆被发明后，人们在两极间接入了各种各样的东西。伏特让电流通过羊头，羊的舌头开始跳动；让电流通过蝗虫，被割去头部的蝗虫发出了声音。

美国总统詹姆斯·加菲尔德在 1881 年遇刺中弹。电话的发明人亚历山大·贝尔专门设计改进了电子金属探测仪，去定位体内的子弹。总统虽未获救，仪器却投入了医学应用，直到 X 光机走上历史舞台。

在第一批希望将电力引入实际工业生产中的人里，有一位年轻的英国酿酒厂主之子，他是詹姆斯·普雷斯科特·焦耳（James Prescott Joule）。

焦耳于 1818 年出生在英国索尔福德的富裕之家，父亲有一家啤酒厂，年少时的焦耳就在酒厂里做事。如同当年的普利斯特里在家附近的啤酒厂中发现了二氧化碳，焦耳也正是在啤酒的酿造中，接触到种种关于化学的知识。

1834 年焦耳 16 岁，在父亲安排下，他和哥哥前往曼彻斯特，师从约翰·道尔顿。那时道尔顿已是 68 岁的老人，靠着此前的原子论名满天下，位列英国皇家学会会员，却依然留在家乡教育孩童。

与法拉第相似，焦耳没有接触过大学的系统教育，他非常幸运地找到了道尔顿作为自己的启蒙人。焦耳的化学课程教材取自道尔顿的《化学哲学新体系》，已是最一流的化学成果，化学之外，道尔顿还亲自上阵，督促焦耳学习代数与几何。

焦耳没有真正爱上化学，但跟随道尔顿的三年里，他接受了一套严谨的、以实验为依托的研究范式。焦耳最终受到法拉第影响，开始电磁学的研究。

焦耳对电磁学产生兴趣时，还没有奉献科学、造福人类的远大理想。科学还只是他的小小爱好，他的目标踏实质朴，只是想把家里酿酒厂的蒸汽机换成电机。因为蒸汽机效率很低，燃料产生的九成热量都在生产过程中被损耗，焦耳相信如果改换成电动系统，一定可以节约相当的成本。

1840 年，焦耳宣告酿酒厂电气化失败，毕竟要获得同样的热量，蒸汽机只需要廉价易得的煤炭，电池组却要消耗整磅的金属锌。啤酒厂的不幸成为物理学的大幸，在研究过程中焦耳提出了焦耳定律，揭示了电流通过导体时产生的热量，与电流的平方及导体的电阻成正比。

由于 1841 年俄国物理学家海因里希·楞次也独立发现了这一现象，焦耳定律也被称作焦耳 - 楞次定律。

1845 年，焦耳更进一步，演示了"热功当量实验"，找到了机械能与内能转化的桥梁。

焦耳在水桶里放置螺旋桨，桨叶通过滑轮与外面的重物连接，当重物下沉时，桶中的螺旋桨飞速转动，搅动着水流振动摩擦，把水加热。靠着精确测量水温的提升，焦耳发现，重物下降的距离与水升高的温度成正比，物体下坠时释放的能量通过螺旋桨转化成热量，即重力势能转化成内能。

这是当时由市场需求推动科学研究的实例，在未来的科技史中，科学研究越来越多地转化为生活中的实际应用。生活与市场的需求催生出更新的技术，新技术的应用也反过来为科学本身提供灵感。

与焦耳几乎同时开展研究的多普勒，正是靠着铁路网在欧洲的建设开通，才得以在铁道附近散步时，通过比较火车驶来与驶离时的声音频率变化，提出了多普勒效应。也正是靠着多普勒效应的多项运用，反过来促进了技术的发展，后来的天文学家哈勃得以靠着研究星体红移丈量宇宙的尺度，交通部门得以测定公路上的车速，医师们开始用声波频率为病人进行彩超诊断。

一篇篇象牙塔中的论文变成对社会实际的贡献，令普通人从中受益。

焦耳定律对科学史的影响，超出了一座啤酒厂的边墙，更远远超出了电学的边界。提出焦耳定律之后，他反复细致地研究各种热现象：伏打电堆生热、燃烧放热、化学反应中的热、物质电解产生的热、重物下落带动螺旋桨摩擦水流产生的热、电磁转换过程中的热。他深深闯入热力学的疆土，直接将盛行一时的"热质说"彻底粉碎。每当焦耳在曼彻斯特皇家学会的学术会议中向传统理论发难之时，他昔日的老师道尔顿总是坐在他身旁。

热质说，是热力学史上最早关于热量的解释。当年拉瓦锡发现燃烧的本质是氧化反应，破解了燃素说后，他采信了热质说框架。拉瓦锡相信热是一种实在流体，热质不生不灭，热传导的本质就是高温物体中的热质扩散到了四周。

在实验中，拉瓦锡运用拉普拉斯设计的量热计来测度化学反应中的热量变化，使化学研究不断精细化与标准化。正是拉普拉斯在热质说的基础上，提出了气体的绝热常数，让声音传播的预测值大幅贴近实际。

拉瓦锡与拉普拉斯把天竺鼠放进箱子观测，发现天竺鼠的呼吸与木炭燃烧相仿，同样会放出二氧化碳。当二者消耗氧气相同时，冰块的融化速率也相同，从而推断放出的热量相同，证明了呼吸的本质是碳在氧气中缓慢燃烧。生命在拉普拉斯的解读下，从神秘的造物被等价于机械做功。拉普拉斯开始消解生命和自由意志的神秘性，走上了机械决定论的方向。

18 世纪末，热质说开始松动。英国皇家研究院创始人伦福德伯爵发现，在兵工厂生产大炮时，用钻头在炮筒钻出炮膛的摩擦中，产生的热量似乎是无穷无尽的，并非是有限的流体。焦耳发现仅靠重物下坠、化学电解都可以随意制造出热，更彻底宣告了热质说的死刑。

如今，热质说已经在热力学家的工作中淡出历史，不过它依然在我们的生活中留下了些许痕迹：从那个在热质说（caloric theory）中用来表示热质（caloric）的单词，派生出我们今天还在使用的热量单位——卡路里（calorie）。

虽然拉普拉斯大力支持的热质说被最终淘汰，但是去世良久的拉普拉斯如果有知，应该不会感到失望，因为历史依然为他安排了一位忠实的拥趸。这位继承者重拾拉普拉斯的科学遗产，踌躇满志地制订计划，要将现存所有宇宙观测现象纳入牛顿与拉普拉斯的天体力学框架。

1846 年，在法国天文学家、未来巴黎天文台台长勒维耶的主持下，人类发现了海王星。

1833 年，奥本·尚·约瑟夫·勒维耶（Urbain Jean Joseph Le Verrier）还是刚走出校园、默默无闻的年轻人，委身在塞纳河畔法国最大的烟草工业基地奥赛码头。他生在法国的中产之家，有着巴黎综合理工学院的名校出身，也曾师从盖 - 吕萨克这样的化学名师，却在毕业后蹉跎于卷烟车间的粉碎机旁，研究一点烟草火柴相关的化学。浓郁的烟草味渗入他的衣装和皮肤，年复一年。

烟草工坊的琐碎工作没有磨灭勒维耶的自信，他抬起头来望向星空，那里拉普拉斯留下的天体力学殿堂秩序井然。1837 年，勒维耶在导师盖 - 吕萨克的推荐下得到母校天文学的教职。在此后的一生中，他都在维护着殿堂的精密及恢宏。

拉普拉斯宇宙框架中最大的难题，是天王星的"出轨"问题。自天王星被威廉·赫歇尔发现半个世纪以来，代代学者都没能确定天王星的精确轨道。它总是若即若离地运行在用数学模型建构的轨道周围，不时出现偏离误差。

这是对既有力学体系的巨大挑战——在此之前，从星体的轨道到炮弹的抛物线，一切都按照着伽利略的惯性与牛顿的《原理》循规蹈矩地运转，任何力与运动，都可以凭借牛顿的理论框架完美解答。

天王星的运行与计算轨道不符，如不是观测有误，只可能是牛顿和拉普拉斯出了问题。天文学家们一度考虑过修正牛顿理论，乃至于调整牛顿引力常数。从天文学家们的态度也可以发现，科学界的真伪永远注重实证证明，而非盲信权威，在必要之时，即使是牛顿的判断也可以被扬弃。

勒维耶在天王星问题上采信了第三种解释：观测是准确的，牛顿物理也没有问题，一定是天王星轨道以外，还有一颗未知星体，这颗天外行星的引力扰动了天王星的轨道，造成天王星的"出轨"。

近半个世纪前，高斯也曾以天才的数学运算，根据残缺的观测数据推算出谷神星的轨道，预言谷神星的现身位置。如今，勒维耶面临的问题更加严峻，当年高斯至少还有观测资料可供参考，而勒维耶完全是在一片黑暗之中，推算一颗无法确定存在与否的未知星体。

勒维耶立即投入运算，他严格依照牛顿与拉普拉斯的体系，搭建起涵盖了 13 个变量的运转模型，经过方程转变和海量计算，1846 年，他凭借纯数学计算，预测了海王星在天穹中出现的方向。

一场争分夺秒的赛跑在英法两国之间悄然打响，勒维耶并不知道，一海之隔的英国，一位年轻且同样天才的天文学家约翰·库奇·亚当斯（John Couch Adams）也在运算着同样的方程。在勒维耶埋首于复杂的运算时，亚当斯采取了几乎完全相同的假设，将笔尖指向了同一片天区。

亚当斯比勒维耶年轻 8 岁，出身剑桥大学圣约翰学院，16 岁便能预言日食。他搜集整理出过去 60 年间的 21 组观测数据，反复调校参数与模型拟合，还从高斯当年的谷神星测算中吸纳方法。长夜之中，亚当斯沉醉于变幻莫测的轨道之间，同样凭借纯数学分析，预言了未知行星的出现方向。

1845 年 10 月，26 岁的亚当斯基本完成计算，时间比勒维耶早一年。亚当斯随即携带手稿，两次前往格林尼治天文台，去探访皇家天文学家乔治·艾里（George Airy）。艾里没有接待这位名不见经传的年轻人，却细心地阅读了亚当斯留下的资料，还专门回信询问细节。

如果亚当斯能认真回应这位学界前辈的信函，或者如果亚当斯能拥有当年威廉·赫歇尔的观测能力，可以自主独立去搜寻目标天区，那么发现海王星的荣耀或将归于英国。然而，面对艾里的致信，亚当斯出人意料地保持了沉默。

后来，亚当斯表示，没有回应只是因为艾里的问题不重要。此后的历史学家们提出了种种猜测：有的归结为亚当斯的拖延；有的解释为亚当斯过于紧张；也有人猜测是此前的两次闭门羹令亚当斯心生不快。

总之，胜利的天平倾向法国一侧，半年后，1846 年 5 月，勒维耶宣布天外行星很可能存在；8 月 31 日，勒维耶在法国科学院公布新行星即将出现的方向。

这是当时英法两大天文体系的赛跑，在那个民族主义思潮正盛的竞争时期，任何一方抢先发现这颗新行星，都足以用来彰显己方的民族荣光。然而在亚当斯与勒维耶带着彼此的数据奔走、呼吁天文学界搜寻天外行星之时，海峡两岸的各大天文台竟然同时保持了沉默。

没有一家天文台愿意认真提供支持，或许是因为台长们有着繁重的常规观测任务，或许是学者们并未被二人的计算说服，总之，在太阳系的第七颗行星即将被绘入星图之际，亚当斯与勒维耶始终没有从祖国的天文台得到帮助。

在法国，没有一位学者愿意仅仅拿出一两个夜晚，守在穹隆之下，尝试分享发现新行星的荣耀。在英国，即使皇家天文学家艾里发现勒维耶与亚当斯可以相互佐证，也不愿修改格林尼治的观测计划，而只是指派剑桥天文台配合观测。1846 年 8 月 8 日和 12 日，这颗被预言的行星两次被记录在剑桥的观测报告中，然而剑桥的负责人查利斯却没有把它分辨出来。

天王星发现人威廉·赫歇尔的儿子约翰·赫歇尔（John Herschel）也没有跟进。小赫歇尔出身于剑桥，也已是成名已久的天文学家和数学家。小赫歇尔并非封闭保守，反而积极参与国际合作，也正是他和几位年轻的数学家一道，开始从当年牛顿与莱布尼茨微积分优先权之争的阴影中走出，主动放弃民族成见，把牛顿繁复的点记法替换为莱布尼茨的现代记法，希望接轨法国同行们的先进成果。

约翰·赫歇尔更有着前往好望角观测南天星空的丰富经验，以及科普利奖章的认证，如果他能随手拿起身边的望远镜，利用从父亲那里学来的观测技巧，他也有很大机会发现这颗行星，创造父子二人连续发现新行星的历史。日后小赫歇尔提到这次机遇，深感遗憾。

最终，勒维耶转向柏林天文台，致信台长助理伽勒寻求帮助。勒维耶在信件里几乎提供了保姆级别的观测指南，他预言新行星将出现在黄道上的水瓶座天区，黄经 326 度，误差不超过 1 度。"这是一颗 9 等星，它具有明显的圆面。"

收到勒维耶的信件，伽勒当晚便携助理前往天文台，从紧凑的观测时段里抢出了宝贵的一夜。夜色渐深，柏林的煤气灯渐次熄灭，城市归于一片安宁的黑暗，星斗在天穹上依次显现，伽勒与助理不断比照着星空与星图，去挨个排查星图上没有标注过的星体。

当晚的观测过程平平无奇，也没有任何戏剧性：伽勒的望远镜指向了它，助手发现这颗星不在星图上，新行星如约出现在与勒维耶预言差距仅仅 52 角秒的位置。日后按照勒维耶的建议，它被命名为海王星。

这是牛顿力学体系的又一次伟大胜利，在当年威廉·赫歇尔的天王星发现之旅中，他需要靠着高精度的望远镜巡天观测，一页一页翻过宇宙这本大书。而勒维耶的发现则是在案牍之间通过计算完成的，根据牛顿的力学定理和微积分运算，人类的智识成为最重要的开拓工具，海王星由此被称作"笔尖下的行星"。

亚当斯在海王星的发现争夺战中落后，英国同行倍感颜面扫地。亚当斯的落后不仅在于英国天文学家们的迟疑，也在于亚当斯的数学功底。如今再去回顾格林尼治天文台保存的亚当斯手稿，亚当斯的预言误差达到 10 度，超过了勒维耶的 10 倍，错失海王星的发现也在情理之中。亚当斯本人也诚恳地承认了勒维耶的优先权，宣布自己无意争夺本应属于勒维耶的荣誉。

1848 年，英国剑桥大学圣约翰学院成员捐资设立了亚当斯奖，一方面用来纪念海王星的发现，另一方面也意在提醒世界英国天文学家在海王星发现中做出的贡献。

奖项一直延续到了今天，原本只颁发给剑桥校友，如今，整个英国国内的数学研究者都被纳入考量，而且为纪念亚当斯以不到而立之年便能有所成就，奖项只对 40 岁以下的年轻学者开放。

在获奖名录中，出现了许多未来成长为科学巨匠、名字被载入史册的年轻人。1859 年，未来电动力学创始人、统计物理学奠基人詹姆斯·克拉克·麦克斯韦（James Clerk Maxwell）就获此殊荣，时年 29 岁；1883 年，未来电子的发现人 J. J. 汤姆孙也斩获桂冠，时年 27 岁。

海王星被发现时，麦克斯韦还仅仅是十几岁的少年，居住在苏格兰爱丁堡。天文学教授尼克尔把这个故事讲给了他，激发起了麦克斯韦对宇宙的无限遐想。日后麦克斯韦虽以电磁学的精深研究为世人所称道，出道时却是靠着天文学研究扬名一时。他 26 岁便挑战困扰了天文学家两个世纪的问题——土星环的结构。为什么宽阔的行星环可以稳定围绕土星旋转，既不崩解飞散也不堕入土星？

麦克斯韦在 1859 年发表论文《论土星环的稳定运动》，以高超的微积分技巧，搭建起全新的力学模型，在 200 多个方程的缜密计算之下，证明土星环并非是铁板一块的固体圆环，而是由不计其数的粒子、尘埃、冰组成的环状天体。这篇论文使他成为亚当斯奖的第二任获奖者。当年将亚当斯拒之门外的皇家天文学家乔治·艾里读过论文，感叹道："在我生平所见中，这一篇论文对数学与物理知识的运用，可称卓越非凡。"

海王星的发现成为了科学史上的佳话。近 20 年后，当达尔文和同为进化论创始者的博物学家华莱士研究大彗星兰时，也援引了勒维耶手算发现海王星的典故。

1862 年，达尔文创作《兰科植物的受精》时，兴致勃勃地介绍了马达加斯加岛上的大彗星兰。这种兰花有着一条细长的花距，从开口到底端花蜜深达 30 厘米，按理说应该非常难以采蜜和传粉。因此，达尔文根据大彗星兰的形态，判断马达加斯加岛上，一定生活着口器长过 30 厘米的蛾子为其传粉。不然，大彗星兰便无法繁衍。

达尔文的好友华莱士提到同一现象，坚定表示：前往马达加斯加的生物学家，一定可以发现这种蛾子，一如当年的天文学家，凭借天王星的轨道扰动和微积分计算，就相信"海王星一定存在"。

后来的生物学家们前往马达加斯加，真的在 1903 年发现了这种蛾子。那时达尔文长眠已久，华莱士也已是 80 岁的老人。那种飞蛾被称作达尔文预言蛾，中文名称马岛长喙天蛾（*Xanthopan morgani praedicta*），学名中的拉丁语单词 praedicta，意为"预言"。

在勒维耶看来，海王星的发现仅仅是开始，他的目标是超越拉普拉斯，完整监控太阳系内全部天体的一举一动。如果理论和观测能严丝合缝，则是牛顿力学的辉煌胜利，如果理论和观测出现偏离，他将再次通过数学运算发现新的星体。

他开始发挥政治手腕，掌控攫取法国的学术资源。在勒维耶的运作下，巴黎天文台长阿拉戈被解职，勒维耶成功继任。

如同牛顿在英国皇家学会的铁腕治理，勒维耶也同样以强硬风格执掌这所法国最高天文机构。他解雇了与前任台长关系密切的同事，缩减了年迈员工的补贴，在位期间，有几十位天文学家及观测助手离他而去。

在勒维耶领导下，巴黎天文台全力开动，高强度无休无止地分析着几大行星的运行规律，观测精度达到了当时技术手段的极限。各大行星的轨道精度开始达到勒维耶的要求——除了水星。

如同当年的天王星轨道，水星轨道的计算值与观测值之间始终存在极其微小又无法忽略的偏差，勒维耶按照同样思路，认为有未知行星扰动了水星的运转路线，他一头扎进水星轨道内部，去寻找水内行星。在后来的模型里，这颗水内行星被赋予了名字，因它运行在炎热的太阳左近，便以火神伏尔甘命名，中文译作祝融星。

寻找祝融星的历史，是另一段坚定、漫长、痛苦的旅途，只是，勒维耶并没有迎来海王星般的完满结局。他徒劳地追寻着一颗本不存在的星体，直至 1877 年去世在巴黎天文台长的任上。而水星偏移的问题，要到下个世纪初爱因斯坦提出了相对论，才得到解释。

在勒维耶的时代，这无疑是一项超纲内容。根据相对论，太阳巨大的质量让附近的空间产生扭曲，传统欧几里得空间已经无法用来精确描述水星轨道附近的空间。即使勒维耶将精度推至经典力学及数学的极限，在预测水星凌日时，也不免出现十几秒的误差。

勒维耶未曾想的是，解决水星轨道问题的数学模型，其实早在海王星发现之前 20 年便已进入学界视野。1826 年，俄国数学家尼古拉·罗巴切夫斯基（Nikolai Lobachevsky）创立了非欧几何学。只是，在勒维耶的时代，人们还没有充分挖掘非欧几何学的意义。

罗巴切夫斯基是 1792 年生人，比高斯年轻 15 岁，求学于远离欧洲学术中心的俄国喀山大学，后来出任母校校长。1820 年前后，罗巴切夫斯基订立下高远的目标，他决心将欧几里得几何学中的第五公设从五大公设中除名。

欧几里得几何学在罗巴切夫斯基时代已经统治数学界超过 2000 年。它建立在五大公理与五大公设的基础上，推演出纷繁复杂的定理。如今，每一位中学生走入数学课堂，都会从几何教科书上学到这些基础知识。

几大公设都是看上去不言自明、无须证明也无法证明的真理：两点间可以作一直线，线段可以延伸成直线，以任一圆心和任一半径可以作出一个圆，所有的直角都相等。罗巴切夫斯基挑战的是第五条公设：平面上过一点有且仅有一条直线与已知直线平行。他希望靠着其他四条公设，证明出第五公设，从而将几何学的大厦结构进一步简化。

罗巴切夫斯基动用了中学课堂里的常见手段——反证法。他先假设第五公设不成立，假设通过定点与已知直线平行的直线至少有两条。他希望用这条不成立的公设配合其他公设，去重新推演一套新的几何系统，最后得到某个错误结论，即可证明"第五公设不成立"的前提错误，也就从其他四条公设证明了第五公设。

他的确推断出了许多反常识的结论：三角形的内角和加起来小于 180°、圆周率不再近似等于 3.14，在这套系统中，距离、边界、曲直都与传统的几何学体现出迥然不同的特质。

然而它们内部不存在任何矛盾。

新的第五公设与其他四条公设配合，搭建起全新的几何世界，推演出来的定理同样逻辑自洽。这一座几何学大厦的第五条基柱弯曲扭转，大厦的形态奔放狂野，根基却依旧稳固。最终，这一套几何体系被称作非欧几何学，也被称作罗氏几何学。

与很多划时代的发现类似，非欧几何学在刚刚诞生之初的 20 年间，一直遭到学界的漠视。一方面是因为学界尚未发现这门新的几何学要如何应用，另一方面则因为罗巴切夫斯基远离欧洲主流学术圈，语言与地理的相隔，形成了难以跨越的屏障。

直到 1840 年前后，年过花甲的高斯接触到罗巴切夫斯基的论文，给予了很高的评价，表示自己过去的几十年间一直有着类似的学术思考，是这位年轻人最先将这些思考发表出来。

在高斯的影响下，罗巴切夫斯基当选为哥廷根皇家科学院的外国通信院士，开始为欧洲主流学界知晓。可罗巴切夫斯基的生活依然没能改善，他没有从政府与学校那里获得任何荣耀，1846 年甚至被革除教授与校长的职位，那一年勒维耶发现了海王星，还不清楚未来非欧几何学对解决自己水星困局的重大意义。罗巴切夫斯基的身体状况随后急转直下，在 10 年后以 63 岁之龄去世，去世时已经双目失明，而且还要再等 10 年人们才开始真正重视他的学说。10 年、20 年的等待在人类历史上不过短短一瞬，可当它降临在一个科学家个体的身上，已经足以蹉跎掉一位学者的全部学术生命。

在非欧几何的建构中，高斯表现出了令后世历史学家疑惑不解的谨慎与保守。早在 19 世纪之初高斯的青年时代，他便已经触及非欧几何的边缘。19 世纪 20 年代末，高斯已经有了非欧几何的部分成果。当时高斯的故人之子，年轻的数学家约翰·鲍耶（Johann Bolyai）早已在通信中谈及双曲几何学的核心思想，切入点与罗巴切夫斯基的角度几乎完全相同。高斯仅仅是私下表示赞赏，却没有公开鼓励发表，且此后一直沉默。

1826 年，高斯的友人力劝高斯将非欧几何公诸学界，而高斯只是回复："也许终我一生，也不会发表。我怕如果说清我的看法，会被愚钝之人谩骂。"同是1826年，罗巴切夫斯基在喀山大学提交非欧几何学论文，遭到正统数学家的攻击漠视，无人愿意公开评论。彼得堡科学院院士、数学家奥斯特罗格拉斯基给出了"谬误连篇"的判词。罗巴切夫斯基的经历与高斯的判断印证，或可彰显高斯的先见之明。

这样的沉默在高斯一生中发生过多次。他个性谦和，极力避免一切争论。高斯与欧拉不同，他不算是高产的作者。他固执地追求严密与优美，拒绝发布在他眼中还不够完善的学术观点。高斯曾经为自己设计过一枚纹章，纹章上，结了7颗果实的树下写着他的箴言："少却成熟。"

高斯把大量成果随手藏进笔记，当他去世后，数学家们翻开高斯遗留下的笔记，有的清晰易懂，有的则含混模糊。这些未发表的成就里，包含了许多多年之后才被发现的定理。

高斯在世时，学界已经对他的笔记表现出敬畏。当数学家有了新的发现，总不免担心高斯早已把这个成果收入囊中。1806年，数学家勒让德公布了最小二乘法，高斯在出版《天体运行理论》时，表示自己在1794年就应用了这一原理。勒让德认为高斯作为一代宗师，总不至于来抢夺自己的优先权，恼火地对高斯出言嘲讽，高斯却保持了克制与沉默。

日后，数学后辈柯西发表了复变函数论文，哈密顿发表了论四元数的方法，雅可比做出了椭圆函数理论的优秀研究，罗巴切夫斯基和鲍耶发展了非欧几何。高斯很少对年轻人的成果加以嘉许，只因如果他深入聊到这些话题，便很难回避这样一个问题——同样的理论已经在自己的笔记里躺了十几年乃至几十年。

高斯固执的完美主义并非为每个学者称道，后世的数学家埃里克·贝尔就曾惋惜地表示，如果高斯能在生前及时发布成果，数学将被向前推进半个世纪。阿贝尔和雅可比就可以从高斯停下来的地方开始，不必把大好时光用来重复发现高斯早在他们出生前就知道的东西了。

阿贝尔和雅可比这些后辈都曾抱怨过高斯的沉默与冷淡。1849年，高斯已是72岁的老人，在他获得博士学位50周年的纪念晚宴上，45岁的雅可比也欣然出席。20年前雅可比发表数论研究，靠着高斯的嘉许晋升为副教授。如今雅可比坐在高斯身旁的荣誉席上，搜肠刮肚地想与高斯攀谈一些数学话题时，甚至没能得到高斯的理睬。

日后雅可比在书信里谈及这次宴会，还对友人抱怨，整整 20 年里，高斯从未提及过自己。

雅可比在柏林大学讲授微积分与曲面和空间曲线课程时，表现出了与高斯截然相反的治学态度。他相信随着学科不断进步，学者不可能做好所有准备才能开展工作，过分严密的准备反而是一种拖拉。他对学生表示："如果你父亲要先认识世界上所有姑娘才肯选一个结婚，根本就不会有你。"

在数学学科隔壁突飞猛进的物理学领域，大胆的年轻人与雅可比的治学态度非常一致。在当时最受关注的电力学和热力学中，都强调科学与实践尤其生产的紧密结合。直到现在，我们都可以在学术语言中找到那次结合留下的痕迹。1829 年，法国数学家、工程学家古斯塔夫·科里奥利与数学家彭赛列在物理学研究中引入了"功"（work）的概念，完全是把工业技师的术语引入了物理学。生产方式的演进也改变了年轻一代的治学态度，这一批在实践中成长起来的年轻学者敢于试错，也不介意发布尚未成熟的实验成果。

以实验起家的焦耳更是直言不讳："如果我们要等完美无缺的数学论文，那我们一定要等待很久。"1840 年他发布焦耳定律时年仅 21 岁，没有繁复冗长的回顾佐证，仅仅用了 5 页的篇幅。皇家学会的审稿员拿到论文，只愿意在会刊上发表论文纲要，而不是全文。审稿员难以相信，在一篇如此短小精悍的论文里，这个出身于啤酒厂的爱好者可以建立起如此重要的物理基础。

焦耳对热量转换的研究，成为了未来能量守恒定律的基础。不同学者齐头并进，几乎是同时各自触及能量守恒定律的边缘。这既可归功于科学演进的必然性，也要归功于学界高效的成果互通。1842 年，德国物理学家迈尔发表论文，认为热和机械功互为表里，总量守恒。5 年之后的 1847 年，焦耳正式阐明能量守恒定律。同年，德国物理学家亥姆霍兹阐述了能量守恒定律的数学形式。

能量守恒定律说明：能量不会凭空产生，也不会凭空消失，只会从一种形式转化为另一种形式，或从一个物体转移到另一个物体。在转化过程中，能量的总量保持不变。

能量守恒定律也展现着焦耳的神学观点：既然是上帝创造了力和物质，它们就不应该借由凡人的力量被创造或毁灭，只是按照神创的物理规律转化流动。

这一定律也被称为热力学第一定律，奠定了热力学基础，更成为自然科学中最为基础的定律之一。达·芬奇、伽利略以降，人们一直对永动机心心念念，希望设计一种无需能量便可以源源不断对外做功、永远运动的机器。能量守恒定律的确立，彻底把永动机从学界视野中驱逐出去。

热力学第一定律的确定，把所有能量统合在了一个体系之下，"焦耳"也成为了能量的标准单位。此前焦耳的热功当量实验把物体下坠产生的能量转化为热量，如今重力做功与热量的单位都是焦耳。

在没有利用核能和地热能的时代，人们发现当时所能利用的能量几乎全部来自太阳的恩赐：风能来源于太阳照射产生的空气温差，动物的能量来自于植物的光合作用，煤炭和石油来自古动植物遗骸、水库的水力来自于太阳照射将水蒸发到天空提升的重力势能。自然科学的各个分支之间产生了内部的惊人统一性，纷繁复杂的现象被归入简单的能量来源。

能量守恒定律在刚刚发布时也没有得到太多重视。1847 年，28 岁的焦耳在曼彻斯特登台宣讲能量守恒，没有引起媒体注意。那时，焦耳的恩师道尔顿已经在 3 年前去世，享年 77 岁，不再能为昔日的弟子提供任何帮助。

同年 6 月，焦耳前往英国科学促进会宣讲，专门携带实验设备进行展示。会议主席考虑到焦耳此前的论文反响平平，要求焦耳只能简略宣讲。整场会议波澜不惊，同样没有引起在场学者的重视，除了一位年轻人，威廉·汤姆孙（William Thomson）。

威廉·汤姆孙，当时还仅仅是 22 岁的青年，却已声名在外，已经发表了 26 篇专业论文。1866 年，他因主持跨大西洋电报线路建设，被维多利亚女王封为爵士；1892 年，又被晋升为勋爵，成为首个入选英国上议院的科学家，最终以开尔文勋爵之名传世。牛津会议一年后他提出热力学温度的概念，将 0 开（K）定义为 –273.15℃，也被称作开氏温标。

这位未来的开尔文勋爵出身书香门第，父亲是格拉斯哥大学的自然哲学教授。在家庭的熏陶之下，他 10 岁入读格拉斯哥大学，17 岁进入剑桥大学攻读硕士。在剑桥大学最负盛名的数学荣誉考试中，汤姆孙获得了第二名的优异成绩。

剑桥大学数学荣誉考试，仰赖于剑桥大学自牛顿以降的数学传统，是剑桥大学最为重要的学术能力测试，涵盖了数学、力学、流体动力学、天文学、引力学、光学等领域，其中牛顿物理学及数学是最为重要的考评内容，后来随着汤姆孙和麦克斯韦在未来的引领，热学、电学与磁学也逐渐纳入考评内容。在维多利亚时代，学生们要在 3 个星期内完成 20 个小时的考试，如能在考试中取得优异成绩，便很容易谋得研究员或者其他令人羡慕的职位。

直至今日，修读数学相关专业的剑桥学子们还要身着肃穆的黑袍赶往礼堂参加荣誉考试，按照传统，成绩公布时，每个人的成绩会在行政礼堂内部的二层露台被朗声宣读。随后宣读人将成绩单从空洒落，学生们拥挤着将手伸向空中，从纷纷飘散的成绩单里抢夺自己的那一份。

汤姆孙以 22 岁之龄成为母校格拉斯哥大学教授，未来在母校执教超过半个世纪，并在后来升任为校长，他将参与见证自 19 世纪下半叶到 20 世纪初几乎每个科学史上的经典瞬间。

大学时汤姆孙已经展露不拘泥成规的治学准则，作为英国人，他放弃民族藩篱，超出牛顿的微积分体系，去对岸的法国汲取养分。他对热力学的兴趣，就起源于少年时对海峡对岸傅里叶著作的学习。

傅里叶作为以数学手段分析热传导的开拓者，使用微分方程剖析热传导过程，以一部《热的解析理论》提出傅里叶级数和傅里叶积分，奠定了自己在热力学领域的宗师地位。当年傅里叶集齐了法国学界的"3L"——拉普拉斯、拉格朗日和勒让德——作为首篇热传导论文的评阅人。经过"3L"的会审，即使论文中尚有一些数学的不严格之处，傅里叶的独创研究也已经足以让他在 1812 年获得法国科学院的大奖。

威廉·汤姆孙对傅里叶的作品评价极高，用词是不吝赞美的"一首伟大的数学诗歌"。他在大学时代便撰写支持傅里叶理论的论文，以匿名形式发布在剑桥的数学学报。

或许是傅里叶在与拿破仑和蒙日的埃及远征中养成了对热的古怪嗜好，他晚年喜好把自己裹得严严实实，模仿沙漠的炎热，很多朋友拜访傅里叶过后，都私下吐槽这位热力学宗师的家中实在热浪袭人。

1830 年，傅里叶去世，享年 62 岁。他一生中推动了数学物理学的进步，对应用数学和物理学发展都贡献颇丰。傅里叶逝世之年汤姆孙只有 6 岁，无法与这位学界前辈建立往来。可他依然以傅里叶的继承人自居，他拿起傅里叶厚厚的作品，结合莱布尼茨和牛顿的微积分工具，表示"我两周之内便掌握了它"。

1847 年焦耳与威廉·汤姆孙在牛津的相遇成就了双方毕生友谊。在焦耳日后的回忆中，如果不是青年汤姆孙的兴趣，那场关于热力学第一定律的报告或许会"毫无批评地就过去了"。在汤姆孙的记忆里，那一天听着焦耳宣读论文，他有强烈的冲动来驳斥焦耳的观点，可是当自己忍住冲动继续听下去，汤姆孙发现，焦耳所言尽是真理。在会后，汤姆孙主动找到焦耳，"把我第一次介绍给他"，就此加入了焦耳的阵营。

实际上，即使汤姆孙当年没有站出来，伟大的成就也不会被同样伟大的思想忽略。牛津会议中还坐着 55 岁的法拉第，他也深受焦耳打动，只是出于学界前辈的谨慎，才未能把心中的赞赏热切表达。1850 年，法拉第亲自将焦耳的论文递送到皇家学会，焦耳的研究开始广为人知，焦耳在而立之年成为皇家学会会员，比法拉第入会时还要年轻。

汤姆孙携手焦耳进入热力学领域。牛津会议后一年，汤姆孙提出开氏温标。牛津会议后四年，汤姆孙在系统复盘了卡诺的热机理论后，推翻了卡诺的旧有框架。

卡诺认为热机对外做功后，热量被消耗殆尽，从世界上消失。而汤姆孙发现，那些流失的热量只是无法为人类再次利用，但永远不会在自然界中消亡。汤姆孙由此推出了热力学第二定律：不可能制成一种循环动作的热机，从单一热源取热，使之完全变为功而不引起其他变化。

汤姆孙的表述有些晦涩难懂。德国物理学家克劳修斯与汤姆孙几乎同时提出热力学第二定律，克劳修斯的表述更加易懂："如果没有某种动力消耗或其他变化，热量不可能自动从较冷的物体转移到较热的物体。"

热力学第二定律也被称作"熵增定律"，正是克劳修斯引入了"熵"的概念，来描述热量从高温向低温不可控的流逝。熵也用来表述无序性与混乱，例如：一间整洁的屋子是低熵的，它总会随着时间的流逝向乱糟糟的高熵状态演变；一颗恒星悬浮在虚空中，与周遭的真空壁垒分明，这是高度有序的低熵系统，随着恒星的枯竭熄灭，热量与物质散佚，系统走向高熵。闪亮的金属锈蚀崩解、复归尘土；健康的躯体衰朽老化，衰竭而亡。秩序让位给混沌。

面对杂乱的屋子，人固然可以打扫干净，降低屋子的"熵"，但整理打扫的过程会消耗资源、散佚能量。拖把会变脏，洗拖把的水会浑浊，清理过程会消耗清洁剂。局部熵的降低造成了整体熵的提高。

热力学第二定律的确立，也预言了宇宙的悲观终局。秩序不断崩解、热量不断消散，开尔文勋爵预测："没有任何物理过程可以归还太阳发射出来的热量，能源也并非取之不尽。"随着能量不断从高位倾泻向低位，总有一天，宇宙将达到热平衡状态。不再有温差，不再有热量流动，不再有能量转化，当然也不会有生命、艺术和文明。

宇宙将陷入永恒的沉默，这是宇宙的死亡。

如同庄重富有悲剧色彩的北欧神话，诸神与巨人们根据古老的预言，共同走向不可避免的"诸神黄昏"。在热力学第二定律所预言的宇宙未来史中，这个不可避免的结局被称作"热寂"。

热力学第二定律的预言，与同一时间达尔文正在钻研的进化论同时揭示了世界未来的演化图景。进化论中的演化朝向丰富多元，而热力学第二定律却指向单一和死寂。此前牛顿把宇宙看作上帝创造稳定运转的机械，如今演化与流变成为了宇宙的主题。

并非所有的学者都安于接受人类文明的"诸神黄昏"，很多学者都从各自的角度，向宇宙的热寂结局发起过挑战。其中最广为人知的一次尝试，来自于詹姆斯·克拉克·麦克斯韦，在那次挑战里，他释放出了"麦克斯韦妖"。

麦克斯韦出生于 1831 年，比威廉·汤姆孙年轻 7 岁。他与威廉·汤姆孙同样早慧，15 岁便向爱丁堡皇家学会投稿。

麦克斯韦是汤姆孙的剑桥校友，在汤姆孙通过剑桥大学数学荣誉考试的 9 年后，1854 年，麦克斯韦在剑桥数学荣誉考试中获得第二名，当他见到汤姆孙这位学长，还专门请教，如果自己对电磁学感兴趣，应该去研读法拉第还是安培的著作。

历史记录里没有留下汤姆孙的回复，不过当年年底，双方已经开始共同探讨法拉第的场论。而根据麦克斯韦的回忆，之后的两年中，他放下了安培的作品，对法拉第的论文手不释卷。

"麦克斯韦妖"的提出，已经是在第二热力学定律提出的 20 年后。1871 年，麦克斯韦为了尝试否定这一定律，提出了精妙的假想实验：

在与外部隔绝、内部已经达成热平衡的容器中，根据定律已经陷入了一片热寂。这时在容器中间放置隔板，中间开一个小洞，洞口覆盖着质量可以忽略、摩擦力可以不计的理想薄膜。一个名为"麦克斯韦妖"的智慧生物把守着洞口，观察着容器内气体分子的往来碰撞。

根据热力学理论，物质的温度取决于内部分子平均运动的快慢。分子运动越快，温度就越高。

每当"麦克斯韦妖"发现有高速分子准备通过洞口前往左边，或是低速分子前往右边，便会放行。如果有高速分子想去右边，或者低速分子想去左边，就把洞口封住。于是左边的空气分子平均速度越来越快，温度升高，右边的空气分子越来越慢，温度降低。最终在不花费任何能量的基础上，原本已经陷入热寂的空气被分成了高温与低温两个部分。热力学第二定律就此打破。

如果"麦克斯韦妖"的构思成立，也意味着第二类永动机的成功。第一类永动机要凭空创造能量，已经被否认。第二类永动机指的是：不去凭空创造能量，而是从环境中吸取热量。比如让船舶从海洋中提取热量，海水会变冷一点点，却能为船舶远航提供能量；又或者若每个家庭都能拥有一只"麦克斯韦妖"，可以用微小阀门创造温差，人类就再也不需要空调和暖气。

"麦克斯韦妖"的假设经过大半个世纪才遭到否定，即使移动洞口薄膜无须动用能量，可如何去判断洞口附近气体分子的运动快慢呢？

在宏观世界，高速公路上的激光测速仪可以测量汽车是否超速，原理是向汽车先后发射两次激光，通过反射间隔判断车速。如果"麦克斯韦妖"要判断分子的速度，也需要一台分子测速仪，发射粒子碰撞空气分子去测量速度。"麦克斯韦妖"在测速中同样需要消耗能量，甚至，发射的粒子碰撞到空气分子，也会改变空气分子的速度和方向。把热量从低温逆流向高温，同样需要付出代价。

"麦克斯韦妖"的夭折巩固了热力学第二定律，也宣判了所谓"热量逆流"的第二类永动机构想的失败。时至今日，人们依然要支付空调电费。

"麦克斯韦妖"也同之前的"拉普拉斯妖"及之后的"薛定谔的猫"一道，成为了物理学史上为人津津乐道的虚拟生物。

1854 年的剑桥通信中，汤姆孙将麦克斯韦正式引入了电磁学之门。日后年轻的麦克斯韦在电磁学领域的进展，远远超过了自己的学长汤姆孙。麦克斯韦与法拉第也成为忘年之交，他在 1856 年发表论文《论法拉第力线》，用数学方法为法拉第的磁场理论建构几何模型，去探究磁与电的关系，弥补了法拉第不长于数学工具的短板。

汤姆孙则积极参与社会公务，完成了从理论物理学家到工程师的蜕变。在英美越洋电缆的铺设中，他被白宫聘请为首席电气工程师。他与前辈法拉第、电报摩斯密码的发明人摩尔斯组成豪华阵容，历经细致入微的调研改进，在大西洋两岸连接起两条电缆，将美国与欧洲大陆连接到了一处。

电报技术疾风暴雨般改造了整个世界，电缆在世界各个角落向外延伸，一个早期的互联网模型产生雏形。新闻的时效性从几周缩短到近乎实时，人们用电报炒股、赌博，还有电报员利用闲暇时间发送电码下棋。19 世纪 40 年代，从伦敦向孟买发送资讯并取得回音，要耗费足足两个月，30 年后，时间被缩短为短短的几分钟。

第一次工业革命中的蒸汽机车和第二次工业革命的电报，推动世界朝向全球化与现代化又前进一步。铁路推动了物资的输送，电报促进了信息的通达。铁路为实体经济清除掉藩篱，电报则为金融市场提供了即时资讯。由于电报公司往往沿铁路线铺设线路，铁路与电报之间共生共荣。

走向现代的西方国家在商业利益的驱使下步入殖民扩张之路，南美国家也靠着欧洲市场挖掘了第一桶金。在铁路与电报的帮助下，殖民力量的影响力不再限于海洋沿岸的几个据点，而是深入到大陆深处。欧洲的殖民强国通过掌握商路及原料产地而获得利润，在接下来的半个多世纪里，非洲从一块神秘未知的大陆发展为被列强瓜分殆尽的殖民地。来自所谓文明国度的统治者，枉顾真实的部落分布和文化区分，在非洲地图上随意用直尺切割领地，造成的割裂与苦难至今仍未消除。

来自欧洲的船队也踏上了前往东方的征程，美国佩里舰队在日本叩关，来自英法的军舰则通过两次鸦片战争，打开了清帝国的国门。

然而，在西方国家看来，铁路与电报所到之处即是文明。每当所在城市接入铁路和电报网络，总是一片欢欣鼓舞。当年与高斯一起改进电报术的同事韦伯，曾经发布过激昂的预言："当全球都覆盖上依仗铁路与电报的网，这张网所提供的服务，就可以与人体的神经系统相当，部分用于运输，部分用来以闪电的速度传播思想和大事件。"

1854 年，来自卡塞尔的铁路修到了高斯所在的哥廷根。当年 6 月，高斯怀着稚子般的好奇，兴冲冲地带着家人，乘坐马车赶往尚未通车的火车站看热闹，一路上笑谈未来世界的模样。突然间马匹受惊，将老人抛出车外，高斯虽然没有受伤，却也受到了不小的惊吓。

当时高斯已是 77 岁的迟暮之年，身体日益倾颓，长期受到疾病困扰。医生诊断，高斯的心脏已经功能失常，加上水肿及呼吸困难，好转的概率已然渺茫。高斯在当年 7 月依然参加了通车典礼，了却夙愿，此后安心养病，在年底写下遗嘱。那时高斯的笔迹断断续续，已经无法流畅地运笔。

卡尔·弗里德里希·高斯去世在来年 2 月，如同此前医生的预言，他死于突发心脏病，当时他正身处天文台，坐在自己最喜爱的一把椅子上。葬礼上他沉睡在透光的圆顶下，身边点缀着月桂。这位学术生涯漫长而辉煌的数学家，最终长眠在哥廷根这座他工作半生的城市。

高斯一生之中经历过种种坎坷与打击，可他从未被环境击倒，他如同孤独的骑士，只身闯入数学迷宫最人迹罕至的边缘，发现了亘古未见的绝景，而当他环顾四周，竟然很少有人能与他分享风景之壮阔，也无法在他的发现上更进一层，提出新的观念。长此以往，他只能带着对整个世界的孤高和疏离，默默记下发现，留待后人解读。

高斯成名后，各国学术团体的荣誉纷至沓来，累计 75 种，他只是淡淡接受，甚至偶有抱怨。待到他去世时，靠着生活节约和精明的投资，当年会为拿破仑的 2000 法郎税金感到捉襟见肘的高斯，留下了一笔超过 17 万银币的遗产，这笔财富足以支付他作为教授的底薪超过一个半世纪。

他有着远超常人的勤勉与耐心，后来的人们打开他的手稿，发现在某些问题中，高斯会精密计算达到小数点后 1000 位以上。这种对于精确性的强迫症贯穿了他的学术生涯，有次高斯在阅读一本学术著作时，发现了一处错误，他在自己的书上改掉了错误后，还专程跑到书店，把每一本书上的错误都改了过来。

高斯生前遵从着"少却成熟"的箴言，一共发表了约 150 篇论文。后来这些论文连同他的一些未完稿的作品以及私人信函结集，由哥廷根皇家学会出版，合计 12 卷，到了 1933 年方才出版完毕。仅看这些数据，似乎不足以理解高斯的成就。后来的数学家埃里克·贝尔提到高斯，为他加上了恰如其分的评价：

"他活在数学的每一个地方。"

高斯的物质遗产没能得到珍视。他与孩子的关系并不融洽，这位将毕生心血倾注在科学领域的学者，却不希望儿子进入学界。高斯反对儿子尤金进入大学攻读哲学的想法，动用父亲的威严逼迫儿子学习法律。日后尤金怀着对父亲的愤恨，烧掉了大部分父亲的信件，还把乔治五世颁发给高斯的金质奖章熔掉做成了金边眼镜框。

在学术领域，高斯的身后留下了完整的哥廷根学派。他的课程过于艰涩，能跟上进度的学生也仅寥寥数人。从高斯的课堂里，走出了揭开高斯《算术研究》中"七道封漆"的解析数论奠基人勒热纳·狄利克雷（Lejeune Dirichlet），走出了现代实数理论奠基人之一的理查德·戴德金（Richard Dedekind），还有他最为亲近、日后成就最高的学生波恩哈德·黎曼（Bernhard Riemann）。

黎曼是 1826 年生人，几乎比高斯年轻了半个世纪，在哥廷根攻读神学时听从高斯建议转系学习数学，先后跟随高斯、雅克比与狄利克雷学习。1851 年，25 岁的黎曼完成自己的博士论文，专门呈交高斯审查，得到了高斯极高的评价。两年后，黎曼申请教职答辩之时，需要提出三道题目作为备选，由高斯选定一道让他演讲。前两个题目黎曼已经胸有成竹，但对待第三个题目却有些轻率，他尚未来得及充分准备。

高斯直接指定了第三个题目，那道题目高斯已经思考了数十年之久，他好奇地想看看这位年轻人会对这深奥的问题做出怎样的解答。黎曼经过整整一年准备，在就职演讲中提交了论文《论作为几何学假设的基础》。在不少后世的数学史家来看，这篇黎曼几何体系的发轫之作，足以进入数学史上顶级数学论文的前十名，在弗罗伊登塔尔版本的《科学家传记辞典》中，更盛赞其为"数学史上的一盏明灯"。

这篇论文的核心思路承自高斯 1827 年的论文《曲面的一般研究》。当年高斯在勘察土地时，面对曲折起伏的地面，把弯曲后的二维空间性质扩展到三维空间。而黎曼在老师的基础上，将其扩展到任意维，在未来通向爱因斯坦广义相对论的路上，黎曼张量是必须被点亮的技能。

垂老的高斯支撑着病体，欣慰地看着这位得意门生对数学的理解超出了自己

27 年前行走到的边界，深感后继有人。黎曼的出现实在及时，毕竟黎曼的答辩会 6 天后，高斯便在前往参观铁路的旅途中被惊马抛出车外，这位数学宗师的人生也只剩下不到一年的时间。

黎曼日后继承了高斯的席位，他的"黎曼几何"大大拓展了空间的概念；他的"复变函数论"开创了解析数论的时代；他的"黎曼猜想"被哥廷根学派中未来的师弟、数学家大卫·希尔伯特列入 20 世纪数学家们最应该解决的 23 个数学问题，更在 2000 年的千年数学会议上被列入"七大数学难题"之一，被悬赏 100 万美元，至今依旧悬而未决。

从高斯开启，黎曼以降，哥廷根学派欣欣向荣、根深叶茂，哥廷根大学至此成为欧洲的学术圣地，留下了一长串光辉熠熠的名字，其中包括以克莱因瓶为人熟知的菲利克斯·克莱因、"数学界的无冕之王"大卫·希尔伯特、量子力学奠基人马克斯·普朗克、名字成为振动频率标准单位的海因里希·鲁道夫·赫兹、以"不确定性原理"闻名的沃纳·卡尔·海森堡、航空航天业开拓者冯·卡门。哥廷根大学的传承一直延伸到中国当代，钱伟长、钱学森、郭永怀都是冯·卡门的学生。

数学中心的位置也悄然间出现变迁，当年在拉格朗日与拉普拉斯的努力下，法国聚拢起包括柯西、傅里叶、勒让德、蒙日、泊松在内的一系列数学名家，高斯几乎是 19 世纪初杰出数学家名单里唯一的德语名字。到了 19 世纪末，德国拥有了戴德金、康托尔、希尔伯特、克莱因，已经足以与法国的阿达马、勒贝格与庞加莱等人分庭抗礼。德国数学之崛起自高斯始。

高斯辞世前欣慰地看到了铁路的贯通，但没有赶得上电报网络的普及。威廉·汤姆孙乘坐英国皇家海军"阿伽门农号"奔赴考察越洋电缆工程，是在高斯去世两年后的 1857 年，那时汤姆孙还只是 33 岁的年轻学者，待到汤姆孙与同事们克服重重困难将电缆全线贯通，时间已经到了 1866 年，汤姆孙也已年过不惑。

公职之外，汤姆孙依然积极敏锐地活跃在科学一线，他频繁地出现在许多科学大事件的现场，亲历了科学史上这一段迅猛发展的时光。

1860 年 6 月，汤姆孙来到牛津大学，700 余观众挤满了大厅的各个角落，紧张地等待着一场即将发生的辩论。辩论的一方为代表教会的牛津主教塞缪尔·威尔伯福斯（Samuel Wilberforce），被称作"善辩的萨姆"；另一方则是代表科学的博物学家托马斯·亨利·赫胥黎（Thomas Henry Huxley），被称作"达尔文的斗犬"。这一场牛津辩论被后来的历史学家称作"19 世纪滑铁卢战役后最为著名的战争"，科学与宗教在伽利略罗马审判的两个世纪后重燃战火，毫不避讳地对着彼此亮出锋利的爪牙。

这场辩论酝酿于 1858 年 6 月。当时年近半百饱受病痛之苦的达尔文坐在乡间别墅中，打开了手中越过半个地球寄来的信件。信件来于远在马来西亚与印度尼西亚考察的博物学家阿尔弗雷德·罗素·华莱士（Alfred Russel Wallace），短短的信笺洋溢着这位后辈的喜悦与兴奋。华莱士向达尔文这位前辈提出了不情之请，希望达尔文可以将自己的信件转交给莱尔，在地质学会发表，华莱士坚信，自己做出了生物学史上最为重要的发现——

进化论。

与达尔文相若，华莱士同样有着丰富的田野考察经历。10 年前，25 岁的华莱士从利物浦出发，横渡大西洋深入亚马孙雨林，在南美洲勘察长达 4 年。期间采集到的蛾与蝶的标本即有 553 种，还有 450 种甲虫及超过 400 种其他动物。随后华莱士又从英格兰东渡重洋，前往马来群岛，开始了 8 年的群岛之旅。行程超过两万千米，考察访问 90 余地，搜集标本 12.5 万件。从西边的新加坡到东部的新几内亚，到处都留下了华莱士的足迹。

1858 年，华莱士 35 岁，在印度尼西亚的漂泊中罹患疟疾。他在病床上拿起了曾启发过达尔文的著作——马尔萨斯的《人口原理》，福至心灵，结合自己 10 年来的经历，他不顾高烧，在纸上匆匆写下 4000 字的精简论文，将论文附在信中寄给了万里之外的达尔文。

3 个月后，达尔文读到了这篇《论变种与原型不断歧化的趋势》。达尔文惊讶地发现，这篇汇聚华莱士 10 年心血的文章，内核与自己 20 年来不断完善的进化论框架几乎完全相同。达尔文就此陷入尴尬的两难：如果先行发表华莱士的作品，则自己在进化论上的优先权将彻底被华莱士取代；如果抢先发表自己的作品，又似乎在抢夺华莱士的荣誉。

最终，在莱尔和挚友虎克的建议下，达尔文与华莱士的论文在当年 7 月于伦敦林奈学会联合发表。达尔文随即投入到紧张的创作之中，一年后的 1859 年，《物种起源》第一版正式付梓。

如果不是华莱士充满巧合意味的压力，或许达尔文就不会这么快地完成作品。按照达尔文原本的构想，对进化论的阐述要花上第一版《物种起源》三四倍的篇幅，以达尔文慢吞吞的写作速度，进化论恐怕又要被雪藏 5~10 年。而秘而不宣，缺乏同行的交流与印证，也不利于理论的发展。

首版《物种起源》在学界引起了轩然大波，首印 1250 册上架当日即告售罄，大不列颠一时纸贵。载着批评或赞誉的信件装满了达尔文的书房，他收获了粉丝之余，也有朋友转而成为学术对手。之前亲自介绍达尔文登上"小猎犬号"的剑桥大学地质学教授塞奇威克，怀着愤怒批判达尔文的进化论会产生出"骇人听闻的怪胎"。当年环球旅归后，与达尔文共同整理化石的同事欧文，也当即与达尔文决裂。欧文作为恐龙的命名人，当时已是著名的古生物学家及博物学家，正执掌大英博物馆的博物学部分，作为居维叶思想的传人，欧文对"人类可能来自类人猿"的思想同样深恶痛绝。反对的阵营里还安坐着威廉·汤姆孙与剑桥师弟麦克斯韦，几乎云集了当时最一流的学界巨擘。

反对的声音直抵英国宫廷，此前英国官方为表彰达尔文的科学贡献，曾考虑为其加封爵位，如今因为维多利亚女王身边教会人士的反对，提名未能通过。

1860 年的牛津辩论，是两股势力不可避免的一次交锋。

作为教会一方的主力辩手，54 岁的威尔伯福斯在牛津主教的职位之外，也担任英国科学促进会的副会长，对地质学与鸟类学均有研究。他在长期的布道演说的经验里，练就了不俗的口才与应变能力。牛津辩论中威尔伯福斯更得到欧文的支持，在威尔伯福斯精心准备发言稿时，欧文是他背后的捉刀人。

达尔文一方的代表是 35 岁的赫胥黎，得知教士们在牛津大学聚集之后，赫胥黎孤身前往，当面回击威尔伯福斯的质疑。

如今，关于那一场论战的诸多细节已不可考，只有一些零散的片段流传到了今日。然而从这些简单的片段，也足见当日辩论的激烈。辩至酣处，威尔伯福斯指出，既然达尔文认为人类的血统来自于猴子，随后他问向赫胥黎："那么您祖上有猿猴血统的，是您的祖父，还是祖母？"

赫胥黎则反唇相讥："人们不应为有猿猴祖先感到羞耻，而滥用才智、以言辞与诡辩掩盖真理的祖先，才会令我蒙羞。"

当年邀请达尔文登上"小猎犬号"的船长费茨罗伊也在旁听。作为虔诚的基督徒，54 岁的费茨罗伊走到了人群中央，挥舞起一本《圣经》，用庄重恳切的语调，劝说观众相信上帝而不是凡人。只是现场的氛围愈发白热，费茨罗伊的声音被淹没在教士们和学生们的呼喊声中。情绪激动的辩论之下，一位贵妇直接晕倒在地。

费茨罗伊看到自己当年那次环球之旅催生出渎神的思想，他此后长久生活在抑郁之中。他是一位坚强富有魄力的海军官员，与达尔文共度了那次伟大的环球旅行，也在后来前往新西兰，出任殖民地总督。费茨罗伊在科学领域也做出过独到的贡献，他被任命为贸易委员会气象学者，广泛搜集港口的气象水文资讯，他指导设计的晴雨表被安装在每个大英帝国治下的港口，供船只出海参考。他的电报网络连接起 15 个陆地监测站点，将各地的气象信息汇报给他，费茨罗伊的团队日益壮大，成为了日后英国气象局的前身。

这位颇有建树的官员没能战胜自己的负疚感，牛津辩论 5 年后，费茨罗伊用剃刀切开自己的喉管，去世在海军中将的任上。朋友们为了避免他的遗孀和女儿陷于贫困而筹集基金，在最终筹集到的 3000 英镑里，有 100 英镑来自达尔文。

达尔文的工作震动学界，许多学者都参与到热切的讨论中来。焦耳还在给汤姆孙的信件里抱怨："今天的公众似乎只有听到耸人听闻的自然奥秘才会关注科学""有什么能比发现了人与猴子或狒狒之间联系的哲学家更令人瞩目呢？"

距牛津 90 公里之外的伦敦，古稀之年的法拉第也风闻了达尔文近乎渎神的理论。出乎人们意料，作为基督信徒，迈克尔·法拉第未置一词。

法拉第的晚年极享尊荣，他的声誉已经远远超出了学界范围。拒绝爵士头衔之后，他还两度拒绝英国皇家学会的会长职位。他是多国科学院的院士会员，维多利亚女王也慷慨地馈赠他一套位于伦敦西郊泰晤士河畔的公寓。

或许当时的法拉第已经无法展开一场关于信仰与科学的深入讨论，他的记忆自从 48 岁一病后不断衰退。从今天医学角度看来，他患上的或许是健忘综合征。他的朋友、过往、生活片段随着时光逐渐从他的大脑消逝。他不时出现头痛与晕眩，他开始忘记东西摆放的位置，他逐渐认不出前来拜访的朋友。他在脑海里一遍遍地回忆着自己和妻子相处的点滴，生怕忘记自己的爱侣，可许多往事终究还是离他而去。

他痛苦地写下："过去已经消逝，不再有记忆；未来尚未到来，难以去猜测想象；当下，也只在我脑中徒具其型。"

在记忆不断崩解的 20 余年里，法拉第依然顽强投身学术研究。他发现了与磁场指向完全互斥的"抗磁性"，参与了威廉·汤姆孙的越洋电缆铺设，调研了伦敦的空气污染与泰晤士河的水污染。1862 年，法拉第完成了在皇家研究院的谢幕演讲，告别自己主持 32 年的讲堂，回想 1830 年自己首次登台时，台下稀稀拉拉坐着不到 200 位观众，如今他已是年过古稀的老者，讲堂里，800 余观众静静聆听他的演讲。法拉第浓密而蓬松的头发已经花白，眼眶深陷，面部的皱纹遍布岁月痕迹，他一丝不苟地穿着正装，打着领结。那时，西门子公司创始人维尔纳·冯·西门子的弟弟查理斯·威廉·西门子刚刚改进了气炉，法拉第做完这场介绍新型气炉的演讲后，掌声如潮，久久不息。

法拉第离开在 1867 年夏，当时他正安坐在书房的椅子上，享年 75 岁。去世前威斯敏斯特大教堂提出在教堂里为法拉第提供一块墓地，被他拒绝。他选择长眠在伦敦北郊的公墓，墓碑上没有墓志铭，只是写了名字和生卒年月。几年后，他挚爱的妻子莎拉也安葬在这里，名字刻在了墓碑下半截的空白处。怀着对法拉第的敬意，威斯敏斯特大教堂依然为他竖起一座纪念碑，紧邻牛顿的长眠之地。

迈克尔·法拉第出身寒微，从没有接受过正规的教育，他从伦敦装订作坊起步，直至成为"世界上曾有过的最好的实验科学家"，他与科学的结缘起步于枯燥的《大不列颠百科全书》电学部分的装订，却成就了《一千零一夜》般的传奇。

今天法拉第以伟大的物理学家而闻名，实在是因为他的物理成就太过闪耀。作为戴维的弟子，法拉第也是重要的化学家，他发现过许多种有机化合物，广为人知的有乙烯和苯，他还找到了有机化合物异构体的典型例子，发现了电解定律，更完成了多种气体的液化和固化。即使完全忽略他的物理成就，仅作为化学家的法拉第也依然会被今人所知。

法拉第见证了物理学的进步和发展，却没来得及见到 19 世纪中期化学学科最重要的突破。法拉第去世后仅仅不到两年，1869 年年初，俄国化学家门捷列夫发现了元素周期律。

德米特里·伊万诺维奇·门捷列夫（Dmitri Ivanovich Mendeleev）于 1834 年降生于西伯利亚。家庭中有十几个兄弟姐妹，门捷列夫是最小的孩子。

门捷列夫与西欧出身名门的考究学者不同，他成长在西伯利亚乡村广袤的落叶松和杉树林中，精神自由而体魄野蛮。童年经历塑造了门捷列夫的独特气质，成名后的门捷列夫依然不修边幅也不拘小节，在化学课本上见过门捷列夫画像的中学生们，一定会对他乱蓬蓬的头发和胡须印象深刻。他身材高大魁梧，服装朴实，即使在觐见沙皇时也不会修整容貌。

门捷列夫家庭不算富裕，父亲失明后失去了教师工作，母亲重新运营起一家曾经停工的玻璃工厂。然而门捷列夫 13 岁时家中连遭厄运，先是父亲去世，随后工厂遭遇火灾。面对家庭巨变，门捷列夫 57 岁的母亲鼓起勇气告别故乡，带着门捷列夫和他的姐姐，在冰雪中穿过西伯利亚，越过乌拉尔山脉，长途跋涉送儿子求学。

这段旅途拖垮了母亲的身体，母亲在 1850 年秋季病逝。在母亲离开前，门捷列夫被圣彼得堡附属师范教育学院录取，这或可告慰病重的母亲。

或许是母亲的亡故激发了门捷列夫的斗志，在家乡时门捷列夫不算勤奋，成绩也不突出，如今门捷列夫发奋学习迅速跻身优等生之列。15 年后的 1865 年，门捷列夫获得博士学位。他的论文以"论水和酒精的混合"为题，至今仍有酒厂牵强附会，生产门捷列夫牌伏特加。

博士毕业后门捷列夫拿起教鞭，两年后在圣彼得堡大学取得教职。一位杰出学者的闪耀足以扭转各国科学实力对比，仅仅几年过后，到了 19 世纪 70 年代初，在门捷列夫的建设下，彼得堡已经成为公认的国际化学中心。

如同当年牛顿在研究天体轨道时，顺手发明了微积分这一数学工具，门捷列夫对元素周期律的发现，也只不过是门捷列夫常规教学工作中的副产品。

1868 年，走马上任后不久的门捷列夫正在为学生们编订化学教科书《化学原理》，在编排教学内容时深感困惑。他不知道要用什么方法排列书中元素出场的顺序，也不知道要如何向学生分门别类地介绍繁复的化合物。

当年拉瓦锡编订巨著《化学基础论》时，元素表格还足够简单，他在全书的第二部分中，几乎是线性不加编排地逐个介绍了各个元素：从"光"与"热素"这两种已经被剔除的元素开始，之后依次介绍了氧、氮、氢、硫、磷、碳，随后是酸根和化合物。到了门捷列夫的时代，拉瓦锡的线性排序已经无法清晰提供化学整体图景。

最终，秉承道尔顿大半个世纪前提出的原子论思想，门捷列夫决定用原子量将现有元素从低到高顺次排列。

发现元素周期律的几天前，门捷列夫把各种元素做成一套纸牌，每张纸牌对应一个元素，标注了原子量和元素性质。门捷列夫尝试多种方法排列纸牌，直到关键那一日到来。1869 年 2 月，正是重大突破的前夜。门捷列夫整整三天没有合眼，他在牌堆里做了那个被许多人绘声绘色转述的梦：他梦见纸牌在眼前飘动，排列成周期往复的表格。

门捷列夫从睡梦中醒来，整理表格，发现了元素性质周期往复的秘密。他日后回忆，那张从梦境中得到的表格，后来只有一处需要更正。

在等待教科书付印的时间里，门捷列夫印刷了一份单页，这一页纸清晰地展示了他对元素的重新编排，在 1869 年初对俄国圈内化学家展示。随后门捷列夫又在俄国物理化学学会公开论文《元素性质与原子量的关联》，那一天他因高强度的工作尚在病中无法参会，只能交由同事代为宣读。

元素性质的周期变化并非门捷列夫首创，几年前英国化学家约翰·纽兰兹（John Newlands）也有尝试。他把已知的 62 种元素排入表格，发现似乎每经过 8 个元素，便会出现性质相似的元素。他把这种周期性称作"八音律"，只是纽兰兹的表格远非完美，同一个格子里有时要挤进两种元素，排序也不是严格按照原子量排列。他的报告最终遭到冷嘲热讽，有人批评："如果按原子量排列元素就能得出重要发现，那若是按元素的字母顺序排列，又将有什么重大突破呢？"

门捷列夫的元素周期表看起来与纽兰兹的"八音律"出自同源，但审视之下，门捷列夫没有简单机械地排列元素，而是综合了元素的原子量、性质、周期性排成全新表格。

在纽兰兹的表格中，已知元素密密麻麻挤在一起。门捷列夫的表格中却留下了多处空位，门捷列夫没有找到合适的元素填写进去，而是预言，在未来一定会有化学家发现新的元素补足空白。此外，门捷列夫也没有机械地按原子量顺次填写，他调整了部分元素的出现顺序，一些原子量更大的元素反而排列在了更轻的元素之前。怀着对元素周期律的自信，当按原子量排列的次序与元素理应出现的性质出现抵触时，他选择相信自己的理论，认为被自己逆序排列的元素一定是原子量测量错了，直接靠理论修改了实验者的测量数据。门捷列夫向世界展示：他的元素周期律不但可以解释现在，更可以预测未来。

门捷列夫在他留下的多处空格中，选出了三种元素，预测了它们的性质。今天回看门捷列夫的预言，已经精确到难以置信的程度。

门捷列夫留下的第一处空位排列在铝元素之下，位于锌和锗之间，他称之为类铝，正是后来发现的元素镓。

门捷列夫预测，类铝的原子量是 68，现代实测镓元素原子量为 69.7；预测比重为 6，实测为 5.9；预测金属易熔，镓的实际熔点为 30℃；预言类铝在空气中不易发生变化，镓确实不易氧化。门捷列夫还预测到了新元素的发现方法，他认为新元素很可能是由光谱分析发现，在门捷列夫预言的 6 年后，法国化学家恰是根据光谱分析仪中显示的一条全新紫色谱线，找到了新元素的踪迹。

光谱分析法，是门捷列夫时代用于检验新元素最重要的方法之一。

早在 1814 年，德国物理学家、光学透镜制造商约瑟夫·冯·夫琅禾费（Joseph von Fraunhofer）便发明了光谱仪。那一年夫琅禾费 27 岁，已经是一流的玻璃加工工匠。

一个半世纪前，牛顿用三棱镜将一束白光分成七色光。夫琅禾费改进了牛顿的实验，把射入的白光收窄，光线通过极细的狭缝后再通过分光棱镜，夫琅禾费看到了与牛顿截然不同的景象：此前牛顿实验中连续的光谱被密密麻麻的暗线切断。世纪之初英国化学家沃拉斯顿也曾发现过暗线，只是限于设备精度，只发现 7 条。如今夫琅禾费独立重新发现，记录下太阳光谱中的 574 条暗线，至今这些暗线仍被称作夫琅禾费线。

夫琅禾费又将光谱仪对准其他星体，发现不同亮度恒星的光谱中暗线也不相同，他敏锐感到，这些排列不同的暗线如同每颗恒星的独特指纹，它们一定携带着来自数万光年外的独特信息。

夫琅禾费没能揭开暗线的奥秘。在夫琅禾费去世逾三十载后，罗伯特·威廉·本生（Robert Wilhelm Bunsen）解释了暗线的含义。本生发现，每种元素燃烧时都会呈现不同的光谱，只需分析元素燃烧时的火焰光谱，便能知晓哪些原子参与了反应。

在中学化学课上，本生以他发明的本生灯被学生知晓，本生灯可以提供超过 2000℃ 的高温，许多实验都会用它来加热。有了本生灯和光谱仪，本生可以轻而易举地让参与反应的微量元素无所遁形。

光谱分析仪的灵敏度远超传统化学检验方法，即使将 3 毫克食盐混在大量乳糖里，在屋子距离分析仪最远的一端吹散，只需稍候片刻，火焰便转为黄色，分析仪上立即会出现明显的黄色谱线，那正是食盐中钠的踪迹。如果把钠的谱线与太阳光谱线对照，会发现钠最明亮的黄线正对应太阳光谱中最明显的暗线，原因是每种元素会吸收它能发射的光线，由此天文学家知晓，太阳大气中含有钠元素。

夫琅禾费留下的谱线有两大应用分支：化学家们用光谱分析仪认证每一种元素的谱线，去寻找认证元素；天文学家们将谱线与远方星体的暗线对应，去看星体之上都存在哪些元素。原本人类以为科学对遥远宇宙的构成鞭长莫及，如今，人类掌握了分析宇宙成分的方法。

在太阳光谱中，许多暗线都与地球上的元素谱线找到对应，钠、铁、钙、镍都依次被发现，到 19 世纪 80 年代末，从太阳光谱中找到了 50 余种已知元素。希腊先哲认为太阳与恒星原本是完美无瑕的圣洁天体，与地球有着字面意义上的天壤之别。如今天文学家与化学家联手，证明构成地球与恒星的元素，只是组成比例不同，本质上也没有什么差异。

光谱分析学成为化学家的重要工具，很快两种新元素铯和铷就在光谱分析中被发现。新元素的命名也来自光谱分析法，铯来自拉丁词汇，意为蓝灰，铷则意为红色，正是它们的谱线颜色。

光谱分析法的巅峰之作是氦的发现，在门捷列夫发布元素周期表之前一年，1868 年，英国天文学家洛基尔观测日全食，在日珥光谱中发现一条崭新的暗线，这条谱线与已知任何元素均无法对应。洛基尔认识到，这是一种全新的元素，因它首先在太阳上被发现，便被命名为氦（helium），正是以太阳命名。同是在洛基尔的观测中，他发现日珥由太阳表面的一层气层喷发而出，他将其命名为色球层，这个称呼沿用至今。1895 年氦在地球上被发现，印证了洛基尔的判断，也让氦成为元素周期表上唯一先在太空中被发现的元素。

1875 年，镓元素被发现；1879 年，钪元素被发现；1886 年，锗元素被发现。三种元素完美地填写进门捷列夫为它们早已准备好的座次，化学性质也与门捷列夫的预测极为接近。门捷列夫对原子量的修改也被一一证实，元素周期律至此大获全胜。

后来门捷列夫的元素周期表历经多次改良修正，新元素不断被加入表格，表格组织编排迭代优化，最终成为今天的样子。道尔顿、戴维、法拉第在世纪之初为英国化学界赢得的中心地位至此旁落，门捷列夫一直生活到 20 世纪，在 1907 年因流感逝世于圣彼得堡。

英国的化学中心地位旁落，物理学科的核心地位却得到了保留。法拉第之后，在物理学界的继承者是未来的开尔文勋爵威廉·汤姆孙，以及汤姆孙的剑桥师弟麦克斯韦。当年麦克斯韦在汤姆孙的建议下，沉浸于法拉第的电磁学领域，也与法拉第建立了联系。只是他们的沟通并不深入，法拉第当时深受失忆的困扰，面对这位比自己年轻 40 岁的青年学者，法拉第已是有心无力。

在后来的科学史家埃弗里特编纂的麦克斯韦传记中，他曾经恰如其分地评价 19 世纪中电磁学领域影响最大的三位大师：法拉第是积累型的思想家，汤姆孙是灵感型的思想家，麦克斯韦是建筑型的思想家。

法拉第靠着勤勉刻苦的实验，以海量事实和数据积累提出科学观点，严格按照"工作—完成—发表"的流程，缜密有序地向未知推进。汤姆孙充满激情，每当他对某个议题出现兴趣，便会连续几周扑在上面，很快便给出一串启发性的观点，汤姆孙的论文风格往往篇幅简短而光华四溢，他宝贵的一两页纸，往往就能在迷雾之中指明方向。麦克斯韦建构体系的能力臻于化境，他的每篇论文都蕴含长期的思考推敲，篇幅往往在七八十页，却简洁明快，毫无冗余。

法拉第还在世时，便已经看到了麦克斯韦在自己拓展的疆界中锐意进取。1855 年，麦克斯韦发表《论法拉第的力线》，用数学形式表现法拉第直观的力场图像，将"场"的理论进一步发扬光大。1864 年，麦克斯韦在英国皇家学会发表论文《电磁场的动力学理论》，宣布光本身由电磁波构成，又在 1873 年完成巨著《电磁通论》，打通了电磁学与光学的壁障。

麦克斯韦的《电磁通论》中用来解释电磁间基本定律的 4 个方程如今被称作麦克斯韦方程。各种已知电磁学定律都可以从麦克斯韦方程中推导得出。光的电磁本质，仅仅是推导结果之一。

麦克斯韦方程还预言了其他电磁波的存在，它们的频率和波长与可见光不同，无法被肉眼观测，但客观存在。这些预言在麦克斯韦去世后被一项项证明，红外线、紫外线、X 射线、伽马射线等一系列电磁波被发现。利用这些不可见的电磁波，人类有了无线电、广播、电视、微波炉和遍布世界的通信网络。

在后世看来，麦克斯韦被称作牛顿与爱因斯坦之间最伟大的物理学家。他的电磁场理论统一了电学、磁学、光学，是 19 世纪物理学领域最重要的理论融合。

除了这些科研成果之外，麦克斯韦还留下了一座伟大的实验室——卡文迪什实验室。

1871 年，剑桥大学校长、第七代德文郡公爵威廉·卡文迪什为纪念家族先祖、以扭秤实验称量地球的亨利·卡文迪什，捐资设立剑桥大学的物理实验室——卡文迪什实验室。公爵曾考虑邀请威廉·汤姆孙作为首任卡文迪什物理学教授，但遭到拒绝。几经权衡，麦克斯韦接受邀请，且全票当选为卡文迪什实验室第一任执掌人。

麦克斯韦的就职演说也成为科学史上的经典篇章，被引用的次数超过了当时他的任何一篇学术论文。他反对机械枯燥的教学实验，而要求学生们发挥创造性、主动探索，开拓全新的领域。

只是，这场重量级的就职演说竟然被安排在一间普通的教室，宣传公告也不够醒目，最终只有 20 余个年轻的数学家到场聆听。很多错过就职演说的剑桥学者为了向这位新上任的教授表达善意，专程安排时间，去参加麦克斯韦下一场热学讲座。

下一场讲座座无虚席，麦克斯韦在台上目光炯炯。台下除了本该到场的学生，前排还坐着前来捧场的剑桥一流学者，这些最顶尖的精英神情严肃，听着麦克斯韦向低年级学生普及华氏度和摄氏度的区别。

在实验室筹建过程中，麦克斯韦专程前往格拉斯哥大学拜访威廉·汤姆孙，也去考察了牛津大学的物理实验室。综合各家所长，麦克斯韦作为严苛的甲方，亲自参与实验大楼的建筑设计。他要求设置了专门的车间用来自主设计制造实验仪器，配置了大型的电池组。麦克斯韦为每一扇窗子都加装了反光镜，随着太阳转动，反光镜也不断调整角度，把充足光线反射进室内，提供光源。他还考虑了剑河上轮船开过的震动干扰，抗震桌面不直接摆在地面，而是用钢琴弦吊在空中，用来确保精密仪器的运行。最终，历经两年的建设，这栋大楼在 1874 年完工。

卡文迪什实验室是近代历史上首个专业科学实验室，直至现在都被学界看作科学圣地。从卡文迪什实验室走出 30 位诺贝尔奖得主，电子和中子的发现、

DNA 双螺旋结构的确认、X 射线的散射作用等重大成果，皆与卡文迪什实验室有关。未来，J. J. 汤姆孙、卢瑟福等一系列名师相继执掌卡文迪什实验室。作为开拓者，麦克斯韦居功至伟。

麦克斯韦在剑桥工作 8 年，这 8 年里他一直穿梭在教室与实验室之间。剑桥的居民很快就熟悉了这位诙谐可敬的教授，他们不时看到麦克斯韦在校园里若有所思地散步，他的爱犬托比懒洋洋地跟在后面。托比经常陪伴主人前往实验室视察，很快熟悉了这座巨大的学术中心。每当托比听到电火花的声音，总是有些害怕，可麦克斯韦只要叫一叫它，它就会勇敢乖巧地坐到主人的脚上。

麦克斯韦强调实验的重要性，学生们要亲手组装实验器材，参与实操，连爱犬也要加入实验。有次托比安坐在绝缘架上，任主人拿过猫的毛皮在自己身上摩擦，带上了正电。此前人们以为猫的毛皮与任何物体摩擦都带正电荷，是托比推翻了这一假设。

在剑桥工作 8 年后，麦克斯韦罹患肠癌，身体状况急剧恶化。他不再如往日般充满活力，原先炯炯有神的目光也变得暗淡。短暂休养返回剑桥时，他甚至无力从火车站走上马车。

詹姆斯·克拉克·麦克斯韦去世在 1879 年，时年 48 岁。谈起麦克斯韦的早逝，学者们总不免带着遗憾和惋惜猜测，如果他能像法拉第或是开尔文勋爵威廉·汤姆孙那般长寿，他会把物理学推向怎样的高度，或者如果他能看到未来，他的电磁学理论落地应用之时，将是何等欣慰。

麦克斯韦去世时，他的电磁学理论还仅仅是物理这一庞大学系的分支之一，可很快，它成为了物理学的未来。

一批被称作"麦克斯韦派"的学者们继承了他的事业，麦克斯韦辞世 9 年后的 1888 年，31 岁的后辈、来自德国的海因里希·鲁道夫·赫兹依照麦克斯韦理论，以实验证明了电磁波的存在。

一如麦克斯韦的判断，电磁波的速度与光速相同，且同样可以被反射、折射及偏振。如同当年法拉第和麦克斯韦的预言，电信号开始不再仅仅依托导线，而是可以在空中自由传播。两年后，赫兹又将麦克斯韦此前著作中复杂的方程组简化为"麦克斯韦方程组"今天的模样。赫兹的贡献也使他的名字成为了国际单位制中频率的单位。

1888 年的实验仅仅是赫兹两大重量级实验之一。在实验前一年，赫兹还发现了光电效应：当特殊频率的电磁波照射到金属上，有时金属内部会有电子逸出，形成电流。在这里，光能转化为电能，对于光电效应赫兹百思而不得其解。他短暂的人生只有 36 年，到去世他也未能得出合理的解释。赫兹留给物理学界的礼物在冥冥之中开启了量子力学的大门。当年牛顿与惠更斯之间光的波动说与粒子说之争又一次拉开帷幕。在这里，粒子说再胜一局，实验证实了正是大量的光子在照射中击出了金属板内部的电子。未来爱因斯坦正是靠着对光电效应的深入研究将诺贝尔物理学奖纳入囊中。赫兹这一生短暂而耀眼，他的两大实验一个承上、一个启下，推动电学乃至物理学走入现代。

柏拉图时代，人们刚刚发现摩擦过的琥珀和玳瑁可以吸附尘埃，这是古人对电最早的认识。电学历经伏特的伏打电堆，伽伐尼的青蛙神经电信号实验，富兰克林的风筝，还有安培、欧姆、焦耳三人各自的贡献，法拉第的电动机和发电机，直到麦克斯韦的电磁学理论建立，电与磁紧密地连接在一起，又扩张进入光学领域，电学从当初微不足道的种子，成长为郁郁葱葱的森林。

整个 19 世纪，电学一直是物理学领域的重点分支。进入 20 世纪后，电学则开始退居幕后，成为其他学科发展的基础和背景。20 世纪 40 年代，才终于有量子电动力学为电学发展注入新的动力。那是量子场论中最为成熟的分支，将微观领域的带电粒子和电场的相互作用纳入讨论。

19 世纪以麦克斯韦为代表的一批电学宗师们几乎穷尽了电磁学领域的一切议题，无限趋近今人的知识疆界，他们探索了学科内部每个角落，没有给后人留下太多发挥余地。直至今日，人们依然在使用麦克斯韦时代的电磁学，仅有的变化是其中电磁波的载体"以太"被后来爱因斯坦的相对论淘汰。

完成了理论建设，电学走出了实验室。摩尔斯的电报和开尔文勋爵的越洋电缆仅仅是前菜，贝尔的电话也不能算作主食，待到时光遇到爱迪生的碳丝灯泡和特斯拉的交流电，这一场飨宴终于进入高潮。20 世纪初，意大利发明家马可尼基于赫兹理论发明无线电技术，将讯息传送到大洋彼岸的美国。

托马斯·爱迪生（Thomas Edison），这位比麦克斯韦年轻 16 岁，生于 1847 年的美国人如今是世界上最广为人知的发明家。在电学从理论走向实用的路途中，爱迪生是电气行业居功至伟的奠基人。

白炽灯、留声机都是普通人耳熟能详的发明，但爱迪生对科学技术的贡献并不仅在于此。如今我们去回顾爱迪生拥有的超过 1000 项专利，很难说有哪一种从根本上改变了世界：他的碳丝灯泡被后来的钨丝灯以及 LED 技术取代，他的针式留声机输给了未来的磁带和数码载体，他的许多专利都仅仅是在别人现有的技术上改进，他最心心念念的直流电系统，也在未来的电力系统之争里，输给了特斯拉的交流电。

爱迪生的真正伟大之处，在于为科学技术开拓出变现渠道，从商业层面而非学术层面去理解每一项技术上的进步。

他懂得如何给华尔街的投资人宣讲和路演，懂得如何挖掘一项技术的商业价值，懂得如何制造具有传播性的事件营销、如何参与竞争。

爱迪生懂得用专利保护自己的权益，在取得一项新发明后，爱迪生第一时间联系的不是学术期刊也不是科学协会，而是先找律师和专利局。他拿出纸笔第一时间写下的，不是论文草稿，而是新公司的股权架构。为了推销他的白炽灯泡，他建立起一套庞大的电力系统，举办盛大的营销发布活动，还去参加世博会。爱迪生实验室定期举办开放日，邀请每一位感兴趣的公众参观。

从爱迪生这一代美国企业家起，美国的公司和资本开始大规模启动研发，科技走出科学院和大学，进入市场，和资本联合。爱迪生最重要的投资人是 J. P. 摩根。不仅是 J. P. 摩根这家投资银行，更是银行家 J. P. 摩根本尊。

虽然后来爱迪生被更大的资本打败，被赶出了自己的公司，但是爱迪生还是留下了一家伟大的企业。在他当年创立的若干家公司里，有一家企业发展演变，一路运营到了今天，那便是通用电气。时至今日，依靠先进技术驱动的商业模式，已经成为伟大企业的标配。

当年法拉第讲堂上，贵妇问出的问题"可是，这有什么用呢"，在这里得到解答。

这些商业公司的产品也得到科学界的高度肯定，麦克斯韦去世前的 1876 年，亚历山大·贝尔已经发明了电话。麦克斯韦在剑桥大学的演讲里，高度赞美了这一产品，他将电话的美感上升到数学层面："整个机器完美对称——线在中间，电话机在线的两端。"紧接着，他秉承风行一时的理论，把机械与进化论结合起来，原本不相信进化论的麦克斯韦表示，电话这一产品目前还只是很低级的有机生物，

"它的机能肯定还会不停分化"。

进化论在麦克斯韦晚年终于风行一时，当年的牛津辩论没有真正动摇进化论的根基，反而为进化论争取到更多的拥趸。代表教会一方的威尔伯福斯尽管有着科学促进会的职位，却没有真正以科学范式对抗科学范式。坐在台下原本期待着一场巅峰对决的威廉·汤姆孙略带失望地走出了会场。

威廉·汤姆孙就此接过了反对进化论的旗帜，在牛津辩论 9 年后的 1869 年，他以科学家身份在伦敦地质学会重启争端，从纯科学角度，向赫胥黎发动了第二次挑战。他所切入的角度，是重启当年赫顿留下的重要问题：地球的年龄。

当年居维叶批评拉马克的进化学说时，曾举出木乃伊的解剖证据：既然长达4000 年中，人类的解剖结构都没有改变，证明物种不会出现进化。汤姆孙沿用了居维叶的思路，只是把时间跨度延长到整个星球历史：根据汤姆孙的分析，地球的年龄根本不足以支持生物的复杂进化。

18 世纪的布丰伯爵将地球年龄从宗教认可的 6000 年推进至 7.5 万年，英国地质学家詹姆斯·赫顿又判断地球远比人类想象的古老。法国学者贝努瓦·德·马耶根据海平面的下降，估算地球年龄应当有 20 亿年。而汤姆孙做出诸多假设，设定地球原本是太阳的一部分，应该有着与太阳相同的温度，通过估算地球的冷却速率，判断地球近似的年龄是 1 亿年，范围在 2000 万年到 4 亿年。

汤姆孙的估算在 1846 年对外发布，现场人员肃然起敬，站立着听完了报告全程。这份估算对许多理论框架都造成了巨大冲击：当时的地质学家判断，要形成地球表面的地质形态，总要花费几十亿年的光阴，而达尔文进化论所要求的时间长度，也远远比一亿年要久远。

为了契合自己的地质年代判断，汤姆孙猜测："或许曾有无数个携带生命胚芽的种子穿梭在宇宙之间，一些流星恰好落在地球之上，为生命演化提供了必要条件。"

如今经过科学测定，学界对地球年龄通行的认知是约 46 亿年，远远超过了汤姆孙的估算。即使是汤姆孙本人，到了晚年也开始怀疑自己的计算或许过于保守，地球很可能经历过长达 40 亿年的时光。

尽管威廉·汤姆孙对地球年龄的估算后来被新一代的学者推翻，但在他与赫胥黎争辩的 19 世纪 60 年代，他的质疑获得了广泛支持，他与其他学者一道发起的从科学方面的挑战，也着实令达尔文措手不及。与当年牛津论战中威尔伯福斯的质疑不同，汤姆孙的质疑有最新的地质学观点作为论据，达尔文也坦然承认，汤姆孙确实触及了进化论的罩门。

从 1859 年到 1872 年，《物种起源》前后出版了 6 个版本。从第 4 版开始，达尔文对原作进行了密集的修改以及增补，第 6 版的篇幅已经比第 1 版增加了三分之一。进化论草创之初，生物学理论尚不完善，化石证据亦不充足，达尔文为了回应学界批评，在生物学脆弱的基础上勉力作答，做出了许多妥协。

论战的双方错进错出，来自学界的很多批评是错误的，达尔文的回应也往往背离实际。在后期版本的《物种起源》里，达尔文也朝着错误方向有过倒退。他开始部分求助于拉马克"用进废退"的观点，也在某些章节把措辞改得更加温和，试图回避进化论与宗教的矛盾。第 1 版中渲染物种之间惨烈生存斗争的描述，也在后来的版本中遭到删除。

磕磕绊绊之中，进化论依然获得了广泛的接受。不止在生物领域，进化、改良的思想也被用在技术领域及社会领域。麦克斯韦在介绍电话时，用进化论思想预言电话的改进，便是进化论超越生物学领域的表现之一。

1867 年，革命导师卡尔·马克思来到英国伯明翰，他发现，在这个工业之都，仅仅是工人们使用的锤子，便有 500 种之多：石匠们挥舞起巨大的锤头击碎石块；木工们用羊角锤拔出钉子；有的锤头略略凸起防止敲钉时伤害木头表面；有的锤头做成圆头用来捶打金属。每一种新式锤子，都在适应一种不同的生产场景，在此前的原型上不断修改延展。生产不断细分，工具不断改良，最终进化成为千姿百态的锤子家族。进化树上的每一把锤子向上溯源，都可以一直追溯到史前人类的打制石器。

英国作家塞缪尔·巴特勒相信，从生命的角度来看待，同样可以把不同机器归入门、纲、目、科。在《机器间的达尔文》中，巴特勒借用生命进化的模式来阐述机器发展史。机器们不断更新，最终取代停滞不前的人类。自此一个崭新而经久不衰的科幻文学母题得以创立。

对达尔文推崇备至的马克思呼吁，应该撰写一部与进化论相对应的技术发展进化史，在这一部属于劳动人民和无产阶级的技术史传中，发明和突破如同进化论描述的那样，建立在无数个细小的改进之上，而非建立在英雄史观下少数天才的灵感之上。瓦特与惠特尼，只是在蒸汽机和轧棉机进化史上做出推动的改进者，而非发明者。马克思进一步相信，《物种起源》正是阶级斗争理论的自然科学依据。

作为先行者，达尔文孤独地在人类知识边界的旷野中踽踽前行，他启发了其他领域的学者，却很少能从外部得到帮助。在达尔文时代，生物学和地质学能给予他的支持还相当有限。达尔文"小猎犬号"旅归，刚刚为进化论的提纲执笔时，德国生物学家施旺和施莱登还未创立近代细胞理论，日后与达尔文反目的理查德·欧文，也要到 1846 年才会出版最早的脊椎动物比较解剖学的课本，系统地探究动物的内部结构。

到了 19 世纪 60 年代，生物学在沉寂良久之后突然爆发，在三大战线同时取得战果。进化论的提出，仅仅是三大最重要的突破之一。

第二大突破发生在海峡对岸的法国，牛津辩论两年后，生物学家路易斯·巴斯德（Louis Pasteur）出版《关于疾病的细菌理论》，他重启了当年列文虎克显微镜下的研究，远远超出了前人的疆界。

巴斯德出身化学系，转入生物学后，他最感兴趣的问题恰是达尔文与汤姆孙在争执中都难以回答的问题——生命的起源。

一个世纪前，围绕生命"自然发生论"的争执中，就已经卷入了伏尔泰、莫佩尔蒂、尼达姆、斯帕兰扎尼这一系列知名学者，最后由斯帕兰扎尼一锤定音，通过将肉汤煮沸消毒、隔绝空气，证明微生物无法从无到有。

其后，自然发生说卷土重来，有学者指责当年斯帕兰扎尼的实验隔绝了空气，也就消除了微生物自然产生的条件。如今，巴斯德再度出手，他先把酵母液装进曲颈瓶，在瓶中煮沸，再将瓶头烧灼至通红，拉长玻璃形成修长的"S 形"，细管扭曲舒展如同天鹅的脖颈。空气可以流入瓶中，漂浮的细菌灰尘却在狭长弯曲的瓶口中被阻挡在曲颈。最终营养液长久不腐，再度证明了"生命必来自于生命"。这场论战持续良久，直到 20 世纪 60 年代，在伦敦的研究所里，人们还能找到 19 世纪封存在罐子里的陈年肉汤，几十年过去，它们依然清澈如新。

巴斯德发现了传染病与细菌之间的联系，医学从这一刻进入微生物研究阶段。

1864 年，巴斯德受邀返回故乡，去解决困扰酿酒业已久的葡萄酒酸化问题。

在巴斯德故乡阿尔布瓦镇庄园，葡萄酒经常在桶中变酸。巴斯德迅速揪出了酒桶中一种产生乳酸的酵母菌。传统的杀菌方法要将液体煮沸，但葡萄酒经不起高温沸腾，最终巴斯德将葡萄酒加热到 50~60℃，在保持酒的口感前提下杀死酵母菌。这种温和加热的消毒法后来以"巴氏消毒法"之名传世，今天很多牛奶外包装上还印着"巴氏杀菌法"的字样。

在此后的日子里，巴斯德将整个学术生涯投入与种种病菌的搏斗中，他借用18 世纪末英国医生爱德华·詹纳为人类接种牛痘预防天花的方法，将疫苗引入现代医学。炭疽病、狂犬病、鸡霍乱等一系列疾病被一一攻克，医学家们沿着巴斯德的路向前探寻，针对斑疹伤寒和脊髓灰质炎的疫苗也被研发出来。

巴斯德对微生物学的另一大贡献是推广消毒。"外科消毒之父"利斯特阅读过巴斯德的细菌理论，在巴斯德回乡调研葡萄酒问题的次年，将苯酚消毒剂引入了手术室，将患者术后死亡率从 45% 降低到 15%。巴斯德之前的维也纳妇科医生塞麦尔维斯，要求妇科医生为产妇接生前用漂白粉洗手，把产妇死亡率从 10% 降低到 1.2%。二者经历也相互佐证消毒的必要。

19 世纪中叶以来，世界人口的预期寿命几乎翻了一倍，整个社会的年龄结构和发展模式从此转变，这些改变正是从巴斯德的微生物研究开始的。

19 世纪 60 年代中，生物学的第三个硕果恰恰解决了达尔文进化论理论上最脆弱的一环。进化论的三条理论支柱包括遗传变异、自然选择和万物共祖。最为重要也最为脆弱的支柱是遗传变异理论，达尔文没有实据来解释性状在亲子间遗传的范式，也不理解遗传原理。面对同时来自神学与科学的诘难，达尔文一时束手无策。

19 世纪 70 年代，达尔文偶然读到了一本收藏已久的学报。这本学术杂志出版在 1866 年，由不算出名的布尔诺自然历史学会发行。其中一篇文章名为《植物杂交实验》，作者是一位名不见经传的植物学家兼教士。如今达尔文留下的这本学报上，在第 50 页到 54 页间很多地方都留下了大量的批注，可不知道为什么，在详细探讨豌豆杂交的第 52 页上，达尔文却只字未写。

如果达尔文能细致阅读这篇文章，会发现这恰是自己苦苦追寻的遗传变异学说的实验依据。那位生前默默无闻的作者孟德尔，在后来被称作"现代遗传学之父"，直至今日都被看作遗传学的奠基人。

格雷戈尔·约翰·孟德尔（Gregor Johann Mendel）比达尔文年轻 13 岁，1822 年出生在奥地利乡下。与达尔文的顺风顺水不同，孟德尔出身贫寒，因为生活所迫，选择成为一名修士，将生命奉献给上帝。蒙修道院资助，这个农家子弟进入维也纳大学，学习数学与自然科学，毕业后在一所中等学校担任代课老师。

在维也纳大学，孟德尔接触到了学界最顶尖的成果。10 年前维也纳物理学家克里斯蒂安·多普勒发现了多普勒效应，孟德尔在校时，多普勒正执掌维也纳大学的物理学院，当多普勒为学生演示物理实验时，孟德尔就充当实验助手。

1854 年，孟德尔回到修道院，开始了著名的豌豆实验。他把多普勒的精密实验设计迁徙到生物学领域，他从 34 个豌豆株系起步，现代遗传学自此诞生在奥古斯丁修道院外的小小苗圃。

孟德尔也曾考虑过动物实验，他首先想到的就是后来在生物学研究中广泛使用的小鼠。然而修道院院长出面干预，认为教士引诱小鼠交配是对上帝造物的不敬。最终孟德尔回归豌豆实验，他精心记录着每一代豌豆的性状，从种子表皮是饱满还是皱缩，到植株的高矮，从豆荚的形状到子叶的颜色。

为了避免自花传粉，孟德尔弯着腰一朵一朵地摘除其中的雄蕊，又把花粉蘸在毛刷上传给其他花朵，每一株豌豆都有自己的编号和生命特征图谱。当他实在疲倦之时，就把遮阳帽挂在竖琴上，在花圃里拨弄起琴弦，音乐流淌在豌豆的每一片叶子上，消散在修道院的空气里。

在此后缓慢琐碎的研究中，潦草的笔迹和复杂的表格堆积在孟德尔的书桌上。孟德尔奋笔疾书之时，窗外的豌豆也在发芽生长。最终孟德尔记录下超过 2 万株豌豆的特性，在海量数据中探寻规律。

他把不同的遗传性状归入显性和隐性，也发现了决定生物特征的基本单位，在后来被命名为基因。今天，刚刚接触到生物课本的中学生们都会学到孟德尔的遗传定律，学会在试卷上用不同的大小写字母标注遗传基因，或是根据父母的眼部遗传特征判断孩子是单眼皮还是双眼皮。

孟德尔的论文发表在布尔诺自然历史学会学报上，在若干年后被达尔文匆匆翻阅。这份学报被收录进欧洲主要的图书馆，但没有任何回响。他发布过两次学术演讲，前后 40 余位科学家到场，也没有什么讨论。他把成果邮递给当时植物学权威内格里，内格里对孟德尔的成果并不在意，回信的语气充满轻视贬低。

如果孟德尔能更换自己的研究内容，去研究一些所谓经世致用的学问，或许会更早被大家接受。在达尔文进化论影响下，同时代的生物学家和农学家们热衷于培育产奶量更高的牛、奔跑速度更快的马，大家执着于那些能产生经济效益的优良性状。至于豌豆的种皮是灰色还是白色，似乎并不具备什么意义。

漠视之下，孟德尔依然带着些许自信，他对朋友表示："我的时代会来的。"

孟德尔没能等来这个时代，在达尔文把他的《植物杂交实验》随手翻过时，孟德尔升任修道院院长。繁杂的账单与内务占据了他的工作时间，对修道院的俗务管理挤占了他的研究精力，竖琴的声响日渐少闻于苗圃，他离神更近了，却距离科学更远。他带着遗憾写下："我没有其他选择，只能放弃那些心爱的植物。"

格雷戈尔·约翰·孟德尔去世于 1884 年，修士们身着黑色丧服，为他举办了庄严的葬仪。他的同事并不知道安息于灵柩的修道院院长成就的非凡事业。孟德尔的私人文件被继任者销毁，直到今日我们也不清楚那些伟大的思想闪光来自何处。报纸讣告没有提及他在遗传学领域的研究，提起这位院长，有修士带着敬意描述："他平易近人，乐善好施，心地善良""他热爱那些美丽的花朵"。

直到 20 世纪初，三位植物学家分别独立发现了孟德尔的论文，孟德尔尘封35 年的学术硕果重见天日。当他的时代终于来临的时候，孟德尔已辞世近 20 年。

错过了孟德尔的性状遗传理论，达尔文做出了大胆而冒进的假设，他提出"泛生论"，重拾古希腊医学之父希波克拉底的理论，认为生物的性状信息藏在某种细小的胚芽中，父母双方的胚芽组成胚胎，在胚胎中生长成型。然而泛生论终究因为没有实证支撑，在历史中湮没。

进化论与遗传学两大理论没有相互促进，19 世纪中，生物学的注意力完全集中在进化论上；待到 20 世纪，孟德尔的遗传学得到突飞猛进的发展，进化论又一度失色。世纪之交，来自进化论一方的学者一度与遗传学一方卷入论战，原本可以合力突进的两大分支，此时竟成了对手。

1882 年达尔文辞世，享年 73 岁，他的遗体被安葬在威斯敏斯特教堂。失去了精心推敲求证的创始人，又缺乏孟德尔科学遗传学的支撑，进化论开始屡屡遭到误读，蔓延出生物学的界限，进入社会科学的郊野，被牵扯着、裹挟着，航向迷雾重重的彼岸。

1883 年，达尔文的表弟弗朗西斯·高尔顿（Francis Galton）创立了优生学。

在这个美好严谨的学科名称下，许多普通人的命运反而走上歧路，滑入了暗无天日的深渊。

高尔顿与孟德尔同龄，致力于将遗传学应用于人类。他总在衣兜里放着卡片，偷偷为路遇女性的容貌打分，用针暗自在卡片上打孔记录。很快，他的统计范畴从容貌扩展到视力、听觉、身高乃至体重。他还广泛发放调查表，要求被调查者填写家谱上祖先的各项特征。也正是高尔顿在探究人类各项性征时，确认了指纹的独特性。

从看似严谨的统计之中，高尔顿得出的却是充满歧视与偏见的结论。他相信成功人士的子女从基因角度就更容易成功，有缺陷的人们应该被剥夺生育权利。他向政要和精英们发表激昂的演说，要求社会禁止所谓劣等人类的婚育。人类也应该如同纯种赛马与猎犬，对基因加以人工选择及干预。

高尔顿去世于 1911 年，这位致力于限制他人生育的学者自己也没有留下后代。优生学针对所谓"劣等品种"的清洗被高尔顿的门徒"发扬光大"，演变成令人不寒而栗的种族迫害。

美国的外科医生们在州政府授权下，根据委员会评估，为部分遗传病患者绝育。在希特勒执掌政权的时代，德国把预防性的绝育扩展为赤裸裸的屠杀，起初，3 岁以下有缺陷的婴孩遭到清除，此后又波及少年和成人。最终，清理对象进一步上升到民族层面，在纳粹统治德国的日子里，累计 600 万犹太人遭到杀害。

在达尔文时代，进化论还仅仅是一门科学假说，而如今，在积累的化石证据与生物研究的见证下，进化论终于得以摆脱种种误读，获得学术界广泛认可，也已经成为人们的共识。

当然，来自宗教与反智者的质疑依然存在，在科技昌明的今天，神创论依然有着大批拥趸。宗教对科学的掣肘，仍将在未来长伴科学左右。

在东方，对进化论的误读来自另一个方向。

1898 年，严复翻译出版《天演论》。

《天演论》原书是赫胥黎 1894 年完成增订的《进化论与伦理学》，书籍出版时，这位连续两次参加论战，与威尔伯福斯和威廉·汤姆孙缠斗日久的学者已近古稀，在两年后受尽疾病折磨谢世。

达尔文把进化论托付给了赫胥黎，"达尔文的斗犬"没有辜负达尔文的期待。

赫胥黎通过不屈不挠的斗争将进化论推向学界，自己也成为享誉一时的学者。他一生致力于推动人类智识的进步，被几十个科学团体授予荣誉，也在英国皇家学会会长的位置上工作过 14 年。

《进化论与伦理学》取材自赫胥黎的牛津演讲，后来他在信中愉快地回忆这段日子：30 年前他在这里亲自击退牛津主教，如今又被请回牛津普及进化论。

书籍出版的 1894 年，正逢中华民族的存亡之秋，这一年是甲午年，中日在朝鲜半岛的战火蔓延到中国本土，从日本军港开出的舰队入侵中国黄海，与北洋水师相遇。甲午一战，洋务运动中苦心经营、号称东亚第一的中国首支近代化海军舰队竟遭覆灭。

《马关条约》的签订震动朝野。半个世纪前，来自英国的军舰闯入清帝国领海，足以令这个古老的国家心怀不安。一系列来自西方的入侵、扩张与冒犯敲开了有清一代已绵延两百年的海禁。不甘放弃的洋务运动者们行动起来，历经屈辱和重重险阻，带领中国走向现代：中国有了现代化的钢铁厂，有了行驶在铁路上的火轮车、有了新式的学堂和教育，有了新式的军事顾问筹办新式军队，有了东亚第一的铁甲舰队，隐隐然有了同光中兴的盛世气象。

信心与希望在甲午一战中被彻底粉碎，当从前的蕞尔小国日本成为东亚霸主，对着昔日的老师耀武扬威时，屈辱愤怒的情绪充斥九州。有识之士终于发现：决定国家强盛的根源不在技术和军备，而在制度与思想。

严复先生译《天演论》，便意在引入西方先进思想，为中国的革新自强提供理论基础。在序言中，严复先生更直言不讳："此书旨在强国保种。"

在《天演论》的译序里，不惑之年的严复先生提出了"信、达、雅"的翻译三原则，这三原则被后世的翻译工作者奉为圭臬。然而，《天演论》实际翻译既不信、更不达，勉强算是雅。这里的雅，指的还是翻译中用了清代桐城学派的古文风貌、读来朗朗上口的"雅"，但这种文风在后来的新文化运动中也一度遭到诟病。

说"不信不达"，指的是严复在翻译中，为了激发维新自强的思想，对赫胥黎的原作做了大量改动：严复增加了新的篇名，放进了中国历史上的例子，还加入了自撰的按语，很多按语篇幅甚至都超过了原著。

短短几个介绍达尔文的段落之后，紧接着就是严复自行演绎的社会达尔文理论：如果国民还"各奋其私"，以涣散的国民去与其他国家爱国保种的国民相遇，则中国之下场，"小则掳掠，大则灭亡"。

严复在这里与原著分道扬镳：赫胥黎期望的，是优雅安宁的英格兰；而严复在译稿中所呼吁的，是团结尚武的中国。在严复先生的译著里，赫胥黎与达尔文不再是西方的科学领袖，而是佐证革新的证人。

《天演论》正式出版是在 1898 年，这一年是戊戌年，人们刚刚历经百日维新的失败，低落的国人拿起这本译著，如遭棒喝。他们翻过《天演论》的扉页，跟随着严复的笔触，向下诵读："赫胥黎独处一室之中，在英伦之南，背山而面野。槛外诸境，历历如在几下……"

《天演论》里，"物竞天择""适者生存"的词句激励了一代国人成长，在今天也被当作成语使用。拿起这本书的知识分子里，既有老一辈的康有为、梁启超，也有新一代的鲁迅和胡适。国人们诵读起严复笔下慷慨激昂又华丽优美的古文，迫切地辨认着其中激动人心的新世界景观，去解答萦绕心中盘桓良久的疑问：此时此刻，何去何从？

《天演论》未出版时，读到草稿的维新志士已经将其作为维新变法的依据。热血的少年人开始以"天择"和"竞存"作为自己的名字，学者胡适的"适"字，也是从"适者生存"中来。从严复的译著开始，其后 20 年间，进化论远远超出了科学领域的分野，一跃成为东方最具影响力的西方思潮之一，来自两大文明的思想撕扯纠缠，演化成轰轰烈烈的变局，开启了辛亥革命的先声。

19 世纪末 20 世纪初，是激荡不安又生机勃勃的时代。历史行进至两大世纪之交，也跨过旧与新的交点。

历史学家丹皮尔在他出版于 20 世纪中叶的著作《科学史》中回顾这段历史，把 19 世纪看作科学时代的肇始。他的理由还不仅在于百年之间科学上取得飞速发展，而且在于从 19 世纪开始，人们转变了对自然和宇宙的认知范式。人们开始相信，人和周围的世界服从统一的规律，而观察、归纳、演绎、实验的科研方法，也可以推至纯科学领域以外的学科。

19 世纪里，学者们组织起来，开始追求纯科学和纯知识方面的进步，理论不再落后于实践，象牙塔中的知识架构，已经远远走在了发明应用之前。

在整个 19 世纪，科学家们在各条战线上突飞猛进，取得了辉煌的成就。许多学科焕然一新，更有许多新的学科与分支在百年之间诞生。从世纪初法国群英的深耕，到下半叶英国德国的再度崛起，人们不断突破既往的认知边界。

电学从噼啪作响的微小火花变成了一统电磁两大现象，乃至于揭示光学本质的物理学分支；热力学的发展为宇宙未来的命运提供了预言；科学原子论的确立阐释了物质微观之下的结构；化学在拉瓦锡留下的基础上触及化学反应的本源；门捷列夫的元素周期表为每一种元素排定座次，开始预言尚未被发现的元素；而牛顿身后的皇皇力学框架更加稳固，天文学家们靠着足不出户的计算，便可以预知新的星体；牛顿与莱布尼茨开拓的数学领域也进入数论、形论、群论的分支；至于世纪伊始才刚刚有了学科命名的生物学，在一个世纪内已经开花散叶，进化论、微生物学、基因论层出不穷，再一次颠覆了人与神之间的关系。

世纪之交，每个学科都在总结上一个百年间的成就，也开始展望未来。

1900 年，哥廷根学派这一代的领军人物、"数学界的无冕之王"大卫·希尔伯特（David Hilbert），在巴黎数学大会上提出了 23 个数学问题，留待后世解答。这 23 个问题被称作"希尔伯特 23 问"，如今很多问题已被解决，其他的问题也各有进展，对"希尔伯特 23 问"的探寻，有力地推动了 20 世纪数学的发展。

同样在 1900 年，生物学领域，首个描述"胞浆分离"现象、名气不算响亮的生物学家德·弗里斯正深陷植物杂交的研究无法推进，偶然间打开了孟德尔的论文，豌豆实验重见天日。这一年，命运为孟德尔安排的不止德·弗里斯一人，而是整整三位读者。三位生物学家在阿姆斯特丹、维也纳和慕尼黑彼此独立地发现了孟德尔理论，又失望地发现前人早有研究。3 个月内 3 篇论文相继发布，科学家与作家悉达多·穆克吉在作品《基因传》中提到这一段掌故，不无遗憾地感叹："研究成果被重新发现一次可以反映科学家的先见之明，而被重新发现三次则是对原创者的鄙夷不屑。"

孟德尔定律的重新发现让生物学重回轨道，在 20 世纪，摩尔根的果蝇们将接棒孟德尔的豌豆，将人类对基因的认知推进到染色体层面。沃森将与克里克联手发现 DNA 双螺旋结构，为人类搭建起生命的旋梯。

更为知名的一次学科展望来自于物理学领域。历经 19 世纪的大发展，许多学者认为，物理学已经至善至美，未来的学者们也只能去挖掘那些琐碎的角落，在已知规律的小数点后添加上几个数字。

1900 年 4 月 27 日，75 岁的学界泰斗、开尔文勋爵威廉·汤姆孙莅临英国皇家研究院，在戴维和法拉第曾站立的讲堂之上，发表了题为"19 世纪热和光动力理论上空之云"的演讲，做出了科学史上最广为流传的"两片云朵"的预言：

"动力学认为，热与光的本质都是运动，这一优美清晰的论断，如今却受到两片云朵遮掩。第一朵云来自菲涅尔和托马斯·杨的波动学说，地球要如何在坚硬无比的光以太中运行；第二朵云则源自麦克斯韦 - 玻尔兹曼能量均分学说。"

"两片云朵"的预言，被后来的科学史书籍一次又一次引用。或许连当时发表演讲的开尔文勋爵本人，都未必能预料到这"两片云朵"将对未来的科学发展造成多大的影响。

就在不久之后，这"两片云朵"迅速笼罩在物理学上空，滂沱的暴雨倾泻在历代物理学家引以为傲的物理学大厦之上，摧枯拉朽地冲刷着大厦根部的泥土。当雨过天晴之时，泥土崩解开裂，人们才赫然发现，经典物理学大厦之下，更为宏大瑰丽的建筑结构从土壤中现身。人们惊叹于其结构之精巧，气象之磅礴。原本那座人们眼中已经足够堂皇的建筑，竟然只是地下那座巨大奇迹顶部露出地面的小小塔尖。

这"两片云朵"中，第一朵生发出相对论，第二朵降下了量子力学。

全新的领域在 20 世纪拉开帷幕，一批充满朝气的年轻学者接过了这个世界，人类此前对整个世界的一切既有认知，即将迎来天翻地覆的改变。

第五章

新世纪

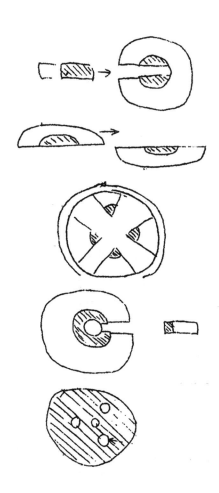

世纪之交的科学界，奇异而充满矛盾。

一方面，理论科学经过了 18 世纪的波澜不惊，在 19 世纪取得了辉煌成就。人们取得了一项项巨大的突破，在各条战线高歌猛进。德国物理学家马克斯·普朗克年轻时立志要投身理论物理时，老师劝说他，物理学是一门已经完成了的科学，把一生献给不会再有多大发展的学科领域，实在太过可惜。

而另一方面，在人类最顶级的智慧做出重大发现之余，整个世界似乎都还在沉沉酣睡。冰山顶尖的瞭望者感慨于极光的瑰丽，可冰山更广大的部分依然浸没在水下，对水面以上的变化一无所知。

19 世纪末，蒸汽轮船已经出现大半个世纪，可轮船上还经常可以看到辅助风帆。电报网络经过发明家的反复改良、得力官员的锐意推进，已经可通达世界彼端的印度，可大部分的通信依然只能靠邮政。1886 年，卡尔·本茨的三轮机动车已经在德意志获得了专利，可马车依然奔驰在各国城市的大街小巷。

科学领域的顶尖成就也要历经坎坷，才能被同行知晓以及接受。孟德尔的豌豆论文尘封 35 年，才被重新发现；道尔顿的科学原子论历经百年，直至 1905 年人们还对其充满怀疑。即使是成长起来的普朗克，也在自传中回忆，19 世纪末的自己，对原子论不仅冷淡，"甚至敌对"。

新与旧、正与误、传统与革新、对过去的缅怀和对未来的憧憬、对此前辉煌成就的敬意和对"两片云朵"的不安混合在一起，应和着时代的洪流编织进历史。

科学史的转折要比世纪之交的节点稍微早上几年，很多历史学家把 1895 年看作新科学纪元的开始。

1895 年，上一代的学者们开始老去。麦克斯韦已经离开 16 年、法拉第更已离世 28 载，英国科学界的领袖是 71 岁的开尔文勋爵威廉·汤姆孙。在法国，拉格朗日和拉普拉斯世纪之初的辉煌已成往事，安培、菲涅尔、卡诺这些名字已经非常遥远，最知名的学者当属路易斯·巴斯德，这位 73 岁的老人恰在这一年的 9 月逝世。

中坚一代的科学家开始初露峥嵘，奥地利的玻尔兹曼时年 51 岁，早在 30 年前就提出了分子运动论，在分子、原子层面预测物质整体的物理性质；法国数学界的领军人物朱尔斯-亨利·庞加莱时年 41 岁，被看作在世最伟大的数学家；英国的 J.J. 汤姆孙时年 39 岁，已经接手卡文迪什实验室，成为麦克斯韦之后的第三任卡文迪什教授。德国杰出的年轻人物赫兹完成了麦克斯韦电磁波理论的证实，本可接过德国物理学界的旗帜，可惜他与麦克斯韦一样享寿不久，1894 年，赫兹的生命停止在 36 岁的时间点。

更年轻一代的学者们还不为人所知，玛丽·居里时年 28 岁，刚刚与 36 岁的皮埃尔·居里喜结连理。欧内斯特·卢瑟福 24 岁，这一年他刚刚毕业于新西兰大学，获得了英国剑桥大学的奖学金，即将前往地球的另一端。至于即将改变人类对世界认知的阿尔伯特·爱因斯坦，这一年刚刚 16 岁，虽然已经自学掌握了微积分，却在瑞士理工学院的入学考试中失利。

1895 年初冬，威廉·伦琴（Wilhelm Röntgen）发现了 X 射线。

这一年伦琴 50 岁，他生于德国，长于荷兰，在苏黎世大学获得博士学位。1895 年，伦琴已经在维尔茨堡大学物理研究所所长任上工作到第 7 年，正在研究阴极射线。

当玻璃管被抽成接近真空，两边加以高电压时，会有一道未知射线打在阴极对面的玻璃壁上，闪现出绿色的辉光。根据此前的实验，阴极射线穿透能力颇具选择性，它穿不透一片纸板或几厘米厚的空气，却能轻松突破一片金属箔。当时的物理学界，还在争论阴极射线带不带电、算不算一串连续发射的粒子，伦琴意图重复前人的实验，解决这一难题。

伦琴没有得到这个难题的答案，却有了意料之外的发现。一种完全未知的射线从真空管中射出，穿透了光和阴极射线都无法透过的黑纸板，在暗室中把荧光打在了屏幕之上。伦琴大惊之下伸手去遮挡，他看到了使他惊骇的影像——自己手部的骨骼。

随后伦琴不眠不休地投入实验中，没有对任何人提起自己的发现，甚至瞒住了自己的妻子。随后的 7 个星期内，伦琴不断重复着实验，每一次的重复都得到了完全相同的结果。1896 年元旦，伦琴完成论文，付印分发。这种新射线表现出了强大的穿透能力，因其神秘的未知特质，伦琴用数学符号中常用来表现未知数的字母 X 将其命名为 X 射线。

包括开尔文勋爵、庞加莱、玻尔兹曼在内的顶尖学者几乎同一时刻拿起了伦琴的论文，他们迫不及待地奔向实验室，看到了同样的景象。伦琴的论文严谨简短，却足以震撼整个学界，其中的插图一目了然：那是一副手骨影像，骨骼结构在 X 射线的照射下清晰可见。

一门新的学科——放射学——就此形成。

医生们开始利用 X 线片诊断骨骼和身体中的异物。两年后，医生们发明了新的消化系统诊疗手段，他们为病人提供钡餐，让病人服下射线无法穿透的硫酸钡悬浊液，再用 X 射线造影，这种方法直到现在仍在使用。连 X 射线对人体组织的损害作用也被用于医疗，在癌症初期，用放射线集中照射来杀死肿瘤细胞，这是人类对抗癌症的放射疗法。

伦琴因 X 射线收获了名望，论文发表后不过两周，他便前往宫廷，接受了德国皇帝的召见。他花了 4 天时间把管子抽到真空，向皇帝展示 X 射线。随后二人一起用餐，伦琴接受了威廉一世颁发的二级王冠奖章。

仅仅一枚普通的二级王冠奖章还配不上伦琴的重大发现，还有更高的奖项等待着他。

当年年底，瑞典发明家阿尔弗雷德·贝恩哈德·诺贝尔（Alfred Bernhard Nobel）在孤独中因心脏病去世，享年 63 岁。

诺贝尔坐拥 300 余项专利，其中最重要的发明是硝化甘油炸药。他的硝化甘油被广泛地应用在工业、采矿、交通及战争，为诺贝尔积累起可观的财富。硝化甘油在破坏作用之外，还进入了医疗领域，因其具有扩张血管的作用，可以用于治疗冠状动脉狭窄导致的心绞痛，正是治疗诺贝尔心脏病及心绞痛的特效药品。

在诺贝尔病笃之时医生曾劝他服用，但当时药理尚未确认，诺贝尔未接受医生的建议，直到去世。

如今，硝酸甘油片剂已经成为心脏病患者的常备药剂。当患者把片剂放到舌下含服时，依然可以通过口腔的灼烧感体验到硝酸甘油蕴含的威力。

1895 年 11 月 27 日，正在伦琴全力投入射线秘密研究中时，诺贝尔为伦琴和世界科学界准备了一份大礼。这一天诺贝尔第三次订立遗嘱，也是最后一次，这份遗嘱只有短短一页纸，但这一页纸让诺贝尔名垂青史。

诺贝尔在订立遗嘱一年后去世，这份遗嘱被公之于众。遗嘱中，诺贝尔把生前积累的巨额财富全部用来设立一项基金，并设立诺贝尔奖，用以表彰"对人类作出最大贡献"的人士。

诺贝尔的亲属强烈反对遗嘱的推行，具体的遗产收回工作也面临颇多阻力。诺贝尔生前的挚友、遗嘱中的受托人、年轻的化学工程师拉格纳·索尔曼承担了遗嘱的执行。诺贝尔的财产庞大而分散，包括分布在欧洲多个城市的房产，还有大量存在巴黎的证券。为了避免遗产被政府收回，索尔曼迅速前往巴黎，争分夺秒地驾着马车奔驰在巴黎的银行之间，清点收集诺贝尔留下的股票、债券、文件，随后将这些文件打包装箱，从巴黎北站发回瑞典。

索尔曼随后投身到诺贝尔基金会的建立中去，历经 5 年艰辛，1901 年 12 月10 日，首届诺贝尔奖颁奖仪式在诺贝尔逝世纪念日举行。瑞典国王奥斯卡将荣誉授予了首批获奖者，其中物理学获奖者正是伦琴。

根据遗嘱，基金利息要分为 5 份，分别授予物理学、化学、生理学或医学、文学及促进和平 5 个领域中的杰出人物，每年颁发一次。1968 年，瑞典国家银行又捐资设立经济学奖。如今，诺贝尔奖已成为世界上影响力最大、受关注最高、涉及领域内最为重要的奖项。

每位获奖者都将获颁装饰华美的证书、镌刻诺贝尔头像的金质奖章和一笔丰厚的奖金。奖金的数额根据基金会的财务状况不时调整，2012 年，奖金调整为800 万瑞典克朗，合人民币 600 多万元。

伦琴没有沿着此前的道路继续深入，在 X 射线被发现后的几年里，有上千篇论文跟进展开，其中只有两篇属于伦琴。此后的 20 多年中，伦琴只发表了 7 篇论文，且都与 X 射线无关，也都没能引起太大的反响。他像是宝库的钥匙保管人，他打开真理的大门，然后为年轻人让开道路，目睹着新生力量蜂拥而入。

伦琴在科学史上短暂的闪光已经足以唤醒一个崭新的时代。从 1895 年到 1897 年短短两年时间，物理学领域中涌现出三项伟大的发现：X 射线、放射性和电子。

伦琴在研究阴极射线时巧合地发现了 X 射线，却没能最终解释阴极射线的本质。不过，伦琴也不需要等待太久，仅仅在 X 射线发现两年后的 1897 年，约瑟夫·约翰·汤姆孙（Joseph John Thomson, J. J. 汤姆孙）在英国皇家研究院以"阴极射线"为题发表演讲，证实阴极射线是一串连续发射的带电粒子。电子，在这一刻被纳入物理学框架。

J. J. 汤姆孙在 1856 年生于曼彻斯特，少年成名，在剑桥大学三一学院师从瑞利勋爵，从事电磁理论研究。当时物理学家瑞利勋爵已接替麦克斯韦，成为卡文迪什实验室第二任教授。瑞利勋爵出身望族而心系科学，他捐出大笔资金完善实验设备，坚持了麦克斯韦注重实验的研究方法。元素氩的发现就源于他在实验中敏锐地觉察到，从液态空气中分离的氮气，与从亚硝酸铵中得到的氮气的密度在小数点后第三位上存在细微差距，因而从蛛丝马迹中证实了氩气的存在。跟随瑞利勋爵攻读的 J. J. 汤姆孙，也同样继承了扎实的研究基础。

1884 年年底瑞利勋爵任职 5 年后辞任，J.J. 汤姆孙继任为第三任卡文迪什实验室教授。汤姆孙以 28 岁之龄，得到了物理学界如此重要的席位，自己也深感出乎意料。后来，汤姆孙回忆起这一段历史，评价自己如同"渔夫用轻巧的渔具在意想不到的地方抛出钓钩，钓到了一条鱼。这条鱼太重，钓者甚至不能把它钓到岸边"。

J. J. 汤姆孙没有辜负老师的重托，也没有辜负卡文迪什实验室。麦克斯韦执掌卡文迪什实验室 8 年，瑞利勋爵在任 5 年，J. J. 汤姆孙则整整工作了 35 年。在汤姆孙任上，卡文迪什实验室发扬光大，成为物理学界重要的学术圣殿，学术成就潮水般从实验室涌出，年轻学子在汤姆孙的培养下留名史卷。汤姆孙也回报了自己的老师，日后瑞利勋爵的儿子 R.J. 斯特拉特也在汤姆孙教育下成为物理学家。

继承了两位前任传下的实验传统，J. J. 汤姆孙执行远超前辈的实验工艺。汤姆孙时代，研究工作从学者的爱好变成了需要经过训练的精密环节。他的研究生们被归入不同的组别，负责不同的主题。此前麦克斯韦和瑞利勋爵的办公室设在实验室最安静的角落，汤姆孙却主动搬到外面最热闹、人流最密集的地方，每天学生从老师的身边来来往往，不时驻足探讨研究进度。

在研究阴极射线时，汤姆孙配置了 15 米长的真空管、专门聘请技师引入最新的真空技术。当年赫兹在同样的实验中无法取得足够的真空度，也就无法测出阴极射线的带电性，如今汤姆孙成功证实阴极射线是带负电的电子流。随着 X 射线的发现，汤姆孙利用紫外线和短波 X 射线照射金属，发现大量电子从金属中被射线击出，证明电子是原子的组成部分。

从古希腊时代先贤德谟克利特提出原子论，到道尔顿确立科学原子论，2000年来，所谓不可分割的原子，在 J. J. 汤姆孙发现电子的一刹，被拆分出内部结构。

科学的发展往往体现在多条路线的齐头并进，而非单一路径的独行。实际上，即使汤姆孙没有发现电子，"不可分割"的原子模型也不可能持续太久。从 X 射线被发现的一刻起，对原子的拆解只是时间早晚的问题。

1896 年 1 月，伦琴的论文刚刚传到巴黎，在法国科学院主持会议的法国科学院院士、数学家庞加莱对着参会的同事展示了那张著名的 X 线片。座下的法国物理学家亨利·贝克勒尔（Henri Becquerel）敏锐地注意到了 X 射线与荧光之间的联系。

贝克勒尔家族三代从事荧光研究。祖父安托万·塞扎尔·贝克勒尔毕业于巴黎综合工科学校，曾效力拿破仑于军旅，退役后成为巴黎自然博物馆物理教授，著有两本与磷光相关的专著。父亲埃德蒙·贝克勒尔继承了安托万的教授席位，是首个拍摄太阳光谱的学者，也专门研究过铀元素。这个教职在贝克勒尔家族内部流传四代，如同当年的法国巴黎天文台四位卡西尼薪火相传的家族长链，如今，贝克勒尔家族前后四代人居住在植物园，同样将生命奉献给科学。

当第三代贝克勒尔看到那张 X 线片，便立刻着手研究荧光物质是否会发出 X 射线，他重复了父亲当年的实验，他选取的实验对象当年也被父亲研究过，非常幸运的是，他们选择了一种放射性极强的元素——铀。

贝克勒尔在短短一个月后就做出了成果，这一次的实验现象似乎出自巧合。当时人们已经知道铀元素可以对外源源不断放出能量，根据能量守恒定律，总要为这能量找到来源。贝克勒尔猜测是铀吸收了太阳光，又在之后以 X 射线的形式释放太阳能。直到有次他把纯黑环境中和铀盐放在一起的底片拿出冲洗，他看到了使他瞠目结舌的场景。

清晰的十字出现在照片之上，如同神迹。

那是抽屉中底片和铀盐之间的铜十字架留下的显影，贝克勒尔原定是要测试经过阳光照射的铀放出的射线如何穿透黑纸，这一次，铀确实穿透了黑纸，而且在完全不接触阳光的前提下，铀仍然在不断辐射出能量。

贝克勒尔意外地发现了自发辐射现象。

由铀盐发出的放射性射线被命名为"贝克勒尔射线"。只是，贝克勒尔射线被伦琴的 X 射线夺走风头，他的研究并未吸引到学界太大的热情。

传统物理学在这里遭到了严峻挑战。一方面，J. J. 汤姆孙发现了电子，粉碎了传统物理学中坚不可摧的原子，而贝克勒尔射线的发现，证明原子内部可以源源不断辐射出能量，同样证明原子可以拆分，与汤姆孙殊途同归。另一方面，铀元素辐射出来的能量，似乎是凭空出现且无穷无尽的，经年以来始终屹立的能量守恒定律也出现了动摇。贝克勒尔在这里，发现了通往原子核物理学的门径。

19 世纪末的三大物理学发现——X 射线、放射性、电子——在短短而连续的 1895 年、1896 年和 1897 年先后集齐，它们都起源于阴极射线研究，学者们相互激发灵感，三大发现分别来自于伦琴在德国维尔茨堡大学里传统的个人研究，贝克勒尔在法国巴黎由科学院会议机制下激发的灵感和 J. J. 汤姆孙在英国剑桥卡文迪什实验室现代研究机制创造的精密实验条件，三大传统科学强国在各自的路线上，以不同的研究机制，创造出同样伟大的科学成就。伦琴、贝克勒尔、汤姆孙这三位学者，也都在不久之后获得了诺贝尔奖的肯定。

从今时回望，三位学者中最广为人知的是伦琴，其次是 J. J. 汤姆孙，至于贝克勒尔，大多数人都会感到陌生。这并非因为历史学家们没有公正地看待贝克勒尔的贡献，而是因为在放射性领域里，很快就迎来了三位比贝克勒尔更优秀、更勤奋、贡献更大的继承者。

第一位继承者，是来自新西兰的欧内斯特·卢瑟福（Ernest Rutherford）。在 1895 的转折之年，卢瑟福刚刚收到来自剑桥大学的邀请和丰厚的奖学金。当这个新西兰的农家子弟收到通知时，他正在田地里做着农活。接过电报，卢瑟福扔掉了手里的锄头，宣称："这是我挖的最后一个土豆。"

卢瑟福与剑桥大学的渊源还要回溯至近半个世纪前。1851 年，首届世界博览会在英国伦敦海德公园举办。世界各地的 1.3 万件展品在气势恢宏的水晶宫中迎接 600 万游客的目光。

首届世博会在财务上也收获颇丰，产出了 18.6 万英镑盈余。博览会后，基金会由维多利亚女王丈夫阿尔伯特亲王接手。阿尔伯特亲王醉心科学，也是法拉第皇家研究院科普讲座的座上常客，在他的主持下，这笔基金被投入教育领域，大学、博物馆、讲堂拔地而起。

1891 年，基金会设立奖学金，为优秀的英国本土及英联邦公民提供硕士奖学金，卢瑟福申请时，奖学金才刚刚设立 3 年。许多年后，曾有人提议要中止这项奖学金，当时已经成为学术泰斗的卢瑟福，动用一切关系以及影响力保住了这份奖项。基金会一直运营至今，每年都为社会提供超过 200 万英镑的公益捐赠，在荣获奖学金的学者中，包括卢瑟福在内，一共产生了 13 位诺贝尔奖得主，许多来自世界偏远角落的孩子因此受益。

1842 年，卢瑟福的父亲随祖父搭乘一艘破烂的帆船，历尽两大洋的狂风骤雨，驶过半个地球，来到遥远的新西兰开拓家业。半个世纪后的 1895 年，24 岁的青年卢瑟福走上了与祖辈相反的航线，来到了 J.J. 汤姆孙治下的卡文迪什实验室。

在 J. J. 汤姆孙的指导下，卢瑟福融入了剑桥大学，他在马可尼发明无线电之前就已经把无线电波传输到 800 米外，成为无线电先驱者之一。至今，卢瑟福的验波器还被卡文迪什实验室当作文物保存。同学惊叹于卢瑟福成长之迅速，感叹"从地球上与我们相对的地方来了一只兔子，它正在挖掘非常深的洞穴"。

当卢瑟福在剑桥听闻贝克勒尔的工作，他敏锐地放弃了无线电，把全部身心投入铀元素射线研究中去。

贝克勒尔的第一位继承者已经就位，第二位与第三位继承者则与贝克勒尔同在巴黎。这两位年轻人在 1903 年与贝克勒尔分享了诺贝尔物理学奖奖金。他们的影响和名声也都远远超过了贝克勒尔这位先行者，他们是皮埃尔·居里（Pierre Curie）和玛丽·居里（Marie Curie）。

玛丽·居里原名玛丽·斯科沃多夫斯卡，于 1867 年诞生在波兰华沙。1891 年，这个 24 岁的波兰姑娘告别祖国，买了一张四等火车票，口袋里揣着仅有的 40 卢布，踏上了前往巴黎求学的行程。在那里，玛丽结识了年长自己 8 岁，刚刚成为教授的皮埃尔·居里。

1895 年到 1897 年也是居里夫妇的关键之年，伦琴发现 X 射线时，二人新婚宴尔；1896 年贝克勒尔发表放射性研究，为两个年轻人准备了舞台；1897 年，汤姆孙发现电子之时，玛丽·居里开始攻读博士学位，她对贝克勒尔在上一年的发现产生了极大兴趣，因此选择放射性能量的来源作为自己博士论文的选题。

贝克勒尔和卢瑟福对放射性物质的研究，还都仅仅局限在铀元素，居里夫妇则发现了新的放射性元素。在检测沥青铀矿时，他们测得的辐射量远超铀的辐射强度。这意味着，一种新的元素就藏在这些矿渣里。

他们重新设计了精密的电流计，从沥青铀矿的产区运来矿渣，在学校的仓库里搭建起简陋的实验室。

仓库冬冷夏热，四处通风漏雨，没有地板。实验室只配置了陈旧的黑板、锈迹斑斑的壁炉、几盏幽暗的煤气灯，潮湿的空气还常常干扰电流计的读数。在这样艰苦的环境里，他们手动打磨矿渣，用最普通而笨拙的化学分离法，在几乎不具备任何化学实验防护措施和实验条件的情况下，反复浓缩，夜以继日。

他们的勤奋得到了足够的回报，仅仅在选定题目后一年，也就是 1898 年，居里夫妇发现了两种新元素。第一种元素，被命名为钋，用来纪念玛丽·居里的祖国波兰；第二种元素，被命名为镭。

他们将贝克勒尔发现的铀的特质拓展为普遍现象，"放射性"一词也是出自居里夫妇的创造。

皮埃尔的身体状况很差，大部分体力工作是由瘦弱的玛丽·居里来完成的。成吨的矿渣混合着泥土和松针被倾倒在院内，玛丽·居里要尽快去完成分拣、敲打、过滤、沉淀。高度放射性的矿渣被投入坩埚里，随着与人等高的铁棒不断搅拌，冒出浓烈的蒸汽。放射性长久侵蚀着两个人的身体，令玛丽在未来饱受疾病折磨。玛丽·居里忙于工作，连午饭也只能在实验间隙在棚屋里随便解决。50 年后人们打开她留下的菜谱，依然能检测出相当剂量的辐射。

很多年后玛丽·居里在自传中回忆起这一段日子，认为那是她与爱侣一生中最美好愉快的岁月。工作固然繁重，但每天都有进展。夜晚，棚屋里的煤气灯熄灭，烧瓶和器皿内发出美丽的荧光，如同圣诞树上的彩灯环绕着这对疲倦的伴侣。当时他们已经知道，这种放射性会灼伤他们的身体，当手拿过装着放射性物质的容器，指尖也会僵硬疼痛，可他们依然沉醉在荧光之间。在玛丽·居里的回忆录中，说自己每次看到这景象，都会又一次感到新奇。那时她还不知道，30 年后，这些美丽的荧光将会夺走她的生命。

科学发展的步伐随着学者之间相互影响而悄然加快，"贝克勒尔、居里夫妇、卢瑟福们"互相阅读着彼此的论文，他们在相距并不遥远的海域筑起灯塔，调整印证着各自的航向。

居里夫妇发现两种新元素的同时，卢瑟福在铀元素的研究上也取得突破，他发现，铀放射出的射线分为 3 种：带正电、带负电、不带电，卢瑟福将 3 种射线命名为 α 射线、β 射线与 γ 射线。

卢瑟福的实验结果在居里夫妇的实验室中得到重现，铀、镭、钍几大放射元素同样放射着卢瑟福的三大射线。多国团队协同作战，证实 β 射线是一串电子流、γ 射线是与 X 射线类似的高频射线，而 α 射线，则留给卢瑟福，到 1909 年他最终确定 α 射线是一串连续发射的氦原子核。那时，卢瑟福已经因其在放射性元素衰变当中的工作在 1908 年获得诺贝尔化学奖，他的获奖只比老师 J.J. 汤姆孙的诺贝尔物理学奖迟了两年。

作为世界物理学界的领军人物，卢瑟福从不讳言物理学在他心中的神圣地位，他曾经宣称："所有的科学，除了物理学，就是贴标签。"当卢瑟福得知自己获得诺贝尔化学奖时，耿耿于怀地抱怨："我竟然摇身一变，成为了一位化学家。"

对于放射出这三大射线的能量来源，贝克勒尔和居里夫妇曾猜想，能量来自外部。卢瑟福与助手索迪则证明：能量来自原子本身。

在原子内部，随着源源不断的辐射，部分原子开始衰变为另一种原子，辐射强度也开始下降。每隔一段时间，就有半数的原子衰变为其他元素，卢瑟福称其为"半衰期"。元素如同走下阶梯一般在元素周期表上不断前移，释放出源源不断的"原子能"。衰变在实验中从铀原子起步，到铅为止。

人们利用放射性物质的半衰期性质，根据放射性物质的含量来测定年代，这种方法为地质学、考古学和天文学增添一门利器。日后，助手索迪也以其在同位素和放射性元素的贡献获得诺贝尔化学奖。

原子能理论的出现开始动摇地质学和生物学的既有理论。半个世纪前，在年轻的开尔文勋爵与进化论者的争端中，开尔文勋爵根据地球从熔融状态冷却的速度，推断地球颇为年轻，因此无法支持生物漫长的进化。

如今，卢瑟福把放射性物质供给的热量考虑进来，为地球找到了另外的热源。卢瑟福曾受邀前往皇家研究院发布演讲，据他日后回忆，演讲前他一度惴惴不安，深知他的理论将直接挑战开尔文勋爵对于地球年龄的估算。

演讲开始后，开尔文勋爵很快陷入沉沉的睡眠，令卢瑟福深感庆幸。然而，当卢瑟福终于推进到关键之处，垂老的勋爵猛然挺直身体，望向卢瑟福，目光如电。

情急之下，卢瑟福补充道："开尔文勋爵曾经限制了地球的年龄，那是在不考虑新发现热源的基础下做出的。这一天才般的预言，正是我们今晚探讨镭对地球年龄影响的先河。"座位上，开尔文勋爵听着卢瑟福谦卑的恭维，笑容满面。

居里夫妇的诺贝尔奖来得比卢瑟福更早，玛丽·居里在 1903 年完成博士论文，也在同年与贝克勒尔以及皮埃尔·居里分享了当年的诺贝尔奖。那一年，皮埃尔 44 岁，玛丽·居里 36 岁。

1903 年诺贝尔物理学奖的颁发，标志着原子物理学又向前推进重大一步。而玛丽·居里的获奖，还有着更为重大的深远影响——女性科学家终于走进了科学殿堂。

从雅典的黄金时代算起，西方科学史绵延长达 2000 多年；即使从更晚的哥白尼创立日心说开启近代科学史来计算，科学史也有了将近 5 个世纪。然而，女性科学家真正被写入科学史，仅仅百年。

百年之前不是没有优秀的女性研究者：在英国，天王星的发现者威廉·赫歇尔的妹妹卡罗琳·赫歇尔，就在哥哥发现天王星之旅中做出贡献，自己也独立发现了 8 颗彗星；在法国，索菲·热尔曼在父亲的图书馆里自学成才，才华令高斯也为之感叹；氧气命名人、化学奠基者拉瓦锡的妻子玛丽协助丈夫实验，自己也发挥绘画特长，为拉瓦锡的报告绘制精美插图。

可是，女性学者在 19 世纪之前，始终没有真正被科学界接纳。

在漫长的科学史中，作为人类二分之一的女性，长期遭到忽视。她们不被接纳进入学校，长久被隔离在高等教育之外；没有高等教育学位，她们当然也难以进入大学执教，不被各国的科学院承认，无法正式展开学术生涯。今天，人们可以轻松说出一连串男性科学家的名字：哥白尼、伽利略、牛顿、拉普拉斯、拉格朗日、高斯、爱因斯坦、杨振宁、霍金，但提到女性时，似乎只能想到一个经常出现在中小学作文里的居里夫人。

个中理由，当然不是因为"女性不适合科研"。

19世纪晚期到20世纪上半叶，终于出现了三个"伟大的特例"：俄国数学家桑雅·卡巴列夫斯基（Sonya Kovalevsky）在1874年成为第一个取得博士学位的女性，并在后来成为首位女性教授；玛丽·居里在1903年终于登上了诺贝尔奖的学术圣殿，并将在1911年因发现新元素再获化学奖，成为首位两次获得该奖的科学家；奥地利物理学家利塞·迈特纳（Lise Meitner）参与了核裂变的发现工作。

这三个"伟大的特例"，是"有女性的科学史"的发轫，这三位伟大的女性突破重重障碍，做出自己的科学成就，实属艰难。

如果去看现代的桑雅·卡巴列夫斯基或者玛丽·居里的传记，总会看到作者们不吝笔墨地探讨几位学者的情感生活：桑雅有过假结婚的经历，和后来的导师之间也有着暧昧关系；玛丽·居里则同丈夫的学生郎之万发生了恋情，并在信件中露骨地表示自己也有生理需求，被称作"波兰婊子"，这样的私生活被整个社会翻过来倒过去地讲，似乎成为了女性科学家的道德污点。

可之所以会有这样的桥段，也实在是出于当时的无奈。

桑雅出身俄国贵族世家，15岁师从彼得堡名师。老师对她迅速消化数学名词和导数概念的能力大为惊奇，可在桑雅看来，那些数字早在小时候家里的糊墙纸上就看见过。然而出身贵族的桑雅也无法打破当时俄国不接受女学生的禁锢，只好靠着假结婚才迁居到外地，前往风气相对开放的德国求学。

玛丽·居里出身寒微，是靠着结识皮埃尔·居里和他结婚，才有机会一起从事镭方面的研究。《剑桥科学史》讲述到这一段时，编者在行文里对这段婚姻留下了意味深长的评价："明智"。

利塞·迈特纳终生未婚，可她也要靠精心安排计划，制造巧合，才能结识学界人士。

她们为了进入科学界，只能如此煞费苦心地运用资源，甚至利用自己的婚姻。从这个角度来说，几乎每个早期的女性科学家，身上都背负着某种原罪。然而，她们换来的回报也算不上丰厚。

只看受教育的机会，女性已经处于天然劣势。大学体系已经建立起来7个世纪，女性才逐渐被接纳进高等教育中来。即使被接纳，20 世纪初，为女性提供高等教育的也只是美国、英国、法国、奥地利和德国几个有限的国家。为了接受教育，"玛丽·居里们"只能背井离乡，前往上述几个国家，通常要离开故乡一世。

说是开放教育，也仅仅是有限度的开放教育。1850 年前后，美国第一批大学向女性开放，可很多历史悠久的大学如普林斯顿、加州理工学院，到了 1970 年前后才接受女性入读。在平等为两性提供受教育权上，明明在科学研究上一直领先的西方社会，表现还不如同时代共产党领导下刚刚打破封建枷锁的国家，20 世纪 80 年代末苏联大学物理女教师占比 30%，中国的占比是 21%，远高于日本的6%、英国和西德的 4% 和美国的 3%。

对于那些少数有幸接受高等教育的女性，她们也不过是刚刚跨过了第一个艰难的沟壑。接下来她们将面对的，是整个科学体系的不友善。

第三个"伟大的特例"利塞·迈特纳，师从玻尔兹曼，还和马克斯·普朗克共同工作过。她有着深厚的学术背景，可后来前往化学研究所工作时，条件都是苛刻的"要出入边门且不让别人看见"。即使在她和合作者哈恩共同参与核裂变实验后，哈恩也仅愿意承认迈特纳是自己的助手。

要被科学机构接纳，女性需要付出更艰难的努力。女数学家索菲·热尔曼，与高斯通信初期要小心翼翼地使用男性化名，得到高斯肯定后才敢坦承自己的性别。20 世纪 70 年代早期，天文学家玛格丽特·伯比奇被接纳成为英国格林尼治天文台的台长，继承了这个当年弗兰斯蒂德和哈雷坐过的席位，打破了建台 300 年来由男性担任台长的惯例。然而她还打破了另一个惯例：循例台长理应兼任皇家天文学家，但那一年，天文台将职位交给了也非常优秀、以射电天文学成就摘取诺贝尔物理学奖的男性天文学家马丁·赖尔。玛格丽特在 1972 年拒绝接受美国天文学会授予的安妮·坎农天文奖，因为该奖只授予女性。后来她获得了美国天文学会所授予不分性别的最高奖项，那时光阴已经流逝到 1984 年。

至于玛丽·居里，她两次摘取诺贝尔奖，却依然无法进入法国科学院。1660 年建立的英国皇家学会，到了 20 世纪 40 年代末才接纳了三位女性。美国国家科学院早在 1863 年便已成立，首次接纳女科学家比英国还要晚，1956 年才接纳了迈耶，1958 年才接纳了华裔科学家吴健雄。

1903 年玛丽·居里的获奖，激励了许多女性参与科学研究。此后两次世界大战的爆发也起了促进作用：随着战争走向白热，人手开始紧缺，女性开始大规模进入化学、工程领域。而战后，许多国家从旧有殖民主义世界格局中获得自由，女性的受教育比例得到大幅提升。

居里夫妇也从研究中受益良多。他们迅速收获了荣誉和声望，记者和摄影师们堵塞门庭，对他家的黑白花猫也不厌其烦地报道。来自诺贝尔基金会的奖金极大地改善了两人的经济状况。

皮埃尔入职巴黎大学，此前的席位由学生保罗·郎之万继承。郎之万此前在剑桥大学卡文迪什实验室 3 年，求学于 J.J. 汤姆孙，返回巴黎后在皮埃尔的指导下获得博士学位，日后也紧跟老师步伐，成为重要的物理学家。

在居里夫妇访问英国皇家学会演说介绍镭元素期间，皮埃尔·居里还专门去拜访了此前有过会面，年已 79 岁的开尔文勋爵，这位长者依然精神矍铄，对皮埃尔热情地展示着一个玻璃小瓶。瓶子里面，上次两人会面时皮埃尔赠送给勋爵的镭盐依然荧光闪闪。

提到开尔文勋爵的"两片云朵"论断，很多科学史作品都讹传为洋溢乐观的"物理学晴空万里，只在远处漂浮着两朵小小的乌云"。实际上，开尔文勋爵的发言远比传说中要谦虚凝重，也没有提及云朵的颜色。1895 年起的风云骤变，足以让这位年高德劲的勋爵清醒意识到古典物理学的危机。

在"第一片云朵"的阐述中，开尔文勋爵呼吁学界去探索光在以太中的行进：当年人们还秉承绝对空间与绝对时间的概念，"以太"这个由亚里士多德幻想出来，凌驾于土、气、火、水四大元素之上的第五元素，在物理学领域里成为了绝对空间的坐标。按照设定，以太无所不在、充满宇宙、没有质量又绝对静止。星体相对于以太周而复始地运转，光和电磁波通过以太为媒介涟漪般扩散到四周。

按照以太理论，地球穿过以太运转，面向地球行进方向的一面会吹来强劲的"以太风"。当光在以太风的吹拂中射向地球，则光速应该更快，当光逆着以太风照向地球的背风面，光速应该减慢。

为了测定以太风的速度，迈克尔逊和莫雷两位物理学家启动了有史以来最为精密的实验，去探测不同方向上的光速。迈克尔逊 - 莫雷实验的结果令人震惊：两束光线的速度没有任何差异，地球在以太中的穿行没有对光速产生任何影响，建立在以太之上的经典物理学面临轰然崩塌的窘境。

开尔文勋爵的"第二片云朵"与麦克斯韦 - 玻尔兹曼能量均分学说相关，30年前，玻尔兹曼与麦克斯韦联手，开辟出统计力学的阵地，他们的名字在多处术语中被并列在一起，其中最著名的是麦克斯韦 - 玻尔兹曼分布，他们从统计学角度，不去分辨单一粒子的运动轨迹，而是把大量不断碰撞变化的粒子们看作整体研究。

藏在"第二片云朵"中的麦克斯韦 - 玻尔兹曼能量均分学说，是用来预测理想气体状态的重要定理。在开尔文勋爵提出质疑之时，能量均分学说已经在微观层面初露疲态，理论与观测值屡屡相违。

开尔文勋爵对于这"两片云朵"也提出了自己的思考，面对"第一朵云"，他呼吁去构建新的以太观；对于"第二朵云"，他选择否认麦克斯韦和玻尔兹曼的理论，提出新的学说来深入物质微观层面。

在开尔文勋爵看来，第一朵云"恐怕相当浓厚"，而驱散第二朵云却相对简单，他充满信心，认为"在20世纪初就可以使其消失"。历史的发展恰与他的见解一致，开尔文勋爵演讲的几个月后即出现重大突破：1900 年 12 月 14 日，德国物理学家马克斯·普朗克（Max Planck）发表论文，以量子力学理论重构物理学大厦的基础。

1900 年，马克斯·普朗克 42 岁，时任柏林大学物理学教授。

19 世纪末，尽管原子论已历经多位学者加固，又经麦克斯韦与玻尔兹曼以分子运动论予以补足，普朗克却始终把原子论视作"进步的危险敌人"。普朗克始终相信，物质是连续的，人们可以把一块蛋糕切成两份，也自然可以切成三份、四份乃至于无穷，并不存在什么不可分割的粒子。

1900 年的普朗克，已经与原子论的坚定支持者、年长自己 14 岁的玻尔兹曼对峙多年。他对统计力学的挑战屡屡失败，还遭到玻尔兹曼的尖刻嘲讽。终于，普朗克在研究黑体辐射时，借鉴了玻尔兹曼的统计法则，走得更远。

他全盘拥抱了玻尔兹曼的原子论，相信了分子与原子不是一种假设，而是踏踏实实存在的东西。在研究黑体辐射现象时，他更进一步，将能量也量子化，他富有前瞻地宣布：即使是看上去源源不断传播在我们周围的光，也是一小团一小团地打在我们身上，他把辐射出来的基本单位命名为量子。

普朗克深知自己成果的重要性，有次他与 7 岁的儿子外出散步，他对孩子说，自己可能已经做出了一项一等的发现，或许仅次于牛顿。

起初，学界还仅仅把量子理论当作普朗克针对黑体辐射单一问题的假设，可很快，普朗克的量子思维便迅速在物理学领域攻城略地，未来爱因斯坦运用量子理论解释了光电效应，玻尔用量子思维重新搭建了原子结构。不到 20 年，量子力学已经成为 20 世纪物理学界与相对论并列的两大主流学科。

他提出的普朗克常量 h，已经成为物理学中最重要的常数之一。通过这个常数，把微观粒子作为波的性质与量子的性质统一在同一公式内，是光的波粒二象性的基础。麦克斯韦与玻尔兹曼理论在微观层面失真的"第二朵云"，在量子框架下开始得到解决。

普朗克从 1900 年起被看作"量子力学之父"，虽然在未来量子力学的发展中，他没有做出更进一步的突破贡献，可这最初的突破足以将物理学带入新纪元。他从黑体辐射的研究中得出的量子观贯穿了他的论文与学术著作，只是表述不够清晰，在发布之初没能引来太大的关注。

所幸，伟大的思想往往可以在高山流水中共鸣，在普朗克发表论文的 5 年后，一个年轻人接手了普朗克留下的阵地。

1905 年 5 月底，26 岁的阿尔伯特·爱因斯坦（Albert Einstein）从他供职的瑞士专利局寄信给自己的朋友，透露自己即将写出 4 篇论文：

第一篇论文"讲的是辐射和光的能量特征，是非常革命性的"；第二篇论文关于测定原子[①]的大小；第三篇论文则研究静止液体中悬浮粒子的运动；第四篇论文"还处于草创阶段，内容是动体的电动力学，它修正了时空理论"。

这 4 篇论文的任何一篇，都足以让爱因斯坦永载科学史册。

爱因斯坦从 3 月动笔，到 6 月这短短 4 个月间，便将 4 篇论文完成。第一篇论文承接普朗克，从光电效应入手，提出光子概念，并将在未来延伸出光的波粒二象性，一手终结自牛顿与惠更斯时代便开启的光的"波动说"与"粒子说"之争。未来爱因斯坦获得诺贝尔物理学奖，就是靠着这篇论文作为入场券。到了第四篇论文，"它修正了时空理论"，短短半句话，科学范式的剧变在爱因斯坦的笔下语气波澜不惊。在这篇论文里，爱因斯坦没有实操任何实验，而是以纯思想逻辑推演，摒弃了牛顿麦克斯韦以降的绝对时空概念，开拓出狭义相对论的全新战场。

这一年，他还写下了第五篇论文，当年 9 月，爱因斯坦在第四篇论文的基础

---

① 原文如此，实际完成的论文《分子大小的新测定法》旨在测定分子的大小。

上，提出了那个名满世界的公式 $E=mc^2$，将质量与能量联结在一起。量子力学与相对论两大支柱在世纪之初的 5 年内相继涌现。

1905 年也因此被史学家再度命名为"奇迹年"。这是科学史上仅有的两个奇迹年之一，上一个奇迹年是 1666 年，牛顿为避瘟疫，在乡下伍尔索普庄园做出了微积分和万有引力这两大突破。如今距离上个奇迹年，已经过去近两个半世纪。

1879 年，阿尔伯特·爱因斯坦出生在一个德国犹太家庭，爱因斯坦家庭深受科技发展和犹太人经商头脑所惠。父亲与叔叔开办的电气公司，让慕尼黑的啤酒节首次用上了电灯。叔叔在电气方面掌握 6 项专利，直到他们的生意受到西门子公司挑战，才衰落破产，负债累累。

在这样重视科技的家庭中成长起来，爱因斯坦少时便成绩优异，每个假期都会购买下学期的课本提前自学，在 15 岁那年，爱因斯坦已经掌握了微积分。

从苏黎世联邦工学院毕业后，爱因斯坦屡屡求职碰壁，他徒劳地寄出一篇篇论文和一张张已经支付邮费带有回执的明信片，然而他连一封礼貌的拒绝信都没有收到。现今留存下来的，被收藏家视若珍宝的两张明信片上，都还附着没有寄还的回执附件。爱因斯坦还曾致信玻尔兹曼，对玻尔兹曼的热力学理论提出尖锐批评，试图展露自己的科学见解，显然，这不会得到回应。

最终，爱因斯坦前往伯尔尼专利局，成为技术专家。他在每周 6 个工作日里审核一项项奇思妙想的专利申请。阴差阳错之间，伯尔尼专利局的工作极大启发了爱因斯坦的科学理念。

专利局强调质疑与怀疑精神。每当爱因斯坦拿起一份申请，先要假定发明者的创造都是错的。他不可能也没必要做实验来验证专利真伪，便在脑海里以纯逻辑推演一份专利创造，抽丝剥茧，对每一份申请给出自己的评判。很快，爱因斯坦得心应手地融入了专利局的工作，每天只需要两三个小时就能完成当天的任务，随后，他放下公文，思绪游走在物理学的各个角落。

直到 1905 年，他最终突破已知领域的边界。

当年迈克尔逊 - 莫雷实验针对经典物理学的以太架构掀起的"第一朵云"，在爱因斯坦的世界观中被彻底驱散。开尔文勋爵当年的演讲中，还仅仅是呼吁学界改良以太框架，而爱因斯坦则像平时怀疑否定一项专利那样，简单明了地推倒整个以太系统。

迈克尔逊的工作证明，光速并不依赖光源的运动方向。从各个方向、各颗星球发出的光，都以同一速度前往地球。在火车上向前抛出的球在地面上的人看来，速度要叠加火车的速度。可一辆火车无论向观测者而来还是背向其而去，从火车上发出的光线的速度却总是 30 万千米每秒。当爱因斯坦把"光速不变"作为一条基本公理去审视世界，如同当年罗巴切夫斯基以全新的第五公设搭建出全新的非欧几何学，爱因斯坦也搭建起崭新的时空理论。

爱因斯坦否定了牛顿以降的"绝对时空"理论，时间是相对的，距离也是相对的：在地面上看一列奔驰中的火车，理论上地面上的人会发现火车上的时间流逝会更慢，钟表指针的嘀嗒声会被拉长；随着列车加速，从地面上看来，车的长度也开始缩短。每个人都成为自己空间坐标系的原点，有着自己的时间流动速率，有着自己的尺度测量体系。既然任何物体都不再需要相对以太运动，在爱因斯坦的宇宙里，也就没有以太存在的意义。

能量与质量通过公式 $E=mc^2$ 纠缠在一起，公式阐明：能量等于质量乘以光速的平方。由于光速非常巨大，这意味着只要一点点的物质被转化成能量，便可以得到巨大的纯能量。居里夫妇和卢瑟福等人用放射性元素验证了这一结论，放射性的能量来源终于被发现：能量不是凭空产生，而是来自于原子放射中损失的质量，物理学家们放下心头大石，不必去修改热力学第一定律了。

能量与质量的转换还改变了空间尺度：当物体有了更高的速度，意味着有了更高的动能；更高的动能又转化为更高的质量。速度增加，质量也开始增加，物体速度越接近光速，质量越随之增大，更难以加速，最终物体速度将永远无法超过光速。

借用理论物理学家布莱恩·格林的奇妙比喻：一辆最大速度 160 千米每小时的车，自东向西行驶，1 小时会向西开出 160 千米的路途。如果车辆偏离了路线，方向向南偏了一点，1 小时后虽然也离开了原点 160 千米，可由于部分位移被用来向南方行进，在自东向西的距离上，就要比 160 千米短。在这里，运动不仅体现在东西向的维度，也体现在南北向维度。

在爱因斯坦的体系中，时间与空间彼此交织，运动不仅体现在空间里向西向南这样的维度上，也体现在时间维度：在时空中，任何物体都以光速随着时间轴向未来运动。当物体在空间中运动起来，物体原本在时间中的光速就被分出了一部分转移到了空间领域，这会让物体在时间轴线上运动变缓。

物体在空间中运动越快，在时间轴线上被分走的速度就越多，它的时间流速也越慢。只是人们日常生活中飞机汽车的速度与光速相比，都太过缓慢，不足以体验钟表变慢的效应。

在爱因斯坦之前，也有庞加莱与洛伦兹萌发出初步相对论思想，但二人始终囿于经典物理框架，不越雷池。在庞加莱心里，只有在绝对静止的以太参照系中，光速才是真正的常数。而洛伦兹为了拯救以太，连续提出 11 个假设解释事实与理论的冲突，如同裱糊匠在经典物理学的门楣上修修补补。最终，是爱因斯坦这个远离学术中心身居专利局的年轻人，正式开创了这一体系。

当学界了解到爱因斯坦的理论时，心中不由得升起疑问："这算是牛顿物理学的讣告吗？"

爱因斯坦在 40 年后的自述中坦然回答："本质上，是的。"

论文发表后，学界的反应近乎沉寂。马克斯·普朗克审阅过爱因斯坦的论文，立刻意识到了相对论的意义，并在柏林大学以"相对论"为主题发表演讲。但这些工作都没有为爱因斯坦带来相应的名望，爱因斯坦又在专利局沉寂了 4 年，直到 1909 年才拿到全职教授席位。

1911 年 10 月，32 岁的爱因斯坦受邀前往布鲁塞尔都会大酒店，参加首届索尔维会议。索尔维会议由化学家实业家欧内斯特·索尔维赞助，将欧洲顶级的 20 位物理学家齐聚一堂。普朗克、庞加莱、玛丽·居里、卢瑟福、郎之万悉数到场。化学家能斯特在 1906 年提出热力学第三定律、证明绝对 0℃ 不可达到，负责起大会的组织。理论物理学家领袖洛伦兹是伦琴之后第二届诺贝尔物理学奖得主，他担任会议主席。从 1911 年开始，直到 1927 年，洛伦兹都长居索尔维会议的主席之位。在索尔维会议上，爱因斯坦是最年轻的参会者。

那些 10 年前即已奋斗在前沿的玛丽·居里、卢瑟福、郎之万等人，如今已经成长为物理学界的支柱。玛丽·居里如今正在巴黎大学执教，即将迎来人生中的第二个诺贝尔奖。1906 年，皮埃尔·居里在结束一次学术会议后，被疾驰的载货马车撞击，不幸去世。玛丽·居里接过了皮埃尔在巴黎大学理学院的教席，成为了巴黎大学"先生们中间的第一位女士"。她的课堂首秀挤满了学生、记者、社会名流，他们共同见证了一位女性拿起最高教育讲台上的教鞭。

卢瑟福在索尔维会议这一年同样收获颇丰，他此前由 J. J. 汤姆孙推荐赴加拿大麦吉尔大学任教，如今返归英国，加盟曼彻斯特大学物理系。3 年前的 1908 年，卢瑟福获得诺贝尔化学奖。在他的演说中，他详细报告了用闪烁法对 α 粒子逐个计数的方法。卢瑟福与自己的得意门生们一道，长时间枯坐在暗室，用肉眼去捕捉硫化锌屏幕上的微弱闪烁。在放大 50 倍的镜片下，每一次微小的闪烁，意味着一颗微小的 α 粒子撞击到了屏幕上。闪烁非常暗淡，即便聚精会神，也往往会有错漏。

观测者需要通过连续 6 周的训练，待到正式观测，他们会挑选一个下午，在实验前半小时来到卢瑟福的办公室。在黑暗中，他们一边喝茶，一边与导师卢瑟福聊天打趣，待到眼睛适应了黑暗，他们两两编为一组，同时观测来排除误差。经年累月细致的观测下，卢瑟福团队积累起大量的数据，1911 年，卢瑟福揭示了原子的结构。

卢瑟福的学生马斯登在卢瑟福指导下，使用 α 粒子轰击一张金箔，发现大部分 α 粒子都毫无障碍地穿过金箔向前行进，而有极少数粒子却像是撞中坚壁，以极大的角度被弹开。卢瑟福的合作者，德国物理学家盖革激动地汇报了这不可思议的状况，卢瑟福回忆到这一幕，评价"如同对着卷烟纸射出一颗 15 英寸的炮弹，却被反弹回来的炮弹击中"。根据实验数据，每发射 8000 发炮弹，会有一发被弹回。也是在金箔实验中，盖革发明了用于检测 α 粒子的盖革计数器。在未来，盖革与自己的学生改进了计数器，将探测范围扩展至各类电离辐射，直至今日它仍是核物理学和粒子物理学中的重要探测设备，盖革计数器的简易版本已经可以在今天的购物网站上买到。

在卢瑟福之前，恩师 J. J. 汤姆孙已经做出过原子模型，被称作"葡萄干布丁模型"。在汤姆孙看来，每一颗原子都是球形，里面均匀地分布着正电荷。而带着负电荷的电子如同布丁上镶嵌着的葡萄干，一粒粒镶嵌在原子的球形表面。

卢瑟福推翻了老师的观点，根据 α 粒子的回弹现象，卢瑟福大胆假设：原子内部大部分都是虚空，可以让 8000 个 α 粒子顺利穿过。而在原子的中心，近乎全部质量都被集中在一片极其微小的区域里，当 1/8000 的 α 粒子撞到这个中心，便出现回弹，在卢瑟福的模型里，这被称作原子核，电子在原子核周遭的虚空中零散分布。

这是现代原子模型的肇始。

第一届索尔维会议将这些最伟大的头脑聚拢在一起，爱因斯坦称其为"巫师会议"。他在会上结识了卢瑟福和玛丽·居里，会见了普朗克和自己的学术偶像洛伦兹。他和许多参会者都有着学术观点的冲突，也同许多人成为了终生的朋友。

玛丽·居里当年 43 岁，劳累的工作让她时时面露倦容，长久接触辐射令她面色苍白不见血色，卢瑟福见过玛丽·居里后曾私下感叹，玛丽·居里看上去比实际年龄大得多，"看了她的样子实在令人难受"。在玛丽·居里疲惫工作的间隙，她的同事郎之万在身边安慰着她。郎之万作为皮埃尔·居里当年的学生，与玛丽·居里同在巴黎大学物理系执教。郎之万的婚姻并不幸福，两人之间互生情愫，发生了一段感情。

会议期间，玛丽·居里和郎之万的情书被郎之万的妻子披露给巴黎小报，轰动一时。当诺贝尔奖委员会确定玛丽·居里获得当年的化学奖后，通信建议她不要前去领奖。玛丽·居里只是淡淡回应："我认为在我的科学工作与私生活之间没有关联。"

两度获奖的玛丽·居里也被拒绝进入法国科学院，一方面与她的恋情相关，另一方面则因为她的性别。玛丽·居里原本希望当选院士，为实验室争取更多的关注和预算，她做了自己平素最讨厌的社交工作，启程去拜会在任的院士们，却依然差了几票。此后，玛丽·居里再也没有发起过申请。法国科学院还要再等待大半个世纪，才能在 1979 年迎来首位女院士的就职。

在玛丽·居里的这段风波中，爱因斯坦一直旗帜鲜明地支持她。他写信劝说玛丽·居里不要理会"那些胡说八道"，也对公众表示：只要他们相爱，那么谁也管不着。

这些欧洲最顶尖的学者们在索尔维会议匆匆聚首，之后回到了彼此的岗位。玛丽·居里启程前往斯德哥尔摩，在庄严的典礼上，科学院表彰了她对两种新元素的发现及镭元素的分离提纯，她受到了热情的款待和瑞典女性的欢迎。爱因斯坦拿着玛丽·居里和庞加莱的推荐信，前往母校苏黎世联邦理工大学成为教授。卢瑟福则回到曼彻斯特，在他的建设下，曼彻斯特大学物理系已经成为世界一流的放射科学研究中心。

这一年年底，卢瑟福做出了科学史上另一影响深远的发现：他发现了尼尔斯·玻尔（Niels Bohr）。

来自丹麦的年轻人玻尔出生于 1885 年，此前在哥本哈根大学攻读博士学位。学业之外，玻尔也擅长体育运动，他与弟弟哈若德·玻尔都曾入选丹麦国家足球队。弟弟哈若德长期担任队内主力，在 1908 年的伦敦奥运会上，哈若德带队以 17∶1 淘汰法国队，摘得亚军。尼尔斯·玻尔司职守门员，球技远逊于弟弟，在一次与德国队的比赛中，足球滚向球门，而玻尔正思考着数学问题，在门柱上演算。最终靠着观众的喊叫，才打断他的思路，化险为夷。

从哥本哈根毕业，玻尔来到剑桥，走进了 J. J. 汤姆孙的办公室。第一次见到汤姆孙这位学界前辈，26 岁的玻尔翻开了随身携带的汤姆孙著作，指着其中的一页，操着丹麦口音彬彬有礼地说："这是错的。"

在未来的合作中，J. J. 汤姆孙与玻尔始终有所隔阂，当玻尔在卡文迪什实验室的年底聚会上又一次见到卢瑟福时，下定决心改换门庭，于是在 1912 年前往曼彻斯特。玻尔在曼彻斯特的博士后研究仅仅持续了几个月，但这短短的几个月已经足以让他在科学史上留下一笔：他改进了导师卢瑟福的原子模型，将普朗克的量子理论与卢瑟福模型结合在一起。

卢瑟福的原子模型仅仅提到了原子核与周遭电子的存在，但无法确定电子如何绕着原子核旋转。在初级版本中，卢瑟福相信原子结构如同我们生活的太阳系，太阳占据了太阳系中几乎全部质量，在太阳周遭广袤的虚空里，几大行星围绕太阳公转。

卢瑟福没能说服物理学家，按照理论，不断围绕原子核旋转的电子会对外辐射能量。损失了能量，电子就会越转越慢，在极短的时间内坠毁在原子核上。卢瑟福设想的原子几乎无法存在。

玻尔的改进非常简单：同样是太阳系模型，如同行星轨道之间存在间隔，电子轨道之间也同样存在间隙，只是不同的轨道高度精确对应着不同能级，当电子从一级轨道跃迁到另一级轨道，能量的变化就以光的形式辐射出来。

像是一个在下台阶的人，他不可以悬浮在两个台阶之间，每下一个台阶，他跌落一个台阶的重力势能都释放出来，变成对地面的冲击。当电子从高能级的轨道下到低能级的轨道，释放出来的能量也是一份一份不连续地出现的。辐射出来的光的频率也得到了精确计量，是能量的变化与普朗克常量之比。

玻尔的理论在解释氢原子光谱中取得巨大成功，爱因斯坦盛赞玻尔的成就。严格说来，玻尔模型依然残存杂糅着许多经典力学的观点，还存在很多缺陷，对包括氢原子光谱的精细结构等许多更复杂的现象都无法解释。它的真正意义是正式动用量子力学去探究物质的微观结构。

在未来，行星轨道模型被更先进的电子云模型取代，精确的电子轨道已经遭到淘汰。但时至今日，很多科普作品中插图绘制到原子的时候，依然表现为几个电子沿着清晰的轨道围绕原子核运转。玻尔也因此被称为"原子结构理论之父"，并在1922年获得诺贝尔物理学奖。

同是在1922年，玻尔重构原子模型，把原子物理与化学连接在一起。他进一步放弃了几大行星环形轨道的推论，把二维的电子环型轨道丰富到三维，提出了"电子壳层"。

如同层层嵌套的球面，原子核周围嵌套着高度不同的壳层，每个壳层能容纳的电子数量是有限的。当内层填满后，新增的电子会被安排在下一层之上。

假设一个原子最外层的壳层恰好填满，那么这个原子就是稳定的，不太容易发生化学反应。假设这个原子外层恰好只多了一两个电子，那么它就很容易丢掉这一两个电子，与外层少了一两个电子才能稳定的原子结合。

玻尔的电子壳层理论与既往的化合价理论以及门捷列夫的元素周期表契合起来，元素周期表上，每向下一行，电子壳层就增加一层，每向右一列，最外层电子就增加一个。在元素周期表的最右一列，是那些最外层的电子壳层刚好被填满的元素，它们不容易失去电子也不容易获取电子，它们被称为惰性气体，正是难以参与反应的意思。

宏观层面的化学反应在这里借由微观层面的原子结构得到解释。如今，玻尔的电子壳层理论已经被写入中学化学课本。

量子力学与相对论两大支柱同时出现进展，索尔维会议后，卢瑟福与玻尔等人在量子力学发展道路上安放了一个个航标，爱因斯坦则从量子领域中脱离开去，回归相对论轨道。爱因斯坦与玻尔这一对尚未谋面的年轻人，将在未来的索尔维会议上针锋相对，最终那场学术争论以玻尔的全胜告终，量子力学的根基愈发稳固。

索尔维会议后，爱因斯坦早已不满于自己在奇迹年初代版本的相对论。狭义相对论没能解答引力的传播机制，也只适用于匀速运动。接下来爱因斯坦用了10年时间，从百尺竿头攀向十方世界，以广义相对论将整个宇宙空间囊括其中。

广义相对论的念头源自一次思想实验，如同许多科学史书籍有板有眼的描述，一位维修工人从高空跌落，自述在跌落中感受不到身体的重量，启发了爱因斯坦的灵感。1907年底，爱因斯坦从纯理论角度，思考观察者自由落体时的景象。

爱因斯坦判断：当观察者在密封电梯里随着电梯一起自由落体，观测者和电梯下落速度是同步的。在观察者看来，自己正处于失重状态，他无法判断自己是漂浮在失重的宇宙空间，还是随着电梯一起下落。反过来，在没有地心引力的太空，如果有电梯带着观察者加速上升，如同汽车发动时把乘客按在椅背的推背感，观察者也会感到自己被按向地板，如同受到了地心引力。在广义相对论的术语中，这是"引力效应等效于惯性效应"。

这种等效造成了光线在引力场中的弯曲：当电梯加速上升时，光通过墙上的洞与地面平行地射向对面，在光照到对面墙壁时，由于电梯在光传播的时候同步上升，光会照射到距离电梯地面更近一点的位置，从电梯内的观测者看来，光向地面弯曲。由于引力场与加速上升效果一样，所以在生活中，当人打开手电筒向着远方照射之时，受到地球引力影响，光柱也会微微偏向地面。

光在引力场中的弯曲进一步导向空间的弯曲：按传统观点，光在空间中沿直线传播，光的弯曲只能解释为传统空间结构产生了弯曲，在大引力场下弯曲的不仅是光线，而是整个空间结构。

从自由落体的失重状态，到惯性效应与引力效用的等价，到引力对光线的扭曲，再到引力对空间结构的改变，这些推理环环相扣，改写了统治物理学两个世纪的牛顿体系。这些伟大的发现，竟然只来自于爱因斯坦脑海中的纯逻辑思考。弯曲的时空中，半世纪前黎曼留下的黎曼几何研究三维乃至四维空间的曲率，今天在爱因斯坦的相对论中找到了用武之地。

关于爱因斯坦的数学水平，民间有着多种多样的传说。直到今天，都有传言猜测"爱因斯坦的数学不行"。1935年爱因斯坦在美国普林斯顿工作时，还看到一则报道，标题是"最伟大的数学家没学好数学"。

实际上，爱因斯坦从小学开始，数学成绩便名列前茅，15岁就掌握了微积分基本原理。爱因斯坦50岁生日时，当年中学母校校长还专门发了公开信，力证爱因斯坦的成绩优秀。

对爱因斯坦数学水平的批评来自母校苏黎世联邦工学院的导师闵可夫斯基。闵可夫斯基对这位弟子的评价是"懒狗"。日后闵可夫斯基与物理学家波恩聊到爱因斯坦，说："他对数学从来都不在乎。"

赫尔曼·闵可夫斯基（Hermann Minkowski）是欧洲顶级数学家，1883年他18岁时，参与法国科学院的征文大奖，研究将一个数分解为5个平方数的和。尽管他的论文没有来得及按照法国科学院的要求译成法语，依然一举夺得奖项。日常与闵可夫斯基讨论数学问题的是哥廷根一脉的"数学世界的亚历山大"希尔伯特。从闵可夫斯基的角度看来，爱因斯坦能力确实有限。

老年爱因斯坦同样慨叹过自己年轻时数学水平不够。他与物理学家索末菲通信时聊到："对于数学，我产生了极大的敬意，在此之前我一直愚蠢地以为，数学中更为奥妙的部分纯粹是一种奢侈。"

物理学，尤其是理论物理学，是人类全部知识体系中对数学素养要求最高、与数学结合最为紧密的学科。此前历代理论物理大师，都需要极高的数学功底。

牛顿以万有引力与微积分双修，物理与数学都到了震古烁今的水平；丹尼尔·伯努利如果没有扎实的微积分功底，不可能在流体力学取得开宗立派的成就；麦克斯韦也是靠数学方法，把法拉第的电流磁力线概括为矢量微分方程，后来又总结出麦克斯韦方程组的。

其他学科对数学的要求就不算严苛。孟德尔作为伟大的遗传学生物学家，在点数豌豆时只需要一点统计学基础；玛丽·居里从事放射性研究，主要是靠精湛的实验设计立足。自学成才的伟大实验物理学家法拉第，没接受过正规教育也没有数学基础，虽然独力设计了发电机与电动机，但因他的物理学模型要靠后辈麦克斯韦数学化，法拉第就曾被批评基础不牢。

在未来的诺贝尔奖得主尤金·维格纳（Eugene Wigner）看来，物理学与数学紧密的联系实非必然，而属幸运："数学语言在表述物理定律方面的适当性是一个奇迹，是一份我们既不理解也不配拥有的奇妙礼物。"

未来的量子物理学家、诺贝尔奖得主保罗·狄拉克也阐述了数学与理论物理之间的紧密联系："具有数学美的理论更可能是正确的，上帝是非常高超的数学家。在构建宇宙的过程中，他使用了非常高级的数学。"

故而作为理论物理学家的爱因斯坦，当他的理想是建立一套解释宇宙图景的全新物理架构，便很容易会被数学能力的短板掣肘。爱因斯坦的数学不是"不好"，只是他的目标实在太高。

在相对论中，空间是扭曲的，欧几里得几何学完全失效。此前高斯一代人曾经发展出一套曲面几何学，来描述球面或者马鞍面这种扭曲的二维空间。高斯的学生黎曼，把这套几何学从二维拓展到无限维。黎曼运用了"张量"这个概念，有了度规张量，爱因斯坦就能计算空间中两点的距离。

最终，爱因斯坦求助过好朋友格罗斯曼，也求助过老师闵可夫斯基。闵可夫斯基在爱因斯坦狭义相对论的基础上，以超凡的数学功底补足四维时空理论，被称作四维时空的创造者。在全新的时空观里，时间与空间彼此纠缠，如今以"闵可夫斯基时空"为名。闵可夫斯基在 1909 年以 44 岁之龄早逝，没能看到学生更进一步，可他留下的时空框架成为留给"懒狗"学生最重要的遗赠，构成了广义相对论的数学基础。

闵可夫斯基的挚友希尔伯特也肯定了爱因斯坦的不凡构思："哥廷根马路上的每一个孩子，都比爱因斯坦更懂得四维几何，但发明相对论的依然是爱因斯坦而不是数学家。"

1911 年 6 月，爱因斯坦发表论文《引力对光的传播的影响》。手电筒光柱弯向地面的曲率太低，无法测量得出。爱因斯坦将目光投向了太阳，他预言当遥远星斗的光线经过太阳附近，在太阳巨大的引力下，将发生 0.83 弧秒的偏折。如同今日互联网视频平台的瘦脸滤镜会扭曲面部周围的画面，让背景的纹路产生变形，当星斗光线通过太阳附近被扭曲的空间，太阳身后的星斗位置也会偏离原位。只是平日里太阳附近的星斗被太阳的光芒掩盖，无法观测偏离与否，必须将太阳熄灭才能观测。要熄灭太阳，爱因斯坦想到了日全食。

如同当年埃蒙德·哈雷呼吁学界去观测 1761 年和 1769 年的两次金星凌日，去探索太阳系的大小，如今爱因斯坦呼吁大家去观测 3 年后 1914 年 8 月将会到来的日全食。按照爱因斯坦的预想，需要一支精干的队伍前往俄国克里米亚，在仅有的两分钟的时间窗口内完成观测。日全食期间，太阳的光芒被完全遮盖，太阳周遭的星空背景被展露出来，如果太阳附近的星体位置如约偏移，便是广义相对论的实证。

然而爱因斯坦没能如约收到证明。

日食来临的 20 天前，第一次世界大战爆发。

战前，和平的繁盛景象下早已潜流暗涌，政治家们怀着彼此的野心暗中积蓄力量。来自科技与工业化的进步充实着各国的武备：莱特兄弟试制滑翔机成功 6 年后的 1909 年，第一批军用飞机便已在美国交付；费迪南德·保时捷在 1900 年推出的四轮驱动技术，让同盟国的军队可以开上崎岖的山路；铁路延伸到欧洲的各个角落，在德国，百万铁路工人随时待命，以备在不测之时动用 3 万辆火车头，在 17 天内把 300 万军队运送到前线；德国情报官员在俄国的偏僻郊野发现了站台规模巨大的车站，这些车站的客户显然不会是周边生活的农妇。

有了这些准备，当 1914 年 6 月，萨拉热窝事件引爆了巴尔干火药桶之时，各个国家的战争机器能够迅速全力开动起来，倒也不足为奇。人们拆卸掉教堂的大钟，铸造成枪炮子弹。成建制的年轻人被投入战场，把子弹射入彼此的胸膛。

乱局之下，怀着验证广义相对论的愿景，德国的观测队伍依然无所畏惧地前往敌国，遭到俄军俘虏。他们随身携带的拍照和定位设备，成为了他们百口莫辩的罪证。美国的观测小组抵达了克里米亚，但他们的观测点阴云密布，最终也只得铩羽而归。

战争的旋涡将整个欧洲乃至世界裹挟在内，在战争中，没有哪一位学者可以独善其身。他们都或多或少参与其中。他们抱持着不同的政治立场，做出了不同的人生选择。

德国犹太裔化学家弗里茨·哈伯（Fritz Haber）首先在战争中大展身手，他的制氨法在和平年代用来生产化肥，如今用来大规模制造炸药。此后哈伯研发了氯气战，亲自赶往前线监督施行。在哈伯的战争首秀中，168 吨氯气在 5 分钟内被释放出来，淡绿色的云雾随着东风翻滚飘浮，倾倒进协约国一方的战壕，造成5000 人死亡、1.5 万人受伤。战役过后，哈伯升任少尉。

1920 年诺贝尔化学奖得主、首届索尔维会议组织人能斯特佩戴少校军衔，驾车前往前线协助运输，此后致力于将催泪瓦斯投放到战场。

德国的军国主义日益狂热，93 位顶尖的科学家、艺术家们签署了《93 人宣言》，宣布与军国主义德国休戚与共。在这份支持德国"正义之战"的宣言末尾，哈伯、能斯特、伦琴、马克斯·普朗克都签署下大名。

爱因斯坦拒绝签字，更与朋友起草《告欧洲人民书》，他呼吁人们放下民族主义成见，拥抱和平。他劝说普朗克在自己的声明书上签名，最终碰壁，直到最后也没有任何报刊愿意刊行发表。爱因斯坦没有与同事反目，也还在指导哈伯的孩子学习数学，但从这一刻起，爱因斯坦与同事们在政治上划清界限，并公开宣布支持协约国获胜，"粉碎普鲁士和王朝的权力"。看到毒气战的施行，他评价："我们所有值得骄傲的技术进步和文明，都能成为丧心病狂者手中的斧子。"

战争中爱因斯坦蜗居在斗室之间，拉着莫扎特的小提琴曲聊作消遣，莫扎特的乐曲无法流淌太远，很快就被窗外军士们整齐的脚步声掩盖。

与德国并肩作战的是奥匈帝国，未来的"航空航天时代的科学奇才"、匈牙利犹太人西奥多·冯·卡门（Theodore von Kármán）被征召进奥匈帝国陆军，任职炮兵中尉。冯·卡门生于 1881 年，在哥廷根大学师从现代流体力学开拓者之一的路德维希·普朗特（Ludwig Prandtl）教授，战争期间冯·卡门在亚琛工业大学任教，已是飞行器工业的权威。1915 年冯·卡门接受帝国空军邀约，建设风洞测试飞机性能。

冯·卡门参与的首个重大项目是测试奥匈帝国空军的螺旋桨飞机的连锁开火装置。机枪枪口安装在螺旋桨后，在精密的时机把控下，当螺旋桨转过枪口，机枪立刻开火，下一秒枪口熄火，螺旋桨又从枪口前飞速掠过。开火装置替代了飞行员的手枪互射，真正的战斗机被送上天空，人类开始了真正意义上的空战。

冯·卡门日后回忆到这一段往事，感慨"有人说科学家制造战争，不如说战争造就了科学家"。"一战"爆发后，来自军工的需求责成科学家们将科学原理投入应用。战争爆发不到两年，航空业取得长足进步：战斗机以 160 千米每小时的速度飞过欧洲天空；重型轰炸机携带着 1.5 吨的炸药飞向对方的阵地；德国的"空中怪兽"齐柏林飞艇长度动辄超过 100 米；冯·卡门团队还试制了一批早期直升机。

在战场另一端，法国首都巴黎首当其冲地面临着德国的压力，巴黎政府迁往玻尔多，大量巴黎市民向外逃亡。原本养尊处优的绅士淑女们狼狈不堪地挤进拥挤的车厢，驶向乡下。其中一辆列车上满载着政府官员和行李，玛丽·居里也在其中，她紧紧地守护着要转移去玻尔多的珍贵镭制品。

"一战"中首场大规模会战"马恩河战役"在 1914 年 9 月打响，双方先后在巴黎附近的狭小战场上投入 120 个师共计 200 万兵力，在为期一周的战役中，英法联军击退德军攻势。交战双方有 15 万年轻人再也没有从战场上归来。

大批伤兵被送往战地医院，许多人伤重不治，更多人在痊愈前要经历几个月痛苦折磨，法国兴建大量医院处置伤员，然而设备和医务人员却远远不足。

目睹了同胞的创伤，玛丽·居里没有停留在后方安全的玻尔多，也不满足于停留在巴黎，而是选择奔赴前线。在玛丽·居里的主持下，X 射线被迅速应用于伤员的诊断，定位弹片、查探骨骼和组织的损伤、监控康复状况。战争期间，玛丽·居里建立起 200 个放射学医疗站，足迹遍及亚眠、加来、敦刻尔克、凡尔登。她亲自驾驶着加装 X 射线设备的诊疗车，在战火中辗转过一所又一所医院。

需要出动诊疗车的伤员通常是伤情最严重的一批，身体状况已经不足以支撑他们赶去医院。每次检查都需要搬移伤员们的身体，伤员们身上的鲜血和泥土凝固在一起，忍受着剧痛配合玛丽·居里治疗，那些年轻人带着好奇的目光打量着 X 射线设备，急切地询问着玛丽·居里这些设备的作用。

玛丽·居里每到一处，便开始培训当地的 X 射线操作员和外科医生，整个战争期间仅从她的镭研究所便走出了 150 多位女性操作者。她 17 岁的女儿伊雷娜·居里也跟随着她，加入战地救护工作，并在战后获得法国政府颁发的勋章。

整个战争期间，玛丽·居里一共组装起 20 辆救护车，挽救了几千年轻人的生命。在战地上，那些往来奔驰的救护车被士兵们亲切地称为"小居里"。

那些被运往玻尔多的镭也被带回巴黎，在放射医学领域得到应用。玛丽·居里定期为医疗部门提供镭射气，也亲自参与制作镭射气玻璃管，众多的军人平民从中受益。在战争的 4 年里，医学和药学在压力和悲痛中进步，到了 1918 年，伤员的死亡率已经被控制在 1%。

在战争最艰难的阶段，玛丽·居里也依然尽可能地保持优雅体面。德国的大炮轰击着巴黎，炮弹不断掉落到实验室附近，玛丽·居里依然利用空闲时间，在实验室的前庭后院种上了树和玫瑰。这些硝烟中绽放的娇嫩花朵，以旺盛的生命力嘲弄着不远之外的手足相残。

在一海之隔的英国，1914 年的卢瑟福 43 岁，正处在学术生涯的巅峰时期，脸上已经爬上几丝皱纹，此前的不列颠学会会议上他见到挚友玛丽·居里，发现她更见憔悴。这一年年初，卢瑟福刚刚获颁爵士勋章，贺电雪片般飞来。如同当年威廉·汤姆孙的受封，由于没有封地，汤姆孙以格拉斯哥大学附近的开尔文河为名，成为开尔文勋爵。卢瑟福选择了纳尔逊作为自己的封号，那是自己远在新西兰的故乡。

卢瑟福的工作也受到了冲击，那些在他苦心经营下聚拢起来的年轻人，一个个离他而去。

战争开始前几个月，这些年轻人都还是亲密的家人，其乐融融地探讨着前沿科学技术。短短几个月后，围绕着卢瑟福的大家庭分崩离析，来自敌对国家的青年学者只能离开，中立国家的研究者也开始返回祖国，本国的年轻人们则穿起戎装，参加到搏杀中去。

玻尔在战前已经回到哥本哈根，在丹麦成家立业，拿起物理学教鞭。盖革在1912年回到德国，负责起柏林德国国家科学技术研究所的辐射研究领域，在战争爆发后入伍。盖革一方的德国炮兵部队，向玛丽·居里所在的巴黎投下了成吨的炮弹。卢瑟福珍爱的学生莫斯利，毕业于剑桥大学三一学院，战前本已在曼彻斯特大学物理系执教，此刻也奔赴前线。

这些和平年代里最顶尖学术体系培育起来的年轻人，此刻被不加分辨地充作战争的薪柴，投入熊熊烈火。历经20年专业学术训练的大脑，即便武装起量子力学的最新成就，也无助于抵御一颗几周前刚刚在兵工厂里批量生产的子弹。莫斯利这位在老师眼里本可以成为自己继任者的青年，在1915年8月丘吉尔部署的达达尼尔远征中，因头部中弹而罹难。

卢瑟福为学生的牺牲深深扼腕，在20世纪初这个表面上物理学蓬勃发展人才辈出的时代，实际的学术空气却相当稀薄，每一位从事物理学研究的青年学者都弥足珍贵。在量子力学发展最为完备的德国，战后在科学学系就读的大学生还不足10%，每年能获得科学博士学位的学生不过寥寥十几人。

20世纪60年代，美国哲学会启动了量子力学发展史研究，准备将20世纪前30年为学科做出贡献的全部参加者的资料囊括在内。他们本以为这将会是卷帙浩繁的计划，而实际梳理下来，工作量远远少于学会估计。他们点数了全世界范围内的量子力学学者，发现一共只需要研究大约200人。

莫斯利的离开，让这个初生的学科失去了1/200，卢瑟福细心培育的学生失去了几分之一，莫斯利的家人损失了全部。

卢瑟福本人也成为嵌入在战争机器上的零件。当时德国的水下部队频繁骚扰着英国的海上运输线路，卢瑟福把研究领域从 α 粒子转向潜水艇，他在曼彻斯特实验室的地下搭建起巨大的水箱，运用水下声学监听潜水艇发动机的轰鸣。在后来的海战中，英美海军拖着水雷去击沉德国潜水艇编队时，卢瑟福的水听器居功至伟。

除了这些声名赫赫的学界领袖，还有一位声名稍逊的气象学家走进了战场。

阿尔弗雷德·魏格纳（Alfred Wegener）1880 年出生于柏林，比爱因斯坦年轻一岁。魏格纳从事气象学研究，当时德国大学普遍采用的气象学课本《大气热动力学》便出自他 1911 年的编撰。魏格纳身为气象学家，最关注的问题却属地质学领域。他最早提出月球上的环形山是因为陨石撞击，而非火山喷发，这一论断在未来的阿波罗登月计划中被验证。而让他广为人知的则是他的另一伟大成就——大陆漂移学说。

早在哥伦布发现美洲，大西洋两岸海岸线在地图上不断精确之时，便有人发现了南美洲东岸的凸出似乎可以和非洲西部几内亚湾的海岸完美拼接。1912 年，魏格纳提出板块漂移理论，在当年发布的三篇论文中，他猜测陆地并非长久纹丝不动，而是原本就曾连在一起。

魏格纳发现，大西洋两岸的地质状况和岩石结构都非常类似，生物学化石证据也算繁多：同一种三趾马的化石出现在法国也出现在佛罗里达的地层；同一种三叶虫化石在欧洲和纽芬兰都有踪迹。按照魏格纳的比喻：这两片被撕开的报纸不但其参差毛边能拼到一起，且上面的文字也能相互衔接。除大西洋两岸以外，魏格纳在非洲与印度、澳大利亚与南极、南美与东南亚之间都发现了类似的联系，似乎整个地球的七大洲来自同一张巨大的"报纸"。

魏格纳没来得及进一步验证，1914 年"一战"爆发，新婚一年的魏格纳被征召前往西线。魏格纳所在的德军部队对比利时阵地展开如潮攻势，几个月内，魏格纳两度负伤。负伤的魏格纳为妻子开列了一系列书单，涵盖地质学、古生物学、地球物理学诸多领域，妻子搜集整理后，供他在野战医院里阅读。

负伤让魏格纳得以脱离前线的激烈战斗，从前线转去后勤气象部门，捡起了本行。他穿行在欧洲各地的气象站之间，足迹北至波罗的海，南至巴尔干半岛。1915 年，魏格纳出版了他的著作《海陆的起源》。

在《海陆的起源》中，魏格纳提出大陆漂移学说：在古生代石炭纪之前，地球的各个大陆曾经连为一体。潮汐力和自转离心力撕扯着远古大陆，地块断裂，陆桥崩解，大陆成为今天的大洲。大西洋、印度洋、太平洋从古老的超级大洋中被分割开来，陆块之间的挤压碰撞形成高大的山系，在大陆边缘绵延万里。

魏格纳的著述反响有限，一方面因为他本是气象学家，在地质学家们看来，魏格纳只是业余选手；另一方面，战争吸引了整个欧洲的注意力，隆隆的炮声掩盖了校园里的学术讨论。

战争持续了 4 年，1918 年 11 月德国宣布投降，同盟国一方彻底失败。它波及 30 余个国家的 15 亿人口，平民与军人伤亡超过 3500 万。战争也改变了欧洲的政治版图，古老的封建帝国土崩瓦解，以民族为主体的现代国家随之兴起。冯·卡门从柏林返回布达佩斯，发现革命已经推翻了奥匈帝国，工作人员在车站从他的戎装前胸剪去了带着国王标记的纽扣。在俄国，布尔什维克党人掌握了国家，建立起全新的无产阶级政权。欧洲从战火中恢复了短暂的平静，各国的政治家们开始了新一轮利益划分，筹划着下一次战争的到来。

战争也改变了科学家们的人生走向。当伦琴亲眼看到战争的惨烈，他为 4 年前在《93 人宣言》上签字而深深懊悔，他在获得诺贝尔奖后捐出了全部奖金，也拒绝了在名字里加上"冯"来跻身贵族。战争中飞速的通货膨胀使他最终破产。伦琴的晚年不算幸福，1923 年，他在潦倒中因癌症去世于慕尼黑，享年 77 岁。根据他的遗愿，他的全部个人信件都在去世后被销毁。

世界没有忘记伦琴的功绩，他的 X 射线也被称作伦琴射线，他的名字成为了用来计量放射性物质照射量的基本单位，2003 年第 111 号元素被正式确认，待到 X 射线被发现的第 111 周年，这个新元素被命名为"轮"。

同样在宣言书上签字的还有马克斯·普朗克，他的两个儿子都奔赴前线，先是次子遭到法军俘虏，接着在那场被称作"绞肉机"的凡尔登战役里，长子也不幸阵亡。战争期间普朗克两个女儿先后死于难产。1918 年，年已花甲的普朗克以其在量子力学的开拓工作获得诺贝尔奖，并在一年后正式领奖，这时，他最希望分享喜悦的家人们已经不在身旁。

战争中普朗克竭尽全力去挽救德国科学这艘下沉的巨轮，他保护了科学院里出身敌对阵营协约国的学者，令他们免于开除与驱逐。他把自己视作德国科学的"第一仆人"，当科学院面临内忧外患，他恳请同事们继续工作："即使我们的祖国已经被敌人夺取了剑和盾，也必须保卫我们的科学。"

在战场上推行大规模毒气战的哈伯也成为孤家寡人，在他首战告捷后，他的妻子、化学博士克拉拉从庆功会归来，劝说哈伯放弃毒气战未果，在花园里用哈伯的手枪结束了自己的生命，在儿子的怀抱里去世。

科学的两面性在哈伯身上体现得淋漓尽致，他的毒气在战场上对敌军展开屠戮之时，他在 1918 年因为氨的合成技术获得诺贝尔化学奖。他的固氮术促进了化肥的大规模生产，使同一片土地的粮食平均增产 4 倍，从空气中奇迹般变出面包，令千百万人免于饥饿与死亡。我们每个人体内约一半的氮元素，都来自哈伯的工艺。

战争过后的魏格纳反复修订了《海陆的起源》，引起了广泛讨论，还有嘲笑讽刺，要让人们真正接受大陆漂移学说，依然前路漫漫。1930 年，魏格纳前往格陵兰探险，他在 50 岁生日的翌日出发，在 –39℃的低温里，与同伴搭乘雪橇返回西海岸基地。

这是魏格纳最后一次走进极地的风雪，基地很快失去了他的无线电信号，两架飞机往复搜索，都一无所获。大风雪一直持续到来年 4 月，风雪过后，搜索队沿着魏格纳出发的方向前行，沿路找到了喂狗的干粮箱子，说明那时干粮已经耗尽；再向前又发现了雪橇，说明雪橇犬已不断倒毙。沿途的小物件越来越多，魏格纳每前进一步都要付出巨大代价。最终他们在魏格纳的滑雪板附近找到了他的遗体。探险队员在原地为魏格纳搭起了金字塔形状的墓碑，时至今日，魏格纳依然在那里长眠。

很多科学史文章把魏格纳的遭遇看作愚昧对科学的霸凌，保守对进步的打压，可历史进程远比戏剧化的冲突更加复杂。魏格纳作为气象学家，提出了地质学领域的奇思妙想，可他始终无法解决理论面临的严重缺陷。要推动沉重的陆块需要巨大的推力，魏格纳无法回答这推力的来源。他先是猜测力量来自潮汐力，后来又假设是地球自转的离心力，还考虑过地球磁场的磁力。

每个假设都被科班出身的地球物理学家推翻，这些渺小的作用力，在宏大的地块面前，实在力有不逮。而且大陆如同犁铧被缓缓推过地表，为什么身后竟然没有留下痕迹？魏格纳无法回应这些来自科学的质疑，自然也无法推广自己的理论。

科学领域中，每一次反方的质疑都是对既有理论的压力测试，每解决一个问题又会让既有框架更加稳固。根植于客观事实的反对不会扼杀优秀的理论，只会让它走向伟大。

在未来，地质学家们沿着魏格纳的方向继续走下去。待他们找到证据，已经是下一次大战之后了。

"二战"之后，制海权日趋重要，各国都在发展自己的深潜探测技术，用来规避敌人的潜艇编队。地质学系的专家登上军方政要的门庭，取得了丰厚的资金。他们有了更灵敏、更先进的仪器，去探索大洋的海底。

原本用来探测磁性水雷的磁性计性能被大大加强，去绘制全球海底的磁场分布。海军舰艇拖拽着声呐一条条扫过洋底的起伏，展现出沟壑起伏的面貌。地质学家们从放射科学的武库中取得装备，用放射测年法测定海底岩石的年龄。

得出的结果令人瞠目结舌。

深海之中，很多岩石的磁场与地球的磁场方向不能吻合，甚至截然相反。说明这些岩石形成之时，地球的磁场与现在的方向完全不同。通过多地比照，证实了地球的南北磁极发生过多次倒转。

在大西洋中部的宏伟山脉中，有一道全长近两万千米的峡谷。峡谷附近的岩石相当年轻，而远离中央峡谷的岩石却颇为古老。这证明大西洋海底还在不断向外扩张，新的岩石从峡谷中涌出，将两侧的大陆推得更远，昔日曾经年轻的岩石被推到大洋边缘，这时它们已经经历数亿年时光，开始老去。

原本在人们眼中稳定沉默的大洋底部，竟然历经多次更新，时时刻刻都在扩张漂移。

随着地质学证据的涌现，20世纪60年代里，魏格纳原有的大陆漂移学说被更替为现代板块构造理论。大学的地质学系升级为地球科学系。全球岩石圈被分为六大板块，它们的分离处喷涌出岩浆，遍布裂谷；板块碰撞处则或隆起高大的山脉，或从洋底凸起连串的列岛。借由卫星遥感技术，今天的科学家们很容易监控到海陆的漂移。

科学家们沿着板块运动的方向向前回溯，综合化石证据和岩石证据，重绘了地球海陆的发展历史：

约3亿年前，地球上的地块聚合为盘古大陆，现今的几大洲历经多次分裂聚拢又再次成为整体。随后当今最古老的一批山脉破土而出，如今北美的阿巴拉契亚山脉当时已经在盘古大陆上耸立。

盘古大陆从南极伸展到北极，如果以今天的政区国别来打比方，侏罗纪中纪活跃的恐龙们可以从最南端的新西兰起步，向北走过澳大利亚，经过南极洲进入印度。再从印度和马达加斯加的国界线进入非洲，跨过中非诸国进入巴西，再向北从巴西北部进入美国佛罗里达。随后它们可以一路北上，穿过加拿大和并不寒冷的格陵兰，经挪威进入欧亚大陆，一路抵达另一端的中国。

爬行动物迈开四肢，占据了从南到北的各个角落。恐龙活跃在整块大陆之上，直到 6600 万年前走向灭绝。2 亿年前，超级大陆走向分裂，古老的大洋开始生成。其间大陆断成南北两截，古老的地中海横亘其间。

各个地块撕裂融合，印度自南向北撞向亚洲，形成了高耸年轻的喜马拉雅山脉。澳大利亚与南极分道扬镳，行驶到南太平洋中部。古非洲与美洲之间撕裂开的洋面不断扩大，形成大西洋，原本浩瀚的古地中海不断缩小版图，成为欧亚非之间的浅浅内海。

这是一部穿越数十亿年沧海桑田的地球影像，如果这份地图被放在魏格纳服役时"一战"诸国政治家的书案，他们一定会发现，他们投入大量生命与金钱争夺而来的领土界限，是如此渺小与短暂。

"一战"后生活在巴黎的玛丽·居里为协约国的胜利欢欣鼓舞，她的祖国波兰在亡国百年之后得到独立。卢瑟福在 1919 年回归剑桥，继承了老师 J.J. 汤姆孙爵士的席位，成为第四代卡文迪什教授，此后一直居住在剑桥校园。

分属战争两边的科学家之间恢复了交流，可战争依然在不同阵营之间留下裂痕。当玛丽·居里在国际会议里遇到德国同行，每次她都要问对方是否在《93 人宣言》上签过字，如果有，她便完全不理会对方，也拒绝握手。玛丽·居里自我解释，那不过是一种"矜持"。卢瑟福也依然个性强烈而爱憎分明，1933 年，卢瑟福出任学术援助委员会主席，委员会旨在协助科学家逃离纳粹压迫，当 1934 年哈伯在协会帮助下避祸前来，63 岁的卢瑟福看着眼前 65 岁的毒气战发起者，强硬地拒绝和哈伯握手。

战后的爱因斯坦等来了又一次日食，用来检验广义相对论，1919 年，两支远征队从利物浦出海，分别前往巴西亚马孙丛林和非洲大西洋海岸。

对于广义相对论，爱因斯坦保持着充足自信。早在使用实验验证之前，爱因斯坦已经着手利用广义相对论去解决悬而未决的水星轨道问题。

半个世纪前，巴黎天文台长勒维耶用纯数学发现海王星后，还在忙于用精密牛顿体系彻底拆解太阳系的每个角落，发现水星轨道存在不规则的周期变化。勒维耶据此推算，水星轨道内部一定有着另一颗行星拉扯着水星轨道。在徒耗大量精力与观测后，他一直没能找到那颗被命名为"祝融星"的天体。

爱因斯坦在 1915 年完善了相对论数学模型，当年底，他收集整理了水星运转的数据。当他把水星的周期、轨道参数、水星近日点距离一一代入到方程中后，曾困扰勒维耶 30 年、在牛顿力学体系下无解的问题，爱因斯坦只用了一周便予以解决。

他在柏林科学院公布了自己的计算结果，祝融星并不存在，是太阳巨大的质量扭曲了水星轨道周围的空间，进而影响了水星的轨道。水星沿着一条扭曲的四维曲线运转，它偏离了牛顿力学的预计。

爱因斯坦也从未担心过 1919 年日食的验证结果，当年 6 月，来自非洲几内亚湾的越洋电报仅有几个简短的单词传到英国："透过云层，有希望。"当爱因斯坦收到洛伦兹的电报时，他慵懒地穿着睡衣，打开了电报，只是轻轻评论了一句话：

"我知道我是对的。"

几个月后，J.J. 汤姆孙在伦敦主持了日食报告发布会，大厅正中，牛顿爵士的画像高悬，他俯视着英国皇家学会与皇家天文学会的参会者，两个世纪过去，牛顿宇宙体系第一次得到修正。远征队带回的底片无可辩驳地证实：如爱因斯坦所料，光在太阳附近偏折了 1.7 弧秒。

以往的重大科学突破赢得的仅仅是学界内部的赞誉，如今，科学界见证了大众传媒的力量。《泰晤士报》《纽约时报》这些重磅媒体都对相对论跟踪报道，《泰晤士报》直接刊出了三个醒目的大标题："科学中的革命""新的宇宙理论""牛顿思想被推翻"。

这些报道随即被译成不同语言转载刊行。爱因斯坦在世界领域收获了巨大的荣耀，反而是在爱因斯坦的故乡德国，人们还未走出战争阴影，他们忧虑于眼下的缺衣少食，还无暇顾及在柏林的那座小楼上，祖国的科学家做出了怎样的成就。

这一年爱因斯坦 40 岁，他的谈吐、幽默与魅力放大了他的影响力，他在传媒面前应对自如，报纸和无线电信号承载着他的观点越过大洋，爱因斯坦在这里成为一个品牌和符号。在他不修边幅、漫不经心的浪漫气质下，他呼唤和平与人权、呼唤裁军与理性，他开始成为与军国主义斗争的卫士，成为人们心目中的英雄与圣徒。他并不拒绝名声，只是偶尔吐槽"盛名之下，我变得越来越愚蠢"。

回顾物理学发展史，三个最伟大物理学家的三个最伟大的发现，竟然都来自于自由落体现象——

伽利略的两铁球落地实验，奠定了力学基础；牛顿从落地的苹果，推演出万有引力；爱因斯坦听闻工人下坠感到失重，开创了广义相对论。这三个广为人知的故事很可能只是传说杜撰。但从留下的笔记史料来看，他们的确围绕自由落体现象有过深入的思考。

伟大的思想面对看似穷尽的矿脉，一样能再度挖掘出新的珍宝。三大宗师选择了三条迥异的路线，分别攀上了科学界的奥林匹斯之巅，跻身于众神。

弯曲的时空、扭曲的光线，这些新奇的概念在大众传媒炒作下，成为了整个世界津津乐道的论题。兴奋的大众挤满了火爆的相对论讲座现场，连车夫与店员都在争论相对论的正确与否。相对论的复杂难懂更进一步增强了大众的兴趣，有人说全世界只有 3 个人能理解相对论，有的说有 12 个。

长久以来一直干预科学进展的宗教界终于缄口不言，坎特伯雷大主教曾收到警告，相对论会对神学产生重大影响。主教非常重视，提起精神打开了爱因斯坦的论文，最终主教没有做出任何干预，因为他看不懂。

1919 年也是爱因斯坦家庭生活的转折之年。他不算是尽责的丈夫和父亲，这一年他与发妻米列娃离婚，迎娶了表妹艾尔莎成为第二任妻子。他对自己未来即将获得诺贝尔奖信心满满，作为分手条件，他承诺，一旦获奖，他将立即把巨额奖金支付给自己的前妻。

连诺贝尔奖委员会也没有足够的智慧来评估相对论的地位，从爱因斯坦在奇迹年发布狭义相对论开始，已经过去 14 年。14 年间委员会收到过多次关于爱因斯坦的提名，却一直没有颁奖。1920 年，洛伦兹、玻尔、普朗克等知名学者联手提名，依然遭到委员会拒绝。直到委员会发现爱因斯坦热潮已经席卷大西洋两岸，如果爱因斯坦没有获奖，不是爱因斯坦的遗憾，而是委员会的遗憾。最终，爱因斯坦的诺贝尔奖在 1921 年姗姗来迟。奖项依然没有颁给相对论，而是表彰他对光电效应的贡献，仅仅比玻尔的获奖早了一年。

各地的邀请纷至沓来，爱因斯坦也乐得出席，诺贝尔奖奖金如约被支付给前妻米列娃，爱因斯坦还需要赚取一些外快贴补家用。1921 年 3 月，爱因斯坦夫妇访问美国，受到了美国大众的欢迎和总统的接见。在普林斯顿大学的讲座上，爱因斯坦秀出专业学者风范，他在演讲中穿插进 125 个复杂的方程，几乎超出了普林斯顿最优秀学子的理解能力。

12 年后，爱因斯坦将再度横渡大西洋，定居在这里。

以爱因斯坦为代表，欧洲顶级学者赴美访问已成一时风潮。同是 1921 年，玛丽·居里也开始了美利坚之旅。与爱因斯坦改善个人经济状况的初衷相仿，玛丽·居里也希望从这次旅行中有所收获，而她希望收获的，是 1 克珍贵的镭。

战后玛丽·居里依然过着清贫的生活，每个见过玛丽·居里的人，都无法忘记她苍白的倦容。她长年从事实验室工作，双手已经粗糙，拇指总是不自觉地轮番揉搓着其他指尖，在镭的作用下，那些指尖已经逐渐麻木。

玛丽·居里没有为镭申请专利，也就放弃了随之而来的巨额收益。她清楚世界上每一克提纯后的镭的所在，而在她的实验室里，用来科研的镭还不到 1 克。

了解到玛丽·居里的窘境，美国妇女发起了募捐，仅用一年时间便筹集到 10 万美元，价值超过今日的百万美元，足以购买 1 克的镭。玛丽·居里跨过大洋，接受了这宝贵的馈赠。在从白宫捐赠仪式接过那 1 克镭的前夜，玛丽·居里还坚持聘请律师起草法律文件，明确这 1 克镭并非属于自己，即使她去世也不会作为她的私人遗产，而是属于科学。

爱因斯坦和玛丽·居里在各自的行程里，从两条彼此迥异又偶尔交叠的路线游历了大洋彼岸这个欣欣向荣的国家。"一战"之中欧洲各国饱经战争蹂躏，美国则抓住战争契机，凭借第二次工业革命积攒的工业实力，加固自己世界第一强国的地位。美国的工业产量远远超过了欧洲诸国，"一战"后美国成为欧洲最大的债主，掌握着世界四成的黄金储备。这个此前被欧洲老牌国家视为暴发户和文化沙漠的边缘国度，科技实力也迅速加强。在爱因斯坦和玛丽·居里等人眼中，倒映出一个飞速崛起的新世界。

独立战争后，随着康奈尔大学的建立，今天美国的八所常青藤大学均已开立。当他们访问哈佛、普林斯顿、耶鲁、哥伦比亚大学等一系列美国名校时，这些学术机构与欧洲传统名校的科研差异正被不断缩小。美国高校的毕业典礼更为盛大隆重，名人的演讲也一改庄重严肃的传统，不乏美式幽默。迅猛的经济增长为美国的同行们提供了更好的研究条件，当玛丽·居里还为实验室里不到 1 克的镭左支右绌，美国境内的镭已经达到 50 克。

美国企业尝到了技术驱动的甜头，在 20 世纪的前 20 年，美国的许多大型化学公司和电力公司搭建起繁复的管理机构，将科技创新纳入企业的管理范畴。发明开始不再依赖"爱迪生们"脑海中的灵光一现，而成为研究者们的业绩指标。通用电气、贝尔电话、通用汽车、美国钢铁等一系列企业建立起大型实验室，每个实验室都有上百位研究人员。他们一方面开发出新的产品，另一方面又把对手可能会用到的工艺申请专利并束之高阁，为后来的竞争对手建构门槛。科技与市场相辅相成，经济与科研实力共同增长。

武装起来的美国学者很快取得了领先世界的突破，哥伦比亚大学生物学教授托马斯·亨特·摩尔根（Thomas Hunt Morgan）率先在生物学领域发力，在他的"蝇室"里，孟德尔从豌豆中发现的遗传规律被拓展到动物领域。

在 20 世纪的前 30 年里，如若不是物理学科相对论与量子力学的两大成就太过抢眼，或许 20 世纪会被看作是"生物的世纪"。随着 1900 年对孟德尔尘封论文的重新发现，生物学重回轨道。当 1904 年诺贝尔生理学或医学奖颁发给时年 55 岁的巴甫洛夫时，生物学的新世纪起步已经注定不凡。

伊万·彼得洛维奇·巴甫洛夫（Ivan Petrovich Pavlov）1849 年秋季生于俄国。21 岁时巴甫洛夫从神学院退学，前往门捷列夫坐镇的圣彼得堡大学。

19 世纪末，巴甫洛夫发现了调节胰腺分泌活动的神经，在狗身上完成了"假饲实验"。巴甫洛夫发现，切断狗的食道，给狗喂食，食物无须进入胃部，狗就会分泌胃液。原理是当味觉器官感受到食物，便会通过神经传达到大脑，大脑又经过迷走神经让胃分泌胃液。如果切断迷走神经，胃液就不再分泌。他把神经与消化系统联系在一起，解释了消化系统的规律。

获得诺贝尔奖后，巴甫洛夫更进一步，提出条件反射理论。他开拓出全新的实验方法：从急性实验法拓展到慢性实验法。

急性实验法在此前普遍应用，生物学家们将器官从动物身上取下，解剖、观察、研究，可器官一旦离开了生物整体，就无法展示正常功能。巴甫洛夫的慢性实验法要在生物活体上试验，器官未经麻醉、机体健康，机体器官之间的协作联动被清晰展露。

条件反射现象源自巴甫洛夫研究消化腺的偶然所得，巴甫洛夫发现，如果先摇铃再给狗喂食，多次重复，当狗发现听到铃声就有饭吃，此后狗只要听到铃声就会分泌唾液。巴甫洛夫还把弟弟作为实验对象，在人类身上验证条件反射原理。实验中，不止铃声，连送餐人员的出现和人员脚步声也会造成唾液分泌。巴甫洛夫的研究开辟了大脑皮层生理学的领域，也奠定了心理学的生理基础，如今，每一本心理学课本里都会介绍到巴甫洛夫和他忠诚的狗。

巴甫洛夫也遭遇过许多攻击：圈外人认为巴甫洛夫只是"发现了任何驯狗人原本就知道的道理"；心理学家们反对用生物科学解释高等生物的心理和智慧；动物保护者们则批判巴甫洛夫实验过于残忍。

那些可爱的狗们，为人类科学做出了巨大牺牲，它们训练有素、忠诚可靠，甚至要学习在清醒中忍受剧痛配合实验。巴甫洛夫对狗们也深感同情，他知道自己即将破坏完整的机体、终结鲜活的生命，但为了真理与人类，他忍受了内心的谴责。巴甫洛夫深知它们的贡献，于是在研究院前树立起纪念碑并撰写题词："狗从史前时代起便成为人类的助手和朋友，为科学做出牺牲。我们的尊严责成我们，这样做时，永远要减少不必要的痛苦。"

几乎每一条狗都被研究人员铭记，20世纪初日俄战争爆发，溃败的俄军从满洲里撤出清帝国，巴甫洛夫的学生萨维茨曾短暂前往沈阳。在那里，萨维茨看到了此前在实验室的故交，那位故交已经不再从事医学研究，而是加入了军医体系成为官僚。两位昔日的旧友踏上了迥然不同的人生路途，多年之后在故乡万里之外的异国见面，在战火和不远处日本军队的威胁里，两枚细小零件从战争机器上短暂脱离，热情地聊起了实验室的过往。他们回忆起那条叫作"赫克托尔"的狗，它在实验里提供了良好的数据。

巴甫洛夫以极度的冷静和客观，将生理过程拆解成机械过程。他尽力排除人主观意识的干扰，在实验室里，他禁止同事们从狗的心理上寻找原因。如果任何人用了"狗不愿意""它在期待"这样的主观描述，都要把罚款放进一个箱子，巴甫洛夫本人也因为失言缴纳过罚款。

在巴甫洛夫的领导下，严谨的实验流程、精确而客观的描述成为了生物学研究的标配。

巴甫洛夫保有着极端自律的生活习惯，与居里夫妇这些一心扑在工作的学者不同，他非常爱惜身体。他深知科研工作属于全人类，健康却属于自己。

只要听到下班铃，巴甫洛夫立即放下一切工作，马上下班，比他的实验对象条件反射都要迅速。他每年保持着两三个月的假期，放假期间远离工作，也避免脑力劳动，连医学论文都不看。巴甫洛夫为假期安排了大量锻炼，他做园艺、骑自行车，玩击棒游戏，在 70 岁时还保持着不错的肌肉力量。他可以连续 3 天击棒锻炼 8 小时，第四天还想再玩。他不沾烟酒，也不喜欢旅行，除开必要的出国会议，大部分时间都留在家工作锻炼。

在严格的自律下，巴甫洛夫保持着良好的身体和工作状态。他治学勤勉严谨，又有着天才般的记忆。他可以随口报出自己 10 年前的一场普通实验的全部数据，记得研究中每一只狗的名字，曾有一位学生已经毕业多年，学生自己都忘记了当年参与的实验，巴甫洛夫却可以对实验细节如数家珍。在巴甫洛夫年逾古稀时，才开始偶尔使用笔记。

实验操作中他依然保留着一双外科医生般冷静稳定的手，临近 80 岁巴甫洛夫去做实验演示，30 秒内就可以分离狗的脑脊髓，而他那些年轻的助手很少能进入 90 秒。要学习巴甫洛夫的手术操作必须屏息凝神，往往一个走神，手术便已经结束。

巴甫洛夫还要求同事保持健康生活，他是医师运动协会的核心成员。直到"一战"爆发，巴甫洛夫年过六旬，战争夺走了他身边的战友，也吞噬了他的两个儿子。他没有足够的食物，也没法取暖，动物们开始死去，实验室的研究只能中断，他珍而重之的生活被战争打断。在战后回顾起这段日子，巴甫洛夫带着几分傲然与倔强，对同事表示，他活下来了，他可以俯视这些不幸，而不是像他大部分同胞那样仰视它。

战争为巴甫洛夫的工作蒙上阴影，在美国，远离战争的后辈摩尔根却得以在和平中大展身手。远隔重洋的托马斯·摩尔根继承了巴甫洛夫的实验思想，在巴甫洛夫获奖的同时，他正从果蝇这种微小生物入手，想验证孟德尔定律在动物界的应用。此前以孟德尔为代表的遗传学家还仅仅凭借观察和统计来揣度基因遗传机制，而摩尔根决定引入巴甫洛夫的精密实验，探求基因传递的物理基础。

20 世纪初，染色体已被发现十余年，人们通过显微镜探查到了细胞内部这些卷曲的螺旋，因其可以被苯胺染成蓝色，就被称作染色体。1905 年，学界已经猜测染色体就是基因载体，也发现了 X 染色体和 Y 染色体与性别的对应关系，但关于染色体与基因的深层关系，生物学家们仍然莫衷一是。

1865 年，孟德尔提出遗传学基本定律，用摩尔根自己的说法，他正是在这一年着床在母亲的子宫，并在来年降生在美国肯塔基州莱克星顿的。1908 年，摩尔根已过不惑之年，开始在实验室里成批培育果蝇。

在生物学史上，摩尔根的果蝇与巴甫洛夫的狗成为了最著名的动物，比起巴甫洛夫的狗，果蝇最适合用作杂交遗传的研究。果蝇只有几毫米长，无须训练、不占空间。摩尔根顺走了哥伦比亚大学食堂和附近食杂店的牛奶瓶，每个瓶子里都可以养上几百只果蝇。果蝇出生十几天就能繁衍，每次生育几百上千只后代。摩尔根的"蝇室"里挂满了成捆的香蕉，水果发酵的味道令人作呕。每当摩尔根稍有动作，成群的果蝇就从桌下扑面而来，蟑螂也在办公室里往来出没。摩尔根带领研究生们在显微镜下观察过数以千计的果蝇，把果蝇的各种性状记录在册。

为了诱发果蝇突变，摩尔根从隔壁学科借来最新成就。伦琴、贝克勒尔、居里夫妇的放射学研究成就刚刚获奖，摩尔根便利用 X 射线和镭来辐射果蝇，希望促成果蝇的基因突变。到了 1910 年，蝇室里终于诞生了一只白眼雄果蝇，摩尔根如获至宝。

很多人都在中学生物课本上读到过对这只白眼果蝇的生动描述："摩尔根精心照料这只果蝇。在自己的第三个孩子出生时，摩尔根赶到医院，他妻子的第一句话竟是：'那只白眼果蝇怎么样了？'摩尔根的第三个孩子长得很好，但那只果蝇却很虚弱。在实验室，它临死前抖擞精神，与一只红眼果蝇交配，把突变基因传了下来。"

此前整整两年的培育期内，摩尔根几乎一无所获。白眼果蝇珍贵的精神抖擞，为摩尔根提供了足够的实验样本。10 天之内，果蝇便产生了 1240 只子代，又经过 10 天繁衍，产生了超过 4000 只子二代。半个世纪前孟德尔孜孜不倦点数豌豆，现在摩尔根和学生们要打开一个个瓶子，用乙醚让果蝇们麻醉安静下来，摊在桌上一一统计。杂交后子一代均为红眼，子一代交配后，子二代的红眼与白眼比例非常接近 3∶1，符合孟德尔的豌豆定律。子二代中只有雄性果蝇才有白眼，摩尔根创造出"伴性遗传"一词，来描述生物特征与性别相伴的遗传现象。

从 1910 年到 1912 年，摩尔根与学生们统计了数以万计的果蝇，研究性征也不仅限于白眼，如同孟德尔当年把豌豆按种子的圆皱、茎干的高矮分类，摩尔根也统计了果蝇的黑体、刚毛、短翅等特征。摩尔根除了发现白眼基因与性别染色体联系以外，又发现黑体基因和小翅基因密不可分。

越来越多的证据指向了同一个科学猜想：基因之间存在着某种物理连接。显然，白眼基因与性别紧密相连，说明白眼基因位于 X 染色体上；黑体基因与小翅基因连锁在一起，说明它们位于同一染色体。

基因连锁定律也会出现意外，大部分情况下，黑体基因与小翅如影随形，可也有少量情况，黑体果蝇并没有出现小翅，说明染色体内部存在"基因互换"。摩尔根推断：两个基因越是成双成对出现，则证明这两个基因在染色体上的距离也越近；如果两个基因同时出现的概率趋于随机，则说明两个基因在染色体上的距离也相对遥远。确定了基因的远近距离，一条串联起一连串基因的细线，在摩尔根的脑海中愈见清晰。

1916 年，正是欧洲诸国枪林刀树之际，在美洲大陆宝贵的和平里，摩尔根与合作者们绘制出了属于果蝇的基因图谱。染色体上直线排列着各连锁基因的相对位置，4 条染色体上，超过 2000 个基因井然有序。

基于连锁反应与基因互换原则绘出的基因图谱，在未来成为了人类基因组计划的范本。20 世纪末的生物学家们把人类基因特征勾勒在图谱之上，对乳腺癌、阿尔茨海默病、血友病等疾病的研究开始与基因理论结合，人类从未如此深入地了解自身。

随着基因代代相传的疾病也在冥冥之中拨转着世界的政局，血友病作为伴性遗传的基因病，在俄国皇室罗曼诺夫家族默默传递四代，直至 1904 年夏季出生的阿列克谢王子。作为沙皇长子，他享有显赫的政治地位，但疾病却一直随侍左右。由于缺乏凝血因子，即使小小的伤口也会让王子流血不止。"一战"期间俄国正处于崩溃边缘，俄国人需要一位铁腕君主，而非靠草药续命的羸弱继承人。罗曼诺夫王朝在 1917 年迎来覆灭，沙皇一家被革命党人枪决。革命中，巴甫洛夫也依然沉浸于工作，有次他的助手冒着危险来到实验室，发现巴甫洛夫早已在实验室里等待着迟到的自己，巴甫洛夫调侃助手"一场革命跟你在实验室的工作又有什么关系呢"。

　　如今随着医学技术进步，血友病等一大批基因疾病已经可以通过婚前基因检查与孕后胎儿基因检查来预防或规避。

　　摩尔根的巨著《基因论》在 1926 年出版，这一年摩尔根已年过花甲，即将在下一年获颁诺贝尔奖。孟德尔定律提出大半个世纪后，是《基因论》对基因遗传学系统总结。摩尔根证实了孟德尔的遗传学说，证明了基因与染色体的关系，发现了基因之间的连锁与交换，探讨了突变的发生、染色体的畸变。孟德尔当年以为遗传因子彼此之间可以自由组合，是摩尔根发现了不同基因之间的联系。

　　摩尔根将一生献给了果蝇和基因研究，也为基因领域培育出一批杰出的学生。十几年前在蝇室建成不久后就一直跟随他捉果蝇刷瓶子的学生穆勒，后来证明 X 射线可以将果蝇的基因突变率提高 150 倍，因而在 1946 年获得诺贝尔奖。

　　果蝇这种微不足道的小小生物，在支持了摩尔根的研究之外，也改变了生物学的研究范式。用来研究的黑腹果蝇被称作"标准果蝇"，已经不再是一种简单的物种，而成为了新型科学工具。在未来的研究里，生物学家们还发现并培育了多种充作科学工具的"标准物种"，有玉米、细菌、噬菌体和我们耳熟能详的小鼠。

　　与早期科学界争夺优先权和发现权的氛围不同，果蝇小组的氛围非常宽容，大家互通有无、从不藏私，从未出现过关于著作权的争夺。这不仅要归功于摩尔根的指导，更要归功于研究对象。

　　由于果蝇太容易繁殖，每次都能产生足够的子代，被称作"繁殖反应堆"，几乎可以无穷无尽对外产出议题。果蝇小组发现的变异体现象已经远远超过了小组所能研究的能力，故而他们从不吝于对外分享。当有同行希望获得摩尔根实验室培育的果蝇样品，他们总能收到实验室寄来的蝇群。当有天赋的学生想进入这一领域，也很容易得到前辈的帮助。在果蝇强大繁殖能力的帮助下，生物科学如同果蝇的族群，生机勃勃。

　　在摩尔根之前，博物学家们也会小规模交换标本，可从摩尔根开始，慷慨开放的交流共享成为生物学界的共识。未来玉米、细菌、噬菌体等其他标准生物同样建立起交换分享机制。今天，随着研究范式的演进，生物医药企业主导着利润丰厚的项目，分子生物学家们再度筑起藩篱，如今的新标准生物受到专利保护，由专业的律师处理样本分享请求，摩尔根的精神似乎已经过时。但一个世纪前，他和他的果蝇们引领了一时风潮。

在果蝇的召唤下，摩尔根实验室里也出现了东方面孔，中国学子陈桢、李汝祺、卢慧霖、谈家桢这些生于世纪之交的年轻人先后在摩尔根的指导下修习。这些有志青年学成归国，把遗传学理论带回中国。陈桢和李汝祺建立起北京大学的生物学系，此后陈桢执掌了清华大学生物系 23 年。卢慧霖将《基因论》译成中文，他在湖南医科大学建立的生物学教研室，就是今天中南大学湘雅医学院人类生殖工程研究室的前身。1981 年，卢慧霖 81 岁，建立起中国第一个精子库，在两年后中国将迎来首个人工授精婴儿。谈家桢在新中国成立后的复旦大学建立起中国第一个遗传学专业和首个生命科学学院。

摩尔根实验室一共为中国培养出 7 位学者，他们携带着摩尔根的学术基因回到中国，在激荡的局势里，这些学术基因代代复制传递，又不时突变出新的成就，如今生物遗传学在中国已经根深叶茂，走进了中国的 100 余所大学。

辉煌的成就之外，摩尔根也深知还有许多问题没能解决：他和学生们基于海量数据统计推演，了解了基因在世代之间的传递分布，却还不清楚基因影响发育过程的具体机制。基因理论是良好运作的框架假设，但还没有发现属于生物学自己的分子和原子。限于时代技术和研究手段，他无法解决这些问题，只能在书中一一列明，留待后生。

在未来，新一代的年轻学者们沿着摩尔根的路径向前探索，去研究基因的化学成分、蛋白质和 DNA 的分子结构，促成了分子遗传学的诞生。1953 年，沃森与克里克提出 DNA 双螺旋结构，人们解锁了生命的旋梯。此时《基因论》已出版近 1/4 个世纪。

摩尔根的突破，是美国这个欧洲同行眼中文化沙漠迅速崛起的序幕。财大气粗的企业家们敏锐察觉到了科技对社会福祉的意义，他们挥舞着钞票进入科学界，推动了世界科学的进步。

美国实业家、慈善家约翰·洛克菲勒从他的石油托拉斯帝国里积累起财富，广泛投资教育。芝加哥大学、耶鲁、哈佛等名校都收到过洛克菲勒家族的大额支票。洛克菲勒基金会的捐赠也不限于国境，北京协和医学院的建立便有赖基金会的支持。

1923 年，洛克菲勒捐赠 2800 万美元，设立起国际教育基金会，宗旨为"促进世界范围内教育进步"。基金会重点支援对象是欧洲的科研机构，意在抚平战争对欧洲的创伤，昔日的学生如今开始反哺自己的老师。

基金会负责人威克利夫·罗斯（Wickliffe Rose）博士经过在欧陆数月的访问，穿行于科学家、实验室与大学之间，谨慎选出了首批资助对象。国际教育基金会一共运作了 15 年，15 年里帮助了 57 个机构与 603 位研究者。其中最明智也最为重要的一笔资助，归属于尼尔斯·玻尔领导下的哥本哈根大学理论物理研究所。洛克菲勒的国际教育基金会为玻尔慷慨地开出 4 万美元支票，并在后来不时补充，使玻尔完善了设备，研究所站稳了脚跟。

哥本哈根大学理论物理研究所如今已经改名为尼尔斯·玻尔研究所，在 20 世纪 10~30 年代，研究所一直是量子力学的前沿阵地。

量子力学早期，量子物理涌现出三个影响深远的学派：玻尔的哥本哈根学派、慕尼黑学派及哥廷根学派。

慕尼黑学派执掌人是物理学家阿诺德·索末菲（Arnold Sommerfeld），他作为量子力学与原子物理学创始人之一，在长达 50 年的学术生涯里，厥功甚伟。他连续获得八十余次诺贝尔物理学奖提名，却依旧与奖项擦肩而过，被称作"物理学界的无冕之王"。

哥廷根学派的开创者是马克斯·玻恩（Max Born），哥廷根原本就是高斯、黎曼、克莱因、希尔伯特一脉相传的数学圣地，在 20 世纪初期的哥廷根大学，云集了当时世界上最顶尖的数学家。

哥廷根大学的数学双核是克莱因和希尔伯特，希尔伯特比克莱因年轻 13 岁，是克莱因的学生，日后成为了老师的同事。两位数学大师在学术上同样专精而风格迥异，菲利克斯·克莱因（Felix Klein）如今以拓扑学的克莱因瓶广为人知，是应用数学的杰出代表，强调数学必须用来指导技术进步，哥廷根大学的应用数学课程正出于克莱因首创。大卫·希尔伯特在世纪之交提出数学家们最应解决的 23 问，他不关注数学的实际应用，而以纯数学理论方面的研究见长。

克莱因授课严谨，他总是提前一小时抵达课堂，反复在脑中演练即将讲授的内容。当课程开始，克莱因如同设定精密的仪器，将庞杂艰涩的内容一一陈列，黑板上的每一句话都恰如其分。克莱因不会深入讲解公式细节，这要求学生们在课后以 4 倍于授课时长的时间推敲理解。一旦学生贯通了克莱因的课程，整个现代数学的全貌就会在学生面前徐徐展开。

希尔伯特则不求尽善尽美，细节上也偶有出错。他的思路灵动而跳脱，课堂上可能突然会深究起某个细节，就脑中的一点灵光侃侃而谈。他也乐于从年轻人的课堂上收获灵感，有次希尔伯特听了哥廷根后辈、未来伟大的航天工程学家冯·卡门讲述的应用数学课程，直言不讳地表达："我照旧不喜欢应用数学，不过听听头脑灵活的人讲课总是件乐事。"

虽然学术观点迥异，可希尔伯特依然与克莱因保持着良好的学术互动。在克莱因举办的讨论会上，希尔伯特经常到场，讨论会的嘉宾还包括闵可夫斯基、洛伦兹、爱因斯坦。最顶尖的头脑在斗室之间碰撞出的火花，激励着一代哥廷根学子勇攀科学高峰。

马克斯·玻恩受教于爱因斯坦的导师数学家闵可夫斯基，他的室友又是以应用数学见长的冯·卡门，在哥廷根的数学氛围浸润之下，玻恩积累起远超其他量子力学同侪的数学功底，擅长动用复杂的数学公式处理物理问题，撑起了哥廷根大学的量子力学门庭。

如果说慕尼黑的索末菲是数学物理学家，关心和实验有关的精细计算，哥廷根的玻恩则可称作物理数学家，他较少关心新物理概念，而是致力于为量子力学搭建数学基础。

此前在广义相对论之旅中，爱因斯坦被复杂的数学难住。如今同为顶级理论物理学家，面对其他两大学派深厚的数学底蕴，玻尔作为哥本哈根一派的开山祖师，数学功底也显露出短板。有次理论物理学家维格纳在会议上演讲，玻尔说自己一个字都听不懂，表示："我只是个业余爱好者，他们一旦真正进入高深的数学，我就跟不上了。"年轻的后辈海森堡也隐晦地评论过玻尔的数学水平："我要说他是法拉第，但不是麦克斯韦。"

在鼎足而立的三大学派下，量子力学领域涌现出一批优秀的年轻人。他们快速地成长起来，从老师们手中接过了世界。

在玻尔收到国际教育基金会支票之后，基金会资助一批年轻人前往欧洲知名高校就学。基金会眼光独到，在他们首批选择的学生里，走出了 3 位杰出的科学家：沃尔夫冈·泡利（Wolfgang E.Pauli）、沃纳·卡尔·海森堡（Werner Karl Heisenberg）、恩里克·费米（Enrico Fermi）。

沃尔夫冈·泡利出生于世纪之交的 1900 年，出身教授家庭，教父是著名物理学家马赫。家庭熏陶渐染之下，泡利年少时即显露物理天分。他 18 岁前往慕尼黑跟从索末菲修读，21 岁获得博士学位。索末菲曾安排泡利为百科全书撰写相对论词条，泡利耗时两个月，交给导师一份 237 页的论述，后来这份作品被独立出版，在此后的很多年里都作为相对论领域的重要文献，还曾获得爱因斯坦的赞誉。此后，泡利前往哥廷根担任马克斯·玻恩的助教，又在基金会的资助下前往哥本哈根工作，23 岁时他已经成为汉堡大学讲师。

沃纳·卡尔·海森堡和恩里克·费米比泡利年轻一岁，当时也是 20 岁出头。在基金会资助下，海森堡前往哥本哈根，后来他创立矩阵力学、提出不确定性原理，于 1932 年获得诺贝尔物理学奖。

费米则从祖国意大利前往荷兰莱顿研究所，他在中子物理学方面的研究把他推上"中子物理之父"的宝座，在 1938 年获得诺贝尔物理学奖。20 年后，海森堡与费米将分别走上截然相反的人生旅途，在下一次毁灭性战争中分属不同阵营，在大西洋两岸隔空对战，当这场竞赛走到尾声，盟军一方靠着费米的研究改变了战局。

海森堡是泡利在索末菲门下的同门师弟。当海森堡初入索末菲门下时，泡利负责批改海森堡的物理作业。这对师兄弟的性格大相径庭，泡利沉迷于大都市的夜生活，喜欢在舞女的性感表演中放松取乐，当他走出歌厅酒馆，依然能保持清醒的头脑工作到凌晨，之后睡到中午，放弃上午的课程。海森堡则保持着苦行僧般的自律，热爱户外运动与古典音乐。

海森堡行事彬彬有礼，泡利却以性格直率与言语尖刻著称。泡利被玻尔称作"物理学的良知"，因为他无论走到哪里，都能一眼发现研究者的错误，然后直言不讳地指出。一次面对学生的研究，泡利毫不容情地指责："它连错误都算不上。"对于师弟海森堡，泡利也没有口下留情，很多年后海森堡回忆起两人的关系，还聊起当年这位严厉的学长，不知对自己说了多少次"你是完完全全的傻瓜"。

海森堡与泡利之间保持着长久坚固的友谊，多年之后二人仍频繁通信，字里行间透出的真挚情谊至今仍令人动容。

当海森堡接受基金会资助，踏上前往哥本哈根的路途，他的学术生涯已经有了近乎完美的开始。他先是求学于慕尼黑，在索末菲的门庭下起步。随后东去哥廷根，由玻恩指导他的物理、希尔伯特指导他的数学。如今，他又即将接受玻尔的指导。哥本哈根之行，海森堡集齐了量子力学三大圣殿的教育。在如此星光璀璨的教授团队之下修习，相当于古希腊人直接在德尔菲神庙听取神谕，在顶尖物理学家之中，只有他在慕尼黑的同门师兄泡利曾经享此尊荣。

基金会投入的回报几乎是立竿见影，泡利与海森堡很快就各自取得了突破。泡利在 1925 年提出了"泡利不相容原理"，确定一个原子轨道上最多只能容纳两个电子，且两个电子的自旋方向必须相反。他解释了电子在原子内部的排布，从根本上解释了门捷列夫元素周期律的产生原理。泡利不相容原理成为量子力学基本原理，凭借不相容原理的发现，泡利在 1945 年摘取诺贝尔物理学奖。

同是在 1925 年，已经在哥本哈根毕业的海森堡本应出现在哥廷根校园，因为一场热病，他启程前往北海的小岛赫尔戈兰休养。在北海清爽的空气里，海森堡思考着量子力学的未来。

量子力学虽然在普朗克、爱因斯坦、卢瑟福、玻尔这些前辈学者的建设中进展颇巨，但当 20 世纪走过 1/4 的旅途，经典量子力学大厦依然根基未稳。卢瑟福与玻尔的原子模型摇摇欲坠，按照玻尔的理论计算下去，甚至会和能量守恒定律产生冲突，也无法与实验数据完美相符。此外，对于辐射问题的本质，物理学家们也莫衷一是。如同没有数学的支撑，爱因斯坦相对论的基础就只能设在流沙之上，如今，量子力学也呼唤着本学科的数学模型。

孤岛之上，海森堡独自一人，终日与礁石潮水相伴，闭关修炼。大风呼啸，雨水倾盆而下，巨浪拍打海岸，当海水平静之时，海森堡会跃入冰凉的海水，游出长长一段距离。10 天后的深夜，海森堡福至心灵，以全新乘法规则计算量子能量，当计算到凌晨三点钟时，结果与能量守恒定律一项项吻合起来。24 岁的海森堡突破了原子的外层，窥探到了原子壮阔的内部结构。玻尔和索末菲的旧量子理论在新框架下得到解释。那一晚海森堡没有入睡，他放下了纸笔，走向门外，在黑夜里穿过浅滩，绕过水坑，登上礁石。在海风里，海森堡看到了那一天以及整个量子力学学科的日出。

海森堡搭建的数学模型如今被称作矩阵力学，参与乘法运算的不再是两个简单的数字，而是两张二维展开、被称作矩阵的表格。当玻恩看到海森堡的论文草稿，敏锐地发现，矩阵乘法并非海森堡首创，而是早在一个半世纪前便躺在了数学家的武器库里。当年牛顿为了计算星体轨道，独立于莱布尼茨创造出微积分思想，如今海森堡继承哥廷根一脉的数学基因，重新发现矩阵，为量子力学搭起框架。

海森堡的矩阵力学传遍欧洲，他的老师玻恩为矩阵力学夯实了数学基础。在英伦剑桥大学，又有年轻海森堡一岁的保罗·狄拉克（Paul Dirac）从老师手里拿到了海森堡的论文。狄拉克日后也成为量子力学奠基者之一，他的狄拉克方程可以用来描述费米子，也预言了反物质的存在。1933 年，他靠着狄拉克方程摘取诺贝尔物理学奖，最终继承了牛顿传下的卢卡斯数学教授席位。经过计算，狄拉克用比玻恩更简洁的数学方法，得出了与玻恩同样的结论。

当矩阵力学不断开疆辟土，风头无量之时，矩阵力学迎来了自己的竞争对手。在海森堡启程前往孤岛之前，量子力学还在苦苦呼唤着一种数学表现形式，而到了海森堡回归一年后，历史在矩阵力学之外，又提供了第二种选择。

1926 年，海森堡最重要的学术对手，埃尔温·薛定谔（Erwin Schrödinger）携波动力学汹汹而来，与海森堡领衔的矩阵力学阵营短兵相接。很快，薛定谔夺走了海森堡矩阵力学的几乎全部风头。

薛定谔出生在 1887 年，年长海森堡 14 岁，薛定谔发布波动力学时已年近不惑。与后生可畏的海森堡不同，埃尔温·薛定谔的人生不算一帆风顺。海森堡生于学术中心德国，薛定谔则生在奥地利。海森堡得到量子力学三大中心索末菲、玻恩、玻尔的共同指导教育，堪称没有浪费学术生涯的一分一秒；薛定谔则在维也纳大学求学，薛定谔的老师哈泽内尔原本是玻尔兹曼的高足，前程远大，却在第一次世界大战中参军殉国，"一战"爆发后，薛定谔也被征召入伍，前往南方战线。

薛定谔在战争中蹉跎掉 4 年光阴，尽管戎马之中他也曾去阅读论文、间隙之中也会写下研究思考，可研究效率终究无法与和平年代时相比。战争中奥匈帝国动用 800 万军队，上百万军士马革裹尸。成批的年轻人被政治家推上前线，转眼便消失在硝烟里。待到战争结束，奥匈帝国成为共和国，维也纳街头满是在破烂军装上别满勋章行乞的退伍军人。薛定谔的家庭深陷困苦，战后两年内，他的父母和外公相继离世，当一家人的基本生存都成为问题，稳定的科研工作就更成奢望。

战后，薛定谔的生活逐步稳定，他拿到了教职，有了更丰厚的薪水，却始终没能取得划时代的成绩。海森堡等年轻一辈飞快地从薛定谔身边超越，将这位前辈甩在身后。郁郁不得志的薛定谔开始在情感方面放纵自己，他与妻子安妮组成了开放式婚姻，二人分别在婚姻之外寻欢作乐，整个 1923 年，薛定谔连一篇论文都没有产出，似乎已经淡出学界。

直到 1925 年，薛定谔迎来人生转机，在阅读爱因斯坦的新论文时，他看到爱因斯坦着重推荐了一位名为德布罗意的物理学家。薛定谔打开了这位名不见经传的学者的文章。正是这篇文章成为了薛定谔学术生涯的转折点，他走上了德布罗意开拓的路线，那条坦途直接引领他在 1933 年前往瑞典，与矩阵力学阵营的狄拉克分享当年的诺贝尔物理学奖。

路易·维克多·德布罗意（Louis Victor de Broglie）年轻薛定谔 5 岁，家世显赫，祖上出过三位法国元帅，他本人也继承了爵位。哥哥莫里斯·德布罗意也是物理学家，还在首届索尔维会议上担任秘书。路易·德布罗意原本出身历史系，在哥哥的引导下转向自然科学。1924 年，他向导师郎之万递交博士论文，在论文里，他提出了革命性的物理模型——物质波。

物质波，是对旧量子力学理论的首次宣战，它难以捉摸又离经叛道，当它首次被提出时，导师郎之万感到难以评估这篇论文，所以转发给爱因斯坦，由爱因斯坦给出了极高的评价之后，郎之万才下定决心，授予路易·德布罗意博士文凭。

物质波概念师承爱因斯坦的光量子假说，德布罗意相信，既然光波可以表现出粒子属性，那么粒子或许也可以具备波属性。在传统物理学光波、声波之外，德布罗意把宇宙万物的运动都纳入波的行列。除了光的波粒二象性外，在德布罗意看来，一切物质——包括星球、石块、马车、粒子——全部具备波属性。德布罗意找到了物质波的计算公式：物质波的波长，等于普朗克常量除以物质的质量与速度的乘积。

德布罗意的公式解释了为什么我们从来没有感受到一颗星球或一块石头的波属性，在宏观领域，物质的质量太大，故而当质量作为分母，物体的物质波长会非常短，几乎无法被观测到。但在微观领域的电子层面，电子质量非常小，求得的波长远比宏观物体要长，物质波的波长达到了纳米级别，相当于 X 射线的波长，已经是能被测量的尺度。

　　实验物理学家们行动起来，在哥廷根大学，学者们拍摄到了电子衍射的图样。原本人们眼中细小微粒般的电子，竟然如光波一样，出现了衍射现象。飞向障碍物的电子，竟可能由于衍射，绕到障碍的背后。

　　德布罗意革命性的论述激发了薛定谔的灵感，他在当年圣诞假期前往阿尔卑斯山度假，随身携带着关于德布罗意的论文的笔记。从阿尔卑斯山归来，薛定谔进入了整整一年的巅峰时刻，慵懒的学者提起精神，以连续6篇论文创立了波动力学。

　　"如果有波，就一定会有波的方程式。"德布罗意发现了物质波，薛定谔在德布罗意的基础上，将物质波的传播数学化，从爱因斯坦的狭义相对论入手，提出了波动方程，以薛定谔方程之名传世。波动力学与矩阵力学作为量子力学框架之下的两种数学模型，在一年之间相继问世，展开了一场硬碰硬的激战。

　　海森堡的矩阵力学需要复杂的矩阵计算，薛定谔的波动力学中却只需要处理一个简单的偏微分方程，物理学家们几乎是兴高采烈地欢迎薛定谔。海森堡的老师索末菲谈起两大数学模型，评价矩阵力学虽然正确，但实在太过抽象复杂，表示"薛定谔救了我们"。海森堡的另一位老师玻恩也转投波动力学阵营，海森堡对老师们的倒戈深深失望，在与泡利的通信中，海森堡写下："我越是考虑薛定谔理论的物理部分，我就越觉得毛骨悚然。"

　　海森堡与薛定谔之争也惊动了量子力学之外的数学界，数学家希尔伯特也好奇围观。这位哥廷根大学数学的支柱，时年64岁的老人拿过海森堡的论文，惊讶地发现自己已经难以参透其中的奥义。最后希尔伯特求助于同样年轻的天才，时年23岁的约翰·冯·诺依曼（John von Neumann）。

　　冯·诺依曼出身匈牙利布达佩斯的中产之家，少年时以数学和记忆方面的天赋闻名，8岁时开始学习微积分。

　　冯·诺依曼17岁那年，身为知名银行家的父亲希望他放弃数学从事商业，于是带儿子拜访了哥廷根出身的冯·卡门，希望让冯·卡门告诉孩子"搞数学发不了财"。短暂交谈后，父亲听从冯·卡门劝诫，送孩子前往苏黎世学习数学。6年后，冯·诺依曼进入数学圣地哥廷根，成为了希尔伯特的助手。后来这个青年在老师的基础上更进一步，以"现代计算机之父"和"博弈论之父"的声名传世。在推动第三次技术革命的巨手中，就有一只属于这位天才少年。

冯·诺依曼拿到海森堡的论文，只用了几天时间，便把海森堡晦涩的矩阵力学改写为优雅的公理化形式，其中的数学阐释还运用了老师的希尔伯特空间。希尔伯特看到才华横溢的新人，深感后继有人。

海森堡没能击退薛定谔的进攻，最后，远在丹麦的玻尔出手，邀请薛定谔访问哥本哈根。玻尔亲自前往火车站迎接客人，二人在车站没有经过丝毫寒暄便进入了学术争辩。随后几天，薛定谔住在玻尔家中，二人每日从清晨开始便毫不止息地争论到黄昏，无法在任何问题上达成一致。两天后，薛定谔在高压下病倒，玻尔夫人亲自为客人端茶送饭，而玻尔就坐在病床边，要求薛定谔回应自己的诘问。

他们用尽了全部力量为己方学术理念战斗，最终筋疲力尽，没有任何一方获胜。未来，双方都多次回忆起这次会晤。玻尔充满感慨地对旁人讲起自己从智力交锋中获得的愉悦，薛定谔则评价，即使玻尔在物理学圣殿中已经获得如同神祇般的尊重，而当玻尔面对宇宙的真理时，却依旧羞怯胆小，像是一位神学院的青涩学生。

薛定谔的哥本哈根之旅没有让对立双方达成共识，这条健壮的鲶鱼大力搅动了矩阵力学一派的海水。薛定谔的波动力学建立在量子的波属性基础之上，海森堡的矩阵力学则从粒子角度出发。玻尔与海森堡全力开动起来，决定从粒子入手，给予薛定谔致命一击。

1911 年，卢瑟福在卡文迪什实验室的弟子威尔逊发明了云室，那时卢瑟福还沉浸在 α 粒子的研究之中。威尔逊在密闭空间里充满蒸汽，上下加以磁场。当带电粒子穿过浓郁的蒸汽，蒸汽凝结成雾，这些细小的雾滴的线条，标注了粒子飞行的轨迹。

海森堡启动云室，本意是要精确测量电子飞过的路径，来巩固矩阵力学的根基。但他马上遇到了挫折，他发现，云室中雾滴标出的细线对于飞行的电子，实在过于宽阔，看来清晰可见的电子路径，只能算作粗糙的估计。当他沿着既定目标精确下去，却发现了量子力学乃至整个科学领域中最深刻与最广泛的原理之一，这条原理将直接颠覆人类对于世界的认知。

1927 年 3 月，海森堡提交论文《量子理论的运动学和力学的形象化内容》，提出了自己在科学史上最重要的判断——不确定性原理。

此前的科学突破多是在阐述科学家能做什么，如今，海森堡为量子力学划定边界，告诉世界，科学家不能做什么。

海森堡发现，科学家无法同时知道一个粒子的位置和它的速度："我们越准确地测定位置，那一刻测量的速度就越不准确，反之亦然。"这并不是因为测量仪器不够精确，而是因为测量这个动作直接改变了测量数据本身。海森堡的不确定性原理，也曾被翻译作"测不准原理"。

海森堡认为：当我们为车辆测速，总要先看到汽车。我们接收着从车辆反射过来的大量光子，测量着车辆所在的位置。要测量电子的位置，同样也至少要"看见"电子，这需要用光把电子"照亮"。越精确的测量需要动用光的波长也越短，波长越短则能量越高。大量的光子倾泻到行驶的汽车上，并不会改变汽车的行驶路线，可用来照明的光子撞击在要测量的电子上，却足以将电子击飞，改变电子的运行路径。

海森堡的科学命题开始深入哲学领域。两个世纪前拉普拉斯放出"拉普拉斯妖"，树立起决定论的高塔。拉普拉斯怀着对经典物理学满满的自信宣告：如果知道一个质点在某个时刻的确切位置和速度，就能算出它未来任意时刻的位置和速度。如果全知者知晓宇宙全部物质的信息，则宇宙的过去与未来，都可以按照物理定律下严格的因果关系推算出来。

因果定律曾经在两百年间成为经典力学的重要支柱，如今，海森堡向人类宣布：根本不存在对"位置和速度的全知掌握"，决定论的高塔轰然坍塌，牛顿力学被赶出微观领域，物理学这一根支柱被彻底折断。并不存在什么掌握宇宙过往与未来的全知全能者，概率与不确定性被引入宇宙的未来。

不确定性原理也在改变人与世界的关系，千百年来，人们不断精确而广泛地探索着周遭宇宙。仪器、观测手段成了人五感的延伸，人类驱动着种种或精致或巨大的仪器，如臂使指。当人们深入到量子层面，赫然发现，物理学家熟练运用几百年的物理概念，在量子层面已不复有效，人们关于这个世界似乎顺理成章的认知，今日看来无比粗糙幼稚。

海森堡从物理学角度，无意间深入到哲学两大流派唯物主义与唯心主义之争。当年王阳明主张"心外无物"，贝克莱认为"存在就是被感知"，如今海森堡为他们提供物理学支撑：对于无法观测的物理量，去推断它的客观存在毫无意义。电子的路径，"只能通过我们观察而存在"。而人类观测不到的，都是没有意义的。

是我们通过观测仪器与宇宙的互动定义了客观存在，你、我、世界，通过人类的观察成为真实。

玻尔与爱因斯坦都反对海森堡的学说。海森堡与玻尔面对面争论后，双方都情绪激动，海森堡流着眼泪走出了老师的房间。海森堡与爱因斯坦的争执则相对温和，面对爱因斯坦的质疑，海森堡反驳，当年爱因斯坦因为绝对时间和绝对空间不可观察，用相对论排除掉绝对时空的概念，为什么到了现在，却不能接受海森堡的观点。爱因斯坦也只是带着抱怨的口气，低语"一个好手段不能连用两次"。

他们之间的冲突不会轻易消弭，1927 年，第五届索尔维会议上，物理学界的诸神齐聚布鲁塞尔，他们携带了最新的学术成果，拿出了会议前修改过一遍又一遍的讲稿，去奔赴一场盛大决战。

第五届索尔维会议是索尔维会议史上最传奇的一次会议。很多人都看过那张著名的参会 29 人合影，这几乎是科学史上最豪华的全明星阵容：

亨德里克·安东·洛伦兹，时年 74 岁，在此前的每一场会议中都担任主持，这是他最后一次出现在索尔维会议上，这位老人即将在下一年的年初谢世。

马克斯·普朗克，时年 69 岁，他刚刚从教授任上退休，将教席传给后来人薛定谔。

玛丽·居里，时年 59 岁，她接受了郎之万学生 F. 约里奥成为自己的研究助手，也接纳约里奥成为了自己的女婿，两人婚后将姓氏改为约里奥－居里。当年"一战"中坐在她卡车里前往前线救助伤兵的小女儿伊雷娜，后来与约里奥接过她的镭研究所，并在 1935 年摘取了诺贝尔化学奖。

保罗·郎之万，时年 55 岁，在后来的索尔维会议上，他接过洛伦兹的席位，两度担任会议主席。1931 年，郎之万东行中国，推动了中国物理学会的建立。

阿尔伯特·爱因斯坦，时年 48 岁，提出相对论后，他已经完成了自己的学术使命。

除去这些上一代的元老，量子力学的少壮派也悉数到场：玻恩时年 44 岁，玻尔 42 岁，薛定谔 40 岁，德布罗意 35 岁，泡利 27 岁，海森堡 25 岁，狄拉克 25 岁。这些年轻人也将在未来先后获得诺贝尔奖的加持。

第五届索尔维会议合影

第三排：奥古斯特·皮卡尔德、亨里奥特、保罗·埃伦费斯特、爱德华·赫尔岑、西奥费·顿德尔、埃尔温·薛定谔、维夏菲尔特、沃尔夫冈·泡利、沃纳·海森堡、拉尔夫·福勒、莱昂·布里渊

第二排：彼得·德拜、马丁·努森、威廉·劳伦斯·布拉格、亨德里克·克雷默、保罗·狄拉克、阿瑟·康普顿、路易·德布罗意、马克斯·玻恩、尼尔斯·玻尔

第一排：欧文·朗缪尔、马克斯·普朗克、玛丽·居里、亨德里克·洛伦兹、阿尔伯特·爱因斯坦、保罗·郎之万、查尔斯·古耶、查尔斯·威尔逊、欧文·理查森

来源：维基百科

　　经过泡利说和，海森堡与玻尔的嫌隙已经平复，他们与玻恩一道，整合哥本哈根一派，提出了"哥本哈根诠释"。反方主力则是爱因斯坦与德布罗意和薛定谔结盟，德布罗意与薛定谔是波动力学的捍卫者，爱因斯坦则无法接受哥本哈根诠释把"概率"引入物理学，他相信每个事件都应该由确切的因果关系支配。诚如他被广泛引用的名言："上帝不掷骰子。"

　　矩阵力学与波动力学的演讲被戏剧性地安排在同一天，上午玻恩与海森堡演讲完毕，宣称"量子力学已经完结"，下午薛定谔的波动力学讲座后，又遭到海森堡点评："薛定谔先生的计算中，我看不到任何希望。"

随后，爱因斯坦与玻尔亲自走到前台，展开了一场环环相扣的思想决斗。爱因斯坦发挥思想实验专长，几天内连续以单缝衍射实验、双狭缝实验向玻尔发难。每天大都会酒店的早餐会上，爱因斯坦会提出前夜想好的新方案，来挑战玻尔的量子框架，试图指出哥本哈根一派的矛盾。随后的整整一天里，海森堡与泡利都簇拥在老师身边，讨论着爱因斯坦的诘问。作为与爱因斯坦旗鼓相当的对手，玻尔通常在晚饭时就会回应爱因斯坦，告诉他，今晨思想实验中的两难已经在哥本哈根诠释下被粉碎。

这场争论在参会者之一荷兰物理学家、玻尔兹曼的高足保罗·埃伦费斯特的书信中得到了生动的记叙：爱因斯坦每天都蹦出新点子，而玻尔就从哲学的烟云中找出工具，粉碎爱因斯坦一个又一个挑战。"玻尔完全是鹤立鸡群。开始大家根本不懂，然后玻尔一步一步战胜所有人。"

直到会议闭幕，爱因斯坦也没能说服玻尔，他在 3 年后的第六届索尔维会议卷土重来。后来，爱因斯坦还提出了少为圈外人所闻的"EPR 佯谬"来挑战量子力学的完备性，再度被玻尔驳回。薛定谔提出的反驳倒是人所共知，那个思想实验与薛定谔的名字牢牢捆绑在一起，它被称作"薛定谔的猫"。

1935 年，薛定谔设想：把一只猫关进不透明的箱子，箱子里还放了少量铀，一旦某个原子衰变释放出中子，就启动装置打碎一个毒药瓶，把猫毒死。根据量子力学，当没有观测者去观测原子的衰变，那么原子的衰变与否只是一个概率波。当人去观测原子时，这个概率波才会坍缩成"已经衰变"和"尚未衰变"两种状态之一。换而言之，是观测本身决定了原子的状态，观测也决定了猫的生死。

薛定谔把微观层面的原子和猫的生死绑定在一起。既然衰变了，就会把猫毒死，没有衰变，猫就会继续生存。当未被观察的原子处于衰变与没有衰变的叠加状态，那是否可以说猫也处于生和死的叠加态，又是否可以说是人类的观察动作决定了猫的生死。

这无疑与人类日常认知大相径庭，按照日常认知，一只在箱子里的猫，是生是死当然不取决于人类的观测。实验结束从箱子里跳出来的猫，也不可能感受什么"生死叠加"的奇妙状态。那么根据薛定谔的推理，原子的衰变与否也应该是客观的，不因为观测产生变化。

可按照哥本哈根诠释，箱中之猫的状态确实处于叠加状态。"观测者决定观测对象状态"的判断，似乎又一次把唯心主义引入物理科学。薛定谔的猫就此成为脍炙人口的科学史典故，用它奇妙的生死状态改变着人类对量子世界的认知。

哥本哈根诠释几乎说服了其他所有人，德布罗意在会后不久便转投哥本哈根阵营，薛定谔未来也没有给出太多反对。矩阵力学与波动力学握手言和，后来由狄拉克与希尔伯特分别证明：两种体系互为表里，在数学形式上完全等价，只是同一方程在不同空间的表象。

第五届索尔维会议成为两代科学家的新老交替，年轻人的全新革命经历了挑战，根深蒂固。索尔维会议前后，薛定谔接替了普朗克在柏林的教席；泡利接替了荷兰科学家德拜在苏黎世理工学院的工作；海森堡前往莱比锡，成为德国最年轻的正教授。他们获得了丰厚的年金和崇高的职位，在上一代学者的目送中功成名就。

1927 年第五届索尔维会议上的诸神之战，代表量子力学体系的全面成熟。20 世纪前 30 年里，量子力学飞速成长，有了波动力学和矩阵力学两大数学工具，有了不确定性原理这样足以颠覆传统物理学世界观的认知模型。

原子内部结构被完全重构，当年玻尔前后为原子构建出行星轨道模型与电子壳层，电子在确定的壳层上围绕原子核团团打转。如今海森堡的不确定性原理否认了电子的固定轨道，我们无法得知电子的确定方位，只能估算电子出现在原子不同位置中可能的概率。物理学家们引入了"电子云"模型，电子可能出现在原子核周边的任何位置，如同云雾缭绕在原子核周边。在虚拟云雾浓密的地方，电子出现的概率更大，在云雾稀薄之处，电子出现的概率较小。

电子的衍射现象被正式证明，在英美两国科学家独立的实验下，如德布罗意所料，物质真的显现出了波的属性。保罗·狄拉克以 4 个波动方程描述电子的波属性，方程中推出了物质"负能态"的可能，反物质的概念出现在物理学的舞台。从玻尔的研究所中走出的俄国年轻人乔治·伽莫夫（George Gamow）开展了低能粒子对原子的碰撞研究，促进了粒子加速器的发展。在 20 世纪下半叶，高能粒子在加速器中碰撞出前所未有的基本粒子，人们认识了 6 种夸克。

这些令人目不暇接的演进，几乎都是从德布罗意物质波理论提出的 5 年之内完成的。数年之间，量子力学几乎达到了经典物理学在 200 年中达到的完善程度。

当这一批学者在原子的内部结构中究其毫末之时，另一批学者则抬起头来望向宇宙。物理学与天文学再次联手，进入 20 世纪，天体物理成为天文学的主流。

他们彻底改变了人类的天空。

在宇宙这样宏大的尺度下，量子力学只能退居二线，爱因斯坦的相对论开始走到台前。

1915 年，爱因斯坦便以引力场的时空弯曲效应，解释了水星近日点的进动，宣判了"祝融星"的死刑。广义相对论另一项预测，是预言了"引力红移"。

引力红移，向上可追溯到近一个世纪前的多普勒效应。当火车向多普勒驶来，声波波长被压缩到更短，声音变尖；当列车远去，波长拉长，声音变低沉。光波与电磁波同样受到多普勒效应影响：红光光波比蓝紫光光波要长，当星体向太阳系而来，光波压缩，颜色会偏蓝；当星体离太阳系而去，光波拉长，颜色会偏红。天体"红移"或者"蓝移"的程度，被用来测量天体相对观测者的速度。

天文学主要涉及三种红移：多普勒红移、引力红移和宇宙学红移。

星体离观测者而去，拉长光波这种最简单的红移现象，是多普勒红移。

在爱因斯坦的相对论框架中，当光离开强引力场，身后巨大的引力同样会将光波拉长，谱线变红，这是引力红移。

第三种红移则揭开了宇宙的真实面貌。宇宙学红移，在 20 世纪 20 年代由天文学家埃德温·哈勃（Edwin Hubble）发现。他观察了绝大多数"河外星系"，发现几乎所有星系都产生了红移现象——从宇宙的每一点观测，四周的星系几乎都在远离自己。星系与星系之间的距离越来越大，宇宙之中的孤岛彼此远离。

这是宇宙学在 20 世纪之初的巨大突破，10 年之间，人类对宇宙的了解发生了剧烈改变。

哈勃 1889 年生于美国，比玻尔年轻 4 岁，比薛定谔年轻 2 岁。他曾就读于芝加哥大学，身材高大又颇具运动天分。

1902 年牛津大学承罗兹爵士遗愿，设置罗德奖学金，资助世界各领域内的优秀学子前往牛津就读，直至今日也是最难申请的奖学金之一。在赞助人的遗愿下，获选"罗德学者"不仅需要学业优异，更需要"忠诚、刚毅、忠于职守"，还要在体育运动中有所成就。哈勃在 1910 年的激烈竞争中脱颖而出，前往牛津大学女王学院攻读硕士。他的运动天赋也超过了罗德学者评审会的预期，哈勃作为牛津棒球队队长的首秀，牛津以 16∶1 的比分大胜。

作为美国人，哈勃深深以牛津大学的经历为荣，他漫步在当年天文学家哈雷、哲学家边沁曾经走过的回廊里，竭尽所能地融入这所古老的学术圣殿，甚至达到矫揉造作的程度。他手里拿着象征英伦绅士的手杖，言谈带着浓重到难以分辨的英国口音，在给家中的书信里也夹杂着大量过时的英伦俚语，他被同学们嘲笑，却也怡然自得。

在牛津大学这些优秀的同伴中，哈勃依然保持骄傲。有次同为"罗德学者"的同学戴维斯聊起未来，说道："我宁可做省里的第一人，也不做罗马的第二人。"哈勃立即反问："为什么不去做罗马的第一人呢？"

牛津学成，哈勃带着他的英国口音、牛津披风和绅士手杖回到美国，在芝加哥大学获得博士学位。"一战"期间，哈勃奔赴前线，随美军征战欧陆，在 1919 年以陆军少校军衔凯旋。哈勃接受了威尔逊山天文台邀请，在那里，一架口径达到 100 英寸（约 2.54 米）的巨大望远镜等待着他的莅临。

威尔逊山天文台胡克望远镜，是美国制镜奇才、天文学家乔治·海尔（George Hale）制作的三大传奇天文望远镜的第二座。哈勃此前在芝加哥大学天文学系就读，学校天文台配备的 1.52 米口径望远镜由金融家叶凯士赞助，那座叶凯士望远镜也出自海尔之手。1918 年底，海尔靠着从富商胡克和钢铁大王卡内基手中募集的巨额资金，历经 11 年建设，为威尔士天文台落成胡克望远镜这一观天巨兽。

胡克望远镜是当时世界上最大、最先进的望远镜，总重超过 100 吨。而在 11 年前海尔为望远镜订购了足以填满整个房间的玻璃镜面，玻璃坯件重达 5 吨，仅仅磨制镜片就花去 5 年光景。在光学家的精心打磨下，镜面的精度被控制在 1/90 000。30 余个马达精密控制着望远镜主体，直径超过 5 米的蜗轮通过巨齿与主轴环环相扣，令观测者可以随时将镜筒指向自己要观测的天区。当望远镜完成的一刻，30 亿颗璀璨光点倒映在圆盘之上，在这一片镜面之上，哈勃看到了人类从未触及的宇宙边缘。

在哈勃首次拍摄的第一批照片下，他难掩兴奋地写下批注：

"壮丽展开的旋涡星云"。

在哈勃手中，胡克望远镜的价值得到充分展现。20 世纪初，天文学家们还在为宇宙的构成和尺度争论不休，小小的银河系就是人类所知宇宙的全部。"宇宙""宇宙学"这样的术语还很少使用，人们在望远镜中观测到许多星系，却只把它们看作银河系内部的星群聚集。也有一些天文学家们秉持"岛宇宙"学说，他们猜测那些望远镜里的模糊星云，或许是独立于银河系的星系，星系与星系之间相隔亿万光年，如同宇宙之间散落的孤岛。只是多年以来，"岛宇宙"一派一直没能拿出充分的观测证据，主流学说依然相信：在银河系纵横10万光年的范围之外，只是死寂的虚空。

科学的发展已经来到适逢其时的节点，早在哈勃前往威尔士山的10年前，1908年，天文学家亨利埃塔·勒维特（Henrietta Leavitt）便已经为哈勃准备好了丈量天空的标尺——造父变星。

亨利埃塔·勒维特是伟大的女性天文学家，哈佛大学毕业后，疾病夺去了她的听力，却没有夺去她向往科研的意志。世纪之交，她前往哈佛大学天文台出任计算员。在威尔逊山天文台，女性研究者不被允许操作天文望远镜。勒维特只能从事天文台中最低微也最初等的工作。

计算员的英文是 computer，与如今的计算机相同，在那个没有计算机辅助计算的年代，大量繁琐的运算都由这批计算员完成。勒维特最主要的工作是运用一种名为闪烁对比器的设备，分析对比海量的星空照片。

闪烁对比器发明在20世纪之初，用来从星海里分辨出运动中的天体。它把两张不同时间拍摄的同一天区的照片快速切换，恒星背景在切换中保持稳定，照片里移动过的天体却会在两个不同的位置来回闪烁，这样就可以迅速分辨新星。勒维特需要反复比照两张玻璃干板，找寻夜空上的细微差异。终于，在大量数据底片的堆叠之下，她发现了造父变星。

造父变星，以勒维特重点研究的仙王座造父一为代表，是一类星体亮度周期变化的恒星。勒维特发现，造父变星的亮度与光度变化的周期精密对应。只需要测量变化周期，就可以得知造父变星的绝对亮度，再把绝对亮度与观测亮度比照，就可以得知这颗造父变星的远近。以造父变星为量天尺，人们得以测量宇宙的深度。

勒维特与海尔同龄，都出生在1868年，比哈勃年长21岁。她一生中观测发现了超过2000颗变星，被称作"发现如何测量宇宙的女人"。可直到她在1921年因癌症去世时，她依然默默无闻。她的台长用自己的名字发布了她的发现，只把勒维特看作是资料的整理者。

如果勒维特可以与癌症再多周旋一些时日，只需要撑到 1924 年年底到来年年初美国天文学会和科学促进会的那场会议，就能看到自己的"量天尺"在哈勃手中发挥功用。威尔逊山天文台的 5 年经历中，哈勃展现出了敏锐的职业素养。他轻松地操纵着沉重的镜筒，经历一夜又一夜的观测，直到把整个星空烂熟于心。哈勃也有勒维特那样的同事助手，协助哈勃分辨星空细节，这是那个时代难度最高的"找不同"游戏，可哈勃往往不等同事细致比较，只是一眼扫过，便能在底片上数万乃至数十万的星海中辨别出一颗新星体。

1924 年天文学会议上公布的，是哈勃在仙女座星云的旋臂上发现的一颗珍贵的造父变星。这颗变星的光变周期长达 31.415 天，按照勒维特的公式，这颗造父变星和它所在的仙女星系与地球之间的距离将有百万光年之遥，远远突破了银河系 10 万光年的界限。

从这一天起，仙女座星云不再被认为是银河系内部小小的星团集聚，而一跃成为与银河系彼此独立的庞大星系。银河也被降格为宇宙家庭中普通的一员。"岛宇宙"理论获得胜利，"河外星系"出现在人类的认知架构，随后几年里，更多遥远的星系映入天文学家的眼帘，人们的视线从银河系内部，拓展到 10 万光年以外的空间。

同是在 1925 年，哈勃的上司、两年前接任海尔成为台长的天文学家沃尔特·亚当斯（Walter Adams）运用胡克望远镜观测到了大引力场中的引力红移效应，验证了爱因斯坦广义相对论的预测。这是人类现知三种红移现象的第二种，先进的观测手段与理论基础完美应和。

至于第三种红移——宇宙学红移——依然要倚仗哈勃出手。几乎在广义相对论被提出的同时，天文学家发现，许多旋涡星云都展现出了红移现象，它们都在以可观的速度离开地球而去。只是那时数据不足，天文学家们并没能充分理解数据背后的意义。

直到哈勃动用胡克望远镜，综合光谱仪和新式照相机的辅助，达到从未有过的观测精度。每当与他共事的同事哈马森从观测点返回，哈勃会大步上前询问进度。一旦拿到曝光光谱，哈勃不待回到办公室，当场掏出纸笔验算，几分钟内就可算出距离。

4 年中哈勃观测了超过 50 个河外星系，他在 1929 年发表论文，宣布几乎所有的星系都出现了大尺度红移现象。这些星系都在远离地球，且距离越远，离开速度就越快。宇宙之中星云的运动并非无序而随机，从人类的角度，仿佛所有的星系都在争先恐后地逃离地球，地球作为人类的幸福家园，却令其他星体避而远之。

这个定律未来以哈勃定律定名，1922 年，苏联物理学家亚历山大·A. 弗里德曼便根据广义相对论从理论上得出膨胀宇宙的可能性，哈勃定律恰为膨胀宇宙模型提供了实证。宇宙不再是在静态绝对空间中分散着亿万星系，而是随着时间推移，不断膨胀扩张，创造出新的空间。此前所谓的"稳态宇宙模型"被打破，宇宙在动态和变化中不断演进更生。

哈勃定律还暗示了宇宙的起源：既然如今的宇宙在不断膨胀，那么现今的宇宙也一定由此前的宇宙膨胀而来。20 世纪 40 年代末，此前在粒子碰撞领域有所成就的俄国物理学家乔治·伽莫夫提出宇宙大爆炸学说。他沿着宇宙来时的路径向前回溯，认为在宇宙的起源，所有物质和空间都被压缩在极小的领域内，我们的宇宙就源自于这极小领域的巨大爆炸，爆炸后，物质向外飞散，空间被不断创造，原子分子陆续出现，炽热的空间开始降温，形成不同的元素与天体。

如今，大爆炸理论成为了解释宇宙起源的标准模型，那个宇宙之初极度炽热又极度致密的原点，被称作"奇点"，天文学家们相信，那次大爆炸发生在 138 亿年前。

1965 年，美国贝尔实验室的阿诺·彭齐亚斯和罗伯特·威尔逊在调试一根大型通信天线时发现干扰。他们灵敏的抛物面天线全天候 24 小时从天空的各个角度都接收到了噪声，他们用尽各种方法试图去掉噪声，却一直无能为力。最终他们因为发现这些噪声获得 1978 年的诺贝尔物理学奖，普林斯顿大学团队跟进研究后发现这些噪声来自宇宙最深远之处，那是宇宙大爆炸留下的微波背景辐射。在 138 亿年的时光里，这些辐射一刻不停地穿越茫茫空间，激荡在宇宙的各个角落。彭齐亚斯和威尔逊从通信频道里听到的噪声，是来自宇宙之初的回响。

20 世纪上半叶天文学的狂飙突进，当然要归功于哈勃这些优秀的观测者和思想者，可也有相当比例的贡献来自技术领域。如果没有照相术和望远镜的发明改进，再敏锐的头脑也无法发挥出作用。当年开普勒把望远镜称作"天空的权杖"，如今权杖被掌握在了美国科学家的手里。

设备的领先直接为美国天文学界带来硕果，1930年，结合天文望远镜和闪烁对比器，美国天文学家汤博（Tombaugh）在亚利桑那州罗威尔天文台发现了冥王星，几乎是科技手段催生的必然。

冥王星的追寻没有什么戏剧性的进程，它更像是标准探索流程下的例行公事。汤博的搜索仅仅用了9个月，期间他几乎把整个黄道面都搜索了一遍。观测、拍摄、比对底片，他机械地重复工作，直到当年的2月15日，在双子座天区，冥王星出现在了汤博的视野。

冥王星的发现令美国学界振奋不已，这是太阳系当时已知最外侧的行星。因它距离太阳实在太过遥远，公转一圈要花掉近248年，它的周遭死寂黑暗而荒芜，最终天文学界用冥神普鲁托（Pluto）为它命名。在此后的3/4个世纪里，它都作为太阳系第九大行星出现在课本里，直到2006年天文学大会，冥王星因"未能清空轨道附近区域"被从大行星行列中除名，与其他一系列大小相近的天体被称作矮行星。

冥王星的发现者汤博没有赢得与前辈赫歇尔、勒维耶相当的名声。他不像赫歇尔，能在天王星发现时对天文望远镜的改良做出突破性贡献；也不像勒维耶，凭借手中的笔就计算出海王星的存在。汤博是兢兢业业的观测者，发现冥王星也部分出于偶然。他甚至要等到冥王星发现后，才拿到自己的天文学学士和硕士学位。

1997年，汤博在美国新墨西哥州去世，享年90岁。2006年适逢他诞生100周年，"新视野号"飞船载着一点汤博的骨灰，从地球启程，一头扎进黑暗飞向太阳系边陲。经过8年旅途，"新视野号"飞掠冥王星上空，传回了迄今为止最清晰的一张冥王星照片。当年汤博底片上几个像素大的朦胧白点，如今一展全貌。在冥王星的赤道上，出现了一片横跨近1600千米、足以把上海到重庆之间的省份放置其中的心形区域。媒体把这个浅色区域富有诗意地称作"冥王星之心"，它的正式名称是Tombaugh Regio，正是以汤博命名。

爱因斯坦也深深为美国天文学的神速进步感到震撼，1931年爱因斯坦再度访美，专程前往加利福尼亚威尔逊山天文台，参观了哈勃的"权杖"。时年41岁的哈勃热情地接待了这位年长自己10岁的学者，两人留下了许多合影。爱因斯坦对胡克望远镜流露出极大兴趣，笨拙地攀爬上望远镜钢架。当爱因斯坦的妻子艾尔莎听说这座望远镜是用来测定宇宙结构时，她带着骄傲维护爱因斯坦："我的丈夫在旧信封的背面就能做这个工作。"

哈勃望远镜拍摄照片：创造之柱
来源：维基百科

那次访问后，在威尔逊山天文台长亚当斯的陪同下，爱因斯坦还顺路深夜拜访了同在加州的迈克尔逊。那时迈克尔逊已经年近八旬，身材伛偻，头发花白。两个人重现了近半个世纪前的迈克尔逊 - 莫雷实验，迈克尔逊操作仪器，光束经过以百万分之一的精度调校的镜面，穿过一英里长的真空钢管再反射而回，再一次展现了"以太并不存在"。

巨大的仪器和明亮的光线下，两个人的剪影都显得如此渺小。半世纪前的实验带来了物理学界的第一朵云，让两个人都在科学史上永垂不朽。那也是这两位诺贝尔奖得主的最后一次相遇，当年夏天，迈克尔逊逝世在加利福尼亚州的帕萨迪纳，他留下的干涉仪为 2015 年引力波的发现奠定了基础。

哈勃使威尔逊山天文台声名大振。许多人不远万里地前来攀爬这座 1700 米的高峰，远眺在雾霭中挺拔的如黛群山。参观胡克望远镜、与哈勃夫妇攀谈成为了好莱坞影星们的风尚，其中最大牌的演艺圈访客是卓别林。

直到 1948 年，胡克望远镜都是世界上最先进的望远镜。日后超越胡克望远镜的设备也出自海尔之手，那是海尔的第三架望远镜，口径达到 200 英寸（约 5.08 米）。1934 年，海尔启动 200 英寸望远镜的制造。洛克菲勒基金会成为海尔的赞助人，负责人罗斯博士 10 年前批准为玻尔哥本哈根理论物理研究所提供捐赠，促成了海森堡、泡利和费米的深造，如今罗斯博士又促成了这一笔 600 万美元的支持。

根据海尔的规划，这台有史以来最大的望远镜的聚光本领相当于人眼的 100 万倍，可以深入探寻 10 亿光年之外的深空，将当时人类能观测到的空间提高到此前的 8 倍。

望远镜的镜胚重达 59 吨，由光学领域知名的康宁玻璃公司承制，此前康宁公司曾经帮助爱迪生制造玻璃灯泡，如今也生产智能手机玻璃屏。海尔耐心等待了 10 个月让玻璃完全冷却，又通过特制的火车集装箱装载镜胚，一路避开隧道桥梁，从大陆的一端到另一端，从大西洋畔的纽约到太平洋沿岸的加州。

观测中，为了稳定指向天空中的一点，425 吨重的镜筒必须精密与地球自转反方向转动，一点轻微的震颤都足以毁掉观测。海尔请来当时已在加州理工大学执教的冯·卡门教授设计油膜润滑系统。冯·卡门发挥他在流体力学领域的功底，利用油膜将摩擦力控制在了滚珠轴承系统的 1/600。

海尔没能见到海尔望远镜的落成，1948 年的落成典礼距离海尔的去世已经 10 年之久。这座望远镜位于加州帕洛玛山，以海尔望远镜为名，又把最先进望远镜的名号保留了半个世纪。如今威尔逊山天文台已经与帕洛玛山天文台合并，名为海尔天文台，来纪念它们的建设者。

在爱因斯坦造访威尔逊山天文台之时，艾尔莎对丈夫的维护略显天真。未来，正是哈勃对膨胀宇宙的确认修正了爱因斯坦学说。

1917 年爱因斯坦用广义相对论审视宇宙时，想当然地认为宇宙长久处于稳定。可根据万有引力，如果宇宙在这一时刻是稳定的，星体之间的引力会把物质越吸越近，迟早有一天宇宙会被吸引到一起，成为炽热的火球。为了维护宇宙稳定，爱因斯坦人为地加入了一个用来平衡万有引力影响的"宇宙学常数"，强行在理论层面让宇宙保持静止。

看到了哈勃的观测证据，爱因斯坦欣然改正，剔除宇宙学常数，并把这个常数称为自己"一生中最大的错误"。膨胀宇宙的概念与广义相对论彼此结合，哈勃定律成为了天文学与理论物理联姻的基础。

爱因斯坦的美国之旅，恰好发生在两次世界大战的中点。1929 年到 1933 年间，经济大萧条从美国华尔街发源，蔓延至整个西方世界。一夜之间，纽约证交所股指下跌 40%，成千上万美国人的财富灰飞烟灭，穷人排队走上街头领取救济。德国、意大利、日本、加拿大、英国相继被卷入旋涡。

大萧条中，德国的议会政府分崩离析，希特勒与纳粹党人迅速崛起。在东方，1931 年 9 月 18 日，日军发动"九一八"事变，不到半年，中国东北全境沦陷。各国刚刚从"一战"的旋涡中重建，又开始酝酿起下一次大战，整个世界危若累卵。

访美期间，爱因斯坦发表反战演讲，呼吁"不妥协地抵制战争，任何情况下都拒绝服兵役"。他呼吁民众不要担心自己势孤力单，他相信，哪怕只有 2% 的人宣布拒绝打仗，政府就会无能为力，他们不敢把那么多人送进监狱。只要 2% 的人站出来，这个数字就可能会变成 4%，变成 10%。

2%，成为了反战领域非常著名的数字。

和平主义者和美国常青藤名校青年们制作了徽章别在胸前，上面只印着 2% 这个数字。政府也真的开始恐惧这样一个富有魔力的数字，很快就有学生因为佩戴徽章被捕。

虽然在未来世界大战依然爆发，但在爱因斯坦发布演讲的时刻，和平主义真的成为了一时之风潮。

爱因斯坦也成为了 2% 的人群中的一员，他本可凭借自己的名誉收割财富，但他依然甘冒矢石，坚守在反抗暴力的第一线。爱因斯坦本人也因为选择成为 2% 中的一员而遭到打压。

很多年后"二战"已经胜利，美国陷入一片反共产思潮之中。麦卡锡时代，公民们被随时要求"说出别人的名字"，在对自己及同事的忠诚调查中作证。爱因斯坦又一次成为 2%，呼吁"每一位受到委员会传讯的知识分子都应当拒绝作证"。

这一次，批评纷至沓来，美国社会群起攻之，各大媒体口诛笔伐。人们批评他："你最应该知道，是这个国家，让你免遭希特勒的魔掌。"

"获得无数荣誉的学者被庇护了他的国家的敌人用做宣传工具，特别可悲。"

可他也确实影响到了许多知识分子。

在一次麦卡锡在场的秘密听证会上，一位知识分子被问到"是否是共产者"，他说："我拒绝回答，我采用的是爱因斯坦教授的建议。"

爱因斯坦的 2%，最终带动了 4% 和 10%。

只是，来自于学者的理想主义无法制止世界缓缓滑向战争的深渊。

20 世纪 30 年代初是科学史上收获颇丰的时节。爱因斯坦把膨胀系数纳入广义相对论体系，与荷兰天文学家威廉·德西特提出爱因斯坦-德西特宇宙模型，论证出宇宙中一定存在大量我们尚未观察到的不发光物质，预言了暗物质的存在。1932 年中子、正电子、氘被相继发现，核物理依然牢牢占据物理学科的中心位置。海森堡、狄拉克和薛定谔分别领到了属于各自的诺贝尔物理学奖。

1933 年，第七届索尔维会议如期召开，玻尔、玛丽·居里、郎之万、薛定谔、卢瑟福、德布罗意、海森堡、费米、狄拉克悉数出席。

上一代的学者们不断老去，他们大多因此前的成就受到瞩目敬仰，身居高位。与年轻的"泡利和海森堡们"不同，虽然很多人依然活跃在一线，可他们已无力在科学的前沿阵线攻城略地，而是更多成为了学界的象征以及符号。

当卢瑟福受邀回到阔别已久的麦吉尔大学演讲，新一代的物理系学生们虽然都知晓他的名字，却已经没那么熟悉他的工作。记者发现卢瑟福无法提供爆炸性的头版头条，也就不再簇拥在他左右。卢瑟福身居英国皇家学会会长的位置，当他出席重要的会议时，他会以爵士之尊，披上鲜红的大氅，端庄得如同主教。他担负起更多公务，也走向公众，通过科普演讲开启民智。他走上了戴维和法拉第师徒在皇家研究院的讲台，讲台之下座无虚席，恍惚间回到了法拉第鼎盛时期的旧时光。

欧内斯特·卢瑟福去世在第七届索尔维会议 4 年后的 1937 年，享年 66 岁。时年 81 岁的 J.J. 汤姆孙爵士亲自前往剑桥大学三一学院教堂，凭吊自己优秀的学生和卡文迪什实验室的继任者。这对师生就此阴阳两隔，此时老师的生命也只剩下短短 3 年。

玛丽·居里去世在 1934 年，比卢瑟福早 3 年，享年 66 岁。一年前的第七届索尔维会议是她参加的最后一届索尔维会议，那次会议上，她欣慰地看着女儿和女婿也受邀出席。

1934 年，约里奥 - 居里夫妇用人工方法制造出放射性物质，锁定了 1935 年的诺贝尔化学奖。那是两个孩子送给玛丽·居里临终前最珍贵的礼物。那一天盖革计数器滴滴作响，两个年轻人把装着世界上第一种人工放射性元素的试管交给玛丽·居里。身患重病的玛丽·居里伸出被镭灼伤的手指，探入试管，反复摩挲，在生命的尽头感受着莫大的满足。

玛丽·居里去世前的几年中，她依然忙碌在镭研究所。

她还为中国培养了两位博士。1933 年，先后有两位中国学子在巴黎取得博士学位。首位师从玛丽·居里的郑大章在 1935 年归国，受学长严济慈先生邀请参与组建镭学研究所，只可惜天不假年，郑大章在 1941 年病逝，没能看到抗日战争的胜利。

另一位毕业生施士元在 1929 年底从清华大学物理系毕业，21 岁时前往巴黎求学，在玛丽·居里的镭实验室里度过了宝贵的 4 年。施士元的博士论文答辩，是由玛丽·居里、另一位诺贝尔奖得主佩林以及锕元素发现者德尔比纳组成的豪华阵容共同通过的。

施士元求学期间结识了郎之万。日后郎之万前往北京考察，力促中国效仿法国制度，设立中国物理学会。席间，郎之万建议清华大学通过施士元的关系，向玛丽·居里求购了几克镭。日后，这些珍贵的镭在中国原子弹工程中发挥了作用。

留学 4 年期满，施士元先生不顾玛丽·居里的挽留，东渡归国报效故土，任国立中央大学物理系教授，新中国成立后他在南京大学创建了原子核物理专业，为中国培养大批物理人才。正是在施士元先生的教室里，走出了被称作"东方居里夫人"的女科学家吴健雄。

20 世纪 30 年代初，除去一代老人的谢幕，一切似乎都将在既定的轨道上安稳发展下去。可战争的阴云远比人们预想中来得更快。

1932 年德国举行联邦选举，希特勒的纳粹党获得了 37% 的选票，1933 年 1 月，希特勒出任德国总理。纳粹党人渗透到国家肌理的方方面面，盖世太保横行在大街小巷。

政治开始侵入学校，哥廷根大学作为学术重镇、世界数学与物理学的中心，首当其冲。当希特勒的党徒接管哥廷根大学时，一个实验室助手闯进了冯·卡门导师普朗特教授的办公室，他宣布自己是纳粹党员，由他来接管实验室。普朗特教授痛斥了这个助手，把他赶出办公室。可几天后纳粹的命令送达普朗特台前，普朗特不得不为这个助手安排重要职位。

1933 年，纳粹在科学界启动了针对"犹太物理学"的清洗运动，大量犹太科学家逃出德国。哥廷根大学失去了一个又一个学术巨擘。哥廷根的数学灯塔大卫·希尔伯特已年过古稀，他在火车站送别了与自己共事过的许多故人与学生，送别之时希尔伯特还带着天真劝大家安心，表示自己正在向纳粹党卫军部长写信，请求当局收回成命。

一年后，枯守哥廷根的希尔伯特被当时的纳粹教育部长伯恩哈德·鲁斯特问道："没了犹太人，现在哥廷根的数学研究怎么样了？"

希尔伯特回答："哥廷根已经没数学了。"

要建设一所伟大的大学，需要高斯、黎曼以降两个世纪历代天才的加固，需要德国强盛国力的加持，还需要一点运气。而毁掉一所伟大的学府，只需要集权政府的几条政令。哥廷根大学在一两年间迅速陨落，如今，哥廷根大学已不复旧时辉煌。在今天的各种大学排名榜单里，哥廷根大学不但远远落后欧美的老牌名校，也弱于中国的顶尖学府。今天，哥廷根大学依然拥有超过学校综合排名的数学系，那是两个世纪中瑰丽星光最后的余晖。

早在纳粹掌权之前，希尔伯特的得意门生，数学家冯·诺依曼便放弃柏林大学，西去美国前往普林斯顿高等研究院。

普林斯顿高等研究院并非普林斯顿大学的一部分，而是商人路易斯·邦伯格兄妹在 1930 年刚刚捐资 500 万美元设立的纯研究机构。他们希望云集这个星球上最顶级的大脑，打造一支科学界的超级英雄联盟。这是人类智慧的天堂、学术的乌托邦。在创始人的设想中，教授们不需要从事繁琐的教学，也不需要承担任何责任。他们中的很多人都将被授予终身教授职位，领取远高于行业标准的薪资，仅需的工作就是思考和创造。

研究院对教授的甄选不分种族、不看信仰、也不限制性别，而是看重"对世界的好奇"。

这种与传统大学截然相反的模式当然会引起争议。未来曼哈顿工程的领导者奥本海默就不太客气地批评："这是个疯人院，在那里，唯我独尊的星星们孤独、绝望地发着各自的光。"

未来同样极具才华的物理学家理查德·费曼也拒绝过普林斯顿高等研究院的邀请，他厌恶过度舒适的环境，也害怕脱离教学一线，他相信要想激发自己的科学灵感，必须靠着与优秀的学生互动。从费曼的思想中后来衍生出"费曼学习法"，指"最好的学习方法就是去教会别人"。

如果以学术成果来评定普林斯顿高等研究院，研究院确实不算成功。很多终身教授加入研究院后，都没能像他们在学术壮年时产出划时代的成果。即使是冯·诺依曼这样高产的天才，加入研究院后的论文发表频率也出现下滑。直到今日，研究院最优秀的成果依旧是老一辈学者们的贡献，包括冯·诺依曼在计算机领域的研究、哥德尔在连续统问题上的突破，以及杨振宁和李政道在宇称不守恒上摘取诺贝尔奖的成就。

可从世俗眼光看来，普林斯顿高等研究院的建立对于世界科学格局影响巨大。在大萧条和法西斯的双重背景下，大批逃离纳粹的科学家渡海而来，以高等研究院为跳板成为美国公民。美国在"二战"之前的阴云里吸纳了大量功成名就的学者，聚集起一支明星团队。在高等研究院类似集邮癖的运作风格中，研究院先后收集了 30 余位诺贝尔奖得主、40 余位菲尔兹奖得主。即使是创校伊始对研究院颇有微词的奥本海默，也在战后成为高等研究院负责人。美国的科学界领导地位日益稳固。

冯·诺依曼渡海之时已备受学界认可，对集合论、数论、量子物理、博弈论都有着精深的研究，被选为研究院五位创校教授之一。很快，他还结识了一位从英国跨海求学的年轻人艾伦·图灵，两人将在未来携手启动计算机研究。

1933 年，冯·卡门正式递交辞呈，前往美国加州理工学院工作。1935 年，马克斯·玻恩遭到哥廷根大学停职后前往英国，在爱丁堡大学履职到世纪中叶。1938 年，奥地利被纳粹德国吞并，薛定谔前往爱尔兰都柏林，建立起理论物理学院。1940 年，沃尔夫冈·泡利在战争爆发后远赴美国，加入美国国籍，前往普林斯顿高等研究院接手理论物理教授席位。

普林斯顿高等研究院从德国为美国争取而来的科学家里，最重要的一位是爱因斯坦。1932 年年底，爱因斯坦再度踏上前往美国预期 3 个月的访问旅途。爱因斯坦夫妇似乎已经做好了不再回来的准备，他们夸张地带上了 30 件行李，当他们离家之时，似乎有着某种预感，爱因斯坦对妻子说："再好好看一眼吧，你再也见不到它了。" 3 个月后行程期满，纳粹查抄了爱因斯坦的别墅，他加入了普林斯顿高等研究院，终其一生没有再履故土。

在德国的盟友意大利，科学界也遭到了惨重的损失。

1927 年，意大利为了纪念科学家伏特逝世 100 周年，刚刚夺权不久的法西斯领袖墨索里尼举办盛大的会议，以豪华的接待标准，迎接各国科学家前来造访，彰显法西斯治下的辉煌。

负责接待工作的官员是意大利物理学家、教育部长奥尔索·马里奥·科尔比诺（Orso Mario Corbino），作为工作在科研一线的物理学家，他深知意大利与科学强国的差距，也深知自己在科研能力上的不足。他虽身居部长的高位，却一直没有加入法西斯政党，保持着高度的清醒。

科尔比诺清楚，靠着铺张的会议无法建立意大利科技强国的地位，真正重要的是优秀的人才。为了复兴意大利科学，科尔比诺启动了富有远见的留学计划，他挖掘出意大利在物理学上最有天赋的一批孩子们，把他们送去哥廷根、加州帕萨迪那、柏林、阿姆斯特丹，师从最优秀的一批名师。科尔比诺的铺排确实有了成果，在他送出的这一批孩子里，走出了恩里克·费米，还有 1959 年获得诺贝尔奖的意大利物理学家埃米利奥·吉诺·塞格雷（Emilio Gino Segrè）。1927 年会议上群星汇聚，即将 26 岁的费米几乎是意大利唯一拿得出手的科学家。

20 世纪 30 年代初，没有辜负科尔比诺的希冀，恩里克·费米拿出了举世瞩目的成果。1932 年费米发表的论文，奠定了量子电动力学的基础，他提出了 β 衰变理论，预言了中微子的出现，这被很多学者看作是费米最重要的成就。1934 年，费米发表论文，宣称团队可能制造出了"超铀元素"，将元素周期表拓展到 92 号铀元素之后的空间。

1934 年年初的巴黎镭试验所，约里奥 – 居里夫妇用 α 粒子轰击铝元素，人工制造出了普通元素的放射现象，并在来年因此获得诺贝尔奖。费米敏锐地意识到，利用新近发现的中子轰击元素，效果一定比 α 粒子更好。

20 年前卢瑟福团队向金箔发射 α 粒子，发现大部分粒子穿金箔而过，只有少量粒子如同打在坚壁，被直接反弹。如今，费米团队清楚，由于 α 粒子就是带正电的质子，与同样带正电的原子核相撞，会因为电性同性相斥遭到回弹。费米改用不带电的中子轰击，猜测或许可以与原子核融为一体。

费米取得了成功，经过中子流辐射过的元素引发了实验室里盖革计数器的跳动。铁、硅、磷、氯等一系列元素在中子流辐照之下，均出现了人工诱导下的放射性。费米和同事们飞奔在走廊，赶着要在放射性衰减下去的半衰期内将物质送去走廊另一端的盖革计数器下检验。当实验从轻元素进入重元素领域，费米团队将中子射向 92 号铀元素，费米认为其中产生了 93 号元素，如果费米的判断属实，这将是地球上首个人工合成元素，突破了元素周期表的边界。

1938 年费米获得诺贝尔物理学奖，因其"对中子辐照下产生了新放射性元素的证实"。实际上，所谓的"超铀元素"是费米的错误，日后人们复盘费米的实验，认为费米监测到的其实是原子核的裂变产物，只是在费米看来，原子核会裂变的构思过于狂野，超出了费米的认识。而真正的 93 号元素是在 1940 年被美国化学家、诺贝尔奖得主麦克米伦和艾贝尔森正式发现的，定名为镎。

费米就此与核裂变的发现擦肩而过，只是误以为自己发现了超铀元素，痛失好局。未来当"二战"已经胜利时，少年李政道前往美国求学，在芝加哥大学接受费米面试，希望豁免一些初级课程。那时的费米依然为当初的失误耿耿于怀，他指向芝加哥大学核研究所蓝图上自己的画像，感慨"这就是那个犯了大错的人"。

费米的疏忽将机会让给了柏林的哈恩和迈特纳，他们先后用中子轰击铀原子核，重复了费米的实验，验证了费米的部分结论，也无意之间推开了通向核裂变的大门。

当年，卢瑟福发现放射性元素的辐射能量来自于元素内部，每经过一个"半衰期"，放射性元素中的一半原子便会衰变为更轻的元素，同时释放出能量。重元素们大多沿着化学周期表的阶梯一路前移，不断变成更轻排名更前的元素。94 号元素钚可以衰变成为 92 号元素铀和 93 号元素镎，除去铀 237 可以衰变为镎之外，大多数铀同位素又可以衰变为 90 号元素钍。衰变前后质量差距相对轻微，最终一级级下落，变为稳定的铅。

这是 20 世纪初期学界最熟悉不过的点金术，放射性元素们秩序井然走向既定的终点。然而在哈恩和迈特纳的研究中，情况出现了剧变。

1938 年，随着德国对犹太民族愈发敌视，作为犹太女性原子物理学家、"伟大的特例"的迈特纳已经不可能在德国安身。她取道荷兰和丹麦逃亡瑞典。她的合作者，日后的诺贝尔奖得主哈恩在她离开前夜，花了整晚为她整理包裹。别离即将到来，看着合作已久的同事，哈恩取出了母亲留给他的一枚钻戒，那枚戒指哈恩从未戴过，一直珍藏在身旁，如今他把钻戒送给了迈特纳，以备不时之需。

抵达瑞典的迈特纳很快收到了哈恩的信函，哈恩急切地通知她，在最近用中子轰击铀元素的产物中，竟然出现了元素钡。

这已经超出了元素放射衰变理论，与逐级下降缓慢变轻的衰变模式相比，钡原子的质量足足比铀轻了四成。在实验中，被轰击的铀向下跳过了一连串阶梯，甚至跳过了作为衰变终点的 82 号铅元素，直接抵达了 56 号的钡。

学界亟须一种新理论解释这种剧烈的元素变化。

1938 年圣诞节，迈特纳时年 60 岁，她与自己的侄子、合作者弗里希走向了瑞典覆盖着大雪的森林。弗里希踩着滑雪板，迈特纳穿着雪鞋。他们边走边讨论着哈恩的实验，迈特纳的鞋子踏入松软的雪地，脚下疏松的雪被压得紧实，雪被挤压向两边，发出嘶嘶的响声。迈特纳突然福至心灵，猜想或许是原子在中子的轰击之下，从原子核的内部将自己撕裂开来，原子撕裂、破碎，裂成两块，衍生成为不同的元素。

迈特纳在雪地中掏出纸笔，立刻趴在树干上开始运算。原子分裂的图像在她脑海中愈发清晰：

一枚中子被打入一枚铀原子核，铀核受到中子撞击，结构分裂。铀元素原子核中的 92 枚质子被分成两块，其中 56 枚质子形成 56 号元素钡，36 枚质子形成了 36 号元素氪，另有几枚中子被击飞出来，飞溅向四面八方。

更多的铀核被飞溅的中子击中，再次分裂，第二轮分裂中又产生出新一轮的原子核裂变，这是核物理的链式反应，裂变以几何倍数的增长蔓延开去。一轮一轮裂变爆发，一波一波能量被释放。

如同一颗石子被投向大山，石子击中大山的瞬间，击碎了大山的表面，飞散出更多的石子。更多的石子在山体上击打出更多碎屑，最终整座山体轰然崩塌。

他们急切地计算下去，发现原子中释放出空前的能量，区区一个铀原子裂变释放的能量，已经足以轻微弹动宏观尺度下的一颗沙粒。

29 年前，迈特纳 31 岁，那时她刚在讲座上听到了爱因斯坦的相对论和那个

著名公式 $E=mc^2$。公式在这里派上了用场，按照公式，在核裂变中损失的原子质量乘以光速的平方这样巨大的数字，以纯能量的方式被释放出来。从费米的实验开始，人类在这一刻掌握了以中子为炮弹击碎原子核的原理，将从中提取前所未有的能量。

这正是未来原子弹的理论基础，不知不觉中，世界已经暴露在核战争的阴影之下。

事后也有学者庆幸于费米的失误，如果费米真的在 1934 年将核裂变的发现提前 4 年，或许在第二次世界大战期间法西斯方也会掌握原子弹技术，整个世界的历史都会被改写。

在人类对核裂变的研究中，意大利原本已经在费米的领导下抢跑在整个世界之前。教育部长科尔比诺的苦心经营已经为意大利科学现出一缕复兴的曙光，可法西斯主义浪潮席卷之下，墨索里尼依然只是把科学当成法西斯门楣上的一点装饰，他依然沉迷在好大喜功的学术会议之中。

1935 年，第五届沃尔特会议在意大利举行，会议由意大利皇家科学院发起。3 个世纪前的 1603 年，以伽利略为代表的一批意大利科学家为了互通学术动态，建立起山猫学院，寓意是为了躲避教廷的审视，学者们要像山猫一般目光敏锐、轻盈诡秘，才能保护自己的安全。

在 3 个世纪的历史中，山猫学院经历挫折、关闭和重建，1936 年，学院分出的一个支系与昔日的老对手教廷握手言和，迁入梵蒂冈，改名为教皇科学院。玻尔、马可尼、普朗克、卢瑟福都是教皇科学院的院士。墨索里尼取得政权的 1926 年，便开始筹建意大利皇家科学院，意在削弱和分享山猫学院的荣耀，这个学院一直运营到 1943 年，随着墨索里尼的垮台而结束历史使命。

第五届沃尔特会议上，意大利皇家科学院第二任主席、无线电发明人马可尼向最优秀的空气动力学家们发出请帖，共同探讨高速飞行技术。意大利的参会学者都身着戎装，彰显对墨索里尼军政府的支持。来自西欧、美国、苏联的各国学者广泛讨论了高速飞行、超音速运动，严肃畅想月球火箭。意大利骄傲地向各国展示了空军基地的超音速风洞，隐约之间山雨欲来。

会议的接待标准更胜从前，名校教授们在当年罗马帝国的古雅市政厅中觥筹交错，身着礼服的侍者彬彬有礼，隐隐然重现了伽利略时期意大利执科学牛耳的黄金年代。

墨索里尼还专门安排了与科学家的会面：由当天大会轮值主席冯·卡门率队前去觐见这位独裁者。冯·卡门走在队伍前列，一行人穿过大理石长廊，行经厚重的大门，步入恢宏的大厅。宽广的空间内，只放着一张小小的写字台，墨索里尼就坐在写字台的另一边，面部的一半没入阴影，等待着科学家们的觐见。

学者们在光滑的地板上穿过大厅，墨索里尼的办公桌被故意设置在距离入口30米以外，用巨大的空间彰显个人权力的威压。他从冯·卡门手中接过会议论文集，略作寒暄。

告别了科学家，墨索里尼直立起矮小的身躯，转身走向窗前。

从外面的威尼斯广场看去，整个威尼斯宫只有墨索里尼的窗子还是亮的，窗外的民众高声呼喊着他们的领袖。呼声之下，办公室的窗子为之洞开，墨索里尼走上阳台对着民众挥手致意，主题顺滑地从刚刚的科学转而谈向未来的战争。离开的科学家们推搡着穿过拥挤的人群，他们身后分开的缝隙很快就被民众合拢。

1938 年，在狂热的法西斯思潮席卷之下，墨索里尼公布《种族宣言》，同德国盟友一样，发动对犹太民族的种族压迫。这一年老成谋国的科尔比诺已在年初因肺炎逝世，再不能分出精力来保护那些"科尔比诺的孩子们"。

被科尔比诺挖掘的实验物理学家塞格雷，在访问加州时遭到祖国解雇，便顺势留在了加州大学伯克利分析物理系，未来以美国公民的身份摘取诺贝尔奖。

费米的妻子劳拉也是犹太血统，妻子全家都遭到波及。根据法令，如果要离开意大利，每个公民只允许携带 50 美元现金，费米想携家人逃出意大利都成为奢望。哥本哈根的玻尔率先伸出援手，他向费米暗示，费米即将获得当年的诺贝尔奖。他热切盼望费米可以利用这次机会提前准备，把瑞典作为逃出欧洲的跳板。

1938 年 11 月，费米接到了来自斯德哥尔摩的电话，费米一家有了离开意大利的充分理由。由于不能带出现金，费米与妻子也不敢购买钻石这种需要登记的商品，只是每人买了块名表。费米夫妇和两个孩子启程前往瑞典领取诺奖，把在罗马的事业、财产、积累彻彻底底地抛在了身后。

费米领奖后和妻子径直前往美国，加入哥伦比亚大学任教，丰厚的诺贝尔奖奖金成为了他们在美国安家的第一桶金。

科尔比诺苦心为意大利科学界积累的一点点家底，终成一片颓垣。在 20 世纪的第三个 10 年里，德国与意大利流失了数千名优秀科学人才，合计 27 位诺贝尔奖得主离开轴心国集团。

大西洋彼岸，美国成为了这一场人才迁徙中的最大赢家。未来，这些学术难民联手推动美国的军事技术突飞猛进。在大西洋两岸的核武器研发赛跑中，美国一方的科学家们捷足先登，以两颗原子弹的爆炸彻底结束了第二次世界大战。

当普朗克苦苦支撑着柏林科学院时，曾要求希特勒缓和对犹太科学家的政策，迎接普朗克的是希特勒的咆哮："如果解雇犹太科学家就意味着当前德国科学的毁灭，那我们今后几年就不要科学。"

一方面是轴心国苦心培育多年的人才纷纷流失，另一方面，选择留在纳粹一方的科学家们也没有受到任何尊敬。

"一战"期间，犹太科学家哈伯首度推行毒气战，又靠着固氮法为世界农业提供化肥。哈伯为德国与科学都做出了重大贡献，祖国却没有回报他的忠诚。

根据纳粹针对犹太人的歧视性法案，尽管哈伯可以保留研究所的职位，可他必须将自己的犹太同事一一开革。绝望之中，64 岁的哈伯向教育部长和普朗克提出辞职，离开了自己热爱的祖国。反而是敌国一方为他提供帮助，是许多英国科学家向他伸出援手，帮助他逃离德国。哈伯短暂居住在英国剑桥，后来又前往瑞士。

哈伯在 1934 年年初突发心脏病逝世。他在"一战"期间播下的种子在 30 年后生根发芽：上一次世界大战里，还是年轻下士的希特勒在英军释放的毒气中暂时失明；下一次世界大战，希特勒毫不犹豫地用毒气屠杀犹太民族。哈伯数以百万计的犹太同胞被驱赶着，井然有序地走进毒气室。哈伯的侄媳一家也在哈伯去世 10 年后死在纳粹集中营。

哈伯逝世一年后，普朗克不顾纳粹阻挠，坚持为哈伯举办了隆重的纪念仪式，许多学者出于政府的禁令或是个人避嫌无法前来，由他们的妻子身着丧服参会。普朗克在仪式的末尾宣告："哈伯忠于我们，我们也应该忠于他。"

政治氛围不断收紧，德国教授们身为公职人员，学术演讲必须以向希特勒行礼而开始，信件都要以"希特勒万岁"结束。教授们被强制参与当局举办的游行、训练和政治活动。为了保住自己的公职，很多人开始认真经营与官员的关系。起初，这种经营还仅是无奈之下的敷衍，很快，也有人狂热地认同起纳粹，并积极投身，当作自己的进身之阶。

爱因斯坦和哈伯因为犹太血统横遭攻讦，同情犹太同事的索末菲和普朗克也被泼了脏水。相对论与量子力学既然主要由犹太学者提出，当然既是错的也是坏的。1934 年，海森堡向纳粹党报投稿，论述当代物理学的价值，他依然呼吁德国青年去学习相对论和量子力学，去探索宇宙的根本原理。《纽约时报》盛赞海森堡的勇气，可海森堡依然不敢在文章中提到任何一位犹太学者，之后也不得不去参加政府安排的军训。

同僚不断出逃，每一次外出访问，海森堡都更深地感受到德国的孤立。战争爆发前，海森堡并不禁止在自己负责的研究所里的同事们公开唾骂希特勒和纳粹党徒，私下里海森堡也帮助了不少犹太物理学家在德国境外找到工作。然而他抱持着对国家的热爱以及对纳粹的幻想，始终没有选择离开。

很少有人真的能在政治氛围中保有自己的独立意志，政治操控无孔不入地侵蚀着学者的思维。

1932 年，冯·卡门的老师普朗特还在怒斥前来哥廷根接管实验室的纳粹党徒，并在维护犹太教授的宣言上签字。1934 年德国筹备学术会议，邀约各国科学家出席时，普朗特还在对冯·卡门抱怨："现在我不能发出这种邀请，因为纳粹当局不是个正派政府。"可 4 年之后的 1938 年，普朗特已经全盘接受了纳粹，他身居尖端实验室，手握丰厚的经费，研究着喷气推进的前沿科学。在一次剑桥会议上，普朗特邀请冯·卡门前往德国参会。

冯·卡门拒绝了老师的邀约，他引用了普朗特 4 年前的话："纳粹当局不是个正派政府。"

普朗特反过来为纳粹辩护："秩序和纪律比公正和自由更重要。"

海森堡也逐步倒向纳粹，即使纳粹刊物已经多次攻击海森堡，普林斯顿、芝加哥大学、哥伦比亚大学等美国顶尖名校都曾向他发起邀约，他却从未考虑过离开这艘即将下沉的舰船。他前去拜会结交纳粹战犯、盖世太保首脑海因里希·希姆莱，请求平反。他还接受了普朗克的劝告留在德国，同意向当局让步，不在授课中提到任何犹太物理学家的名字。

1938 年 11 月，纳粹彻底撕下伪装，对犹太人开始了全面暴力迫害。希特勒青年团和盖世太保们挥舞棍棒打砸犹太居民的住所。一夜之间，每条街道上都洒满碎玻璃，随后 3 万名犹太男子被捕，被送往集中营。这被看作是纳粹有组织屠杀犹太人的开始，这个残暴血腥的夜晚，在历史上被称作"水晶之夜"。

海森堡目睹了全部暴行，在私人信件中还提到自己的震惊。可震惊之后他很快归于平静，他与家人前往乡下避难，看着莱茵河畔的群山，海森堡沉默了一会儿，转向妻子："我怎么能离开呢？"

在后来海森堡的回忆录里，他解释说：自己无法放弃身边的青年人，他不忍心抛弃这些学子。他认为"人应该学习怎样阻止灾难，而非逃避灾难""每一个人都应该承受发生在他自己国家中的任何风暴"。

海森堡的回忆录创作在"二战"之后，当时他已经看到了第三帝国的灭亡。"阻止灾难，而非逃避灾难"的说法，或许更出于海森堡在战后对自己的粉饰。从当时的种种迹象看来，在纳粹统治之下，海森堡似乎完全认可了希特勒的行径。战前，海森堡在美国与费米的对谈中，他直言不讳地表示："德国需要我。"当费米的妻子质疑海森堡为德国效力之时，海森堡情绪激动地予以反驳。

待到海森堡回到德国，战争爆发后，他也并没为"阻止灾难"做出努力，而是荣升"铀俱乐部"负责人，直接参与德国最机密的军事计划，投身德国的核武器工程。

科学家们在这场人类史上最大规模的浩劫中选定了立场，并将在接下来的绞杀中分出胜负。第二次世界大战的胜利是在战场上取得的，可从希特勒对着普朗克发出咆哮那一刻开始，轴心国的覆灭已成定局。

在东方，战争的降临比欧洲要来得更早。

1937 年 6 月，冯·卡门接受昔日在加州理工学院的助手弗兰克邀请前往中国，指导清华大学航空工程系的建设。冯·卡门结束在苏联的访问，沿着西伯利亚大铁路一路向东，走过上万公里的路程，横跨整个欧亚大陆来到中国。

前来车站迎接他的助手名为弗兰克·瓦登道夫（Frank Wattendorf），然而，在清华校园，瓦登道夫有了一个更本土化也更亲切的中文名——华敦德。

华敦德是 1906 年生人，先后求学于哈佛大学和麻省理工学院，之后随冯·卡门学习空气动力学。1936 年，华敦德正值而立，他接受了清华大学校长、教育家梅贻琦先生的邀请来华任教。华敦德来华，并不是简单的学术交流，更肩负着协助中国对抗侵略的军事使命。

"九一八事变"之后，中国东北尽失。面对强大的日本陆军及海军，南京国民党政府试图弯道超车，打造一支强大的空中力量。他们在南昌秘密建设起空军基地和飞机制造厂，准备以空中力量反攻东北。

为了测试飞机，建设风洞的任务落在清华大学肩上，华敦德得到南京国民党政府信任，全力参与风洞项目。

在华敦德日后的回忆中，他永远难忘开课的第一天。那一天他步入教室，看到了清华大学航空工程系学子们年轻的面庞。那些学生们显然已经得知自己将肩负起多么重大的使命。班长一声令下，全体肃立，如同军姿。他们端正地站立在图板旁边，左手拿着丁字尺，右手拿着削好的铅笔。他们齐齐望向华敦德，眼含热泪，静静等待教授的指示。

根据清华校史馆的史料，首批学生只有十几人。当时清华已经有了一座小型风洞，华敦德决定以清华大学航空工程系十几个学生为班底，建设远东最大的风洞。在薄弱的基础之上，华敦德带领着这些学生们前往南昌去建设风洞，其规模更胜于加州理工学院风洞，在世界上也能排进前列。

1937年7月6日，冯·卡门在北平饭店会见政府空军要员，随后马不停蹄造访清华大学，又在第二天搭乘列车南下，一路参观考察中国的空军设施。如果他们再晚一天出发，就不会如此顺利地抵达南京。7月7日夜，卢沟桥日本驻军发动事变，史称"七七事变"，日本开始大举入侵中国，中华民族的全面抗战自此而始。冯·卡门的行程，恰好卡在了战争爆发的前夜。

访华期间，冯·卡门与华敦德会见蒋介石与宋美龄，历陈中国风洞建设之重要。只可惜战火迅速蔓延，清华大学风洞落入敌手，南昌风洞功败垂成。之后冯·卡门返回加州理工，华敦德却选择留在中国。

北平沦陷，清华大学、北京大学、南开大学一路南下，开启了一场学术界的长征。他们长途跋涉、历经险阻南下长沙，与中央研究院合并，成立长沙临时大学，在1937年11月复课。

京津师生南下之时，华敦德孤身逆行，北上北平，抢救出原属清华校产的一张30万美元支票和一小盒镭放射源。他身负极大危险，避开重重检查脱离包围圈南下归队，在长沙交给清华理学院院长、中国近代物理学研究的开山祖师吴有训。逃亡中华敦德感染重病，一度半身瘫痪，日后华敦德返回加州理工学院执教，终生落下腿脚不便的残疾。

12 月南京沦陷，日军兵锋指向武汉，三校只能从长沙再度南迁昆明，改组为国立西南联合大学。这些师生们万里赴滇，唱起了由冯友兰先生填词的校歌《满江红》："千秋耻，终当雪，中兴业，须人杰。"未来的联大毕业生杨振宁回忆起这一节，还难忘当时悲愤坚决的心情。

战争中，西南联合大学组织起中国最豪华的教育团队，闻一多、朱自清、冯友兰、陈寅恪、费孝通担负起文科教育，华罗庚、陈省身、吴有训、叶企孙、周培源负担起理科根基。在随行南下的人群里，就有生于 1922 年，时年仅 15 岁，随父亲清华大学数学系杨武之教授同行的少年杨振宁。

在西南联合大学存续的 9 年间，师生无惧硝烟战火，在轰炸、饥饿、物资匮乏之中，书声不绝。

南京国民党政府对建设空军的执念，或许源自 1932 年的"一·二八事变"。紧接着"九一八事变"后，日军突袭上海闸北，放言"12 小时占领上海"。蒋光鼐、蔡廷锴将军领袖 19 路军浴血抗战，以不足 5 万军队对敌 9 万日军，击退日军四轮攻势，在当年夏日停战。

"一·二八事变"中，日本的航空母舰满载战机停泊在上海东侧海面，中国空军力量无法与日军抗衡。轰炸机在上海领空长驱直入，近两万户房屋被毁。国民党政府开始意识到制空权的重要性。

也正在同一时刻的交通大学，一位临近毕业的学生目睹日军留下的废墟，改变了自己的人生志向。他原本就读于铁路工程学院，如今，他决定前往西方学习航空技术，如同被缚的普罗米修斯，为民族求取"天火"来到人间。

他未来真的实现了自己的理想。考取了庚子赔款奖学金，前往美国成为冯·卡门的学生，也成为了冯·卡门最信任的弟子。

他就是钱学森。

1900 年，时逢中历庚子年，八国联军侵华。次年，《辛丑条约》签订，约定清政府需赔偿各国白银 4.5 亿两，本息合计约 9.8 亿两。后来，中国驻美公使梁诚折冲樽俎，美方同意退还部分赔款，用来建设大学，并且设立奖学金，资助中国的优秀学生赴美留学。庚子赔款奖学金在 1909 年正式颁行，是当时中国规格最高、额度最大、影响最为深远的奖学金。从 1909 年起，清华大学陆续将 1200 余学子送抵美国，名单中包括了梅贻琦、胡适、赵元任、竺可桢这些耳熟能详的名字。

1934 年，钱学森在严苛的选拔中脱颖而出。按照要求，钱学森在选定攻读方向后，不会立即前往美国，而是要先在中国游历一年，广泛考察中国航空业发展的现状。

这一年中国局势愈发趋紧，日军已经越过山海关，筹备将华北纳入控制范畴。红军从江西启动长征，跋涉万里，保存革命力量。钱学森奔走在南京、杭州的几处机场和中央航空学校里，他看到了破败的中国，深感中国航空业基础之薄弱。

钱学森在 1935 年前往麻省理工学院，一年后又前去拜会冯·卡门，在冯·卡门中国之行前一年加入了加州理工学院。在冯·卡门的印象里，当时的钱学森是个子不高、表情严肃的年轻人。

此次访美，钱学森担负着振兴中国空中力量的使命。按照原计划，钱学森应该尽早完成学业，归国报效故里。没有人想到，此番求学美国，钱学森将要在大洋彼岸度过 20 年时光，他将经历勤奋的求学、辉煌的成就，也要经历来自美国政府的怀疑监视。待到 20 年后的 1955 年，他携家人回归祖国，第二次世界大战的战火早已平定，他如英雄般受到欢迎。

1939 年，战火终于蔓延到西方。英国的绥靖政策没能填满希特勒的胃口，外交上的斡旋博弈无法维持欧洲和平。当年 9 月 1 日，德国坦克部队越过波兰边境，势如破竹，英法两国没有响应波兰人的求援。9 月 17 日，苏联红军从波兰东部越境，他们不是前来帮助自己的友邻，而是要与德军分享在波兰的利益。波兰就此被苏德瓜分，第二次世界大战全面爆发。

欧洲诸国的作壁上观不但没有保全自身，反而让希特勒愈发膨胀。半年之内，丹麦、挪威、卢森堡、荷兰、比利时相继陷落。1940 年 5 月，德军绕过法国号称固若金汤的马其诺防线，一举击溃法军主力。英法联军从敦刻尔克撤离欧洲大陆，留下 18 万法军被俘。6 月中旬，德国军队开进法国巴黎，随后法德两国签署协议，新的傀儡政府在法国建立。

法国的科研事业也横遭打断。玛丽·居里身后，女儿伊雷娜与女婿约里奥继承了她的镭研究所。镭研究所作为世界领先的核化学实验室，部署着欧洲第一台回旋加速器。巴黎沦陷后，实验室被德方接管。当约里奥－居里夫妇和科研人员研究实验时，盖世太保们就在一边巡回监视。

战争期间约里奥与郎之万先后加入法国共产党，约里奥作为国民阵线成员，积极参与反抗纳粹的活动。这些纳粹统治下坚持地下反抗的科学家们，很多都遭到逮捕、监禁和杀戮。保罗·郎之万被长期软禁，约里奥一度被捕。镭研究所助理教授奥尔维克参与反纳粹活动，被叛徒出卖，盖世太保在研究所中逮捕了奥尔维克，之后归还的只有他沾满血液和粪便的衣衫。

在战争中坚持研究的也有中国面孔。玛丽·居里去世 3 年后的 1937 年，在北平物理研究所所长严济慈先生的推荐下，从清华大学物理系刚刚毕业一年的钱三强考取公费留学生前往镭实验室，在约里奥 - 居里夫妇的指导下攻读博士学位。1947 年，钱三强与同在镭实验室学习、新婚一年的妻子何泽慧合作发现了铀裂变的三分裂和四分裂现象，在世界核物理研究上留下了属于中国人的名字。钱三强夫妇在 1948 年回到中国。刚来到实验室时钱三强年仅 24 岁，离开实验室时钱三强已经 34 岁。经历战争洗礼，约里奥 - 居里夫妇深知没有强大的军事技术，就不可能维护国家的安全。1951 年，"二战"的硝烟已经消散许久，约里奥已经受戴高乐任命，监督了法国首座原子反应堆的建设，又在一年前因为共产党员身份被当局解除了大部分职务。怀着对共产主义理想的支持，约里奥专门托学生向中国领导人带话："你们要反对原子弹，你们必须要有原子弹。"

他的学生钱三强没有辜负老师的期许，之后钱三强历任清华大学物理系教授、中科院副院长兼任浙江大学校长，还直接参与中国原子弹和氢弹工程，协助中国在冷战错综复杂的国际局势中摆脱被动。

从德国入侵波兰到法国投降的大半年间，德国军队势不可挡地完成了希特勒的战略部署，盟军几乎没能组织起任何像样的抵抗，连盟军科学界的反应也远比军方的来得更早且更有远见。

1939 年 3 月，恩里克·费米前往华盛顿，向军方陈述核裂变和链式反应在军用领域的可能性。随后，费米与来访美国的海森堡会晤，双方探讨了核武器在理论上的可能。直到战争爆发后的 1940 年，两边的政府依然没有足够的敏感度，去禁止公开发布核物理论文。大洋两岸的科学家们同时共享核物理学的每一点进步，双方几乎是打着一场明牌。不同阵营的科学家们不约而同地行动起来，呼吁政府重视原子武器。

1939 年 8 月，爱因斯坦致信美国总统罗斯福，引用了费米的最新成果。为了防止纳粹先行研究出原子弹，爱因斯坦在信中急切催促，要求总统迅速委任一名物理学家主持工作，全力推动核裂变研究，尽快开展军方合作。

与此同时，德国学界从哥廷根发出预警。海森堡与费米一晤，归国后立即向军方提交《在技术上从铀裂变中获得能量的可能性》，这篇秘密报告成为德国核工程的纲领文件，海森堡由此成为德国"铀俱乐部"的领导人。

关于海森堡如此卖力为纳粹制造核武器的动机，历史学家们莫衷一是。有学者认为海森堡只是单纯的爱国者，既然祖国需要，他就会全力为德国胜利而战斗；也有学者相信海森堡并不打算真正制成杀人工具，只是以原子弹为由头消耗德国的战争经费。海森堡战后回忆录中为自己的辩白更接近第二种解释，他宣称自己只是为了物理学发展，利用了战争。

不管海森堡的动机如何，历史的发展是：在战争爆发的头两年，由于海森堡的全力投入，德国已经在原子弹研究上抢占了先机。

德军的节节胜利为海森堡提供了便利：德国吞并了捷克斯洛伐克，取得了捷克境内世界最大的铀矿；占领了挪威，掌握了世界上唯一生产重水的工厂；占领了丹麦和法国，控制了玻尔和约里奥的两部回旋加速器。

铀矿、重水、回旋加速器，海森堡三张牌在手，志得意满。在日后的回忆录里，海森堡评价："从 1941 年 9 月开始，我们看到一条通往原子弹的坦途。"

在那个看见坦途的秋天，海森堡前往哥本哈根，造访了暌违已久的老师玻尔。

那一年玻尔 55 岁，海森堡 40 岁，双方历经了 20 年密切融洽的合作，都不再年轻。

1941 年秋，是第二次世界大战中的至暗时刻，欧洲几乎完全被纳入纳粹的掌控，在这对师徒哥本哈根会面的同时，500 万德军正在东线战场苏联境内长驱直入，兵锋直指莫斯科。在亚太战场，日本即将在年底袭击珍珠港，从各条战线同时向中、美、英施加压力。

师徒之间已经很难平心静气，他们一方来自如日中天的侵略者，另一方来自被占领国。一方身怀对德国的热爱和责任感，另一方也同样炽热地爱着丹麦。海森堡全力推进着德国的原子弹计划，玻尔则全力为了祖国免于战争灾厄而奋斗。

在德国入侵之前，为了预防德国人再度使用毒气战，玻尔的研究所全力生产鼻导管以备救助伤员。德国也深知玻尔的重要，玻尔与英国科学家的秘密信函都被盖世太保截获，随后出现在海森堡的书桌。

玻尔与海森堡会面的内容如今已成悬案，他们谈论了战争，也谈到了原子弹和核计划，但对于具体细节，玻尔三缄其口。战争胜利后的 1947 年，这对师徒曾再度聚首，试图复原当晚的讨论，却一直无法达成共识。关于这次会面，历史学家们各执一词，激烈争辩。以这次面谈为原型的话剧《哥本哈根》在各国剧院上演，轰动一时。

唯一能确定的是，会面之后，原本情同父子的师徒关系急转直下，很多年后都没有复原。玻尔夫人回忆起那次谈话，评论道："海森堡如此不理解丹麦人的感情，令玻尔十分伤心。"

20 年的情谊在哥本哈根彻底破裂，玻尔在会面两年后的 1943 年底历经艰难辗转出逃，前往美国。从战后解密的资料来看，当时德军已经制定了逮捕玻尔的行动计划。玻尔留下的研究所被宪兵控制，海森堡与一组德国学者北上，走进了当年他工作学习的地方，来检查研究所中是否做了不利于德国的军事研究。

巡视检查之后海森堡出具了报告，与盖世太保的官员斡旋。他从玻尔堆积如山的信件中找到了自己写下的一封，向盖世太保力证玻尔没有从事反德工作。最终研究所被无条件交还哥本哈根大学，几乎完璧归赵。

盟军一方的核计划进展远比德国要慢。尽管早在 1939 年，爱因斯坦的信件就被呈递到罗斯福总统案前，但战争伊始，美国并未直接卷入战争。直到 1941 年，罗斯福才批准原子弹计划，且推进相当缓慢。直到 1941 年底日本偷袭珍珠港，美国正式向德日宣战，终于将核计划上升到战略高度，发起了"二战"期间最为昂贵、效率最高、动用人力最多也最广为人知的科学工程——曼哈顿工程。

1942 年到 1946 年间，13 万雇员参与了这场与纳粹争分夺秒的赛跑，科学家与军方通力合作，投入 22 亿美元，折合今日购买力超过 250 亿美元。

在这 4 年里，橡树岭、洛斯阿拉莫斯这些原本默默无闻的地名一跃成为人类战争史上最为繁忙的场所。军方征用土地、规划道路、建立营地。十几万员工涌入工事，他们中间只有几十人了解曼哈顿计划的全景，其余员工完全不知道自己在执行着多么重要的使命。

，来自军方的代表是有西点军校背景的莱斯利·格罗夫斯（Leslie Groves），此前参与过五角大楼的监督建设，如今格罗夫斯被擢升为准将，正式成为曼哈顿计划的军方负责人。

来自科学界的代表则更广为人知，他从哈佛大学毕业后，先后跟随卢瑟福、玻恩、泡利攻读物理，1927 年在哥廷根大学以量子力学研究获得博士学位。他就是尤里乌斯·罗伯特·奥本海默（Julius Robert Oppenheimer）。

奥本海默生于纽约，父亲是从德国移民而来的犹太人，家境富裕。毕业后前往加州大学伯克利分校，执教物理学，也在加州理工学院担任客座教授。奥本海默出类拔萃且锋芒毕露，善于表达且极具个性。他旁听学术报告时经常打断主讲人，走上讲台拿起粉笔：“下面的办法可以做得更好。”

1942 年，格罗夫斯与奥本海默多次会见，一拍即合。在格罗夫斯的推动下，奥本海默成为曼哈顿工程的科学总负责人。

1914 年初，第一次世界大战尚未爆发，小说家威尔斯刚刚接触到放射性理论不久，便在小说里幻想过核武器的出现，并将其命名为“原子弹”。他的想象细致入微如同谶言。在书里，一颗小小的原子弹即可摧毁芝加哥那样大的城市，人们震慑于强大的力量，在威慑之下维持和平。

30 年来，文学家与媒体围绕原子弹有声有色地猜测描述，科学界却一直保持理智保守。直到 1939 年欧洲战争全面爆发前，玻尔还信誓旦旦地说核武器不会被造出来。

曼哈顿工程的原子弹设计分为铀弹和钚弹，首颗引爆在日本的原子弹是铀弹，第二枚是钚弹。以铀弹为例，铀的 3 种同位素：铀 238、铀 235 和铀 234，其中的序号代表不同同位素的原子量。三种同位素中，只有铀 235 能启动链式反应。

如果仅有小小一块铀 235，裂变中大部分中子会从金属表面飞散，无法让中子击碎足够的铀原子核，必须达到临界质量才能引爆。根据物理学家劳伦斯在 1942 年的估算，以当时的技术，每颗原子弹至少需要 30 千克铀 235。在玻尔看来，要想分离出足够的铀 235 是巨大工程，需要“整个国家的力量”。

接下来的几年间，美国真的动用了“整个国家的力量”。

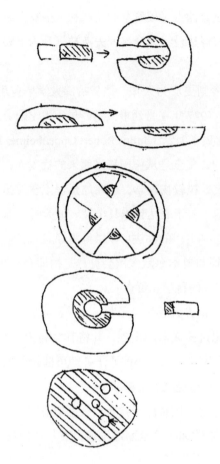

1942 年 7 月会议讨论出不同原子弹的装配方法

来源：维基百科

　　曼哈顿工程在美、加、英 20 多个选址依照严密的次序一一发动。最为重要的三大基地分别坐落在田纳西州的橡树岭、伊利诺伊州的芝加哥和新墨西哥州沙漠中的洛斯阿拉莫斯。

　　前往田纳西橡树岭攻克玻尔所言"巨大工程"的是欧内斯特·奥兰多·劳伦斯（Ernest Orlando Lawrence）。他是奥本海默在加州伯克利的同事，因回旋加速器的发明摘取诺贝尔奖。在判断每颗原子弹需要 30 千克铀 235 后，劳伦斯前往橡树岭，建立起 268 栋功能不一的永久建筑，专注分离铀同位素，为原子弹提供原料。

提取铀元素不是最难的，劳伦斯面对最重大的挑战，是将金属铀中仅占千分之七的铀235从大量铀238中提取出来。为了筛出这一点点同位素，曼哈顿工程几乎不计成本，用上了斥资庞大、消耗巨量能源的电磁分离法。

电磁分离法的原理非常简单，铀235和铀238的化学性质非常接近，最大的区别是铀238原子核中比铀235多3个中子，这轻微的质量差距成为分离的关键。劳伦斯是回旋加速器领域的大师，他将线圈通电，制造出强大的电场。随后将带有电荷的铀离子发射通过电场。由于两种原子中1%的质量差距，在电场中走过直径1.2米的半圆后，重的粒子受到电场扭曲更少，轻的粒子受到电场偏折更多。在行程末端，铀235的离子束会向内多偏折8毫米，8毫米的差距足以将两种同位素分离。

然而简单的原理背后要调动天量资源，电磁分离铀同位素要用到线圈，最好的线圈材料便是导电性良好的纯铜，然而战争期间美国铜储备严重不足，情急之下用纯银来代替。平时在国库里被严密看守、以盎司计重的白银，如今以吨为单位提供。这些昂贵的金属被铸造成31千克重的银柱，整箱整箱地运往橡树岭，橡树岭工厂一共用掉了1.3万吨银柱打造线圈，这些金属直到战后才被拆下回收。

前往芝加哥的是从欧洲渡海而来的费米，他们选定在芝加哥大学的网球场筹建人类历史上第一座核反应堆。他们所有的工作都在秘密中进行，费米每天步行前往所谓的冶金实验室，那里没有任何冶金专家，穿梭来往的都是核物理精英。芝加哥大学的师生熙来攘往，没人知道就在这所大学的校园里，孕育着那个时代的奇迹。

1942年年底的一日，芝加哥的气温跌到零下，费米的妻子劳拉正在家中为费米的同事们筹办聚会。那一天门铃不断响起，科学家们陆续走进门厅。人们抱怨着冰冷的空气、抖动身体舒活僵硬的手脚。每位学者一见到费米，第一句话便是："祝贺你。"

这样的祝贺一次又一次发生，费米带着笑容回礼，不置谦辞。劳拉一次次好奇地询问大家在祝贺什么，却只得到礼貌的回避。只有女物理学家利昂娜低头，神秘地对着劳拉说："他打沉了一艘日本旗舰。"

后来劳拉徒劳地追问费米："你击沉了日本旗舰吗？"

费米只是回答："我击沉了吗？"

劳拉回应："看来你没有击沉。"

费米面沉如水："我没有击沉吗？"

这样的问询反复数次，劳拉一无所获。直到两年半过去，费米把一份卷宗递给妻子，那是刚刚解密的一份资料。劳拉打开厚厚的卷宗，那里记述着，1942年12月2日——首座原子反应堆成功运作。

那一天，费米的同事、芝加哥大学校长、诺贝尔奖得主亚瑟·康普顿第一时间致电身在哈佛大学科学研究与发展总署的柯南特先生："意大利航海家已经抵达新大陆。"

柯南特问："当地居民怎么样？"

"非常友好。"

这座反应堆被称作芝加哥一号堆，战后，人们在网球场西看台上专门制作了金属匾额，铭刻着1942年12月2日的日期，注明"人类在此实现第一次自持链式反应，可控核能释放自此开始"。如今看台已经拆除，原址取而代之的是一座纪念雕塑，弯曲的青铜基座上撑起半似蘑菇云半似人类头骨的圆顶，象征对原子时代的恐惧和反思。

劳伦斯与费米分别在橡树岭和芝加哥建功立业，他们此前都获得过诺贝尔奖的加持，后来元素周期表中的第103号元素铹和第100号元素镄正是为了纪念他们。劳伦斯与费米之外的第三个人奥本海默则被赋予了曼哈顿工程中最为重要的责任，他深入新墨西哥沙漠中的洛斯阿拉莫斯，在沙漠中超两万公顷的土地上，奥本海默将劳伦斯和费米的工作整合在一起，转化为最后投入战争中的核弹。

洛斯阿拉莫斯基地在1943年启动建设，奥本海默与格罗夫斯将军协力配合，玻恩、费米、冯·诺依曼、玻尔相继来访。科学家们与家人们来到荒漠，生活在围栏背后，很多来自欧洲的学者都对铁丝网感到不适，那让他们想起纳粹围墙之后的生活。

这些被纳粹驱赶出欧陆的学者们的工作范围不仅限于核物理工程。

冯·诺依曼在曼哈顿工程中，以超凡的数学技巧搭建模型，研究爆炸造成的冲击影响。在洛斯阿拉莫斯之前，他早已加入英国海军，用数学模型协助英国护航舰队避开德国的水雷。完成英国之旅，他又参与到美国陆军的防空系统中去。

冯·卡门参与进曼哈顿工程时，已是工程尾声，他凭借空气动力学的知识服务于空军，敲定运载原子弹轰炸的飞机类型。此前在冯·卡门的领导下，美国的火箭研究迅速取得突破，喷气式飞机的研发也遥遥领先。

美国本土的年轻一代学者也经历曼哈顿工程的洗礼走向成熟。1942 年，理查德·菲利普斯·费曼（Richard Phillips Feynman）24 岁，他在 23 年后的 1965年因在量子电动力学的成就获得诺贝尔奖，成为 20 世纪下半叶最重要的理论物理学家之一。1942 年的费曼刚刚在普林斯顿获得博士学位，随即加入曼哈顿工程。

很快，费曼从一众天才中脱颖而出，在组装原子弹的最后阶段负责计算工作。加入曼哈顿工程前，费曼刚刚与初恋女友艾琳结婚。婚前艾琳已经身患重病，这注定是一段不会长久的婚姻。费曼把妻子安置在距离实验室一百余公里外的疗养院，他每周都在繁忙的工作间隙去看望妻子，直到妻子去世。

费曼还参与了最早一代机械式计算机的组装，那时的设备还很原始，每台设备的功能都不一样。乘法机、制表机、再生机、验证机、分类机、校对机被统一从国际商用机器公司（IBM）装入木箱送到洛斯阿拉莫斯。费曼在没有任何说明书和指导人员的前提下，仅仅凭借对机械结构的理解完成装配。

军方从各地遴选出一批聪明的高中生协助费曼。在奥本海默的许可下，费曼用激昂的演讲鼓舞了这些孩子们，当孩子们知道自己的计算结果正在改变大洋彼岸的那场战争时，他们斗志昂扬，在这片数字的战场上全力以赴。

当 IBM 负责安装设备的专家通过了复杂的安全审查终于赶到现场时，专家们瞠目结舌地发现，在费曼的领导下，这些机器已经被投入使用，并源源不断地产出着数据。据这些专家回忆，此前从未有外行人能组装这些机器。

投身曼哈顿工程的科学家中也出现了中国学者，后来被称作"东方居里夫人""核物理女王"的吴健雄于 1940 年在加州大学伯克利分校获得物理学博士学位，作为劳伦斯与奥本海默的高足，吴健雄以核裂变研究见长。1944 年，吴健雄正受聘于哥伦比亚大学，获得了保密许可。同年费米在华盛顿州建立的新反应堆投入运转，链式反应一度中断数小时之久，是吴健雄提交的论文成果，协助军方解决了问题。

曼哈顿工程紧锣密鼓推进同时，科学家们在各条阵线施展才智。更多的技术被运用到战争之中，比之于三十年前的"一战"，激烈程度有过之而无不及。雷达、航空母舰、导弹都亮相在战场，声学、弹道学、火箭、射击、通信技术齐头并进，每一种新的技术都影响着战争局势。战争期间，美国把 120 种雷达投入战场。太平洋海战，美国正是靠着雷达对洋面的搜索，牢牢把握着太平洋的制海权和制空权，中途岛一役，日本三艘航空母舰沉没，部分原因要归结为日本无法及时发现美国海军编队。

医学在努力地挽救生命。"一战"后，英国军医亚历山大·弗莱明（Alexander Fleming）经历大量细菌感染病例，投身免疫研究。1928 年，他偶然发现一种混入培养皿的霉菌抑制了周围细菌的生长，青霉素走上历史舞台。

弗莱明随后发表论文，但由于他无法独力提纯青霉素，反响平淡。直到 20 世纪 30 年代末，两位后辈弗洛里与钱恩重拾青霉素研究，并在 1941 年将青霉素投入临床，在"二战"最激烈的时刻，青霉素作为发现最早、应用最广泛的抗生素，从战场上拯救了大量生命。1945 年战争刚刚结束，弗莱明与两位后辈分享了该年的诺贝尔生理学或医学奖。

同在英国，另一条战线在与曼哈顿工程同样严密的保护之下运转。在伦敦西北方向 80 公里外的布莱切利庄园，英国最杰出的数学人才聚集起来，启动了名为 Ultra 的地下计划。从 1939 年战争爆发到战争结束，布莱切利的工作人员从区区 200 人发展到 9000 之众。

他们只有一个目标：拿到轴心国军队加密过的电码，破译它。

如今的布莱切利庄园安详静谧，绿色的草坪修剪得宜，颇有古意的建筑和后来新建的基地都被精心照料，改造成博物馆，成为"二战"迷不可错过的旅游胜地。展厅里再现了当年密码破译者们的工作环境：优雅的吊顶、凌乱的纸张、笨重的线轴、随处可见的打字机。墙上镌刻着丘吉尔的战时宣言："法国的战斗业已结束，不列颠之战即将打响。"

在布莱切利庄园的礼品书店里摆满"二战"历史书籍，其中销量最好、地位最高的当属庄园领导者——艾伦·图灵（Alan Turing）——的传记。

1939 年，27 岁的数学家、逻辑学家图灵前往布莱切利庄园，未来他被称为"计算机科学之父"和"人工智能之父"。当他走进布莱切利时，他已经有了伟大的开始。

1912 年，图灵出生于英国伦敦，19 岁考入剑桥大学国王学院。1938 年他才刚刚在普林斯顿获得博士学位，便奔赴疆场，为国效力。

服务军旅之前，图灵已经在数学领域展现出超凡的能力。他首次为数学界所知，是他提出图灵机概念，解答希尔伯特的数学"可判定性"问题。

20 世纪 30 年代，希尔伯特提出了针对数学基础的三大性质的疑问：数学是否具备完备性、一致性和可判定性。

完备性，指的是数学里的真命题都应该具有证明。一致性，指的是数学体系内部不应该出现矛盾。可判定性，指的是面对一个命题，我们应该有一种算法，确定这个命题的真假。

在 1928 年的一次学术会议上，希尔伯特发布演讲，态度鲜明地提出了他对这三个问题的看法：数学当然是完备的、一致的、可判定的。在他看来，数学应该是一片优雅而完美的海洋，在每一个我们未知的海域，都将有水手扬帆抵达。会上他铿锵有力地说出了那句被广为引用的名言："我们必须知道，我们必将知道。"

这是年迈的希尔伯特对数学充满雄心壮志的展望，只是展望并未成为现实。

1931 年，时年 25 岁的数学家、逻辑学家哥德尔提出哥德尔不完全性定理，推翻了数学的完备性，证明在数学大厦里，总有些真命题是无法证明的。随后，哥德尔又提出第二定理，证明在没有矛盾的系统中，它的无矛盾性不能在系统内部证明。希尔伯特一致性也被哥德尔打破。

图灵否定的是希尔伯特企盼的第三个特性——可判定性。

当给出一个命题时，人类有能力来判断它的真假吗？图灵在脑海中构建出"图灵机"，这是一台超越所有已知电脑、几乎全能的计算机器。一端是长长的纸带，二进制的两个数字 0 和 1 排成长长的序列，经过精妙的程序设计，在另一端通过纸带输出计算结果。

在他的思想实验里，只需要输入现有的数学公理，这台机器将一刻不停地运转下去，推算出数学史上已经出现并将要出现的全部命题。当数学家想判断命题真伪，只需要让图灵机推算出这个命题时停机，数学家就会知晓，这是真命题。

看起来非常简单：只要图灵机停机，就是真命题。可真正困难的问题在于：

如何判断图灵机会不会停机呢？如果要用图灵机判断命题真伪，就需要用图灵机来判断图灵机会不会停机。

图灵机的停机问题，如同那个流传已久的"说谎者悖论"：当一个人说"这句话是假话"时，如何判断"这句话是假话"其本身的真伪？如果"这句话"是假的，那么"这句话是假话"就应该是真话；而如果这句话是真话，"这句话是假话"又应该是假话。

图灵机停机问题可以表述为：图灵机是否可以检查图灵机自己？针对某个数学家们希望判定真伪的命题，把"图灵机不会停机"这个判断输入图灵机自检，图灵机会给出什么答案？

如果"图灵机不会停机"是真命题，那么图灵机就应该停机，那么"图灵机不会停机"就变成了假命题。如果"图灵机不会停机"是假命题，那么图灵机就应该一直运算下去，不会停机，"图灵机不会停机"又变成了真命题。

这种套娃式的逻辑导致了图灵机判定系统的自相矛盾，故而不存在完美的判定机器。也就不存在一种方法，去判断任何命题的真假。

希尔伯特对数学的第三点期望——数学的可判定性——到这里也被粉碎。

失去了完备性、一致性和可判定性，这意味着，很多数学史上引人入胜的谜题，或许我们永远也无法解开。明明是真命题，我们却无法给出证明，而拿到一个数学命题，人类也未必能判断它的真伪。

这不是人类智能的缺陷，而是数学本身的性质使然。

十年前，年轻的海森堡提出不确定性原理，限定了人类在微观层面对世界的观察边界；如今，同样初出茅庐的图灵与前辈哥德尔一起，碰到了人类在数学领域中探索的边墙。如今再去看希尔伯特那句豪情万丈的"我们必须知道，我们必将知道"，人类不得不承认，在朝向智力巅峰攀爬的旅途里，很多东西人类不但无法知道，也不知道自己会不会知道。

"我们必须知道，我们必将知道。"这句话在 1943 年 2 月成为希尔伯特的墓志铭。那一年希尔伯特 81 岁，哥廷根的时局与天气同样阴冷。这位桃李遍天下的数学宗师下葬时，随行者不过寥寥数人。他最早的学生和挚友索末菲如今已经74 岁，坚持从慕尼黑赶来，在棺前回顾了老师一生的工作。

至于解决了希尔伯特疑问的图灵，此时已经从英国前往美国，访问电话电报技术的前沿阵地美国贝尔实验室。在图灵的算法下，工程师们部署起英美之间的语音通信系统，加密的语音第一次穿过大西洋，连接起大洋两岸的盟友。

早在图灵加入布莱切利庄园之前，他已经以超凡的前瞻预判德国将会引发战争。他对加密与解密的兴趣，成为了自己数学主业以外最大的爱好。在普林斯顿拿到博士学位后，图灵不顾冯·诺依曼挽留，选择回归祖国。他的脑海里，各式机器的蓝图交叠堆砌，在未来，这些蓝图将成为他解码德军密电的有力武器，他的图灵机成为了未来电子计算机的原型。

1939 年，大战爆发，图灵开始了他的耀眼时刻。

得益于马可尼的无线电，人们可以靠无线电波传送信息，当年泰坦尼克号的海难，也是靠着无线电信号求救，附近船只才有机会抢救下部分乘客的生命。20 世纪 40 年代里，每天都有上万条无线信息在空气里飞掠而过，有补给的信息、舰队的航向、军队的调令。这些信息经过精细加密，从简单的密码本到复杂的加密机器，然后被一条条发射出去，转化成一道道谜题。

德国最成功的加密设备被命名为恩格玛机（enigma），意为"谜"。

在谍战作品中，密码本是经常出现的道具。收发双方用固定的密码本加密信息，一旦密码本泄露，信息就会被一览无余。

经过历代设计改进，恩格玛机已经成为几乎不可攻克的堡垒。恩格玛机有手提箱大小，看上去像一台复杂沉重的打字机。每当一个字母被输入，灯盘上的另一个字母就会同时点亮，那是明文转化后的密文。每次转化过一个字母，内置的轮盘发生转动，重新打乱明文与密文的对应关系，相当于每个字母都有新密码本为其加密。

"二战"之前，初代恩格玛机曾被波兰人找到操作漏洞，以人力破解，随即德国人更换设计，弥补漏洞，波兰人的破解一夜间失效。

图灵接手布莱切利庄园后，开展了与德国加密方的全面对抗。波兰人的破解是靠着抓住德国人操作漏洞，灵光一闪孤军深入，图灵则要在数学领域开启一场全面的阵地战，以机器对抗机器，彻底拆解恩格玛机的秘密。

1940 年，图灵做出第一代解码机，被称作炸弹机。改进后，高大的柜子上装满了转鼓，靠着总长 16 千米的线路连接彼此。炸弹机启动后，100 个转鼓高速旋转，沙沙作响，在几个小时内检验 50 万种密码的排列组合。

图灵的"炸弹机"
来源：维基百科

当年 3 月，在炸弹机的沙沙作响下，德国空军与陆军的通信被图灵破解。来年 6 月，德国海军的加密通信也被布莱切利攻克。此前，德国的"U 型"潜艇活跃在大西洋，肆意摧毁往来补给的商船货船，在战争最严峻的时刻，每个月以 10 万吨运力计量的货轮沉入水底，大西洋航路岌岌可危。如今图灵驱散了战争迷雾，了解到了德国海军部署，维护了大西洋航线的稳定。

在布莱切利庄园，图灵的办公室狭小而朴素：两个书桌上，打字机几乎就占用了一半的面积；漆成黄色的墙壁上张贴着政府的宣传海报，号召工作人员节省每一张纸、每一个盒子，回收用作投入战争的物资；图灵身后是一米见方黑白两色的北大西洋地图，北至格陵兰的冰海，南至北回归线的热带，经纬度的交叉点井然有序呈点阵状标明在洋面上，那是身居斗室的图灵与纳粹搏斗的战场。

第一次世界大战中，面对德国潜艇压力的是上代物理学家卢瑟福，他使用声波定位去搜索敌军舰船。如今图灵采取了更加简单粗暴的方法：他黑进了德军的指挥系统。

日后双方围绕加密与解密又缠斗日久，德军不断调整着恩格玛机的加密方式。每次改动，几乎都要彻底改变布莱切利庄园的工作方式。德军每天半夜更换恩格玛机的键位，布莱切利的解码团队也在同一时刻轮班破解。德国人在 1942 年为恩格玛增加一组轮盘，使炸弹机的破解时间从 12 分钟拖慢到 5 小时，但随后还是被图灵攻克。

图灵鬼魅般跟随在德军背后，一次次改进炸弹机设计，确保英国持续占据上风。炸弹机不仅部署在布莱切利，后来也部署在美国。解谜机与空中雷达组合，让盟军比德国自己都更了解德国海军部署。大西洋开始成为盟军的内海。在后来的历史学家看来，图灵的工作让战争提前两年结束了。

1943 年 2 月，斯大林格勒战役胜利，苏联红军开始反攻，这是第二次世界大战的转折点。1944 年 6 月，盟军在诺曼底登陆，开辟欧洲第二战场。

在第三帝国倾覆之前的最后几个月，海森堡团队还在为德国核武器做最后的挣扎。那时的德国大势已去，工业体系在盟军轰炸中支离破碎。海森堡深知德国无力赢得战争，可他依然坚守岗位，表示"在战争之后，我们将再次参加研究上的竞争"。1945 年 3 月，海森堡组建出德国首个反应堆，实验没有成功，铀与重水的量都远远不够。在战争结束前，他连一次成功的链式反应都没有完成。

1945 年 4 月，苏军攻陷柏林。5 月，希特勒饮弹自尽。

如果盟军的步伐能再快一点，马克斯·普朗克便不会遭受暮年失孤之痛。上一次战争中他失去了长子和两个女儿，这一次战争中，普朗克的次子、德国政治家埃尔温·普朗克（Erwin Planck）因筹划暗杀希特勒遭盖世太保逮捕，于 1945 年 1 月在柏林被施以绞刑。儿子的去世摧毁了普朗克最后的意志，两年后的 1947 年，普朗克在哥廷根逝世，享年 89 岁。

其他德国科学家也为自己的选择付出了代价。德国铀俱乐部骨干奥托·哈恩、劳厄相继被捕，德国那个未能成功的反应堆被炸毁，铀与重水被运往巴黎。海森堡把最后的铀块埋藏地下，以备未来取用，那是海森堡为纳粹德国做出的最后贡献。当年 5 月 4 日，美军先遣小队快速行军，翻过白雪覆盖下的大山，冲进海森堡的居所。那时海森堡正坐在屋廊，安静地看着远处的湖水，等待着美军的到来，也等待着战争的结束。海森堡日后的回忆里，他当时"就像是精疲力竭的游泳者最后把脚踩在了坚实的土地上"。

根据海森堡的回忆，那一夜雪花飘落，当海森堡离开时，碧空如洗，阳光照耀着雪原。海森堡问起身边的一位美国士兵，问他是否喜欢德国的山中湖泊，美国士兵礼貌回答，那是他见到的最美丽的景色。

1945 年 5 月 8 日，德国无条件投降。

这些被俘的德国学者们并不知道在大洋彼岸，他们曾经驱逐出去的科学家们在曼哈顿工程中取得了怎样的进展，他们依然沉醉于"核裂变发现者"的身份，相信是德国在引领核武器大潮。在战后的审问中，海森堡还幻想用核技术作为与盟军谈判中的筹码。出乎海森堡的意料，盟军礼貌地拒绝了提议。

美国的核弹没有来得及炸响在德国上空。当德国投降的消息传到美国洛斯阿拉莫斯，军心一时浮动。既然纳粹已经失败，学者们开始质疑还是否要继续研发原子弹。奥本海默前往军方述职，会议确定，曼哈顿工程照常推进，原子弹将投向日本。

这时自洛斯阿拉莫斯实验室组建已有两年，1945 年 7 月 16 日，洛斯阿拉莫斯西南的沙漠里，人类历史首颗原子弹在沙漠中被引爆。

曼哈顿工程的要员均在 30 公里以外的观察点聚集，他们前往带着寒意的沙漠深处，在死寂中等待。按规定他们需要卧倒，背向爆炸中心，可他们不愿意放弃目睹这一刻的机会。他们一边在黑暗中等待一边涂抹防晒油，直到白光亮起。

原子弹的爆炸把黎明前的黑暗化为白昼，火球在以毫秒计量的短暂时间里迅速膨胀。在一片绝对的安静里，黄色、红色与绿色的火焰交杂在一起，汹涌翻滚着升上天空，留下一道 1.2 万米高的烟柱，如同巨大的蘑菇。在历史学家罗伯特·容克（Robert Jungk）记录这段历史时，他把书名确定为《比一千个太阳还亮》。

奥本海默在远处注视着灼热的烟云，两分钟后，巨响才隆隆而至。他观瞻着自己亲手释放的狰狞巨兽，心头回忆起印度《薄伽梵歌》的诗文："我成了死神，世界的毁灭者。"

奥本海默的同事班布里奇握住奥本海默的手："现在我们将永世被人诅咒了。"

同在掩体里的军方负责人、肩膀上扛着两颗金星的格罗夫斯将军望向这片景色，他看到了自己肩膀上的第三颗星。

人类首次原子弹爆炸成功

来源：维基百科

　　劳伦斯、费米、费曼也身在现场，当冲击波滚滚而来时，费米向空中洒下手中的纸片，看着纸片被风带走的距离，他迅速进行一番心算，估算出了原子弹的爆炸当量。

　　试验成功4小时后，核弹"小男孩"的元件在旧金山湾装舰启航，争分夺秒地以最快速度驶向前线。

　　1945年8月6日，广岛核爆。8月9日，长崎核爆。

　　城市化为废墟，陷入一片火海。烟云直冲到3万米的高度，在高空散开，形成蘑菇云膨大的云顶。两颗弹头严格遵循着物理定律，释放出前所未有的能量。

　　爆炸中心的市民迅速被碳化，街道上留下了一堆堆小小的黑炭。人类、植物、动物，乃至地表上的石头都被抹去。在爆炸的一瞬间，很多人凭空消失了，在他们消失掉的时间里，他们为身后的墙面或者脚下的路面短暂地遮挡了一些辐射，让墙面或地面褪色轻了一些。他们的身影就这样被固定在了墙面或地面上，那是他们留在这个世界上最后的痕迹。

在距离爆炸中心更远一点的地方，所有不小心看到亮光的人都终生失去了视力。很多人的皮肤被烧焦，从骨骼上剥离倒垂下来，面部分不出哪里是眼睛、哪里又是嘴巴。人们静默地行走在白日的街道之上，如同地狱中行走的厉鬼。

两座城市均付出了 10 万人以上的伤亡代价。

广岛核爆当晚，地球另一端，奥本海默对着洛斯阿拉莫斯全体同事宣布了这一消息。同事们一片欢呼，双手举过头顶，欢迎这位领袖来到人群正中。

在英国，海森堡和同事们在被羁押的庄园里通过广播收听了消息。带着震惊、沮丧和难以置信，这些德国最顶尖的人才发现，自己原来已经在这次科学竞赛中远远落后。在得到消息的初始，他们猜测原子弹的爆炸只是美国虚构的政治宣传。直到此刻，海森堡还未意识到自己对核裂变的临界质量估计出现重大失误，广播过后他提笔计算，依然相信一颗原子弹要用到几吨的铀，不可能通过飞机运输投弹。

在庄园窃听器留下的记录里，核裂变发现者奥托·哈恩在晚餐上说："你们全都是二流人物了。"1945 年末，哈恩在羁押中收到了自己荣获诺贝尔化学奖的消息，只是这份荣耀没能帮助他的祖国改变战局。

这是原子武器在人类战争史上仅有的两次亮相，长崎核爆 6 天后，8 月 15 日，日本裕仁天皇通过广播宣布无条件投降，第二次世界大战终告胜利。世界一片欢腾，在中国陪都重庆，两江沿岸探照灯齐照，如同白昼，鞭炮声声不绝。人们走上街头，原本陌生的人们挤在一起，拥抱道贺。在洛斯阿拉莫斯，按照惯例应当鸣响 21 响礼炮，学者们没有礼炮，在开阔空地上引爆了 21 箱 TNT 炸药代替。

这场战争的战火覆盖了从大西洋到太平洋的广阔领域，60 余国家与地区、20 亿人口遭到波及。战争中超过 1 亿人受伤，7000 万条生命化为灰烬。

庆功会的喧嚣散去，如同一场盛大的烟花表演后，没有了天上热闹的流光溢彩，留下的是空气中弥漫的硝烟。敌人已经覆灭，冷静下来的科学家们开始反思自己过去的工作，想到原子弹下丧生的生命，他们感到惊慌失措。

科学家们蓦然陷入了空虚。他们开始思考：原子弹当往何处去？

1938 年圣诞节，年轻的科学家弗里希与自己的姨妈迈特纳漫步在瑞典覆盖着大雪的森林，见证了迈特纳领悟出核裂变原理。17 年过去，广岛原子弹爆炸，已经加入曼哈顿工程的弗里希看着同事们热闹拥挤着打电话去饭店订位狂欢时，一时竟感到反胃。

1968年，迈特纳走完了自己的一生，再有11天就是她的90岁生日。作为核物理先驱，她多次拒绝了曼哈顿工程的邀请，直到去世都反对将核物理用于制造武器。弗里希为迈特纳在墓碑上刻下"一位从未失去人性的物理学家"。

在军方的感谢仪式上，奥本海默没有表功，反而做出了预警，他表示，如果人类竟然要把原子弹列入国家的常备武器，那么"不久之后，人类将诅咒洛斯阿拉莫斯与广岛事件"。随后奥本海默提出辞职，返回大学重拾教鞭。未来他力主美国放弃核武器，建设无核化地球。

1945年年底，学者们陆续撤出了洛斯阿拉莫斯，他们开始回归大学，回归教育。战争从大学抽离了大批本可以奋斗在科学一线的青年，学者们着手修补科学人才的断层。他们不愿再生活在重重铁丝网后，不愿再经历严格的审查和约束，他们要呼吸自由的空气。

奥本海默日后前往普林斯顿高等研究院，出任院长。费米一家则在1946年元旦前夜从沙漠出发前往芝加哥。费米带领着一批在曼哈顿工程中合作紧密的学者，组建起芝加哥大学基础科学院。

当费米抵达芝加哥，一位跨越重洋的中国学生在那里等待着他。

他就是杨振宁。

1943年秋，国民党政府教育部恢复了因战事中断的庚子赔款奖学金计划。时年21岁的杨振宁在获得清华大学硕士学位前，便以优异成绩成为该年唯一赴美攻读物理学专业的奖学金得主。

1945年年底，杨振宁从昆明启程，来到父亲杨武之的母校美国芝加哥大学攻读博士学位。他本决心追随费米投身核物理，可芝加哥大学的新研究所尚未组建完毕。在费米推荐下，杨振宁跟随未来的氢弹之父、海森堡的高徒、同样参与过曼哈顿工程的爱德华·泰勒（Edward Teller）研究，期间杨振宁也不时参与费米的讨论课程，还与费米合作发表过论文。

在杨振宁日后的回忆里，他深深感谢在战火中为自己打下坚实学术基础的母校。他也感慨20世纪上半叶的三四十年间，中国的高等教育已经取得了飞速的发展。五四运动时期，中国还没有自己的自然科学事业，而到了20世纪40年代，根据杨振宁的判断，西南联大培养的硕士放诸世界领域，"实际上已和博士水平相齐"。

1948 年，杨振宁以惜墨如金的 10 页论文获得博士学位。随后在费米与泰勒推荐之下，接受奥本海默邀请，前往普林斯顿高等研究院，来到爱因斯坦、冯·诺依曼的身边。

这一年美苏两国的核军备竞赛不断趋紧，奥本海默作为曼哈顿工程的领导者，此刻正处于生涯巅峰。他更多地参与政府的各项军事项目承担顾问，更少沉浸在学界之中发布成果。

在科学家群体看来，奥本海默的表现非常矛盾。一方面他支持由军方控制核设施和核研究，将重器交给政府；另一方面他天真地建议美国放弃核武器，向各国开放核研究实验室，一起走向和平。

年逾花甲的玻尔也行动起来，在日本两次核爆之前，他已经先后会晤了丘吉尔与罗斯福，对未来的核战争发出预警。玻尔没能取得两位领袖的信任，在日后丘吉尔与罗斯福会晤留下的备忘录里，他们要求"必须调查玻尔教授的行动"，严防玻尔向外界泄露情报。

1950 年，那时苏联的原子弹也已经爆炸整整一年。美国本以为靠着曼哈顿工程的积累，足以保持对苏联长达 7~8 年的核垄断，如今靠着苏联科学家、工人以及情报部门的工作，将这个时间节点提前了 3~4 年。

情势陡然直下，学界一度十分紧张。玻尔发表致联合国的公开信，呼吁解除人类的核威胁。古稀之年的爱因斯坦则做出了悲观的预言："我不知道第三次世界大战会用什么武器，但第四次世界大战一定是用石头。"

恰在爱因斯坦普林斯顿办公室的隔壁，冯·诺依曼提出了截然迥异的见解。

冯·诺依曼长于数学逻辑，"二战"刚刚开始，他便搭建起数学模型，判断盟军会取得胜利。1944 年，冯·诺依曼与摩根斯顿合作，出版《博弈论与经济学行为》，成为现代博弈论的基石。他开创了数学和经济学的全新领域，用数学思维分析一系列现实现象。冯·诺依曼在这部难懂的书里填充进 600 多个公式，以严谨的数学逻辑建构起各式各样的博弈模型。为经济学、国际关系等一系列学科提供工具。

在冯·诺依曼的论文里，他把大量复杂的数学工具引入经济学。集合论、微积分，乃至于数学编程都从他在普林斯顿的潦草板书进入经济学的土壤。在未来，有超过 6 位诺贝尔经济学奖得主都承认自己的论文是受到了冯·诺依曼的启发，当经济学家们争论市场经济和计划经济的优劣时，双方不约而同地拿起冯·诺依曼的数学工具为己方辩白。

此前，博弈论领域里也曾有前辈开拓。在哥廷根工作的德国数学家策梅洛就曾短暂涉足。如今我们最熟悉策梅洛的博弈论成果是策梅洛定理，他发现，在任何两个人的有限游戏里，只要双方都是明牌，且不涉及运气，在围棋、象棋、五子棋中，先行或者后行的一方必然有必胜或必不败的策略。

如今，人们已经发现了井字棋、五子棋这样相对简单的棋类游戏的必胜招法，对更复杂的棋盘的破解也在进行当中。随着计算机科技的发展，现今的人工智能已经在赛场上击败了人类最优秀的围棋选手，只是由于围棋实在太过复杂，现有的程序还远未强到能找到围棋必胜策略的程度。

冯·诺依曼之后，还有他在普林斯顿的同事约翰·纳什跟随他的脚步，在冯·诺依曼出版《博弈论与经济学行为》6 年后，22 岁的纳什在博士论文中提出"纳什均衡"，奠定了现代主流博弈理论的基础。今天，每个商学院大一新生都会在经济学基础课本上学到纳什均衡和那个生动的例子"囚徒困境"。

在冯·诺依曼和这些优秀的前后辈共同努力之下，博弈论成为一门独立学科。

战争结束，丘吉尔著名的"铁幕演说"拉开了冷战的序幕。美苏两大强国迅速由昔日的盟友反目成为对手，以美苏为主导的"北约"和"华约"两大阵营为了争夺霸权针锋相对。他们囤积起更多的核武器、训练出更多的士兵，但两大阵营之间没有再爆发更大规模的战争。直到 1991 年，庞大的苏维埃分崩离析，昔日的红色巨人沉睡进西伯利亚的冰原，长达近半个世纪的冷战终告结束。

当冯·诺依曼把冷战中美苏两极格局纳入博弈论考量，他只得出了严酷的结论：美苏之间的争霸不会停止，只有采取"先发制人的战争"，才能保住美国"二战"后的领袖地位。

如同"囚徒困境"的描述：两个共犯被分别关押审讯，无法串供，警方没有充足的定罪证据。如果两个人都不招供，两个人都会以轻罪被关押一年。这时警方许诺，只要有一个囚徒招供，指认同伙，他将被释放，同伙则将被判处三年监禁。如果两人同时招供，则两个人将被共同关押两年。

最优解当然是两人默契地守口如瓶，分别只需承担一年刑期。但如果仔细分析局势，每一个囚徒都会发现，无论对方是否招供，自己抢先招供一定会让自己更加有利：如果对方保密，自己招供，则自己可以立刻获得自由；如果对方招供，自己也招供，则大不了就是两人一起关押两年，总比对方自由而自己关押三年要强。

运用简单的数学模型即可发现，两个囚徒各自的最优解一定是尽快招供，最后的结果是两人同时认罪走向双输。

囚徒困境揭示出：当博弈双方都追求局部最优解时，往往会放弃全局最优解，个人的理性往往必定导致集体非理性。

美苏两国也陷入了同样困局，人类的最优解当然是美苏都默契放弃各自的核计划。然而无论是美国还是苏联都发现，无论对方是否发展核武器，自己抢先发展核武器一定对己方有利。

经过逻辑推演，冯·诺依曼表现出了科学家团体中最顽固的态度："如果你问为什么明天不用原子弹去轰炸他们，我要问为什么不今天就去轰炸呢？如果你说今天五点钟去轰炸，那么我要问为什么不今天一点钟就去轰炸呢？"

铁幕之后，双方都怀有最大程度的恶意和忌惮，来自玻尔和奥本海默一方的和平呐喊抵不过冷战背后的猜疑。和平的声音被喧嚣的炮火声淹没，玻尔公开信发表几星期后，美军侵入朝鲜，中国抗美援朝战争打响。同年杨振宁的导师泰勒重返洛斯阿拉莫斯，加入杜鲁门总统的紧急计划，从事氢弹的研发。几年之内，美苏两大国相继揭开了氢弹的秘密。

从20世纪中期开始，如同博弈论模型的预言，美苏两大阵营走上了军备竞赛之路。双方如同两个走入死局的囚徒，不断加码。他们组建起高效的实验室，拨出庞大的资金，建立起从陆地到海洋，乃至上升到太空的核武器体系，双方的武器规模都可以将人类文明摧毁数次。

幸运的是，下一次核战争并没有来临。两颗原子弹在日本的爆炸结束了战争，也向世界展示了原子武器的恐怖，人类从原子核中拔出了"石中剑"，掌握了足以毁灭人类自己的力量。在上一次世界大战中，当发动毒气战的哈伯面临指责，他为自己辩护的理由是：如果毒气战可以尽快结束一场战争，它将从战场上挽救更多年轻人的生命。如今，洛斯阿拉莫斯的学者们也用相同的理由安慰自己。

第二次世界大战期间，来自科学的力量剧烈扭转了战局。在曼哈顿工程快速进展的同时，还有大大小小的科研项目同步推进，几乎每一个都在人类历史上留下痕迹。

1943 年，洛斯阿拉莫斯实验室建设同时，宾夕法尼亚大学接到美国军方在阿伯丁的弹道研究实验室的委托，启动了另一项军事计划，他们的目标是确定弹道的终点。

早在拿破仑时代，法国陆军军官便要学习数学，计算抛物线轨迹推演炮弹的落点。炮兵军官需要根据大炮配有的标尺瞄准目标，拿破仑就以善于计算炮弹弧线著称。

炮弹越来越高，射程越来越远。著名的德国克虏伯巨炮重达 44 吨，可以打击到近 2 万米外的物体。在 19 世纪下半叶，这些著名的重炮还曾漂洋过海，被投入中国海防，从李鸿章时代一直坚守到淞沪会战的战场。

传统的抛物线模型不再适用，大炮的射程比预想中要更远。原因是炮弹不断升高，高空的空气也愈发稀薄，对炮弹的阻力随之减小。随着炮弹与导弹升空，弹体上的阻力时时刻刻都在变化，需要动用一组微积分方程才能求解。

仅靠计算员手算，即使只是计算近似弹道，也要算到战争结束。军方决定向宾夕法尼亚大学订购一台电子设备，用电力驱动机器求解微积分方程。

在此前，学界也曾设计过类似的机器。在洛斯阿拉莫斯的实验室里，由 IBM 提供的机器便在费曼的指导下运行，成吨的打孔卡片作为数据载体，在设备内部川流不息。

这样的机器也安装在阿伯丁弹道实验室，180 余员工每天两班昼夜不停，埋首在两台机器和大量纸带中，即便这样，复杂的问题也要花 3 个月才能求解。带着军方委托，无所不在的冯·诺依曼专程从曼哈顿工程里抽身出来，参与项目的设计。

只是设备尚未顺利交货 "二战" 便宣告结束，待到那个庞然大物投入使用时，已经是 1946 年年初。这台机器的全称是电子数字积分计算机，按照首字母缩写 ENIAC 的音译，被称作埃尼阿克。

埃尼阿克是世界上第一台通用计算机，它的体积远比今天的计算机要庞大笨重。在大约 170 平方米的房间内，40 个近 3 米高的柜子彼此相连，其中密布近 2

万个真空管和 7 万个电阻器。工作人员用 50 万个焊接点把机器连接起来，操作着 6000 个手动开关，电流在开关的引导下通过线路，产生大量的热，还要靠两台 20 马力的鼓风机散热。

以今天的视角看来，埃尼阿克每秒仅能计算 5000 次加法或 400 次乘法，近乎缓慢。然而在当时，这已经是手工计算轨道速度的 10 万倍。

在战争爆发之前的 1936 年，艾伦·图灵发表论文《论可计算数及其在判定问题上的应用》，提出"通用计算机"的概念，如今通用计算机成为现实。

在埃尼阿克从 1946 年到 1955 年为期不长的服役时间里，它承担了来自军方的大量工作。从宇宙射线研究到天气预报，其中最重要的军事成就是氢弹的设计。

埃尼阿克在 1946 年的运行，标志着人类进入信息时代。也正是在 1946 年，它已成为一台过时的产品。

让它过时的正是冯·诺依曼。

在宾夕法尼亚大学，负责埃尼阿克项目的是埃克特、莫奇利与戈德斯坦。这三个人的名字对于现代人来说十分陌生，一方面是因为他们的埃尼阿克在机器设计上还有着相当大的缺陷：它的存储系统不足，当计算到复杂问题时，无法在机器内部存储算法。操作员们每次更换计算课题，都得手动从硬件层面重新设置机器。他们要重新连接开关、搬动设备、插拔线缆，极大地降低了工作效率。

另一方面，冯·诺依曼远远超过了埃尼阿克项目的发起人，他的光芒太过耀眼，掩盖了其他几位发起人的存在。

埃尼阿克投入使用两年前，战争尚未结束。埃尼阿克的发起人之一戈德斯坦在火车站偶然邂逅了冯·诺依曼，那是两人的首次见面。冯·诺依曼作为成名已久的前辈，谈话间毫无架子，充满友善热情。然而真正的锋芒无法被热情隐藏，当话题转向戈德斯坦的工作，冯·诺依曼过问起计算机的研发，谈话氛围陡然转折，冯·诺依曼的发问句句切中肯綮，事后在戈德斯坦的回忆里，"如同经历了一场博士论文答辩"。

不久之后，戈德斯坦陪同冯·诺依曼参观了埃尼阿克，另一位发起人埃克特与戈德斯坦闲聊，说如果冯·诺依曼是真正的天才，第一感只可能关注最核心的问题：这台计算机的逻辑结构是什么。

这当然是冯·诺依曼的第一个问题。

当时尽管埃尼阿克尚未交付，军方已经考虑建造一台更快的机器，被称作电子离散变量自动计算机（electronic discrete variable automatic computer），缩写是EDVAC，埃德瓦克。冯·诺依曼成为了设计团队一员。

1945年中冯·诺依曼往返奔波在与美国军方合作的各个重大项目之间。在往返两个项目间的火车上，冯·诺依曼思索着现代计算机的内部结构，一边在纸上写下了《关于EDVAC的报告初稿》。

那时几位埃尼阿克的发起人还在为计算机未来的商业前景满怀憧憬，他们热情地讨论着如何靠计算机专利变现，沉迷于专利注册与法律权益的细节。而冯·诺依曼抽离出商业范畴，在报告中从更高层次考虑、构建信息时代的框架：

在冯·诺依曼的规划中，一台计算机将涵盖五大核心部件。

中央算数器：用来高速计算最基本的加减乘除；中央控制器：为不同的运算操作排序，指导计算机的下一步操作；存储器：用来保存复杂的运算程序和运转结果。当然，还需要用作输入的键盘、纸带以及用来输出成果的打印机。

这篇文章长达101页，却依然简单易懂，它立即成为了人类前往信息时代的地图。冯·诺依曼规划的草案如今被称作"冯·诺依曼架构"。

冯·诺依曼架构昭示着"存储程序计算机"的诞生，这种新一代的计算机具备两大特点："可编程"和"可存储"。

此前的古早计算设备都是"不可编程"的，从纳粹的恩格玛机到今天液晶屏简易计算器，它们固定的电路结构决定了它们只能用来解决单一任务，无法改变用途。恩格玛机无法用来计算加减乘除，液晶计算器也无法加密电报。

埃尼阿克是可编程计算机，通过6000个手动开关和大量的插线，工作人员可以改变机器的硬件结构，这是最早的"编程"。第一批程序员的工作与今日的同行不同，并非坐在屏幕前敲击键盘，而要深入到机器之中，重新改变机器设备的硬件线路结构。

在埃尼阿克中，机器一旦设定好，就只能按照一套程序走下去，执行完全相同的单一任务。当埃尼阿克要开始计算弹道时，工作人员需要手动扳动开关，重新插线，把硬件设置成适合弹道计算的程式，之后就可以源源不断地计算弹道数据。一旦埃尼阿克接到了计算核弹爆炸当量的新任务，组装、扳动开关、插线连接的工作就又要重新来一次。

这正是埃尼阿克的"不可存储性"。

在冯·诺依曼的存储器中，此前的设置得以保留，上一次计算出的数据可以在机器中再次投入下一轮运算，无须靠着缓慢的打孔纸带再度输入。

包括图灵在内的大西洋两岸学者拿起《关于 EDVAC 的报告初稿》，开始组建属于自己的计算设备。今天，计算机的组件仍然按照冯·诺依曼结构制造。后来的人类有了更快的处理器、更大的存储单元、更丰富的输入输出设备、更简洁的设备形态，计算机的算力不断提升、体积越来越小，今天随便一台智能手机的算力都远远超过当年的埃尼阿克，但计算机结构始终没有跳脱出冯·诺依曼的规划。

这份改变历史的报告上面只署了冯·诺依曼的名字，这是他与埃尼阿克团队分歧的开始，也正是从这份报告起，冯·诺依曼开始被称作"现代计算机之父"。

图灵想得还要更远一步，在那个计算机硬件还略显原始的时代，他的思绪越过了硬件的限制，他开始思考，如何用计算机里流动的字符电路模拟人类思维。

1950 年，这一年的图灵足够前瞻，也足够孤独，"人工智能"这个今天已经耳熟能详的词汇还要在 6 年后才被正式启用，图灵已经发表论文《计算机与智能》，提问："机器可以思考吗？"

不知不觉间，图灵已经来到科学、哲学，甚至神学的交界。他发现，要回答这个问题，必先回答另一个："什么是思考？"

这是从古代中国到古希腊的哲人，再到启蒙时代莱布尼茨、霍布斯、笛卡儿等人都争论不休的问题。笛卡儿曾经断定：两个哲学家之间就不应该有什么分歧，如果两个人都足够理性，他们只需要拿出纸笔，写下彼此的辩题，用数学模型推演计算，自然可以抹平一切纷争。他们唯一需要对彼此说的话无非是："我们算算。"

这正暗合图灵在"二战"之前的图灵机假设，如果有足够长的纸带向计算机源源不断输入 0 和 1，把人脑的思考过程用计算机语言一一复制，这已经是在模拟人类的思考。

这是一场从机械到人类思维的模仿游戏，他希望摒弃人类思想中的神秘性以及神性，用程序和逻辑算法模仿自然最伟大的造物。在开始模仿之前，他又遇到了更前置的问题："如何判断机器真的模仿成功了呢？"

他提出了图灵测试。

如同那句谚语："如果一个东西看起来像鸭子，走起来像鸭子，叫起来像鸭子，那它就是鸭子。"图灵认为："如果一个程序说起话来像人，交流起来像人，那么它就是成功模拟了人。"

图灵假设了"模仿游戏"，受试者走进屋子，分别与另一间密室里的真人和电脑交流对话，受试者可以提出各种问题，由真人以及电脑分别作答，根据得到的答案来分辨哪一边是人，哪一边是电脑。如果受试者无法准确找到电脑，那么我们可以初步认为，那台电脑至少具备了一定人的思考能力。

这里的"思考"，不要求人工智能真正理解它在处理的内容，只需要程序能给出相应的回应。

为了反驳图灵的判断标准，美国哲学家约翰·塞尔提出了"中文屋"思想实验。假设一个只懂得英语的受试者被关在屋子里，屋里有一套完整的中英文转化规则。外面的人可以在字条上写下中文递进房子，屋子里的受试者根据转化规则，递出答案。每一个中文问题都可以得到恰如其分的回答，但从始至终受试者都只是机械查找转化规则，对聊天内容和中文都一无所知。在塞尔的立场里，他认为，中文屋不懂中文。

可在图灵看来，这样的中文屋既然可以通过中文测试，就相当于中文屋作为整体已经懂了中文。好比人类的思考不过是神经元之间的互动，单一的神经元也并不理解思考的内容，可数以千亿计的神经元连接在一起，让人类具备了思想能力。

图灵开发了一套国际象棋程序，那时因为计算机性能的限制，他还不能把这套程序安装进电脑。与中文屋类似，图灵充当了执行程序的那个人，按照他编写的程序手算下一步棋的移动。他用纸笔运行程序，每下一步都需要半小时的计算，最终输给了自己的同事。

图灵之后，1956 年，程序领域最杰出的一批学者在达特茅斯学院会面，也正式启用了"人工智能"（artificial intelligence）这个专有名词。

达特茅斯会议的很多与会者们，都将在未来成为人工智能领域的领导者，他们沿着图灵和冯·诺依曼开拓的道路走下去，一度非常乐观，相信媲美人类智慧的人工智能将在不到一代人的时间内出现。冯·诺依曼也留下了一部《计算机与人脑》，讨论"生命的本质是什么""能否用机器模拟生命"，尝试着跨越计算机系统与神经系统之间的界限。

后来的学者们在人工智能领域投入以百万计量的美金，经历数度人工智能的繁荣和低谷，发现彼此都低估了用程序模拟人脑的难度。

直到 21 世纪的第二个十年里，计算机已经取得长足的进步，人们有了更廉价也更高速的计算设备，也有了更多人工智能的发展路径。大数据、深度学习、通用人工智能这些原本的专业术语，不但频繁见诸媒体，也进入真实生活。

1997 年，IBM 的计算机程序"深蓝"在国际象棋领域击败人类等级分世界第一的棋手加里·卡斯帕罗夫。2016 和 2017 两年，谷歌旗下的人工智能阿尔法围棋（AlphaGo）又连续击败李世石九段和柯洁九段，征服了人类有史以来最复杂的智力游戏。

不过，无论是图灵还是冯·诺依曼，他们都没能看到人工智能的进步，甚至都没能看到人工智能的起点。

在达特茅斯会议召开两年前的 1954 年，图灵吃下了那口苹果。

那一年图灵 41 岁，已经因为他的性取向被定罪。

图灵的很多朋友包括他的母亲始终不愿相信图灵是自杀，他们试图将图灵的离开解释成一场意外。图灵离世前还预约了下周二的计算机位，也接受了当月下旬皇家学会的活动，可他还是离开了。

2009 年，英国首相戈登·布朗代表英国政府向图灵道歉。2013 年，英国女王伊丽莎白二世为图灵追授特赦。2021 年，图灵头像登上新版 50 英镑钞票，英格兰银行宣布时正是他诞辰 107 年的纪念日。

与早逝的图灵相比，冯·诺依曼至少撑到了达特茅斯会议之后，晚年的冯·诺依曼还往返在各大项目之间，为美国政府和军方提供顾问服务。他和费米再度参与美国氢弹计划，在项目组领导人爱德华·泰勒的组织下，释放出毁灭能力远超原子弹的怪兽。

冯·诺依曼与费米也都在这场与物理定律的交易中付出了代价，1954 年 10 月，图灵去世半年后，恩里克·费米因胃癌以 53 岁之龄在芝加哥大学辞世，芝加哥大学教堂里，他昔日的同事相继致辞缅怀。

费米逝世后不久的 1955 年，冯·诺依曼也被诊断出癌症，肿块在他的锁骨处裂变生长，又通过血液转移至身体的其他地方。他恐惧死亡，可他也坚毅地对朋友和许多家人隐瞒了病情。他用来对抗癌症的方式就是将行程表填充得更满，来为这个世界留下点什么。

冯·诺依曼忍着剧痛穿梭在华盛顿、普林斯顿、阿伯丁和洛斯阿拉莫斯，参与的议题涵盖计算机、核武器、导弹和气象学，确诊 3 个月后他已经无法站立，1956 年初他接受美国总统艾森豪威尔颁发的勋章时，已经只能坐在轮椅上。

冯·诺依曼与癌症搏斗了一年半，去世在 1957 年年初，享年 53 岁。一年半里他的身体状况迅速恶化，内心也日渐绝望，他在深夜的病床上还会尖叫，在梦中也会喃喃低语。军方派出士兵守候在冯·诺依曼的床前，担心他在梦中泄露军事机密。

他那部《计算机与人脑》原本是为耶鲁大学演讲准备的稿件，最终因病取消，这本书也成为了冯·诺依曼的遗作。如今去读那些他病情恶化时写下的章节里，明显看得出他的衰弱。

图灵与冯·诺依曼的工作将人类引领进信息时代。电子计算机的出现，是人类第三次工业革命的重要组成。他们留下的人工智能，直到今日都还是各大科技公司重点研究的领域。

与前两次围绕蒸汽机与电力工业发展而来的工业革命不同，这一次革命是在不同领域广泛铺开的。从原子能的利用，到电子计算机的出现，再到未来生物技术的深入，以及人类对太空的探索。这次革命与科技的联结密切，今天人们更多将它称作"第三次科技革命"，而非"工业革命"。

另一不同之处则在于这三次革命的推动力量：在前两次工业革命中，是资本与市场的呼唤刺激了生产力的发展，而第三次科技革命中，来自政府和军方的订单将科学家以更高效、更紧密的形式组合在一起，钞票倾泻进与战争和民族荣耀相关的科学领域，理论迅速转化为实用技术，再迅速转化为生产力。

战争的需求加速了核技术的发展，催生了电子计算机，更在冷战后的两大阵营中爆发太空竞赛。1957 年苏联率先发射首颗人造地球卫星，每 95 分钟绕行地球一圈，给了美国各界巨大压力。在夜空晴朗的街头，无数美国民众望向天空，看着"人造地球卫星 1 号"闪烁着微弱的辉光穿过头顶的天穹，心中充满对苏维埃巨人的恐慌。

他们略带神经质地担心人造卫星上会降下毁灭性的天罚，艾森豪威尔一度启动预案，组建所谓"影子内阁"，确保当美国中枢遭遇斩首行动，会立即有备份人士接手政府。

一个季度后，美国军方成功发射"探险者1号"，勉强追平了苏联的先发优势。这是一枚用于科研领域的卫星，日后靠着"探险者1号"对宇宙射线的检测，发现了地球周遭分布的带电粒子带。这些粒子从太阳上被源源不断发射出来，又被地球的磁场俘获。带电粒子带以发现者物理学家詹姆斯·范艾伦的名字命名为范艾伦带。带电粒子不仅分布在地球的周围，也分布在其他行星附近。这些高能粒子会干扰威胁几乎一切航天器材的电子装置，也包括宇航员本身。今天，人类的航天计划依然要考虑这些带电粒子的影响。

美苏之间的竞争依旧激烈，1961年苏联载人航天成功，尤里·加加林成为首个进入太空的人类。1969年，美国的阿波罗计划又将人类送往月球。宇航员阿姆斯特朗走出登月舱，在月球上留下了第一个人类脚印。两大阵营的相互追赶固然出自政治与军事的角力，可也实实在在地推动了航天科技，冷战之下的重大科学项目源源不断出产着新技术，不断转为民用，改善了普通人的生活。

战争和随之而来的冷战重塑了战争期间的科研工作模式，尤其在战时，科学家们已经不被允许按照传统的、稳扎稳打的步调工作。与战争密切相关的领域得到了更多的经费、关注和支持，但随之而来的压力也远超普通学者所能承担。曼哈顿工程中，无法达到进度要求的学者会被开除。科学家们在紧迫感和兴奋感中工作，在遥远的前线，他们的技术优势将直接转化为战场上敌军的伤亡。

与战争关联不大的学者都遭到边缘化，他们的研究遭到搁置，设备、能源甚至纸张都出现短缺。如果他们还想继续研究，只能被迫改变研究领域。日本原子物理学开拓者仁科芳雄，作为核物理专家、玻尔的高徒，在战争中被迫停止手头的大型粒子回旋加速器研究，参与到日本注定失败的原子弹工程中去。

也有学者聪明地选择把课题和战争联系起来，在德国，生物学家们的工作就几乎没被打断，他们总能找到理由证明自己的研究不可或缺。比如，研究亚热带害虫的学者很容易和德军在当地的军事行动结合，在风雨飘摇中保住自己的一隅。

美国科学界也在战争中受益，轴心国一方的学者早在战前便大批赴美，欧洲的战事又几乎摧毁了欧陆的经济体系，美国军方和政府培育起庞大的军工企业。

整个"二战"期间，美国科学研究和发展局仅仅花费掉 2.7 亿美元，而军事部门的投入已经接近 30 亿。冷战期间，美国政府承担起了一半以上的科研经费。军事项目也反哺了科学界，以战代练地培育出一批科学人才，一位在橡树岭从事技术工作的美军士兵，学到的知识不亚于在大学实验室实习数年的所得。顶级科学家们领着高昂的津贴，协助美国在雷达、核武器、计算机以及航天科技走在世界前列。

战争之前，保守主义主导着各国的战争机器，新技术要历经重重审核才能为国家所用。如今，各国政府都在严格的保密条款之下把大量资金投入军事科研，麻省理工学院与约翰斯·霍普金斯大学这样的学术机构已经名列美国国防承包商名单。

战争还无意间为第三次科技革命播下了另一颗种子，填补了这次革命在生物学领域的空白。这枚种子历经 10 年孕育，于 1953 年破土而出。这一年春天，英国人弗朗西斯·克里克（Francis Crick）和美国人詹姆斯·沃森（James Watson）发表论文，宣布他们发现了 DNA 双螺旋结构。

种子播撒于 10 年之前的 1943 年，那一年，受欧洲战事影响、避祸于都柏林的薛定谔远离核物理研究中心，对生物学起了兴趣。薛定谔在都柏林三一学院发表系列演讲，从物理学角度审视基因的性质。一年后讲稿由剑桥大学出版社出版，名为《生命是什么》。

《生命是什么》涵盖了基因研究的方方面面。薛定谔推算出基因大小是 30 纳米，与今天人类基因组计划测量出的 10.7 纳米至少处于同一数量级。他探索了基因的结构、基因的稳定性以及基因的突变。

一个世纪前热力学中出现了"熵"的概念，如今薛定谔充满前瞻性地在生物学与量子物理间搭建起桥梁。"生命就是汲取负熵不断对抗热力学第二定律的过程"的优美定义，不逊于任何哲人与诗人。

这本书迅速风靡生物学界，两位 DNA 双螺旋的发现人都曾研读过这部作品。沃森在芝加哥大学就读时放下书本，立志探索基因领域；克里克原本已经拿到伦敦大学物理学硕士学位，也是读过这本书后将兴趣从粒子物理调整到生命科学。

《生命是什么》为克里克开启的全新思路是，生物学的问题更可以用物理和化学手段精确界定。这部书也就此成为了分子遗传学"结构学派"的纲领，学者们运用物理学和化学经验，去探索生命物质的分子结构。

薛定谔演讲中播下的种子，历经十年，已经郁郁葱葱。

在薛定谔的设想中，在染色体舒展的长丝上，某种化学物质如同串珠一样连缀其上。这些串珠结构简单，但在串珠的排列中记录着复杂的生命密码。这些密码传递的信息塑造了每种生物的每一种特性，我们全部的遗传信息就书写其上。

这正是脱氧核糖核酸（deoxyribonucleic acid）在生命体中起到的作用，缩写为 DNA。只是成书之时，人们还并不知晓 DNA 的结构。

双螺旋结构发现双人组之中的克里克 1916 年出生在英国，"二战"期间以博士学历加入英国海军研究机构。战争尾声，当克里克读到《生命是什么》，深感"伟大的事情就在角落里"。随后克里克进入剑桥大学卡文迪什实验室，把基因和蛋白质作为自己的研究课题。

双人组中的沃森则来自大洋彼岸的美国芝加哥，生于 1928 年，比克里克年轻 12 岁。沃森 15 岁入读芝加哥大学，17 岁选择生物学领域，拿下博士学位后，辗转过几个研究团队，一度难以找到方向。直到 1951 年，23 岁的沃森前往意大利参加了一场小规模国际会议，改变了自己的人生。

那次会议的主题是生物大分子结构，会议的规格并不算高，外国学者以英语发表演讲，在场的很多意大利学者都跟不上英文的语速，很多学者包括沃森都是抱着去意大利旅游观光的态度参会。在沃森后来的回忆录里，认为会上大多发言都是陈词滥调。直到来自伦敦国王学院的莫里斯·威尔金斯（Maurice Wilkins）出场，他展示了一张 DNA 纤维的 X 射线衍射图。

X 射线衍射，是剑桥大学卡文迪什实验室后卢瑟福时代的重要手段。卢瑟福去世后，诺贝尔奖得主、物理学家劳伦斯·布拉格接管卡文迪什实验室，开启了自己 15 年的任期。他在 25 岁即靠着 X 射线在晶体结构分析的研究获得诺贝尔奖，是最年轻的诺贝尔奖得主。

这是 X 射线晶体学的肇始，伦琴发现 X 射线十几年后，科学家们便开始用 X 射线从多种角度照射微观结构，他们利用 X 射线通过拍摄对象内部形成的衍射图像，来确定内部结构。随后一个世纪中，X 射线晶体学诞生出十余项诺贝尔奖，其中最重量级的奖项便是颁发给 DNA 双螺旋的诺贝尔生理学或医学奖。

莫里斯·威尔金斯在 1916 年生于新西兰，与克里克同龄。"二战"期间威尔金斯曾赴美参与曼哈顿工程，在加拿大从事铀的分离。

威尔金斯目睹了核战争的可怕，他放弃了物理事业。同是在薛定谔的引导下，他转向生物学，从研究"死"转而去研究"生"。

战后的英国百废待兴，20世纪50年代初，英国作为"二战"西部战场前线，一直未能从战争的伤痛中恢复，地球另一端美国在朝鲜挑起的战争又加剧了经济危机。食物依然要靠配给，居民的脸上常见菜色。威尔金斯在匮乏的环境中，用战争的剩余物资装配设备，拍摄了世界上第一张DNA纤维衍射图像。

当时剑桥大学卡文迪什实验室在主任布拉格的领导下成为分子生物学的中心，在X射线衍射图的吸引下，沃森没有前往威尔金斯所在的伦敦国王学院，而是选择卡文迪什实验室。在那里，沃森遇到了35岁的克里克，一见如故。

沃森虽然只是分子生物学的新人，却已经拿到博士学位，而克里克在血红蛋白晶体X射线衍射领域工作多年，却依然没找到博士论文的方向。按照英国科学界传统，国王学院的威尔金斯既然选择了DNA领域，克里克就应该回避。但在美国人沃森看来，"你不要指望伯克利的人看到某个一流课题已经在加州理工有人做了，就不会插手"。在沃森的鼓励下，克里克与沃森一道，向DNA结构挺进。

随着沃森的到来，英国已经同时组建了两支杰出的研究团队。沃森与克里克是其中一支，沃森是遗传学科班出身，克里克则是物理学专业，他们在学术上取长补短，在日后，双方都承认，如果没有对方，自己一定难以有所作为。

另一支团队则在威尔金斯所在的伦敦国王学院，同为物理学家的威尔金斯未能找到沃森这样的合作伙伴。威尔金斯虽然也拍摄出了DNA纤维的衍射图像，但他的图像还远不足以展现DNA的细微结构。

作为对威尔金斯的补充，他的上级专程从法国招聘来女科学家罗莎琳德·富兰克林（Rosalind Franklin），希望补足威尔金斯在拍摄技术上的短板。

罗莎琳德·富兰克林生于1920年，比克里克年轻4岁，比沃森年长8岁。1950年富兰克林获得奖学金，从巴黎前来伦敦国王学院，原定是要成为威尔金斯的助手。然而富兰克林聪明、优秀而锐气十足，她不认为威尔金斯有远过于自己之处，也不愿屈居成为威尔金斯的附庸。

那时尽管有着玛丽·居里、迈特纳等人的开拓，女性在科学界的地位仍然远不如男性。富兰克林作为女科学家，不能与男性同事在同一餐厅用餐，只能委身在装修简陋的学生餐厅。

两人的关系迅速陷入紧张，彼此之间很少交流。

富兰克林与威尔金斯之间的关系也影响了伦敦国王学院小组的进度，威尔金斯得不到清晰的 DNA 图像，也就没法进一步分析。富兰克林手中有着高质量的衍射图，却难以独立分析出 DNA 结构。

威尔金斯提出与富兰克林合作，共同分析富兰克林的照片。然而，在富兰克林看来，她已经独立取得了足够耀眼的成就，威尔金斯的所谓"合作"，只是在抢夺自己的研究成果。

现场的氛围降至冰点，富兰克林略带失控地爆发："分析我的数据，你敢？"

那一天富兰克林离开校园时，脸上满是泪水。

富兰克林的伦敦国王学院生涯并不快乐，关于她那段时间的状态，留下了许多传说。有同事看到她铁青着脸在实验室徘徊，有同事上门取回她借走应还的仪器，富兰克林直接闯进同事的办公室，拿走仪器，不发一言。

最终富兰克林与助手高斯林一道，连续攻克多项技术难关，她取得的图像愈发清晰。直到 1952 年，高斯林在富兰克林的指导下，拍摄出了那张 20 世纪生物学史上最为关键的图像——照片 51。

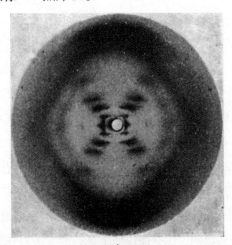

照片 51
来源：维基百科

那是她与助手拍摄的第 51 张照片，历经 100 小时的曝光，X 射线穿过距离镜头 15 毫米的 DNA 纤维，留下了清晰的图像：一个字母 X 的形状赫然出现在图像正中，正是这张照片，展示了 DNA 螺旋结构的骨架。

1953 年 1 月，这张照片被威尔金斯违规透露给了沃森，完全没有经过富兰克林的同意。这在很多学者眼中都是可耻的学术盗窃。

那时在英国的两个团队以外，美国加州理工的鲍林团队也在研究同一主题。沃森、克里克和鲍林都曾搭建过错误的模型，也都被富兰克林的证据否定过，可又都非常接近真相。当沃森看到威尔金斯向他展示的图像，一瞥之下，沃森立即完完全全意识到了这张照片的意义。

那是沃森团队获取到关于 DNA 结构的最后一块组件。

第一块组件来自竞争对手加州理工的鲍林团队，他在研究蛋白质 α 螺旋时，已经发现了大部分蛋白质的多肽链都会卷曲成螺旋。

第二块组件来自奥地利生物化学家埃尔文·查哥夫（Erwin Chargaff）。当时学界确定 DNA 有四种碱基构成：腺嘌呤、胸腺嘧啶、鸟嘌呤和胞嘧啶。查哥夫透露，腺嘌呤总是等于胸腺嘧啶的分子总数，鸟嘌呤又总是等于胞嘧啶总数。这样成对出现的碱基实际上已经暗合了双螺旋结构的化学基础。

如今，富兰克林的衍射图像提供了 DNA 结构的直接证据。螺旋、双链、衍射图像。沃森从未离真相如此接近。

沃森非常清楚他们的处境，虽然真相在他脑海中已经异常清晰，但竞争对手们也同样到了摘取成果的时刻。沃森在回忆录中猜测，一旦鲍林安排助手拍摄 DNA 照片，那就更加危险，只要鲍林得到了富兰克林同样清晰度的照片，"不用一周，鲍林就会把 DNA 结构搞出来"。

在返回剑桥的火车上，沃森急不可耐地在报纸的边缘上根据记忆画出了威尔金斯展示的图像。回到剑桥的第二天，沃森与克里克已经开始搭建双螺旋模型。

与此同时，富兰克林已经心灰意冷，她厌倦了在国王学院的工作，准备转往伯贝克学院。富兰克林临行前，威尔金斯暗自欢喜，他向在剑桥的克里克致信，写下："那个暗黑女下周就要走了。"威尔金斯深信，没了富兰克林的掣肘，自己和沃森、克里克一道，一定可以揭开 DNA 的面纱。

威尔金斯迟了。

根本不需要威尔金斯，当他的信函在 3 月 7 日送抵剑桥时，沃森与克里克的模型已经搭建完毕。克里克在模型旁读完了威尔金斯的信，深知自己和沃森已经赢下了这一局。

沃森在威尔金斯办公室里的匆匆一瞥后，在卡文迪什实验室里，沃森与克里克将两年来得到的全部线索抽丝剥茧，在一团由遗传学、生物学、X 射线晶体学、立体化学的丝线缠绕而成的乱麻中反复推敲。

他们在搭建生物学史上最重要的 3D 拼图，他们从硬纸板模型起步，之后又更换为金属组件。模型的中央是两条垂直向上的钢管，从钢管的侧面，伸出旋转楼梯般螺旋上升的夹子，在夹子的固定下，闪亮的金属片盘旋而上。克里克以物理学家的严谨，用圆规和直尺反复微调结构，角度、宽度和分子间隙都必须与现有的测量结果相合。

卡文迪什实验室主任布拉格和威尔金斯先后参观了模型，只需一眼便足以判定模型是对的。当年一手开拓出 X 射线晶体学的布拉格教授看到自己的研究手段依然在推动科学界进步，深感激动与兴奋。

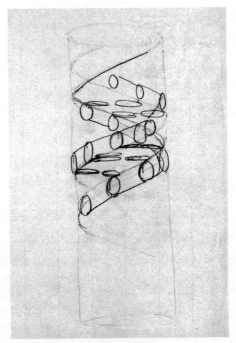

克里克在 1953 年绘制的 DNA 双螺旋素描手稿

来源：维基百科

这条生命的旋梯上，四种化学物质组成的碱基对两两相连。那条旋转着上升的梯子成为了生物领域里最为人熟知的图像，它出现在教科书上、科普文章里、科幻电影中、电视广告里，即使是科学的门外汉也大致了解它的含义。

富兰克林也被沃森和克里克惊动，那时富兰克林也已经在这条路上走得很远。她手里已经有了清晰的衍射图像，也有了解开 DNA 结构的数据，按照克里克日后的回忆，富兰克林距离解开 DNA 的秘密只有"两步之遥"。这最后的两步，一步是碱基配对原则，另一步则是双链螺旋结构。

很多学者相信，如果没有沃森与克里克的抢跑，富兰克林也终将独立发现DNA 结构。或者，如果威尔金斯能够给予她足够的尊重，以物理学家的敏锐从旁协助，伦敦国王学院就将领先剑桥大学，率先走完最后的两步。又或者，威尔金斯没有将富兰克林的衍射图像展示给沃森，沃森和克里克也就不会那么快参透DNA 的秘密，最终也可能是加州的鲍林团队率先突破。

当然，历史没有如果。

1953 年 4 月 25 日，沃森与克里克的论文在学术期刊《自然》上正式发表。

一贯尖锐的富兰克林此刻表现出了一位真正科学家的风度与求知欲，她没有因为照片泄露而抱怨慌惜，而是被沃森与克里克精巧的模型打动，她由衷地欣赏着优美的 DNA 旋梯。在同一期《自然》杂志上，富兰克林也发表了自己的论文，那是一篇本该单独发表的论文，富兰克林把它修改为了一篇支持性论文，论证了DNA 双螺旋结构的正确。

基因的双螺旋结构也解释了基因的复制过程：在这条旋梯上，两侧的长链相互绕转，梯子中间的横杆连接左右两个碱基配对。当基因开始复制，横杆上的两个碱基彼此分离，如同拉链解锁般，两条链也解旋分开。细胞中游离的脱氧核苷酸聚拢而来，按照碱基互补原则，在两条已经分开的链上再分别生成一条新链，结合成新的双螺旋结构。复制之后，新生成的两条旋梯结构都与旧有的旋梯排列完全相同。

在克里克的比喻中，绕转的双螺旋如同一只戴着手套的手，当解旋开始，手脱下了手套，分别复制。一边根据手的形状做出新的手套，另一边根据手套的形状做出一只手，最终当复制完成，那只戴着手套的手便有了完全一样的复制品。

如同当时刚刚诞生不久的计算机科学，靠着 0 与 1 的排列组合，衍生出复杂的程序。在双螺旋结构上，四种碱基按照不同的次序排列，确定出各种生物性状，衍生出千变万化的生命。

近 40 亿年前，在一次极偶然的机缘巧合之下，一小滩化学物质里诞生出最早的生命形式。我们不知道那堆物质当时处于怎样的环境，也不知道这样的场景发生了多少次。我们可以确定的是，在那一次的生命萌发里，万物的始祖第一次成功复制了自己。随后，基因的长链生生不息，解旋、复制、更生，代代信息传递。复制之中也会出现偶然的突变，生发出新的性状，大部分的突变结果都湮灭于历史，少部分真正适应环境的性状则迅速占据主导，传递不息。

从细菌偶然进化出鞭毛，获得了远超同类的运动能力，再到生物进化出触须、四肢、翅膀，进化出眼睛、嘴巴和肠道，直至进化出智慧乃至于文明，如今生物已经生活在这个星球的各个角落。从第一次偶然的复制直到今天，基因已经代代相传近 40 亿年。直到大半个世纪之前，这颗星球上的一小批生物合作起来，揭示了基因传递的秘密。

威尔金斯、克里克、沃森、富兰克林，在 19 世纪 50 年代初，这四个生物学家的名字如同 DNA 的四种碱基般紧密纠缠。

他们的工作共同揭开 DNA 的神秘面纱，也在 1962 年获得诺贝尔奖。按照诺贝尔奖的规定，四个人中只能有三位研究者获得奖励。这本该是艰难的抉择，只是一场悲剧让这个选择变得简单：1958 年富兰克林因卵巢癌逝世，年仅 37 岁，去世前几周富兰克林还在从事研究工作，这位 DNA 之母没能获得应有的礼遇。

今天，富兰克林的贡献逐渐得到公正看待。当年在《自然》发表的论文中，富兰克林的贡献只是被一笔带过。日后，随着各项史料的披露，富兰克林的贡献已经广为科学界所知。沃森也在回忆录中承认，此前自己与富兰克林之间有着如此之多的不快，可在多年之后，他和克里克终于"逐渐理解了这位才华横溢的女科学家"，"她为了取得科学界的承认长期奋斗，而这个世界往往把女性看作严肃工作之余的消遣玩物"。

威尔金斯则目睹了故事的尾声，2003 年，威尔金斯因病去世的前一年，国王学院为了纪念威尔金斯和富兰克林的贡献，将一座新大楼命名为"富兰克林 - 威尔金斯楼"，生命科学系就坐落其中。无论是楼宇的命名还是楼宇内部的科普介绍，富兰克林的名字都位列威尔金斯之前。

DNA 双螺旋结构的发现彻底地改造了生物学科，20 世纪 50 年代之前和之后的生物学在这里出现了迥然的分野。在此之前，生物学还仅仅被看作糅合了分类学、解剖学的学科，生物学家们拆解、观察、列表、记录。可在此之后，生物学已经成为一门分子科学，生物学家们从生物编码的底层逻辑揭开生命的蓝图。

现代生物学综合了科学、技术和工程学，来自数学、物理学、计算机科学的研究工具被引入生物学领域。遗传学、分子生物学、分子遗传学多项学科齐头并进。

随后的大半个世纪中，生物学家们没有止步，在 20 世纪 70 年代开拓出基因的测序与克隆技术；20 世纪 80 年代的遗传学家们将基因技术引入医学领域，在胎儿阶段即可筛查出重大的遗传疾病；世纪之交，人类基因组计划公布了人类基因组工作草图，美、英、法、德、日、中六国学者联手，测出人类基因组中 30 亿碱基对的序列。在那张属于人类自身的基因图谱上，学者们发现尽管地球上的人类有着不同的肤色、不同的外貌、不同的身高、不同的民族，可人类族群内部有99.9% 的基因都是相同的。1/1000 的基因差距，造就了千姿百态的人类个体。如今，遗传学家们还在致力于基因诊断与基因治疗的研究，来增益整个人类族群的福祉。

如今回望这场征程的开始，回望 20 世纪 50 年代初期围绕 DNA 结构的那场赛跑，女科学家富兰克林所受到的不公正对待，不过是那个时代依旧保守的缩影。

从启蒙时代的《人权宣言》到美国建国伊始的《独立宣言》，思想家和政治家们无不奉自由、平等、开放为社会价值的基石。然而富兰克林面对的不公、图灵经历的审判都是对所谓自由平等精神的讽刺。

行至 20 世纪中叶，一股更大的保守浪潮影响了西方学界。随着两极格局建立，冷战的阴云高悬世界之上，每个来自东方阵营的科技突破在西方国家看来都是威胁。

1950 年，怀着对共产主义的恐惧，参议员麦卡锡掀起"麦卡锡主义"浪潮。

麦卡锡主义是一场狂热的反共政治迫害，是美国历史上持续最久、范围最广的政治打压。原本运动只是在政府雇员中筛查苏联间谍，很快，行动开始扩大范围，从政治界蔓延到文艺界、学术界，直至将普通工人也裹挟其中。任何人只要与红色阵营沾上一点点关系，便会无端遭到指控、讯问、监禁。不计其数的人丢掉工作，更多的人目睹了这一切之后选择放弃表达的自由与权利，转而沉默。也有许多人转而与麦卡锡主义合流，参与到告密与揭发中去。

在这场运动中，许多科学家因为政治因素，不得不告别自己热爱的研究领域，他们积累十年几十年的学术生涯，至此被强行中止。即使此前为美国做出过巨大贡献的学者们，也未幸免。

领导了曼哈顿工程的奥本海默，本是美国的国家英雄，由于在 20 世纪 30 年代参与过共产主义活动遭到联邦调查局审查。奥本海默的信件被拆开、电话被监控。奥本海默战后反对大力发展核武器的意见，成为了指控他为苏联工作的旁证。

在奥本海默的审判中，他昔日的同事、杨振宁的导师、氢弹之父爱德华·泰勒提供证词，逐条阐述奥本海默阻碍核武器研究的行为种种，要求撤销奥本海默的安全审查特许。最终奥本海默从巅峰跌落，从政府的高级顾问一落千丈成为弃子。

许多科学家无法容忍泰勒的严厉证词，有人在学术会议上拒绝与泰勒握手，也有科学家看到泰勒走进会场，当即起身离开。但这都没能影响泰勒成为美国政府和军方的宠儿，他随后走上游说推动增加军费的道路。

爱因斯坦目睹着变本加厉的政治迫害，感慨"几十年前德国的灾难正在重演"，他公开呼吁人们对抗"麦卡锡主义"，也反对美国的审查制度。随后爱因斯坦陷入来自整个美国社会的攻击，也同样被联邦调查局秘密监视。联邦调查局与另外 7 个联邦机构合作，搜集整理爱因斯坦负面政治观点情报超过 1800 页。联邦调查局已经不刻意隐瞒对爱因斯坦的审查，早在 1948 年，爱因斯坦的监听记录里就记录了他与波兰大使的对话："房间里安了电线，我的居所被严密监视。"

即使身处暮年，爱因斯坦也依旧心系世界。1955 年 7 月 9 日，《罗素 - 爱因斯坦宣言》发布，10 位诺贝尔奖获得者联名签署，在核战争的阴云下呼唤和平。那时"麦卡锡主义"已经式微，麦卡锡本人也在上年年底遭到弹劾。然而，爱因斯坦本人没能等来宣言的正式发表，当年 4 月 18 日，爱因斯坦在普林斯顿逝世，享年 76 岁。

阿尔伯特·爱因斯坦被后世看作 20 世纪最伟大的科学家，即使放眼整个科学史，他的地位也仅次于牛顿。得益于大众传媒，他成为了史上最著名的科学家，在世时便享有远播的声名。他是复杂的统一体，他的相对论开拓了现代科学的全新纪元，可完成了对经典物理的征服后，他很快蜕变成保守权威，去质疑那些更先锋的理论。他不修边幅也不拘小节，孤独不羁。科学以外，他以世界公民自诩，对弱者和穷人都充满同情，可他的善良却不能惠及自己的家人，他的两段婚姻都不算成功，与子女的关系十分紧张。

麦卡锡狂潮里，在美国工作的华裔也不可避免地受到牵连，当抗美援朝战争爆发，联邦调查局监听了唐人街的电话，连华人工会和洗衣业协会都被监视。随后，对华人的监控上升到学界，1950年，在加州理工大学执教的钱学森遭到联邦调查局登门调查。

这一年钱学森39岁，正处于精力与研究能力的巅峰状态，他开创了喷气推进实验室，是世界领域喷气推进和火箭研究领域的领袖人物，在麻省理工学院执教一段时间后，他回归加州理工，成为校史上最年轻的终身教授之一。

"二战"期间钱学森参与美国国防部和军方的多个机密项目，享有最高等级的保密许可，可以接触到曼哈顿工程的资料，地位举足轻重。

战争胜利后，冯·卡门领队赴欧参与审讯德国学者，调查刺探德国军工技术，钱学森被授予空军上校军衔，作为随队专家出行。钱学森直接参与了对普朗特的问讯，按师承辈分那是他的师公。

与后世大众眼中钱学森和蔼可亲的长者形象不同，钱学森在讲台上如同威严的君主。他才华横溢而锋芒毕露，以疾风骤雨式的授课风格令学生瑟瑟发抖。

他的每堂课都会经过充分准备，上课前他会在办公室里奋笔疾书，粉笔不断击打在黑板上，声音连绵不绝几个小时。随后他走出办公室，登上讲台，面向自己的学生。

他的首批学生没有教材也没有讲义，钱学森一登上讲台便开始板书，黑板上连一个字都没有，而是密密麻麻挤满了数学符号。学生们勉力抄写板书，很难跟上进度。钱学森不时停下来审视公式，评论："这中间有着非常重要的关系。"然后继续书写。下课后学生们望向写满全部黑板的公式，如同有待解密的天书。

学生们不敢提问，一旦问到理解不了的问题，钱学森只会淡然回复："只要你来上课，那你就应该明白。"他们没有作业，学生们会在课后自行组成小组讨论，理解这些板书会成为下节课前他们最重要的任务。而一旦理解这些天书般的文字，便足以掌握那个时代最尖端的空气动力学知识，未来摆在学生面前的将是一片坦途。

钱学森的考试也以极端严苛闻名，在一位学生的回忆里，当时班上最绝顶聪明的学生在满分 100 分的考试里，只得到了 12 分，但这足以让这位学生未来成为麻省理工教授。

只有私下里见到钱学森，学生们才发现钱学森竟然相当健谈，甚至平易近人。在一次晚宴上学生们和钱学森谈到职业规划，钱学森诚恳地提供了很多珍贵意见。

冷酷、尖锐、高效、勤奋，让钱学森在麻省理工学院以 35 岁之龄成为正教授，而其他学者往往要历经 20 年工作才能获得永久教职。他成为冉冉上升的学术明星，不断出席学术演讲和公众报告，描述洲际运输火箭的设想，在 1950 年即预测三十年内人类即将登上月球，从地球前往月球只需 7 天。

然而，这些功绩无助于钱学森免于调查，联邦调查局特工依然发出了严厉的指控，认为钱学森加入过共产党，从事间谍工作。钱学森的保密许可被终止，他原定要参与的军事项目进程被阻断。钱学森提出辞职，决定回归祖国，然而随即遭到拒绝。他的归国行李被拆开检查，美方把钱学森准备托运的文件拍成 1.2 万张微缩照片，去寻找他从事间谍行为的蛛丝马迹。

随后钱学森被捕入狱，被足足关押 15 天。夜晚，狱警每隔 15 分钟便用强光照射他的面部，令他寝食难安。以冯·卡门在军方的深厚关系，也不被允许与他通话。最终加州理工学院付出了远超普通案件的 1.5 万美元的保释金，在今日价值超过 18 万美元，才让钱学森得免牢狱之苦。出狱之时，仅仅两周的经历，让钱学森丢掉了十几千克的体重。

钱学森返回祖国的要求被驳回，他遭到"禁足令"限制，不被允许离开洛杉矶边界，连外出参加学术会议都成为奢望。如今他只能留在学校里，做一点与实际应用无关的理论研究。

对钱学森的监视一直持续到 1955 年，几乎耽搁了他本应最有产出的 5 个春秋。最终，钱学森趁着在一家咖啡店短暂甩掉盯梢的空档，写下一张便条寄给他夫人在比利时的姐姐。这封信兜兜转转穿越三个大洲，最终转交到北京，成为了当年秋季中美两国会谈的重要证据。

　　当时中美两国尚未建交，中方要求美方提供在美华人名单，在必要时由印度使馆提供保护。美方考虑到这意味着是新中国而非台湾当局具有了在美华人司法管辖权，坚决拒绝。正是钱学森的信件，证明了在美的中国科学家对新中国的认可。

　　1955 年 9 月，经过两国反复琐碎地谈判，中国释放了部分朝鲜战场上的美军战俘和普通公民，换取钱学森和 94 位留美学者踏上返回祖国的路途。这些归国学者中的很多人，都在未来中国核武器研发中起到了关键作用。

　　日后，恩师冯·卡门多次邀请爱徒赴美学术讨论，但钱学森此后终生未履美国国土。之后的时间里，他投身中国国防工作。美国联邦调查局对他共产党身份的指控，让他真的在回国 3 年后成为中国共产党党员。在新中国艰苦的环境中，钱学森从无到有建设起航天工业与火箭事业。作为"两弹一星"的功勋人物，钱学森实现了年轻时代的梦想，亲手把中国建设成为军事强国。

　　1960 年，中国首枚导弹发射成功；1966 年，东风 2 号 A 型导弹运载一颗核弹，在酒泉发射场发射成功，中国拥有了以火箭运载的核弹；1970 年，中国首颗人造卫星升空；1980 年，中国洲际导弹成功试射，从酒泉发射基地发射到太平洋。

　　1999 年，钱学森获得"两弹一星功勋奖章"。那时距离钱学森在交通大学校园里目睹日军飞机在上海上空肆虐，立志投身航空工业时，已经过去 67 年。

　　杨振宁的回国路途也被阻隔，作为庚子赔款留学生，原定是要学成归国，然而朝鲜战争和"麦卡锡主义"影响之下，所有华裔理工科博士都不被允许回到中国。随着研究深入，生活稳定，杨振宁选择暂时留在美国。

　　杨振宁知晓作为物理学家归国的敏感与困难，在美工作期间，他始终坚持理论物理研究，不越雷池，避免与核武器这些敏感领域产生关联。当中美关系在 1971 年通过乒乓外交解冻，他迅速辗转从法国取得签证入境祖国，看望了父母亲人，拜会了西南联大的师长，以及儿时挚友邓稼先。

　　杨振宁没有在政治风波中遭到为难，而是安心学术，在学术领域爆发出震动整个物理学界的成就。在普林斯顿高等研究院工作的 17 年里，杨振宁深入粒子物理和统计力学领域，连续发表上百篇论文。20 世纪 50 年代中叶，正是杨振宁的巅峰时节，1954 年杨振宁与米尔斯合作提出杨 - 米尔斯规范场理论，1956 年与李政道合作提出宇称不守恒理论。这两大成果让杨振宁的学术地位迅速攀升，跻身历史上最伟大的物理学家之列。

1949 年秋，杨振宁受奥本海默邀请前往普林斯顿高等研究院时，原本只打算在研究院逗留一年。费米告诫他，普林斯顿虽然是不错的研究机构，却不宜久留，研究方向过于偏重理论，不免脱离实际。只是杨振宁的人生很快出现转折，最终使他在普林斯顿驻留了 16 年。

在普林斯顿，他遇到了自己未来的妻子杜致礼。

杜致礼是国军将领杜聿明的长女，抗日战争中杜聿明忙于军务，杜致礼在西南联大附中读书时，由杨振宁教授数学，只是当时二人尚不熟悉。随后内战爆发，杜致礼赴纽约求学，万里他乡，终遇故知，两人在 1950 年 8 月成婚。胡适先生曾受杨振宁父亲杨武之教授委托，帮杨振宁介绍女友。日后胡适在美国见到杨振宁，感慨完全不用自己帮忙，这位年轻人"自己找到了这样漂亮能干的太太"。

杨振宁在工作中也找到了自己重要的合作伙伴。1951 年，杨振宁亲自介绍，经奥本海默批准，他在普林斯顿迎来了李政道。

李政道比杨振宁年轻 4 岁，在吴大猷先生推荐下赴美读书，前往芝加哥大学求学于费米门下，以一篇《白矮星的含氢量》获得物理学博士学位。1951 年，李政道前往普林斯顿，连居所都与杨振宁在同一条路的一左一右。两年后李政道前往纽约哥伦比亚大学执教，两人依旧保持着紧密交流互访。杨振宁每周都抽出一天去纽约，李政道也每周抽出一天造访普林斯顿。

在这样的互访中，杨振宁与李政道发展出宇称不守恒理论，斩获华人历史上首个诺贝尔奖。不过，如同爱因斯坦获得诺贝尔奖是他在光电效应上的突破，并非他最重要的相对论。杨振宁的最高成就也并非宇称不守恒，而是他更早提出的杨 - 米尔斯理论。

1953 年至 1954 年间，杨振宁前往纽约东面的长岛任访问学者，在长岛布鲁克海文国家实验室，由美国原子能委员会布局着当时世界上最大的加速器 Cosmotron。那时，加速器正源源不断地出产新的粒子。杨振宁、李政道和未来的诺贝尔奖得主丁肇中都曾在布鲁克海文实验室工作过。

长岛一年，杨振宁与年轻学者罗伯特·米尔斯共用同一间办公室，那时杨振宁 31 岁，米尔斯 26 岁，正是风华正茂时。米尔斯刚刚结束哥伦比亚和剑桥大学的培养，前来进行博士后研究。在后来米尔斯回顾这段历史时，曾充满感情地回忆，这位前辈"在许多场合表现出了对青年物理学家的慷慨"。他们的人生轨迹在此相遇交错，随后分别踏上两条相去甚远的路途，可正是这一年的工作，让他们的名字在物理学史上密不可分。

他们讨论了许多物理问题，直到提出"杨 - 米尔斯理论"。在物理学家克里斯蒂娜·萨顿的笔下，她把杨振宁与米尔斯的发现称作"物理学的圣杯"。

1954 年 6 月，杨振宁与米尔斯向《物理评论》寄出论文《同位旋守恒和同位旋规范不变性》，在当年 10 月 1 日发表，正式提出杨 - 米尔斯方程。这篇论文穿透反复多元的物理现象，直接深入到原子核内部核心，形成了人类对粒子物理标准模型理解的基础。

杨 - 米尔斯理论研究的是"力"。

在杨振宁与米尔斯的时代，有四种"力"支撑着宏伟的物理学大厦，这四种力又被称作"基本相互作用"。

四种力分别为万有引力、电磁力、强相互作用、弱相互作用，后两种又被称作强力和弱力。

万有引力由牛顿发现，作用范围极大，力的强度却最低。正因其广泛的作用，宇宙天体的运转几乎都在万有引力定律之下完成。物质凝聚成星球，行星被恒星吸引，星球组合成星系，构成宇宙。

电磁力由麦克斯韦确定准则，在人类日常生活中即可感知。当带电粒子处在电场、磁场或电磁场中，便会受到力的作用。中学生熟知的"电荷同性相斥、异性相吸"便是电磁力的基本表征。在原子尺度，电磁力把带负电的原子吸引在带正电的原子核附近。在杨振宁时代，微观领域的电磁力被纳入量子电动力学的研究框架。

强力和弱力的作用范围则远远小于万有引力和电磁力，仅限于小小的原子核中。根据"同性相斥"，原子核里同样带着正电的质子明明应该相斥，是强力把原子核内的质子和中子结合在一起。弱力和电磁力则与强力竞争，尝试着将原子核拆散。在弱力和电磁力的作用下，产生了许多不稳定的原子核，原子的放射性衰变便由此而来。

牛顿的方程组解释了万有引力，麦克斯韦方程组解释了电磁力，如今，杨振宁与米尔斯联手，要去揭开强力的秘密。

杨振宁和米尔斯的工作不是平地高楼，此前，也有历代学者搭建基础。其中最重要的一位是埃米·诺特（Amalie Noether）。

埃米·诺特生于 1882 年，是杰出的犹太女性物理学家，拜师哥廷根大学希尔伯特，深受希尔伯特和克莱因重视。1915 年希尔伯特为她申请讲师职位，遭到大学评议会投票否决。评议会给出的理由是："女人如果做了讲师，以后就会成为教授，就会成为大学评议会成员，难道女人也可以进入评议会吗？"那时第一次世界大战还如火如荼，他们担心："当我们的士兵们从战场上回到大学，发现他们将在女人脚下学习，他们会怎么想呢？"

希尔伯特反唇相讥："大学评议会并不是澡堂。"只是希尔伯特的尖刻没有得到回应，诺特只能以为希尔伯特代课的名义执教，直到 4 年后的 1919 年才终于成为讲师。

诺特正是在所谓"代课"期间，得到了以她名字命名的"诺特定理"。诺特定理是理论物理的中心成果，揭示出"守恒定律"与"对称性"的紧密关系：每一个守恒定律，都一定对应一种"对称性"；每一种对称性，也一定对应一个守恒定律。

这里的"对称性"，与传统数学课本上的"对称"含义不同，更类似于"不变性"。当一组定律在这里成立，在那里也成立，保持不变，这是空间对称。当定律在古代成立，现代也成立，这是时间对称。总之，当某个定律在不同领域里保持"不变"，就一定会有对应的守恒关系。

牛顿的巨著《原理》统一了天穹之下和天穹之上的运动，同样的引力既适用于苹果落地也适用于月球公转，这是牛顿的力学方程的空间对称，对应了动量守恒。

物理定律穿越时间长河保持稳定，今天的定律与过去的定律并无不同，其中的时间对称性，对应了能量守恒。

麦克斯韦方程组揭开了电磁学的基本关系，在不同的电环境中都保持成立，其中同样具有"不变"的"对称性"，对应电荷守恒。

到此为止，诺特定理似乎都没有显出威力。这些守恒性与对称性的结合，看上去无非是事后诸葛般的归纳。早在诺特定理之前，学界同样确定了各种方程组、归纳出了各种守恒定律，诺特定理似乎并无用武之地。

直到爱因斯坦横空出世，在诺特定理提出之前，便以截然相反的推进方向，逆转了理论物理学的研究范式。前代学者还在从相互作用中归纳出不变，而爱因斯坦直接从不变逆推出物质的相互作用。

回顾广义相对论的提出，如果是传统学者，大约要先观测到日食期间太阳身后的恒星改变了方位，进而推断出太阳的质量扭曲了星光，再推断出质量的分布会扭曲空间，最后与光速的不变性结合。

爱因斯坦完全逆转了这一过程，他足不出户，当他得知迈克尔逊 - 莫雷实验揭示出光速的不变性之后，以"光速不变"为前提，逆推出质量和万有引力会扭曲光线和空间，直接预言了 1919 年的日食观测结果，奠定了广义相对论的基础，从高度抽象的纯逻辑思考预言出现实走向。

诺特定理的提出，也正是综合了历代学者尤其是爱因斯坦成就的必然。

诺特的下半生并不顺利，为了躲避希特勒 1933 年上台后对犹太民族的迫害，她在爱因斯坦等学者的帮助下移居美国。1935 年，诺特因一场子宫肌瘤手术后的术后感染去世，年仅 53 岁，爱因斯坦还专门撰文悼念。

诺特逝世 20 年后，杨振宁踏着前辈搭建的基础，以诺特定理为武器，以爱因斯坦"从不变性推出相互作用"为范式，闯入了原子核中强力作用之下的微观领域。

杨振宁和米尔斯在强力作用下入手的守恒性，叫作"同位旋守恒"。

"同位旋"一词由海森堡引入物理学界，在海森堡时代，学者们发现质子和中子几乎是一模一样的孪生兄弟。它们的大小和质量都非常接近，彼此质量的比值要到千分位上才能分出差距，唯一的区别在于质子带一个正电荷，中子不带电荷。几乎可以认为：质子就是穿上了一件正电荷外衣的中子。

海森堡提出，质子和中子本质上完全是一种粒子，只是二者"旋转"的方式不同。海森堡将这种抽象的旋转称作"同位旋"，在同位旋空间中，质子和中子可以"旋转"改变状态，互相转化。

其中的对称性也即不变性在于：如果只考虑强力作用，质子和中子表现出了完全相同的物理状态，两个质子之间的强力作用和两个中子之间的强力作用几乎完全相同。这就是"强相互作用下的同位旋守恒定律"。在这里，对称性与守恒定律得到了对应。

杨振宁和米尔斯走得还要更远，杨振宁用上了从父亲杨武之教授那里继承的数学素养，提出了杨 - 米尔斯方程，把对称性和微观领域的相互作用联结到一处，为研究参与强相互作用的粒子结构提供了重要工具。

他们已经深入到理论物理最艰涩难懂的道路，后来的物理系学生学到这个方程时，还要再经历一系列复杂的学术概念，沿途的每个路标都有着层层叠叠的前人积累。在最终的杨 - 米尔斯方程里，6 个物理量整整齐齐排列在一行，它们之间经历简单的乘除和相加，最终在等式最右侧得到 0，即使是不懂理论物理的普通人也能从中感受到宇宙的简洁与优美。

在杨 - 米尔斯方程提出后的十余年间，理论都没有得到跟进展开。随着物理学家的研究不断深入，后人终于手持杨振宁绘制的地图向前进发，他们沿路摘下一枚枚诺贝尔奖章作为里程标记，不断接近整个宇宙的底层逻辑。

直到 1979 年，三位理论物理学家格拉肖、萨拉姆和温伯格摘取当年的诺贝尔物理学奖。他们分别从杨振宁的方程出发，得到了相同的理论推论，他们共同建立起 "弱电统一理论"，把四种基本力当中的弱力和电磁力统一到一起。当年麦克斯韦统一了电和磁，发现电和磁是同一种相互作用的两个方面，如今这三位学者又把弱力和电磁力纳入同一种相互作用体系。

杨振宁时代的四大基本相互作用——引力、电磁力、强力和弱力如今被统一成三种：引力作用、强作用和电弱作用。爱因斯坦早在 20 世纪 20 年代就致力推进 "大统一理论"，希望把四种相互作用统一到同一框架，只可惜直到爱因斯坦在 1955 年逝世，他也只是刚刚了解到杨振宁和米尔斯的工作，还远未见到弱电统一理论的曙光。

今天，杨振宁和米尔斯的工作已经构成了弱电理论和量子色动力学理论的基础，在相对论和纯数学上都起到了相当的作用，很多物理学家相信，未来如果大统一理论得到证实，一定是建立在杨 - 米尔斯理论基础之上的。

从布鲁克海文返回普林斯顿高等研究院，杨振宁已经跻身物理学一流巨擘之列，在他的巅峰时代，他收获的世界级成就不是一项，而是两项。杨振宁、李政道与吴健雄合作，提出宇称不守恒理论，在物理学史上被称作 "宇称的瓦解"。

杨振宁与李政道起步的问题，是 "θ - τ 之谜"。

θ 粒子与 τ 粒子由实验物理学家们在 20 世纪 40 年代末相继发现，学者们观察了它们的衰变方式，分别可以衰变为两个和三个 π 介子。起初学者们并未对这两种粒子多加留意，毕竟新的微观粒子层出不穷，它们当然会具有不同的衰变方式，有着不同的物理性质。

可研究越深入，学界就愈发迷惘。随着物理学家们对这两种粒子的测定愈见深入，两种粒子的性质也愈发相似，几乎完全一致，除了两点：它们的宇称结构和它们的衰变方式。

"宇称"，同样与物理的对称性概念紧密相关，它更像是日常生活中遇到的左右对称。宇称守恒的假设，认为如果一条物理定律成立，那么在镜子里的对称世界中，物理定律同样应当成立。

李政道曾经举例：如同左右完全对称的两辆车，两辆车设计思路完全一致，只是左右相反。一辆车的司机坐在左边，用右脚踩下油门，另一辆车的司机坐在右侧，用左脚踩下油门。在宏观世界里，这两辆车应该以同样的速度向前行驶，不应该有任何差异。

也正因为学界积累了大量宇称守恒的实例，物理学家们将其推而广之，相信在整个宇宙之中，宇称都应该守恒。

然而在"θ-τ 之谜"，学者们碰到坚壁。

这两种粒子如同微观世界下镜像对称的两辆车子，它们有着完全对称的结构，有着完全一致的质量，然而当两辆车分别发动起来的时候，衰变的产物却截然不同。

杨振宁与李政道的论文《弱相互作用中宇称守恒的问题》在 1956 年 10 月发表，他们扬弃了"宇称处处守恒"的圭臬，论证在弱相互作用中宇称并不守恒。在李政道那两辆车的案例中，如果用特定衰变源作为汽车的点火装置，当第一辆车向前行驶时，第二辆车将"以完全不同的速度行驶，可能向后倒退"。

物理学界为之震动，泡利、费曼、维格纳等一线学者纷纷反对，一时众说纷纭。

理论层面的争端终究要靠实验分出胜负，杨振宁与李政道设计了 5 个实验，预言了 5 种与宇称不守恒对应的实验结果。承担起实验验证的正是杨振宁与李政道的中国同乡、实验物理学家吴健雄。

1934 年，吴健雄从中央大学物理系施士元教授门下毕业，随后远赴美国，在加州大学伯克利分校求学，师承劳伦斯、塞格雷、奥本海默诸位巨头。战争期间吴健雄以中国公民身份，被特许参与曼哈顿工程。在杨振宁与李政道向实验物理学家求助时，吴健雄正在哥伦比亚大学执教，是世界顶级的实验物理学家。

吴健雄的工作进度远远超过了其他学者想象，1956 年年底，实验便首次告捷。1957 年年初，吴健雄反复检验实验结果，宣布实验成功。那一天是 1957 年 1 月 9 日，吴健雄小组在深夜两点钟放下最后的工作，分享着一瓶 1949 年产的法国红酒。第二天清晨，其他实验室的同事路过吴健雄的实验室，看到垃圾桶中纸杯上的酒痕，他们知道那意味着宇称的破碎。

杨振宁与李政道在当年底摘取诺贝尔物理学奖，从提出到获奖不过短短一年，创造了科学成就最快获奖的纪录。那一年杨振宁 35 岁，李政道 31 岁。与他们同台获奖的文学奖得主正是以《局外人》《鼠疫》为中国读者所熟知的法国作家加缪。

在杨振宁的获奖致辞里，他从 1901 年诺贝尔奖的首次颁奖开始回顾，在那一年的东方，《辛丑条约》签订，未来的庚子赔款奖学金和清华大学因此建立。在瑞典贵族和社会名流悉数出席的晚宴大厅上，杨振宁平静克制地讲述着半个世纪前中国人民的屈辱和愤怒，在科学界的最高舞台上，第一次出现了来自东方的声音。

与此同时，许多著名学者为吴健雄深感不平，认为吴健雄完全可以与杨振宁和李政道共同分享奖项，也可以以实验物理学家的身份单独获奖。未来吴健雄屡获嘉奖，出任美国物理学会首任女性会长，也曾在白宫获得总统授予的美国国家科学勋章。她是那个时代世界上最重要的女性科学家，没有之一，但她始终没能收获诺贝尔奖的认可。

杨振宁与李政道同获的诺贝尔奖奖章
来源：香港桎冠论坛

杨振宁与李政道以华人身份摘取诺贝尔奖的成就，极大地提升了一代中国知识分子的自信。大洋彼岸的中国为此沸腾，吴有训、周培源、钱三强代表中国物理学会的电报跨越大洋，送来了热情洋溢的祝福。杨振宁的父亲杨武之与儿子战时一别，多年未见，如今深深为儿子感到骄傲。中国这个历史悠久的古老国家，尽管有着诸多熠熠生辉的科学成就，却自哥白尼时代以降，被长久地排除在世界主流科学界之外。如今，三位中国物理学家在 20 世纪中叶携起手来，共同带领人类触及真理的边界。

那一年杨振宁还足够年轻，他未来还有足够漫长的人生旅途。未来他还会见证许多位中国学者获得诺贝尔奖的科学类奖项，见证中国科学界的复兴以及世界科学的发展。

整个 20 世纪上半叶到中叶，是科学史上英才辈出的时代。科学家们历经两次世界大战、多项重大工程，通过日益完善的科研体系从自然界中获得真知，再用真知改变世界。

科学领域历经空前革命，人类刚刚跨越 20 世纪的门槛，便迎来物理学的大发展、大跨越。从 19 世纪末的古典物理学危机的"两片云朵"出发，科学家们建立起相对论和量子力学两大现代物理学支柱。物质、能量、时间这些伴随人类语言几千年的词汇，如今被科学赋予了全新的意义。

天文学家们把目光从 10 万光年的银河系拓展到 200 亿光年尺度的整个宇宙，观测到亿万星河，乃至于追溯到宇宙 130 亿年前的元初；地质学家们从板块之间细微的移动倒推回去，模拟出地球板块亿万年来以及亿万年后的演变；第三次技术革命的兴起把人类引入当代社会，生物学家们用遗传理论改变了人类对于生命的认识；计算机和人工智能的进步把人与人连接在一起；核物理和太空工程则分别在世界极小和极大的两端留下人类的痕迹。

随着时间流逝，上一代的学者们开始退出历史舞台。

埃德温·哈勃去世于 1953 年，还差不足两月就是他 64 岁生日。去世当日他坐在妻子驾驶的车上，妻子发现哈勃状态不好，关切地问询，他平静地回答："不要停车，向前看。"随后哈勃因脑血栓而心跳停止。他去世前做了许多工作，推动天文学家可以获颁诺贝尔奖。虽然哈勃生前没能获颁奖项，但在他去世后，委员会把天文学工作纳入物理学奖项评定范畴之下，许多天文学家因此得到了肯定。

埃尔温·薛定谔因肺结核在 1961 年去世于维也纳，享年 73 岁。临行前他躺在床上，拉着妻子说出了一生中最后一句话："和我待在一起，我就不会死去。"

尼尔斯·玻尔因心力衰竭在 1962 年去世于哥本哈根，享年 77 岁。在玻尔的晚年，他依然满怀激情活跃在科学一线，参与了欧洲最顶级物理实验室欧核中心的筹建。去世的前一天玻尔还在接受采访，讲解量子力学史，那一天留下的录音里，玻尔的声音已满是疲惫。

罗伯特·奥本海默去世于 1967 年，那一年他 63 岁，因喉癌在普林斯顿离开。在他去世前的 1963 年，奥本海默历经了失意的晚年、多年的打压监视，终于看到了美苏之间核武器限制条约的签订。

沃纳·海森堡在 1976 年逝世于慕尼黑，享年 74 岁，死因为晚期肾癌和胆囊癌。他逝世的翌日晚上，他的助手、同事和朋友们举办了一场小小的纪念游行，从研究所走到他家门外，每个人都在门口的台阶上摆放了一根蜡烛。

未来的科学家们从前辈们手中接过这个世界。在之后的日子里，大量陌生的科学名词为人熟知。中微子、类星体、暗物质、混沌理论、夸克、弦理论、转基因、引力波这些原本生僻的术语，让即使不解其意的普通人也有所耳闻。

科学日益离散又日益成为整体，学科不断细分，又不断交叉重叠。重大的突破往往已不再来源于单一领域内的灵光乍现，而来自于多学科多背景人才和团队的通力合作。学科之间飞架桥梁，连成网络，也催生出对科学人才的需求，20 世纪之初的学术空气还很稀薄，如今每个国家的科研人才已动辄以十万乃至百万级别计量。

如果人类的科学发展史是一部戏剧，这是一场漫长的群戏。

在宇宙角落一颗尘埃般微不足道的星球上，有一群渺小的两脚生物。

他们才刚刚进化出来，建立起初等的文明，他们身体脆弱，跑得不快跳得不高，从没有人去过比月亮更远的地方。

他们的历史在宇宙时间尺度下，堪称须臾刹那。

他们妄图参透整个宇宙的真理。

一群人，不同的人，怀着不同的愿望、出于不同的目的，走上了相同的道路。他们用各自的方式，彼此搀扶陪伴、竞争赶超，相互勉励也相互激发，前往一座足够险峻的山峰。

这部戏剧中不需要添加什么反派来增强戏剧冲突，因为攀登过程已经足够精彩。

这批渺小个体中最好奇的一批，用尽短暂到可笑的一生，努力在这座大山脚下向上攀登哪怕仅仅是一颗沙砾般大小的距离。

伽利略靠着粗陋的透镜发现木星的四颗卫星；牛顿从苹果的落地参悟天体运行的原理；勒维耶用纸笔运算发现太阳系边陲的行星；达尔文从鸟喙的形状猜测生物演化的规律；爱因斯坦和玻尔靠纯逻辑推演在索尔维会议上论剑。

管中窥豹，尚可见一斑。他们连一斑都见不到，几乎只能靠着几根绒毛来推测整个动物世界，每一个摸象的盲者都比他们了解更多细节。

他们如同极致之地的向导，为人类打开一扇通往真理高峰的大门，倾泻出一片光明。他们用尽全部生涯，努力走到那个世界里。

普通人站在遥远的门外望去，只能看到一点点浮光掠影，而这一点点漏出的光线也足够炽烈，召唤着一批又一批年轻人走向大山。

许多人留下了自己的名字，为今人所知。而更多不为人知的旅者，或是走上了错误的方向，或是没有足够的天赋，或是没有接受足够的教育，或是不够勤奋，或是缺乏运气，他们没能取得足以称道的成就，或是更加痛心——明明取得了成就却遭到忽视。

自在非洲东部的古人类首次拿起石器，迄今已过 300 多万年。300 万年间人类不断改变着认知世界的方式，从粗粝的石器进化到规模可与城市比肩的大型强子对撞机，建立起今日伟大灿烂的文明。

这是 300 万年来探索者层层叠叠的礼赠，是这群渺小两脚生物的胜利，也是这枚渺小星球存在过的证明。

总 体 参 考

[1] 丹皮尔.科学史及其与哲学和宗教的关系 [M].李珩，译.上海：商务印书馆，1975.

[2] 罗南.剑桥插图世界科学史 [M].周家斌，译.济南：山东画报出版社，2009.

[3] 鲍勒.现代科学史 [M].朱玉，译.北京：中国画报出版社，2020.

[4] 梅森.自然科学史 [M].上海外国自然科学哲学著作编译组，译.上海：上海人民出版社，1977.

[5] 阿里奥托.西方科学史 [M].鲁旭东，张敦敏，刘钢，等译.北京：商务印书馆，2011.

[6] 斯科特.数学史 [M].侯德润，译.桂林：广西师范大学出版社，2002.

[7] 李文林.数学史概论 [M].北京：高等教育出版社，2002.

[8] 卡茨.数学史通论 [M].李文林，邹建成，胥明伟，等译.北京：高等教育出版社，2004.

[9] 劳厄.物理学史 [M].范岱年，戴念祖，译.北京：商务印书馆，1978.

[10] 帕廷顿.化学简史 [M].胡作玄，译.桂林：广西师范大学出版社，2003.

[11] 伏古勒尔.天文学简史 [M].李珩，译.桂林：广西师范大学出版社，2002.

[12] 霍金斯.剑桥插图天文学史 [M].江晓原，关增建，钮卫星，译.济南：山东画报出版社，2003.

[13] 卡约里.物理学史 [M].戴念祖，译.桂林：广西师范大学出版社，2008.

[14] 马格纳.生命科学史 [M].李难，崔极谦，王水平，译.天津：百花文艺出版社，2001.

[15] 冯时.天文学史话 [M].北京：社会科学文献出版社，2011.

[16] 吴国盛.科学的历程 [M].长沙：湖南科学技术出版社，2018.

[17] 《自然科学大事年表》编写组.自然科学大事年表 [M].上海：上海人民出版社，1975.

[18] 罗斯纳.科学年表 [M].郭元林，李世新，译.北京：科学出版社，2007.

[19] 哈特.影响人类历史进程的 100 名人排行榜 [M].赵梅，译.海口：海南出版社，1999.

[20] Encyclopedia Britannica [EB/OL].[2020-08-01].https://www.britannica.com/.

第一章 天球运行

[21] APPLEBAUM W. Encyclopedia of The Scientific Revolution from Copernicus to Newton[M]. New York & London: Garland Publishing, INC., 2000.

[22] 克罗斯比. 哥伦布大交换: 1492 年以后的生物影响和文化冲击 [M]. 郑明萱，译. 北京：中国环境出版社，2010.

[23] 哥白尼. 天体运行论 [M]. 叶式辉，译. 北京：北京大学出版社，2006.

[24] 金格里奇. 无人读过的书: 哥白尼《天体运行论》追寻记 [M]. 王今，徐国强，译. 北京：生活·读书·新知三联书店，2008.

[25] 库恩. 哥白尼革命: 西方思想发展中的行星天文学 [M]. 吴国盛，张东林，李立，译. 北京：北京大学出版社，2003.

[26] HALL A. The Rise of Modern Science Ⅲ: From Galileo to Newton, 1630—1720[M]. New York & Evanston: Harper & Row, Publishers, 1963.

[27] 韦斯特福尔. 近代科学的建构: 机械论与力学 [M]. 彭万华，译. 上海：复旦大学出版社，2000.

[28] 沃尔夫. 十六、十七世纪科学、技术和哲学史 [M]. 周昌忠，苗以顺，毛荣运，等译. 北京：商务印书馆，1991.

[29] FERR T. 银河系大定位 [M]. 张启阳，译. 台北：远流出版事业有限公司，2004.

[30] YATES F. Giordano Bruno and The Hermetic Tradition[M]. New York: Routledge, 1964.

[31] 昊西. 逃亡与异端: 布鲁诺传 [M]. 王伟，译. 北京：商务印书馆，2014.

[32] 布鲁克. 科学与宗教 [M]. 苏贤贵，译. 上海：复旦大学出版社，2000.

[33] 奥尔森. 科学与宗教: 从哥白尼到达尔文（1450—1900）[M]. 徐彬，吴林，译. 济南：山东人民出版社，2009.

[34] 尚智丛. 传教士与西学东渐 [M]. 太原：山西教育出版社，2008.

[35] WHITE M. Galileo Antichrist: A Biography[M]. London: Orion Publishing, 2009.

[36] 索贝尔. 伽利略的女儿: 科学、信仰和爱的历史回忆 [M]. 谢延光，译. 上海：上海译文出版社，2002.

[37] DRAKE S. Galileo: A Very Short Introduction [M]. Oxford: Oxford University Press, 2001.

[38] 田中一郎. 四百年后的真相: 伽利略审判 [M]. 丁丁虫，译. 北京：新星出版社，2021.

[39] FINOCCHIARO M. The Galileo Affair: a Documentary History [M]. London: University of California Press, 1989.

[40] 伽利略. 关于托勒密和哥白尼两大世界体系的对话: 两大世界体系的对话 [M]. 周熙良，译. 北京：北京大学出版社，2006.

[41] 赫尔曼 . 真实地带：十大科学争论 [M]. 赵乐静，译 . 上海：上海科学技术出版社，2001.

[42] 开普勒 . 世界的和谐 [M]. 张卜天，译 . 北京：北京大学出版社，2011.

[43] 罗布莱克 . 天文学家的女巫案：开普勒为母洗污之战 [M]. 洪云，张文龙，译 . 北京：北京联合出版公司，2017.

[44] 杨建邺 . 科学大师的失误 [M]. 武汉：湖北科学技术出版社，2013.

[45] 张柏春 . 明清测天仪器之欧化：十七、十八世纪传入中国的欧洲天文仪器技术及其历史地位 [M]. 沈阳：辽宁技术出版社，2000.

第二章　要　有　光

[46] 汉金斯 . 科学与启蒙运动 [M]. 任定成，张爱珍，译 . 上海：复旦大学出版社，2000.

[47] 默顿 . 十七世纪英格兰的科学、技术与社会 [M]. 范岱年，吴忠，蒋效东，译 . 北京：商务印书馆，2000.

[48] 中国科学院计划局 . 英国皇家学会简史 1660—1960[M]. 北京：中国科学院图书馆情报室，1979.

[49] 莱昂斯 . 英国皇家学会史 [M]. 陈先贵，译 . 昆明：云南省机械工程学会，1984.

[50] 贝尔 . 数学大师：从芝诺到庞加莱 [M]. 徐源，译 . 上海：上海科技教育出版社，2004.

[51] 笛卡尔 . 谈谈方法 [M]. 王太庆，译 . 北京：商务印书馆，2000.

[52] 辛格 . 费马大定理：一个困惑了世间智者 358 年的迷 [M]. 薛密，译 . 桂林：广西师范大学出版社，2013.

[53] DUNHAM W. 天才引导的历程：数学中的伟大定理 [M]. 李繁荣，李莉萍，译 . 北京：机械工业出版社，2013.

[54] 阿诺尔德 . 惠更斯与巴罗，牛顿与胡克：数学分析与突变理论的起步，从渐伸线到准晶体 [M]. 李培廉，译 . 北京：高等教育出版社，2013.

[55] 波耶 . 微积分概念发展史 [M]. 唐生，译 . 上海：复旦大学出版社，2007.

[56] 爱德华 . 微积分展史 [M]. 张鸿林，译 . 北京：北京出版社，1987.

[57] 赫尔曼 . 数学恩仇录：数学家的十大论战 [M]. 范伟，译 . 上海：复旦大学出版社，2009.

[58] DUNHAM W. 微积分的历程：从牛顿到勒贝格 [M]. 李伯民，汪军，张怀勇，译 . 北京：人民邮电出版社，2010.

[59] 韩雪涛 . 数学悖论与三次数学危机 [M]. 长沙：湖南科学技术出版社，2006.

[60] 怀特 . 牛顿传：破界创新者 [M]. 陈可岗，译 . 北京：中信出版集团，2019.

[61] 布鲁斯特 . 艾萨克·牛顿、理性时代与现代科学的肇始 [M]. 段毅豪，译 . 北京：华文出版社，2021.

[62] 诺克斯 . 从牛顿到霍金：剑桥大学卢卡斯数学教授评传 [M]. 李绍明，译 . 长沙：湖南

科学技术出版社，2008.

[63] 牛顿.自然哲学之数学原理 [M].王克迪，译.北京：北京大学出版社，2006.

[64] 牛顿.光学 [M].周岳明，舒幼生，译.北京：北京大学出版社，2007.

[65] 惠更斯.光论 [M].蔡勖，译.北京：北京大学出版社，2007.

[66] 罗素.对莱布尼茨哲学的批评性解释 [M].段德智，张传友，陈家琪，译.北京：商务印书馆，2000.

[67] 孙小礼.莱布尼茨与中国文化 [M].北京：首都师范大学出版社，2006.

[68] 马祖尔.启蒙的符号：数学符号的诞生、演化和隐藏的力量 [M].洪万生，洪赞天，英家铭，等译.台北：脸谱出版社，2015.

[69] 狄博斯.文艺复兴时期的人与自然 [M].周雁翎，译.上海：复旦大学出版社，2000.

[70] DEBUS A. Man and Nature in the Renaissance [M]. Cambridge: Cambridge University Press，1978.

[71] 莱布尼茨.克拉克·莱布尼茨与克拉克论战书信集 [M].陈修斋，译.北京：商务印书馆，1996.

[72] 赖斯.发现之旅：历史上最伟大的十次自然探险 [M].林洁盈，译.北京：商务印书馆，2011.

第三章 革 命

[73] 波特.剑桥科学史（第四卷）：18 世纪科学 [M].方在庆，译.郑州：大象出版社，2010.

[74] 沃尔夫.十八世纪科学、技术和哲学史 [M].周昌忠，苗以顺，毛荣运，译.北京：商务印书馆，1997.

[75] 埃克朗.计算出人意料：从开普勒到托姆的时间图景 [M].史树中，白继祖，译.上海：上海教育出版社，1999.

[76] 王幼军.拉普拉斯的概率哲学思想阐释 [M].上海：上海交通大学出版社，2017.

[77] 温学诗，吴鑫基.观天巨眼：天文望远镜的 400 年 [M].北京：商务印书馆，2008.

[78] BRADLEY R, SANDIFER C. Leonhard Euler: Life, Work and Legacy[M]. Amsterdam: Elsevier，2007.

[79] 弗朗斯.狄德罗 [M].严捷，译.北京：中国社会科学出版社，1992.

[80] 比利.狄德罗传 [M].张本，译.北京：商务印书馆，1998.

[81] E. 巴丹特尔，L. 巴丹特尔.孔多塞传 [M].马为民，廖先旺，张祝基，译.北京：商务印书馆，1995.

[82] 索贝尔.经度：寻找地球刻度的人 [M].汤江波，译.海口：海南出版社，2000.

[83] 霍姆斯.好奇年代：英国科学浪漫史 [M].暴永宁，译.北京：生活·读书·新知三联

书店，2020.

[84] 卢昌海 . 寻找太阳系的疆界 [M]. 北京：清华大学出版社，2009.

[85] 山冈望 . 化学史传 [M]. 廖正衡，陈耀亭，赵世良，译 . 北京：商务印书馆，1995.

[86] 艾萨克森 . 富兰克林传 [M]. 孙豫宁，译 . 北京：中信出版社，2016.

[87] 富兰克林 . 富兰克林自传 [M]. 蒲隆，译 . 南京：译林出版社，2009.

[88] 凌永乐 . 拉瓦锡 [M]. 北京：中国社会科学出版社，2007.

[89] 拉瓦锡 . 化学基础论 [M]. 任定成，译 . 北京：北京大学出版社，2008.

[90] BELL M S. 革命狂潮与化学家：拉瓦锡、氧气、断头台 [M]. 蒲隆，译 . 台北：时报文化出版企业股份有限公司，2007.

[91] 多伊尔 . 法国大革命 [M]. 黄艳红，译 . 南京：译林出版社，2017.

[92] 托克维尔 . 旧制度与大革命 [M]. 邢晓宇，译 . 北京：国家行政学院出版社，2013.

第四章 激 变

[93] 奈 . 剑桥科学史（第五卷）近代物理科学与数学科学 [M]. 刘兵，江晓原，杨舰，译 . 郑州：大象出版社，2014.

[94] 哈曼 . 19 世纪物理学概念的发展：能量、力和物质 [M]. 龚少明，译 . 上海：复旦大学出版社，2000.

[95] 曾兰英 . 伟大数学家的一生：高斯 [M]. 台北：凡异出版社，1984.

[96] 陈诗谷，葛孟曾 . 数学大师启示录 [M]. 北京：开明出版社，2005.

[97] DAVY J. Memoris of the Life of Sir Humphry Davy, Bart., L.L.D., F.R.S.[M]. London: Longman, Rees, Orme, Brown, Green & Longman, 1836.

[98] 托马斯 . 法拉第和皇家研究院：一个人杰地灵的历史故事 [M]. 周午纵，高川，译 . 上海：上海科学技术出版社，2014.

[99] 道尔顿 . 化学哲学新体系 [M]. 李家玉，盛根玉，译 . 北京：北京大学出版社，2006.

[100] 阿盖西 . 法拉第传 [M]. 鲁旭东，译 . 北京：商务印书馆，2019.

[101] JAMES F. Michael Faraday: A Very Short Introduction[M]. Oxford: Oxford University Press，2010.

[102] 罗素 . 迈克尔·法拉第：电磁学的创立者 [M]. 徐俊杰，译 . 西安：陕西师范大学出版社，2003.

[103] J G CROWTHER. 焦耳传 [M]. 柳若水，译 . 上海：商务印书馆，1937.

[104] 德比希尔 . 素数之恋：黎曼和数学中最大的未解之谜 [M]. 陈为鹏，译 . 上海：上海科技教育出版社，2008.

[105] 小林英夫 . 地质学发展史 [M]. 刘兴义，译 . 北京：地质出版社，1983.

[106] 雷普切克 . 发现时间的人 [M]. 张宪润，译 . 长沙：湖南科学技术出版社，2005.

[107] 利文森. 追捕祝融星：爱因斯坦如何摧毁了一颗行星 [M]. 高爽，译. 北京：民主与建设出版社，1983.

[108] 达尔文. 达尔文日记：乘军舰比格尔号环航世界一周考察博物地质记 [M]. 黄素封，译. 上海：商务印书馆，1955.

[109] 达尔文. "小猎犬"号科学考察记 [M]. 王媛，译. 北京：中国妇女出版社，2017.

[110] 达尔文. 达尔文回忆录 [M]. 毕黎，译. 北京：商务印书馆，2007.

[111] 达尔文. 物种起源 [M]. 舒德干，译. 北京：北京大学出版社，2005.

[112] 达尔文. 兰科植物的受精 [M]. 唐进，汪发缵，陈心启，等译. 北京：北京大学出版社，2016.

[113] 威特科斯基. 伤感的科学史 [M]. 北京：中国人民大学出版社，2009.

[114] CAMPBELL L. GARNETT W. The Life of James Clerk Maxwell[M]. London: MACMILLAN AND CO., 1882.

[115] 埃弗里特. 麦克斯韦 [M]. 上海：上海翻译出版公司，1987.

[116] 周兆平. 破解电磁场奥秘的天才麦克斯韦 [M]. 合肥：安徽人民出版社，2001.

[117] 郭奕玲，沈慧君. 诺贝尔奖的摇篮：卡文迪什实验室 [M]. 武汉：武汉出版社，2000.

[118] 詹姆斯. 元素周期表何以解释一切 [M]. 左安浦，译. 杭州：浙江教育出版社，2020.

[119] SAUNDERS N. Who Invented the Periodic Table[M]. Mankato: Arcturus Publishing Limited, 2010.

[120] 熊伟. 门捷列夫 [M]. 北京：中国社会出版社，2012.

[121] MENDELEEV D I, JENSEN W B. Mendeleev on the Periodic Law: Selected Writings, 1869—1905 [M]. New York: Dover Publications, 2005.

[122] 罗奇. 电的科学史 [M]. 胡小锐，译. 北京：中信出版社，2018.

[123] 科尔曼. 19 世纪的生物学与人学 [M]. 严晴燕，译. 上海：复旦大学出版社，2000.

[124] 巴萨拉. 技术发展简史 [M]. 周光发，译. 上海：复旦大学出版社，2000.

[125] 穆克吉. 基因传 [M]. 马向涛，译. 北京：中信出版社，2018.

[126] 赫胥黎. 进化论与伦理学：附《天演论》[M]. 宋启林，译. 北京：北京大学出版社，2010.

[127] 浦嘉珉. 中国与达尔文 [M]. 钟永强，译. 南京：江苏人民出版社，2009.

[128] 瑞德. 希尔伯特：数学世界的亚历山大 [M]. 袁向东，译. 上海：上海科学技术出版社，2001.

第五章　新　世　纪

[129] 李佩珊，许良英. 20 世纪科学技术简史 [M]. 北京：科学出版社，2004.

[130] THOMSON W. Nineteenth Century Clouds over the Dynamical Theory of Heat and Light[M]// Baltimore Lectures on Molecular Dynamics and the Wave Theory of Light

(Cambridge Library Collection - Physical Sciences). Cambridge: Cambridge University Press. 2010: 486-527.

[131] 塞格雷.从 X 射线到夸克：近代物理学家和他们的发现 [M].夏孝勇，杨庆华，庄重九，等译.上海：上海科学技术文献出版社，1984.

[132] 居里.居里夫人文选 [M].胡圣荣，周荃，译.北京：北京大学出版社，2010.

[133] 布莱恩.居里一家：一部科学上最具有争议家族的传记 [M].王祖哲，钱思进，译.长沙：湖南科学技术出版社，2011.

[134] 戈革.量子力学的兴起和哥本哈根学派 [J].华东石油学院学报，1984：46-80.

[135] 巴戈特.量子通史：量子物理史上的 40 个重大时刻 [M].于秀秀，译.北京：原子能出版社，2020.

[136] 瑞德尼克.量子力学史话 [M].黄宏荃，彭灏，译.北京：科学出版社，1979.

[137] 切尔奇纳尼.玻尔兹曼：笃信原子的人 [M].胡新和，译.上海：上海科学技术出版社，2006.

[138] 罗兰.欧内斯特·卢瑟福：杰出的原子核物理学家 [M].姜炳炘，译.北京：商务印书馆，2001.

[139] 艾伦.20 世纪的生命科学史 [M].田洺，译.上海：复旦大学出版社，2000.

[140] 巴甫洛夫.条件反射：动物高级神经活动 [M].周先庚，荆其诚，李美阁，译.北京：北京大学出版社，2010.

[141] 摩尔根.基因论 [M].卢惠霖，译.北京：北京大学出版社，2007.

[142] 魏格纳.海陆的起源 [M].李旭旦，译.北京：北京大学出版社，2006.

[143] 格林.宇宙的结构：空间、时间以及真实性的意义 [M].刘茗引，译.长沙：湖南科学技术出版社，2013.

[144] 艾萨克森.爱因斯坦传 [M].张卜天，译.长沙：湖南科学技术出版社，2015.

[145] 爱因斯坦.我的世界观 [M].方在庆，译.北京：中信出版社，2018.

[146] 爱因斯坦.爱因斯坦自述 [M].王强，译.西安：陕西师范大学出版社，2010.

[147] 奈佛.爱因斯坦传 [M].马怀琪，陈琦，译.北京：中央编译出版社，2018.

[148] 斯特恩.爱因斯坦恩怨史：德国科学的兴衰 [M].方在庆，文亚，译.上海：上海科技教育出版社，2004.

[149] 派斯.尼尔斯·玻尔传 [M].戈革，译.北京：商务印书馆，2001.

[150] 卡西第.海森伯传 [M].戈革，译.北京：商务印书馆，2002.

[151] 穆尔.薛定谔传 [M].班立勤，译.北京：中国对外翻译出版公司，2001.

[152] 费米.费米传 [M].何兆武，何芬奇，译.北京：商务印书馆，1997.

[153] 薛凤，柯安哲.科学史新论：范式更新与视角转换 [M].吴秀杰，译.杭州：浙江大学出版社，2019.

[154] 卡门，埃德森·冯·卡门：航空航天时代的科学奇才 [M]. 曹开成，译. 上海：复旦大学出版社，2019.

[155] 克里斯琴森. 星云世界的水手：哈勃传 [M]. 何妙福，朱保如，傅承启，译. 上海：上海科技教育出版社，2000.

[156] 哈勃. 星云世界 [M]. 吴燕，译. 北京：北京大学出版社，2016.

[157] 库马尔. 量子理论：爱因斯坦与玻尔关于世界本质的伟大论战 [M]. 包新周，伍义生，余瑾，译. 重庆：重庆出版社，2012.

[158] 张纯如. 蚕丝：钱学森传 [M]. 北京：中信出版社，2011.

[159] 诺曼·麦克雷. 天才的拓荒者：冯·诺依曼传 [M]. 范秀华，朱朝晖，译. 上海：上海科技教育出版社，2007.

[160] 庞德斯通. 囚徒的困境：冯·诺依曼、博弈论和原子弹之谜 [M]. 吴鹤龄，译. 北京：北京理工大学出版社，2005.

[161] 诺依曼. 计算机与人脑 [M]. 甘子玉，译. 北京：北京大学出版社，2010.

[162] 斯通. 第二次世界大战：黑暗的年代 [M]. 美同，译. 北京：中信出版社，2020.

[163] 霍奇斯. 艾伦·图灵传：如谜的解谜者 [M]. 孙天齐，译. 长沙：湖南科学技术出版社，2017.

[164] 图灵. 解码者：艾伦·图灵传 [M]. 韩阳，译. 北京：中国财政经济出版社，2017.

[165] HOFSTADTER D. Alan Turing: Life and Legacy of a Great Thinker[M]. New York: Springer-Verlag Berlin Heidelberg, 2004.

[166] REED B. The History and Science of Manhattan Project[M]. New York: Springer-Verlag Berlin Heidelberg, 2014.

[167] 罗兹. 原子弹秘史 [M]. 江向东，廖湘彧，译. 北京：金城出版社，2018.

[168] 许兴胜. 奥本海默 [M]. 北京：中国社会出版社，2012.

[169] 费曼，莱顿. 别逗了，费曼先生 [M]. 王祖哲，译. 长沙：湖南科学技术出版社，2019.

[170] MAAS A, HOOIJMAIJERS H. Scientific Research in World War Ⅱ: What Scientists did in the War[M]. London: Routledge, 2009.

[171] 诺依曼. 博弈论 [M]. 刘霞，译. 沈阳：沈阳出版社，2020.

[172] 本特利. 计算机：一部历史 [M]. 顾纹天，译. 北京：东西文库，2015.

[173] 戴森. 图灵的大教堂：数字宇宙开启智能时代 [M]. 盛杨灿，译. 杭州：浙江人民出版社，2015.

[174] 尼克. 人工智能简史 [M]. 北京：人民邮电出版社，2021.

[175] 顾诵芬，史超礼. 世界航天发展史 [M]. 郑州：河南科学技术出版社，2000.

[176] 薛定谔. 生命是什么 [M]. 周程，胡万亨，译. 北京：北京大学出版社，2018.

[177] 沃森 . 双螺旋 : 发现 DNA 结构的故事 [M]. 刘望夷，译 . 上海 : 上海译文出版社，2016.

[178] MADDOX B. Rosalind Franklin: The Dark Lady of DNA[M]. London: Harper Perennial, 2003.

[179] 吴明 .DNA 是如何被发现的 [M]. 北京 : 清华大学出版社，2019.

[180] JEROME F. The Einstein File: The FBI's Secret War Against the World's Most Famous Scientist [M]. Montreal: Baraka Books of Montreal, 2018.

[181] 法米罗 . 天地有大美 : 现代科学之伟大方程 [M]. 徐泓，吴俊，译 . 上海 : 上海科技教育出版社，2006.

[182] 杨建邺 . 杨振宁传 [M]. 北京 : 生活・读书・新知三联书店，2016.

[183] 杨振宁 . 曙光集 [M]. 翁帆，译 . 北京 : 生活・读书・新知三联书店，2018.

[184] 杨振宁 . 六十八年心路 : 1945—2012[M]. 北京 : 生活・读书・新知三联书店，2014.

[185] 李政道 . 对称与不对称 [M]. 北京 : 中信出版集团，2021.

[186] 江才健 . 吴健雄 : 物理科学的第一夫人 [M]. 上海 : 复旦大学出版社，1997.

感谢清华大学出版社胡洪涛、王华编辑以及众多编、审、校老师们在本书的出版中所付出的努力。

感谢我的朋友罗淼先生，在全书的校对中，当涉及我作为文科生力有不逮的理科知识，他给了我极大帮助。也感谢他的女儿苒苒，在爸爸帮我校对书稿时，忽视了对她的照顾，祝福苒苒健康成长。

感谢梁秋阳先生，在书稿审读中提出了宝贵意见。

感谢池也先生，在本书微积分发展史章节针对数学部分进行核对。

感谢香港中文大学张学明教授，我在校期间他邀请我转读历史系。虽然我最后没有下定决心转系，仅仅把历史专业作为辅修，但他的鼓励、帮助和对我的专业训练，为我撰写本书播下了种子。

感谢我在本溪市高级中学的班主任、语文老师唐桂艳女士，鼓励我走上写作道路，我至今仍在用她教给我的方法撰写文章。

感谢我的父母，汪伟先生和刘华丽女士。

感谢我的妻子，那个 9 年前第一个看过我前一万字书稿的女孩子，如果没有与她的相处，或许这本书会更早出版，但我也会错失生活中的很多幸福瞬间。